WOHNMOBIL-TOURGUIDE

Gaby Gölz

DIE SCHÖNSTEN ROUTEN
DURCH DIE NORMANDIE

„Das Leben ist wie ein Buch,
und wer nicht reist, liest nur ein wenig davon!"

Jean Paul (1763–1825)

284nrm Abb.: gg

Die schönsten Routen durch die NORMANDIE

Gaby Gölz
Die schönsten Routen durch die Normandie

erschienen im REISE KNOW-HOW Verlag Peter Rump GmbH, Bielefeld
Osnabrücker Straße 79, 33649 Bielefeld

Herausgeber: Klaus Werner
© REISE KNOW-HOW Verlag Peter Rump GmbH 2010, 2013, 2016
4., neu bearbeitete und komplett aktualisierte Auflage 2018
Alle Rechte vorbehalten.

Gestaltung: K. Werner
Fotos: die Autorin (gg)
Landkarten im Innenteil: der Verlag
Routenatlas: Catherine Raisin
Druck und Bindung: Media-Print, Paderborn

ISBN 978-3-8317-3088-9
Printed in Germany

Dieses Buch ist erhältlich in jeder Buchhandlung Deutschlands, Österreichs, der
Schweiz, Belgiens und der Niederlande. Bitte informieren Sie Ihren Buchhändler
über folgende Bezugsadressen:
Deutschland: Prolit GmbH, Postfach 9, D-35461 Fernwald (Annerod)
    sowie alle Barsortimente
Schweiz: AVA-buch 2000, Postfach 27, CH-8910 Affoltern
Österreich: Mohr Morawa Buchvertrieb GmbH, Sulzengasse 2, A-1230 Wien
Niederlande, Belgien: Willems Adventure, www.willemsadventure.nl

Wer im Buchhandel trotzdem kein Glück hat, bekommt unsere Bücher auch über
unseren Büchershop im Internet: www.reise-know-how.de

INHALTSVERZEICHNIS

VORWORT

Ein bisschen Irland, ein bisschen England, gepaart mit französischem Charme, das ist die Normandie. Die Provinz im Norden Frankreichs teilt sich in die Haute-Normandie mit den Départements Seine-Maritime und Eure und die Basse-Normandie mit den Départements Orne, Manche und Calvados. Die Gesamtfläche, auf der ca. 3,2 Mio. Einwohner leben, beträgt 30.000 km². Begrenzt wird die Normandie im Norden und Westen vom Ärmelkanal, im Süden von der Île-de-France, dem Centre und den Pays de la Loire und im Osten von der Picardie. Die größten Städte sind **Rouen, Le Havre** und **Caen.** Die **Haute-Normandie** ist durch ihre Raffinerien und Seehäfen weit wohlhabender als die landwirtschaftlich geprägte **Basse-Normandie.** Die Küste der gesamten Normandie blieb von großen Hotelansammlungen verschont und die Seebäder fügen sich harmonisch in die Landschaft ein. Am bekanntesten sind sicher die Küstenabschnitte der Côte d'Albâtre (Alabasterküste) mit ihren hellen Kreidefelsen, der Côte Fleurie und der Côte de Nacre mit ihren Belle-Époque-Villen sowie das Département Calvados mit seinen blühenden oder reiche Früchte tragenden Apfelbäumen. Schöne Fachwerkdörfer und strohgedeckte Landhäuser erfreuen den Besucher ebenso wie malerische und kulturträchtige Städte. Idyllische Abteien und prachtvolle Schlösser liegen eingebettet in einer bezaubernden Landschaft. Das Cotentin ragt wie eine Halbinsel in den Ärmelkanal. Sandbuchten und Felsenkaps prägen hier die Küstenlinie. Die Suisse Normande ist ein Wanderparadies mit gepflegten Wanderwegen und einer Landschaft mit beinahe alpinem Charakter. Die bekanntesten Erzeugnisse des Pays d'Auge sind neben den Rohmilchkäsesorten Camembert, Livarot und Pont-l'Évêque die alkoholischen Getränke Cidre, Poiré und Calvados. Ein Paradies für Gourmets sind die vorzüglichen Restaurants, aber auch die Bauernhöfe, die ihre Gäste mit kulinarischen Köstlichkeiten verwöhnen.

Ein herausragendes Kapitel in der Geschichte der Normandie ist der Zweite Weltkrieg, denn hier an den Stränden des Cotentins fand die Landung der Alliierten zur Befreiung von der Nazidiktatur statt. Traurige Erinnerungen daran sind die Friedhöfe mit endlosen Gräberreihen und die Überreste der Befestigungsanlagen.

Das Wetter ist häufig wechselhaft, was zur Folge hat, dass jeden Tag die Sonne scheint, und sei es nur für einige Stunden. Im Winter und im Frühjahr regnet es häufig, jedoch so gut wie nie den ganzen Tag. An der Küste weht oft ein kräftiger Wind, der auch die dicksten Regenwolken rasch weiter bläst und einem strahlend blauen Himmel Platz macht.

Die Menschen sind freundlich und freuen sich, wenn es den Besuchern in ihrer Heimat gefällt. Wer einige Brocken Französisch spricht, hat sofort ihr Herz gewonnen. Hierbei will ich besonders auf die Regionen, die in Route 8 und 9 beschrieben werden, hinweisen. Dort,

Video zum Buch
Exakt auf das Buch abgestimmt wurde eine Video-DVD produziert, die die 10 Routen des Buches in einem stimmungsvollen Film darstellt. In anspruchsvollen Aufnahmen, unterlegt mit Musik und erklärendem Text, sehen Sie bereits zu Hause bei der Reiseplanung alle beschriebenen Orte und Landschaften sowie die meisten der im Buch erwähnten Stellplätze. Das Video erleichtert somit ungemein die Reiseplanung. Die DVD mit einer Spielzeit von 100 Min. kann direkt bei der Autorin bezogen werden (s. S. 301).

290mm Abb.: GG

⌃ Viele Bauernhöfe laden Wohnmobilreisende zu einer günstigen Übernachtung ein. Auf dem Foto ist der Platz in Gournay-en-Bray ⑲⑦ zu sehen.

wo bisher nur wenige ausländische Touristen hinfahren, bemüht man sich ganz besonders um Wohnmobilreisende. Die Bewohner der Normandie sind wohl wie alle Franzosen ausgesprochene Genießer. Das Essen in der Familie und im Freundeskreis nimmt eine wichtige Stellung im Tagesablauf ein. Für das gehaltvolle normannische Essen im Kreise seiner Lieben lässt man sich Zeit.

Berühmte Söhne der Normandie sind beispielsweise Wilhelm der Eroberer, der Maler Eugène Boudin, Gustave Flaubert, der mit seinem Roman „Madame Bovary" ein Meisterwerk der Weltliteratur geschaffen hat, und Guy de Maupassant, ein begnadeter Schriftsteller, der in Dieppe geboren wurde. Alphonsine Plessis, bekannt als Kameliendame, stammt aus der Normandie, wurde aber in Paris als Kurtisane berühmt.

Der Womo-Reisende wird in der Normandie mit guten Stellplätzen verwöhnt. Man schätzt die mobile Art zu reisen und bietet ein breites Spektrum schöner Plätze mit Ver- und Entsorgung an. Die Übernachtung auf kommunalen Plätzen ist überwiegend kostenlos, für Wasser und Strom hingegen werden z. T. einige Euros fällig.

Ich wünsche Ihnen eine gute Reise und dass Sie mit einer Fülle von schönen Eindrücken und angenehmen Begegnungen wieder wohlbehalten nach Hause kommen.

Ihre Gaby Gölz

HINWEISE ZUR BENUTZUNG

Schreibweise der GPS-Koordinaten

Alle GPS-Daten in diesem Buch sind als **geografische Koordinaten** *(Breite/Länge; Lat./Lon.) in Dezimalgrad (hddd.dddd) angegeben, also z. B. N49.43097° E0.81486°. Alle modernen GPS-Geräte akzeptieren die Schreibung als Dezimalgrad, gegebenenfalls muss das Eingabeformat in den Einstellungen des Gerätes aber erst ausgewählt werden. Einige Geräte verlangen möglicherweise statt des Punktes ein Komma als Trennzeichen. Bitte beachten Sie, dass der* **Nullmeridian** *durch die Normandie verläuft. Deshalb wechselt die Längenangabe manchmal von E (East) auf W (West), z. B. W0.01200°. Wenn Sie diese Angabe numerisch eingeben müssen, ersetzen Sie das W durch ein Minuszeichen: -0.01200°.* **Kartendatum** *ist WGS84.*

Wenn Sie die GPS-Angaben **von Dezimalgrad in Dezimalminuten** *(dd°mm,mmm') umrechnen müssen, so beachten Sie bitte, dass ein Grad 60 (nicht 100!) Minuten hat. Die Angaben in Dezimalgrad können daher nicht einfach durch Kommaverschiebung in Dezimalminuten umgewandelt werden! 49.43097° sind nicht gleich 49°43,097°', sondern 49° 25,858'. Wer dies nicht beachtet, erhält beträchtliche Fehler. Ein Datenkonverter wie z. B. http://gpso.de/maps erleichtert die Umrechnung beträchtlich.*

Nutzung der GPS-Koordinaten

Wer ein GPS-Gerät oder Navigationssystem benutzt, das Koordinaten-Eingaben akzeptiert, der kann sich direkt zu den jeweiligen Punkten führen lassen. Praktisch alle GPS-Handgeräte bieten diese Möglichkeit, während manche Navigationssysteme nur Eingaben von Adressen akzeptieren – und Park- oder Stellplätze haben nicht immer eine Adresse. Einige **Internet-Kartendienste oder Routenplaner** *wie GoogleMaps™ (http://maps.google.de) zeigen nach Eingabe der geografischen Daten den gesuchten Punkt an, auf Wunsch mit Satellitenansicht und an vielen Stellen mit StreetView-Funktion.*

Service für Smartphones und Tablets

Durch Einscannen des QR-Codes auf dem Umschlag bzw. durch Eingabe der Internetadresse **www.reise-know-how.de/wohnmobil-tourguide/normandie18** *wird ein* **für den mobilen Einsatz optimierter Internetdienst** *aufgerufen. Damit kann die Lage der Camping- und Stellplätze auf einer Karte und die Route dorthin angezeigt werden. Voraussetzung ist eine Datenverbindung über das Mobilfunknetz oder WLAN.*

Koordinaten zum Download

Auf der Produktseite dieses Buches unter www.reise-know-how.de finden Sie alle Stellplatzkoordinaten aus diesem Buch als **kml- oder gpx-Datei** *zum Download auf den PC. Benötigt Ihr Gerät ein* **anderes Datenformat als kml oder gpx,** *kann die Umrechnung beispielsweise unter www.routeconverter.de oder www.gpsvisualizer.com erfolgen.*

Eintrittspreise und Öffnungszeiten

Bei den Eintrittspreisen wird zuerst der Preis für Erwachsene, dann für Kinder und, wenn angeboten, der für Familien angegeben: z. B. 10/4/22 €. Die Angaben im Buch zu den Öffnungszeiten sind immer einschließlich der genannten Monate gemeint (April–September meint 1. April bis 30. September).

Hinweis für große Wohnmobile

Große Fahrzeuge meint Wohnmobile über 8 m Länge und 3 m Höhe.

Schreibweisen

Im Text werden Ortsbezeichnungen in deutscher Schreibweise geschrieben, z. B. Abtei.
Bei Wegbeschreibungen wird allerdings die französische Schreibweise verwendet, damit Sie sich unterwegs besser und schneller orientieren können, z. B. Abbaye.
VE ist die Abkürzung für Ver- und Entsorgung.

004nrm Abb.: gg

005nrm Abb.: gg

131nrm Abb.: gg

003nrm Abb.: gg

PRAKTISCHE REISETIPPS A–Z

ANREISE

Die Hauptanreisewege nach Rouen, der Hauptstadt der Normandie und dem Start- und Zielpunkt unserer Rundreise, werden im Folgenden von Nord nach Süd aufgelistet.

ANREISEWEG 1

Von Aachen Richtung Liège (A44, ab Belgien A3/E40) – Autobahnkreuz Loncin (A15/E42) – Mons (A7/E19) – in Valenciennes/Frankreich Richtung Cambrai (A2/E19) – Autobahndreieck Autoroute du Nord (A1/E19) Richtung Paris – Autobahnkreuz Viaduc de l'Avre Richtung Amiens, Rouen (A29/E44) – Autobahndreieck Rue Bernard Léger Richtung Rouen (A28/E402).

Die Gesamtlänge der Fahrtstrecke von Aachen bis Rouen beträgt ungefähr 458 km. Die Dieselpreise in Belgien liegen etwas über dem deutschen Niveau und auf den belgischen Autobahnen wird keine Maut erhoben.

Die folgenden Übernachtungsplätze bieten sich für den Wohnmobilfahrer auf der Anreise an:

Platz für Camping, Aachen
N50.76150° E6.10300°
Gepflegter Platz in ruhiger und schöner Lage, liegt in einer Umweltzone! 2 km bis zum Zentrum und 800 m ins Kurgebiet. Sanitärgebäude, WLAN und Brötchenservice. **Lage/Anfahrt:** Von der A44 (Aachen – Liège) bei der Ausfahrt Aachen-Brand auf die B258 (Trierer Str.) Richtung Aachen-Zentrum abfahren, nach 2 km links in die Adenauerallee (L260) abbiegen, auf ihr 1,8 km fahren und dann rechts in den Branderhofer Weg abbiegen und 600 m zum Platz fahren; **Platzanzahl:** 46; **Untergrund:** Pflaster; **Ver-/Entsorgung:** Strom, Trinkwasser, Abwasser, Chemie-WC; **Sicherheit:** umzäunt, beleuchtet; **Preise:** 17 €/Fahrzeug inklusive Pers., Ver- und Entsorgung und Strom, Dusche 1 €; **Max. Stand:** 3 Nächte; **Geöffnet:** ganzjährig; **Kontakt:** Haus des Gastes, 52066 Aachen, Burtscheider Markt, Tel. +49 (0)2416088057, www.aachen-camping.de

Camping Manoir de Lá-Bas, Aische-en-Réfaill
N50.60049° E4.84274°
Familärer Platz in schöner und ruhiger Lage bei einem Herrenhaus, Pool. **Lage/Anfahrt:** Namur nord auf die E411 Richtung Bruxelles, Ausfahrt 12, dann ausgeschildert; **Platzanzahl:** 46; **Untergrund:** Wiese; **Ver-/Entsorgung:** Strom, Trinkwasser, Abwasser, Chemie-WC; **Sicherheit:** umzäunt, beleuchtet; **Preise:** 10–12 €/Fahrz., 10 €/Pers., Strom 3 €, Hund 3 €; **Geöffnet:** Apr.–Okt.; **Kontakt:** 5310 Aische-en-Réfail, Gembloux 180, Tel. +32 81655353, camping-manoirdelabas.be

Place André Ryckmanns, Namur
N50.46782° E4.85034°
Offizieller Platz auf Parkplatz bei den Sportanlagen, Lage befriedigend, relativ ruhig. Zentrum 600 m. **Lage/Anfahrt:** Von der A42 bei der Ausfahrt Chée de Louvain auf E411 abfahren, dann Ausfahrt 13-Bouge nehmen. N91 folgen bis Place André Ryckmans; **Platzanzahl:** 8; **Untergrund:** Asphalt; **Ver-/Entsorgung:** Trinkwasser, Abwasser, Chemie-WC; **Sicherheit:** beleuchtet; **Preise:** kostenlos, VE 7,50 €; **Geöffnet:** frei zugänglich; **Kontakt:** 5000 Namur, Rue des Souchets

ANREISEWEG 2

Dieser Anreiseweg empfiehlt sich für diejenigen Wohnmobilfahrer, für die der Weg das Ziel ist. Metz, Verdun, Reims, die Champagne, Compiègne und Beauvais lohnen einen Stopp.

Metz (Hauptstadt von Lothringen) wurde aus ockerfarbenem Stein auf mehreren Inseln erbaut. Beeindruckender Rest der Stadtbefestigung ist die Porte des Allemands. Um **Verdun** tobte 1916 der mörderische Erste Weltkrieg. In der riesigen Totenhalle von Douaumont werden die sterblichen Überreste von 130.000 Soldaten aufbewahrt. In **Reims** diente die prächtige Kathedrale den französischen Königen als Krönungsstätte. Wer in unzähligen Kellereien den köstlichen Champagner verkosten möchte, übernachtet sehr gut in Villers-sous-Châtillon.

Im **Wald von Compiègne** steht der Salonwagen, in dem am 11.11.1918 die Gegner des Ersten Weltkriegs den Waffenstillstand unterzeichneten. Die gotische Kathedrale St-Pierre von **Beauvais** sollte die größte der Christenheit werden, wurde jedoch nie fertiggestellt. Imposant ist sie trotzdem und vom Stellplatz aus gut im Häusermeer zu sehen.

Bei diesem Anreiseweg gibt es für das erste Streckenviertel zwei mögliche Alternativen. **Alternative 1:** Saarbrücken (A6/E50 – heißt ab Frankreich A320/E50 – bis Einmündung in A4) – Metz

Alternative 2: Karlsruhe Richtung Landau (A65) – bei Kandel-Süd über die B9 auf die französische A35 Richtung Straßburg – ab Straßburg auf der A4 nach Metz

Weiterfahrt: Metz (A4/E25) – Reims (A4) – Compiègne (N31) – Beauvais (N31) – Rouen

Folgende Übernachtungsplätze an der Strecke bieten sich an:

☑ *Der Campingplatz Les Étangs de Mandre liegt ruhig und abgeschieden*

Moselufer, Metz

N49.12367° E6.16896°

Offizielle Stellplätze vor dem Campingplatz direkt an der Mosel. Stark frequentiert, VE immer wieder verschmutzt. **Lage/Anfahrt:** Von der A4 Richtung Metz-Centre, nach 2,8 km links wieder Richtung „Centre" und ab hier der Beschilderung zum Campingplatz folgen; **Platzanzahl:** 7; **Untergrund:** Asphalt; **Ver-/Entsorgung:** Abwasser, Chemie-WC; **Sicherheit:** beleuchtet; **Preise:** kostenlos; **Geöffnet:** frei zugänglich; **Kontakt:** 57000 Metz, Allée de Metz Plage

Les Étangs de Mandre, Châtillon-sous-les-Côtes

N49.14994° E5.53381°

Campingplatz mit einfacher Sanitärausstattung an einem Bauernhof mit zwei kleinen Angelseen, WLAN inkl. **Lage/Anfahrt:** Die A4 bei der Ausfahrt 32 verlassen, auf der D908 und D90 37,5 km fahren; bei Haudiomont auf D114 wechseln, auf ihr noch 5 km bis Mandre; **Platzanzahl:** 50; **Untergrund:** Wiese; **Ver-/Entsorgung:** Strom, Trinkwasser, Chemie-WC; **Sicherheit:** umzäunt; **Preise:** 12 €/Fahrz. inkl. 2 Personen, Strom, Hund und WLAN; **Geöffnet:** ganzjährig; **Kontakt:** 55400 Châtillon-sous-les-Côtes, Rue du Moulin 2, Tel. +33 (0)3 29883423, www.campingmandre.com

Halte camping-car, Villers-sous-Châtillon
N49.09633° E3.80081°

Platz in schöner und ruhiger Lage. Im Dorf gibt es viele Champagnerkellereien mit Direktverkauf. **Lage/Anfahrt:** Die A4 bei der Ausfahrt 21 verlassen und über Châtillon-sur-Marne (D23) 13 km nach Villers fahren; **Platzanzahl:** 10; **Untergrund:** Asphalt; **Ver-/Entsorgung:** Strom (1 Anschluss), Trinkwasser, Abwasser, Chemie-WC; **Preise:** 3 € Wasser oder Strom (Jetons); **Geöffnet:** frei zugänglich; **Kontakt:** 51700 Villers-sous-Châtillon, Rue du Parc

Camping Coeur de la Foret, Pierrefonds
N49.35427° E2.97564°

Campingplatz mit einfacher Sanitärausstattung, parzellierte Plätze in schöner, relativ ruhiger Lage, Restaurant, Fahrradverleih. **Lage/Anfahrt:** An der D973 zwischen Compiègne und Pierrefonds; **Platzanzahl:** 50; **Untergrund:** Wiese; **Ver-/Entsorgung:** Trinkwasser, Abwasser, Chemie-WC, Strom; **Sicherheit:** beleuchtet, umzäunt; **Preise:** 18,50 € inklusive 2 Personen und Strom; **Geöffnet:** April–15. Oktober; **Kontakt:** 60350 Pierrefonds, Le Coeur de la Forêt 60, Tel. +33 (0)3 44428083

Aire de Camping-Car, Beauvais
N49.42419° E2.08028°

Offizielle Stellplätze mit schöner Sicht auf die Stadt. 1,3 km bis ins Zentrum. **Lage/Anfahrt:** In Beauvais Richtung Saint Jean und Saint Just fahren, dann ausgeschildert; **Platzanzahl:** 20; **Untergrund:** Wiese; **Ver-/Entsorgung:** Trinkwasser, Abwasser, Chemie-WC; **Sicherheit:** beleuchtet, umzäunt; **Preise:** kostenlos; **Geöffnet:** frei zugänglich; **Kontakt:** 6000 Beauvais, Rue Aldebert Bellier

ANREISEWEG 3

Strecke ohne mautpflichtige Straßen: Straßburg (N4) – Nancy – St Dizier (N4) – Châlons-en-Champagne (D3) – Château-Thierry (D1) – Soissons – weiter siehe Anreiseweg 2.
Übernachtungsmöglichkeiten:

Aire de Camping-Car, Drusenheim
N48.75404° E7.96692°

Offizielle Stellplätze direkt am Rhein in schöner, ruhiger Lage. Gutes Restaurant in der Nähe. **Lage/Anfahrt:** Von der A35 Abfahrt Drusenheim nehmen, im Ort

292mm Abb.: gg

Richtung Fähre fahren; **Platzanzahl:** 10; **Untergrund:** Asphalt; **Preise:** kostenlos; **Geöffnet:** frei zugänglich; **Kontakt:** 67410 Drusenheim, Pont du Rhin

Aire de Camping-Car, Ligny-en-Barrois
N48.68776° E5.31936°
Offizielle Stellplätze direkt am Marne-Kanal in schöner, ruhiger Lage. **Lage/Anfahrt:** Von der N4 Abfahrt Ligny-en-Barrois nehmen, ausgeschildert; **Platzanzahl:** 6; **Ver-/Entsorgung:** Trinkwasser, Abwasser, Chemie-WC; **Untergrund:** Asphalt; **Preise:** kostenlos, Wasser 2 €; **Geöffnet:** frei zugänglich; **Kontakt:** Ligny-en-Barrois, Rue J. Willemart

Halte camping-car, Villers-sous-Châtillon (s. S. 14)

ANREISEWEG 4

Für alle, die aus dem Süden Deutschlands, aus Österreich oder der Schweiz in den Urlaub starten.

Mulhouse/Frankreich (A36/E60) – Autobahndreieck La Comptoise/Route de Corcelle les Serrigny (A31) Richtung Beaune – Autobahndreieck Autoroute du Soleil (A6/E60) Richtung Paris – in Paris Richtung Rouen (A13/E5).

Die Länge der Strecke beträgt ca. 670 km. Folgende Übernachtungsmöglichkeiten bieten sich entlang des Anreiseweges an:

Canal Fréssinet, Baume-les-Dames
N47.34019° E6.35842°
Offizieller Stellplatz oberhalb des Flusses Doubs. Eine sehr nette Anlage mit Toiletten, Duschen und Spülräumen in guter und ruhiger Lage. Es sind von hier etwa 1,5 km bis ins Zentrum. Kein Schatten. **Lage/Anfahrt:** A36 bei Ausfahrt 5 verlassen und nach Baume-les-Dames fahren. Hier immer den Schildern Richtung Campingplatz folgen, nach der Doubs rechts, ausgeschildert; **Platzanzahl:** 50; **Untergrund:** Schot-

◁ *In Ligny-en-Barrois ist ein schöner Stellplatz direkt am Marne-Rhein-Kanal eingerichtet*

terrasen, Wiese; **Ver-/Entsorgung:** Strom, Trinkwasser, Abwasser, Chemie-WC; **Sicherheit:** beleuchtet; **Preise:** 10,30 €/Fahrz. inkl. Pers. und Strom, VE 2 €, Dusche 1,50 €; **Geöffnet:** ganzjährig; **Kontakt:** 25110 Baume-les-Dames, Quai du Canal, Tel. +33 033381842798, www.baumelesdames.org

Port de Plaisance, Seurre
N47.00406° E5.14327°
Offizieller Platz an der Saône, relativ ruhige Lage (Straßen und Stadionlärm). **Lage/Anfahrt:** A36 bei Ausfahrt 1 verlassen, auf der D976 um Seurre herumfahren und über die D34 bis zum Bootshafen; **Platzanzahl:** 10; **Untergrund:** Asphalt; **Ver-/Entsorgung:** Trinkwasser, Abwasser, Chemie-WC; **Preise:** kostenlos, Ver- und Entsorgung 4,70 € (Visa- oder Mastercard, kein Bargeld); **Geöffnet:** ganzjährig; **Kontakt:** 21250 Seurre, Bourgogne-Franche-Comté

Parking Charles de Gaulle, Beaune
N47.01765° E4.83703°
Offizieller Stellplatz auf einem Großparkplatz, 5 Min. bis zum Zentrum. Beaune ist ein hübsches, altertümliches Städtchen mit dem sehenswerten Hôtel Dieu (einem ehemaligen Hospiz), Supermarkt und Bäcker in der Nähe. **Lage/Anfahrt:** Von der A6/E60 an der Ausfahrt 24.1 Beaune Centre auf die Avenue Charles de Gaulle abfahren, 3 km geradeaus bis zum Stellplatz (Hotel Mercure) folgen, ausgeschildert; **Platzanzahl:** 6; **Untergrund:** Asphalt; **Ver-/Entsorgung:** Strom, Trinkwasser, Abwasser, Chemie-WC; **Sicherheit:** beleuchtet; **Preise:** 3,60 €/10 Min. Wasser oder 4 Std. Strom oder Chemie-WC (Jetons), Jetonkauf nur mit Visa- oder Mastercard; **Geöffnet:** frei zugänglich; **Kontakt:** 21200 Beaune, Avenue Charles de Gaulle

Camping Municipal, Auxerre
N47.78585° E3.58794°
Campingplatz mit befriedigender Sanitärausstattung. Gute und relativ ruhige Lage, ca. 1 km bis ins Zentrum. Auxerre hat ein sehenswertes Stadtbild; **Lage/Anfahrt:** Von der A6/E60 bei der Ausfahrt 20 Auxerre auf die N65 in Richtung Auxerre fahren. Am folgenden Kreisverkehr die erste Ausfahrt (D965) Richtung Auxerre nehmen, immer weiter auf der D965 über den Fluss Yonne fahren und hinter der Brücke links abbiegen, der Platz ist ab hier ausgeschildert; **Platzanzahl:** 160; **Preise:** 3,90 €/

Fahrz., 4,50 €/Pers., Strom 3,70 €, Taxe 0,20 €; **Geöffnet:** 15. April–1. Oktober; **Kontakt:** 89000 Auxerre, Route des Vaux, Tel. +33 (0)3 86521115

Camping Indigo, Paris
N48.8683° E2.23483°

Platz am südwestlichen Stadtrand am Seine-Ufer mit guter Sanitärausstattung. Restaurant, Supermarkt und Shuttlebus zur Metrostation Porte Maillot. **Lage/Anfahrt:** Die A6 bei der Ausfahrt Arcueil/Paris/Villejuif verlassen und auf den Boulevard Périphérique, die Pariser Ringautobahn, abfahren. Auf ihr fährt man bis zur Ausfahrt Boulogne-Billancourt. Über die Av. de la Porte de Saint-Cloud, die Route de la Reine/D907, die Av. du Maréchal de Lattre de Tassigny und den Quai du 4 Septembre zum Platz fahren; **Platzanzahl:** 435; **Untergrund:** Pflaster, Wiese; **Ver-/Entsorgung:** Strom, Trinkwasser, Chemie-WC; **Sicherheit:** umzäunt, beleuchtet, bewacht; **Preise:** 26,70–38,80 €/Fahrz. inkl. 2 Personen, Strom 6 €, Hund 4,60 €; **Geöffnet:** ganzjährig; **Kontakt:** 75016 Paris, 2 Alleé du Bord de l'Eau, Tel. +33 (0)1 45243000, www.camping-indigo.com

MAUT

Die Autobahnen in Frankreich sind bis auf einige Teilstücke und Stadtumfahrungen meist kostenpflichtig. Wohnmobile **bis 3,5 t** zulässigem Gesamtgewicht fallen in die **Gebührenklasse 2** des fünfklassigen Systems, Wohnmobile **über 3,5 t** in die **Klasse 3.**

Es gibt **zwei verschiedene Abrechnungssysteme.** An den meisten Autobahnen ist es üblich, bei der Einfahrt an der Mautstelle *(péage)* ein Ticket zu ziehen und beim Verlassen oder Wechseln der Autobahn zu zahlen. Bezahlt werden kann in **bar** oder mit **Kreditkarte,** allerdings nicht mit EC-/Maestrokarten oder American Express. Eine automatische Mauterhebung war bisher nur Nutzern mit einem französischen Bankkonto möglich. Mit der Liber-t Box von tolltickets kann diesen Service jeder nutzen. Diese Automatisierung hat natürlich ihren Preis. Mehr zum Verfahren und den Kosten unter www.tolltickets.com/country/france/libert.aspx.

Die Maut für die Strecke Mulhouse – Rouen kostet für Wohnmobile bis 3,5 t zul. Gesamtgewicht 71,20 €, für schwerere Fahrzeuge beträgt der Aufschlag je nach Strecke 30 bis 50 %. Die aktuellen Preise findet man unter www.autoroutes.fr, allerdings nur in englischer und französischer Sprache.

DIPLOMATISCHE VERTRETUNGEN

FRANZÖSISCHE BOTSCHAFTEN

> **Deutschland:** Pariser Platz 5, 10117 Berlin, Tel. +49 (0)30 590039100, www.botschaft-frankreich.de
> **Österreich:** Technikerstraße 2, 1040 Wien, Tel. +43 (0)1 502750, www.ambafrance-at.org
> **Schweiz:** Schosshaldenstraße 46, 3006 Bern, Tel. +41 (0)31 3592111, www.ambafrance-ch.org

VERTRETUNGEN IN FRANKREICH

> **Botschaft der Bundesrepublik Deutschland,** 24 Rue Marbeau, 75116 Paris, Tel. +33 (0)1 53834500, www.paris.diplo.de
> **Botschaft der Republik Österreich,** 75007 Paris, Rue Fabert 6, Tel. +33 (0)1 40633063, www.ambautriche.fr
> **Botschaft der Schweiz,** 75007 Paris, Rue de Grenelle 142, Tel. +33 (0)1 49556700, www.eda.admin.ch/paris

EINKAUFEN

In Frankreich herrschen liberale Geschäftsöffnungszeiten. Eine **Bäckerei** *(boulangerie)* hat häufig sieben Tage in der Woche geöffnet. Wenn es einen Ruhetag gibt, ist es meist der Montag. **Mittagsruhe** ist bei allen Geschäften in der Regel von 12.30 bis 14 Uhr, in großen Städten ist oft auch durchgehend geöffnet. Es gibt in Frankreich immer weniger

302mm Abb.: gg

kleine Lebensmittelläden im Stadtzentrum, sondern inzwischen teilweise riesige **hyper- oder supermarchés** (Supermärkte) an der Peripherie. Hier kann man sich außer mit Lebensmitteln auch mit Kleidung, Schuhen, Küchenutensilien, Autobedarf usw. eindecken. Supermärkte sind in der Regel durchgängig von 9 bis 20 Uhr, zum Teil auch bis 22 Uhr und häufig auch sonntagvormittags geöffnet, dafür kann man am Montag vor verschlossenen Türen stehen. Beinahe jeder Ort hat eine Bäckerei, eine **Metzgerei** *(boucherie)* und seinen **Wochenmarkt** *(marché)*. Frisches Obst und Gemüse, Käse, Wurst und Brot kann man auch sehr gut auf den regional stattfindenden wöchentlichen Märkten kaufen.

LEBENSMITTEL

Nach Frankreich, in das Land der Gourmets, muss man keine Lebensmittel mitnehmen, denn in den riesigen Supermärkten findet man alles, was das Herz begehrt. Für viele Touristen war es früher ein Problem, über Wochen immer nur das französische Weißbrot zu essen. Inzwischen gibt es außer dem **Baguette** aber auch schon ein breites Angebot

an **verschiedensten Brotsorten.** Ein richtiges **Vollkornbrot** findet man dagegen selten, am ehesten wird es auf den Märkten von kleinen Biobäckern angeboten.

SOUVENIRS

Mitbringsel aus der Normandie sind in erster Linie die drei Cs: **Cidre** (Apfelmost), **Calvados** (Apfelschnaps) und **Camembert** (Weichkäse aus Kuhmilch). In den Départements Calvados und Manche kann man die flüssigen Souvenirs direkt beim Erzeuger kosten und kaufen und auch Käse gibt es direkt vom Produzenten. Vom großen, fabrikähnlich organisierten Gut bis zum kleinen Bauernhof reicht die Palette der Direktvermarkter. Gut transportieren lassen sich auch die im Glas eingekochten **rillettes** (Brotaufstrich aus Wild-, Geflügel- oder Schweinefleisch). In den Bordkühlschrank müssen die **andouille** (Wurstspezialität aus Schweineinnereien) und **Austern,** die gut verpackt eine Woche

⌂ *Ein Eldorado für Fischliebhaber – der Fischmarkt in Trouville*

haltbar sind. Das Buttersandgebäck **sablé, Karamellen** aus Isigny und hausgemachte **Konfitüre** sind typisch normannische Souvenirs für Schleckermäuler.

Antiquitätenläden gibt es viele in der Normandie. Die Preise sind im Durchschnitt niedriger als in Deutschland. Ein weiteres Souvenir sind die wertvollen **Spitzen** aus Alençon und Argentan, die allerdings ihren Preis haben. **Keramik** in allerlei Formen kann man in großer Auswahl in Ger und Noron-la-Poterie erstehen. Und ob Töpfe, Kannen oder Krüge aus **Kupfer** oder von der kleinen Tisch- bis zur großen Schiffsglocke: in Villedieu-les-Poêles gibt es für jeden das Richtige.

PREISE

Die Preise in der Normandie entsprechen ungefähr denen in Deutschland, die **Eintrittspreise** in Museen und Sehenswürdigkeiten sind teilweise relativ hoch. Der **Normandie-Pass** für 1 € bietet bei 26 Stätten und Museen unterschiedlich hohe Preisnachlässe, allerdings überwiegend dort, wo der Zweite

Weltkrieg thematisiert wird. Einige wenige Schlösser und Käsereien haben sich angeschlossen. Man erhält den Pass an der Kasse der jeweiligen Museen.

EINREISEBESTIMMUNGEN

Durch das Schengener Abkommen sind die Grenzen in Europa gefallen. Bei einem bis zu dreimonatigen Aufenthalt sind **Personalausweise** für Deutsche, Österreicher und Schweizer daher als Ausweispapier ausreichend. Für das Wohnmobil benötigt man den **Führerschein** und den **Fahrzeugschein.** Die Mitnahme einer **grünen Versicherungskarte** wird empfohlen. Ein **Euroschutzbrief** sollte auf allen Reisen in Europa nicht fehlen. Wer an seinem Wohnmobil kein Euro-Nummernschild hat, braucht ein **Nationalitätenkennzeichen.**

⬄ *Nostalgischer Mühlenladen in Vimoutiers*

GASVERSORGUNG

Die Versorgung mit Flaschengas ist in der Normandie kein Problem. In jedem Dorf findet sich ein **Händler** für Gasflaschen, häufig angegliedert an eine Bar oder ein Lebensmittelgeschäft. Auch an sehr vielen **Tankstellen** werden Gasflaschen verkauft, am günstigsten bei den großen Supermärkten. Es gibt Propangasflaschen mit 10, 11 und 13 kg Füllung. Die 13-kg-Flasche hat einen geringfügig größeren **Durchmesser** als die deutsche 11-kg-Flasche. Die 10-kg- und 11-kg-Flaschen sind vom Durchmesser her gleich. Für den Anschluss nimmt man zur Sicherheit sein Euro-Adapterset. Die Kosten betragen für 11 kg Gas ca. 25 €. Das **Flaschenpfand** beträgt ca. 30 bis 35 €. Achtung: Es werden nur Flaschen desselben Anbieters getauscht, deshalb auf die Flaschenfarbe achten und die Quittung für die Rückgabe aufbewahren.

GELD

Vorab eine Information zu französischen Kreditkarten: Die carte bancaire oder auch carte bleue genannten Karten sind eine Kombination aus Bankkarte (zum Geldabheben an Bankautomaten) und Kreditkarte. Reine EC-Karten wie in Deutschland gibt es in Frankreich nicht.

Geldautomaten (*guichet automatique*) findet man fast überall. Sie sind meist mit einer deutschsprachigen Benutzerführung versehen. Geldabhebungen sind mit **Maestro-(EC-)** und **Kreditkarten** möglich. Auf jeden Fall sollte man die üblichen Sicherheitsvorkehrungen wie das Abdecken des Tastenfeldes mit der Hand bei Eingabe des PIN-Codes nicht außer Acht lassen. Die Öffnungszeiten von Banken sind Mo bis Fr von 9 bis 12 und von 14 bis 16 Uhr, in größeren Städten auch

durchgehend von 9 bis 16.30 Uhr. **Kreditkarten** haben in Frankreich (im Gegensatz zu Maestro-(EC-)Karten) eine hohe Akzeptanz. Auch Autobahngebühren können damit entrichtet werden (Ausnahme: American Express). Für den Fall, dass Ihnen eine Karte abhanden kommt, notieren Sie sich auf jeden Fall Kartennummer und die Rufnummern der Sperrhotline Ihres Geldinstitutes oder Kreditkartenunternehmens! In Deutschland gibt es zudem eine Zentralnummer für **Kartensperrungen,** aber auch hier muss man natürlich die Kartennummern angeben können.

❯ **Deutscher Sperrnotruf:** Tel. +49 116116 oder
  Tel. +49 3040504050

▷ *Typische Souvenirs für die lieben Daheimgebliebenen*

GESUNDHEIT

Für die Reise nach Frankreich sind keine besonderen Vorsorgemaßnahmen nötig und eine übliche Reiseapotheke ist völlig ausreichend. Wer regelmäßig spezielle Medikamente einnehmen muss, sollte diese aber selbstverständlich mitnehmen.

Apotheken *(pharmacie)* erkennt man in Frankreich an einem blinkenden grünen Kreuz. In den Nachtstunden und am Wochenende hängt in jeder Apotheke am Eingang oder im Fenster die Adresse der Dienst habenden Apotheke aus. Wenn Sie einen **Arzt** brauchen, fragen Sie nach einem *médecin* oder *docteur,* ein **Zahnarzt** ist ein *dentiste.*

Für gesetzlich Versicherte gibt es die **Europäische Krankenversicherungskarte** (European Health Insurance Card, EHIC). Beachten Sie bitte, dass alle mitreisenden Familienmitglieder eine EHIC brauchen. Sie gilt für akut notwendige medizinische Leistungen beim Arzt, Zahnarzt oder im Krankenhaus sowie für die notwendige Behandlung bereits vorhandener oder chronischer Krankheiten bei vorübergehendem Auslandsaufenthalt. Bei den meisten Ärzten und Apotheken müssen Sie trotz der EHIC Ihre Rechnung zunächst selbst bezahlen. Zu Hause reichen Sie den Beleg (aufbewahren!) dann bei Ihrer Krankenkasse ein.

Ein **Krankenrücktransport** wird von den deutschen Krankenkassen nicht übernommen. Deshalb ist es ratsam, eine **Auslandskrankenversicherung** abzuschließen. Oft schließen auch Kfz-Schutzbriefe einen Krankenrücktransport ein.

HAUSTIERE

Es stellt kein Problem dar, den treuen Begleiter auf eine Reise nach Frankreich mitzunehmen. Die Tiere müssen gegen **Tollwut** geimpft sein. Außerdem braucht man einen **EU-Heimtierausweis** (gemäß der EG-Entscheidung Nr. 2003/803). Er bestätigt die Identität und die gültigen Impfungen. Des Weiteren muss das Tier durch **Tätowierung** oder einen **Mikrochip** genau identifizierbar sein. **Hunde der ersten Kategorie** wie Staffordshire Terrier, American Staffordshire Terrier, Mastiff oder Tosa, die in keinen vom Internationalen Hundeverband (www.fci.be) zugelassenen Stammbuch eingetragen sind, dürfen nicht nach Frankreich eingeführt werden. Sind diese Rassen in einem zugelassenen Stammbuch eingetragen, dürfen sie einreisen, müssen aber Leine und Maulkorb tragen. Für Rottweiler, Dobermann und deutsche Dogge besteht ebenfalls Leinen- und Maulkorbzwang. Alle Katzen und Hunde, die mehr als drei Monate in Frankreich bleiben, müssen identifiziert und in ein innerstaatliches Register eingetragen werden.

Hunde- und Katzenfutter gibt es in Frankreich reichlich zu kaufen, allerdings nicht unbedingt die Marke, die Ihr Vierbeiner von zu Hause gewohnt ist. Die meisten **Campingplätze** lassen Hunde uneingeschränkt zu, allerdings wird inzwischen beinahe überall eine Gebühr verlangt. Wenn Ihr Tier krank wird, finden Sie sicher bei einem der vielen Tierärzte *(vétérinaire)* Hilfe. Moderne Tierkliniken, die auch bei größeren Problemen helfen, findet man meist an der Peripherie der Städte und Dörfer.

INFORMATIONEN

In der heutigen Zeit ist das Internet sicherlich eine der bevorzugten Informationsquellen, sodass der Versand von Broschüren bei france.fr Ende 2016 eingestellt wurde. Unter www.normandie-tourisme.fr kann man noch Broschüren als PDF-Dateien herunterladen, alternativ gibt es in den örtlichen Fremdenverkehrsbüros in der Normandie kostenloses gedrucktes Material.

▷ *Auch Fellnasen fühlen sich in der Normandie pudelwohl*

303nrm Abb.: gjt

INTERNET

Aus den im Internet zu findenden Adressen zum Thema Normandie bzw. zum Thema Frankreich allgemein folgt hier eine interessante Auswahl:

> **www.france.fr:** offizielle Seite des französischen Fremdenverkehrsamtes auch in deutscher Sprache. Hier kann man auch regionale Informationen downloaden.

> **www.frankreich-info.de:** zahlreiche nützliche Informationen über Reisen nach Frankreich

> **www.normandie-netz.de:** gut gegliederte Website, auf der man allgemeine Informationen zu den Regionen, aber auch speziellere, z. B. zu Angelrevieren, sowie aktuelle Termine zu örtlichen Festen erhält

> **www.normandie-tourisme.fr:** sehr informative Website des regionalen Fremdenverkehrsamtes der Normandie, auch in deutscher Sprache und mit Broschüren zum Download

> **www.campingfrance.com:** Hier erhält man geordnet nach den Regionen Kurzinfos zu den Campingplätzen.

> **www.normandie-sueden-tourismus.com:** Gute Informationsquelle über die südliche Normandie zwischen Rouen und Mont-Saint-Michel.

IN DER NORMANDIE

Vom Personal der örtlichen Tourismusbüros wird man überaus freundlich und kompetent beraten. Anfragen per E-Mail an die Adresse info@normandie-tourisme.fr sind auch in deutscher Sprache möglich. Anrufe können nur auf Französisch oder Englisch beantwortet werden.

> **Comité Régional de Tourisme de Normandie,** Rue Charles Corbeau 14, 27000 Évreux, Tel. +33 (0)2 32337900 oder (0)2 32311904, www.normandie-tourisme.fr

KARTEN

STRASSENKARTEN

Empfehlenswert sind die **Normandie-Karten** von Michelin („Normandie", Maßstab 1 : 200.000; „Normandie-Ost", Maßstab 1 : 150.000 und „Normandie-West", Maßstab 1 : 150.000) und die Karte „Normandie-Calvados" von Kümmerly+Frey (Maßstab 1 : 180.000).

WANDERKARTEN

Das französische **Institut Géografique National** (IGN, www.ign.fr) gibt sehr gute, detailreiche topografische Landkarten heraus. Ein Teil der Normandie ist mit Karten im Maßstab 1 : 25.000 abgedeckt. Die Kartenlegende ist in französischer und englischer Sprache abgefasst.

PANNE/UNFALL

Wenn Sie trotz aller Vorsicht in einen Unfall verwickelt werden, sollten Sie auf keinen Fall irgendwelche Schadenszusagen unterschreiben. Wenn Personenschaden entstanden ist, bitte unbedingt den **Notarzt** benachrichtigen.

Die französische **Polizei** protokolliert nur Unfälle mit Personenschäden. Sie kann aber auch gerufen werden, wenn durch einen Unfall der Verkehrsfluss stark behindert ist.

Notieren Sie die Kfz-Nummer, die Versicherungsnummer und die Versicherungsgesellschaft des Unfallgegners. Die **Versicherungsdaten** können Sie einer an der Windschutzscheibe des Fahrzeugs angebrachten Plakette entnehmen. Formblätter für die Unfallaufnahme gibt es z. B. bei den **Autoklubs** ADAC, ÖAMTC und ACS. Ein EU-Unfallbericht hilft, den Unfall präzise aufzuzeichnen. Die Protokollierung des Unfalls ist damit in mehreren Sprachen möglich. Unterstützung erhalten Sie auch vom **Zentralverband der Autoversicherer** unter der Rufnummer +49 (0)800 2502600.

Bei einer **Panne** gelten natürlich die üblichen Vorsichtsmaßnahmen: Warnweste anziehen, Warndreieck aufstellen, Insassen aussteigen lassen und – sofern vorhanden – hinter der Leitplanke auf Hilfe warten.

Wenn eine **Reparatur** Ihres Wohnmobils notwendig werden sollte, finden Sie im internationalen Kundendienstverzeichnis Ihres Fahrzeugherstellers die örtlichen Vertragswerkstätten. **Pannen- und Abschleppdienste** erreichen Sie über AIT-Assistance oder ADAC-

Notruf Frankreich. Bei der Beschaffung von Ersatzteilen, besonders wenn sie angeliefert werden müssen, hilft ein **Schutzbrief.** Dieser wird inzwischen nicht nur von den Automobilklubs angeboten, auch größere Wohnmobilhersteller und Kraftfahrzeugversicherungen haben diesen Service in ihrem Programm.

Notrufnummern
> **Polizeinotruf PS** (Police Secours): Tel. 17
> **Rettungsdienst** (Service d'aide médicale d'urgence, Abkürzung: SAMU): Tel. 15
> **Feuerwehr** (pompiers): Tel. 18
> **allgemeine Notrufzentrale:** Tel. 112 bzw. +33 112 (vom Handy)
> **Pannenhilfe:** Tel. 0800089222 (kostenlose 24-Stunden-Hotline von AIT-Assistance)
> **ADAC-Notruf Deutschland:** Tel. +49 (0)89 222222 bei Fahrzeugschäden, Tel. +49 (0)89 767676 bei Personenschäden, Notfallmeldung und/oder Transportanfragen unter ambulance@adac.de
> **ÖAMTC-Schutzbrief-Nothilfe:** Tel. +43 (0)1 2512000, für medizinische Notfälle +43(0)1 2512020
> **ACS-Notruf Schweiz:** Tel. +41 (0)44 6288899

REISEZEIT

Das normannische Klima wird stark vom Atlantik beeinflusst. Dank des nahen Golfstroms sind die Temperaturen **auch im Winter mild.** Auf plötzlich einsetzenden **Wind** oder einen **Regenguss** muss man sich aber das ganze Jahr über einstellen. Auf jeden Fall gehören ein warmer Pulli und eine Regenjacke ins Reisegepäck und wer gerne Wattwanderungen unternimmt, sollte Gummistiefel mitführen.

▷ *Blütenrausch im Calvados*

FRÜHJAHR

In der Zeit von Mitte April bis Ende Mai blühen in der Normandie die geschätzten 9 Millionen Apfel- und Birnenbäume. Die Salzwiesen an der Küste des Cotentin stehen im saftigen Grün und an den Steilküsten breitet der Ginster seinen gelben Teppich aus. Die Tagestemperaturen erreichen schon die 20°-Marke. Die Jahreszeit ist ideal für ausgiebige Spaziergänge an der Küste oder Wanderungen im Hinterland.

SOMMER

Die Sommersaison ist in der Normandie relativ kurz und beschränkt sich überwiegend auf die Zeitspanne der französischen Schulferien zwischen Anfang Juli und Ende August. Dann sind vor allem die Küstenbadeorte stark frequentiert. Im Hinterland gibt es auch im Sommer bis auf einige Ausnahmen wenig Tourismus. Die Temperaturen sind angenehm warm, extreme Hitze ist selten. Jetzt ist die richtige Zeit, die riesigen Sandstrände ausgiebig zu genießen.

HERBST

September und Oktober sind angenehme Monate für Besichtigungen, die Apfelernte ist in vielen Orten mit fröhlichen Festen verbunden. Die Pariser, die im August noch die Küste belagert haben, sind wieder zu Hause, die Campingplätze und die Wohnmobilstellplätze leeren sich zusehends. Wanderer und Radfahrer finden gute Bedingungen, um durch die Lande zu streifen.

WINTER

Von November bis Februar/März nehmen die Niederschläge zu, die Temperaturen bleiben bis auf wenige Ausnahmen im positiven Bereich. Die Küstenbadeorte wirken verlassen, die meisten Campingplätze machen Winterpause. Im Januar sind außerdem die Tore zahlreicher Sehenswürdigkeiten und Museen verschlossen. Wer den Winter am Meer mag, findet jetzt Ruhe und Einsamkeit. Besonders an der Küste kann man in der herrlichen Meeresluft mit entsprechender Kleidung sehr gut wandern.

010mm Abb.: gg

SICHERHEIT

In der Normandie ist man vor Einbrüchen oder Diebstählen weitestgehend sicher. Wie überall in der Welt gibt es aber leider auch in den Großstädten **Kleinkriminelle,** die es auf Ihr Hab und Gut abgesehen haben. Man kann den Gefahren jedoch mit einigen Vorsichtsmaßnahmen vorbeugen: **Geld** sollte nicht in der Hosentasche oder im Brustbeutel verwahrt werden, sondern in Gürteln, Waden- oder Bauchtaschen, die man unter der Kleidung verstecken kann, und dass man **Schmuck** am besten gar nicht mitnimmt, ist sicher hinreichend bekannt.

Das **Wohnmobil** kann man mit einer Alarmanlage schützen. Hilfreich sind auch Maßnahmen wie ein Bügel über der Wohnteiltür, die schon von außen darauf hinweisen, dass das Wohnmobil nicht so einfach zu knacken ist. Ein im Fahrerhaus wachender Hund trägt sicher ebenfalls sehr dazu bei, dass sich niemand dem Wohnmobil in unehrlicher Absicht nähert.

Sollten Sie tatsächlich bestohlen werden oder einen Einbruch in Ihr Wohnmobil erleiden, verständigen Sie grundsätzlich die **Polizei** (Notruf 112 oder 17). Bestehen Sie auf ein Polizeiprotokoll, das die gestohlenen Gegenstände auflistet (meist hat die Polizei mehrsprachige Formulare), sonst erhalten Sie von Ihrer Versicherung keinen Ersatz. Übrigens: Die meisten Polizisten sind Touristen gegenüber äußerst freundlich gesonnen und hilfsbereit. Von Ihren **Ausweisen** und **Fahrzeugpapieren** sollten **Fotokopien** vorhanden sein, so ist eine Ersatzbeschaffung beim Konsulat einfacher zu bewerkstelligen.

STRASSEN

Die Normandie verfügt über ein dichtes und gut ausgebautes Straßennetz in überwiegend ordentlichem Zustand. Einige untergeordnete Straßen im ländlichen Bereich sind schmal, aber auch verkehrsarm. Die **Autobahnen** *(autoroutes)* sind bis auf einige Strecken-

011nm Abb.: gg

abschnitte gebührenpflichtig (s. S. 16). Als **Routes nationales** bezeichnet man große Verbindungsstraßen, vergleichbar den deutschen Bundesstraßen. Sie sind mit der Abkürzung RN und ihrer Ordnungsnummer bezeichnet (rote Schilder mit weißer Aufschrift). Häufig wurden sie drei- oder vierspurig ausgebaut. Bei den **Départementstraßen** reicht die Bandbreite von autobahnähnlichen Schnellstraßen bis zu schmalen Landsträßchen. Sie sind mit D und ihrer Straßennummer gekennzeichnet (gelbe Tafeln mit weißer Schrift). Achten Sie darauf, dass die Straßennummern der Départementstraßen sich an den Grenzen der Départements ändern! Verbindungen zwischen Orts- und Stadtteilen werden als **Kommunalstraßen** (routes communales) bezeichnet. Sie haben weiße Tafeln mit schwarzer Aufschrift (C und die Straßennummer). Die Straßenbeschilderung ist überall hervorragend.

Auf Straßenschildern werden **Fernziele** mit weißer Schrift auf grünem Untergrund angezeigt, **Nahziele** mit schwarzer Schrift auf weißem Grund, **Autobahnen** haben blaue Straßenschilder mit weißer Schrift.

STROM

Die **Netzspannung** beträgt 230 Volt Wechselstrom. Mit den flachen Eurosteckern hat man keine Probleme. Für die runden **Stecker** wird ein Adapter benötigt (im Campingzubehörhandel erhältlich). Auf Camping- und an Wohnmobilstellplätzen setzten sich die dreipoligen CEE-Steckdosen immer mehr durch, dennoch findet man auf einfach ausgestatteten Campingplätzen noch die herkömmlichen französischen Steckdosen. Es empfiehlt sich, ein **Verlängerungskabel** mitzuführen, um die manchmal langen Strecken zum Verteilerkasten zu überbrücken. So preisgünstig manche Campingplätze auch sind, der **Strom ist teuer.** Auf Campingplätzen werden dafür bis zu 6 € pro Nacht verlangt. An einigen wenigen Wohnmobilstellplätzen kann man sich kos-

tenlos an den Strom anschließen, muss dafür allerdings stündlich einen Knopf für den weiteren Bezug drücken.

TANKEN

Das **Tankstellennetz** ist in den Städten dicht, auf dem flachen Land kann es jedoch vorkommen, dass man längere Zeit keine Tankstelle findet. Beachten Sie, dass an **Sonn- und Feiertagen** viele Tankstellen geschlossen sind. An Tankstellen mit dem 24/24-Zeichen findet man Tankautomaten. Geldscheinautomaten gibt es nicht mehr. Da in Frankreich alle Kreditkarten mit einem Chip versehen sind, kann es bei deutschen Karten ohne Chip Probleme geben. Auch EC-Karten werden häufig nicht akzeptiert.

Das **Preisniveau** liegt bei Super (essence 95), Super plus (essence 98) und Diesel etwas über dem deutschem Niveau. Zwischen einzelnen Tankstellen kann es aber zum Teil erhebliche Preisunterschiede geben. Am günstigsten tankt man an den Tankstellen der großen Supermärkte. Der Literpreis liegt hier oft zwischen 10 und 15 Cent niedriger als an den Markentankstellen. Unter der Internetadresse **www.prix-carburants.gouv.fr** kann man in französischer Sprache die Kraftstoffpreise aller französischen Tankstellen abrufen.

TELEFONIEREN

VORWAHLNUMMERN

Die **Landesvorwahl** für Frankreich lautet **Tel. +33**. Ortsvorwahlen wie in Deutschland gibt es nicht. Insgesamt kommt das französische Telefonnetz mit 6 zweistelligen **Zonenvorwahlen** aus. 02 gilt für Nordwestfrankreich und 06 für das Mobilfunknetz. Bei Anrufen

◁ *Prachtboulevard im Betondesign in Le Havre*

aus dem Ausland nach Frankreich wird die führende Null der zweistelligen Vorwahl weggelassen. Innerhalb Frankreichs muss immer die **vollständige zehnstellige Nummer** gewählt werden.

Vorwahlen aus Frankreich

> nach Deutschland: Tel. +49
> nach Österreich: Tel. +43
> in die Schweiz: Tel. +41

HANDY

Mit dem Handy in Frankreich zu telefonieren ist problemlos möglich. Die überteuerten Rechnungen, die man früher nach der Heimkehr vom Netzbetreiber erhielt, gehören der Vergangenheit an. Seit Mitte Juni 2017 sind die Roaminggebühren abgeschafft. Jedoch Vorsicht! Einige Anbieter haben mit neuen Tarifen inzwischen die Auslandsnutzung komplett gesperrt.

ÖFFENTLICHE FERNSPRECHER

Öffentliche Fernsprecher gibt es nur noch sehr wenige. Sie funktionieren mit Kreditkarte oder man besorgt sich im Postamt oder Tabakgeschäft eine *télécarte* (Telefonkarte).

INTERNET

Viele Tourismusbüros bieten teilweise kostenlose **Internetpoints** an. Hier findet man Internetterminals oder WLAN-Anschlüsse. Bei Camping- und gebührenpflichtigen Stellplätzen gehört WLAN heute immer häufiger zum Standard. Oft ist jedoch nicht der ganze Platz, sondern nur der Bereich an der Rezeption mit gutem Empfang versorgt. Da seit Mitte Juni 2017 die Roaminggebühren weggefallen sind, ist der mobile Internetzugang im europäischen Ausland zu denselben Konditionen wie zu Hause möglich.

ÜBERNACHTEN

Alle im Buch aufgeführten Stell- und Campingplätze wurden besucht und getestet. Die angegebenen Öffnungszeiten entsprechen einer möglichst genauen Recherche.

CAMPINGPLÄTZE

Unter www.campingfrance.com werden registrierte Campingplätze und private Stellplätze bei einem Bauernhof aufgeführt. Der Komfort der Stellplätze reicht von einfach bis gut, Luxusplätze findet man hingegen selten.

Das Sterben des **städtischen Campingplatzes,** des *camping municipal,* setzt sich leider fort. Er liegt überwiegend zentral, aber dennoch ruhig, hat meist eine einfache Sanitärausstattung und ist sehr preisgünstig. **Private Campingplätze** haben dagegen mehr Komfort, was sich natürlich auch im Preis widerspiegelt. Einen Laden oder ein Restaurant findet man nur bei wenigen Campingplätzen, Brot liefert häufig ein Bäckerauto.

Mit Ausnahme der großen Städte haben in der Normandie nur sehr wenige Campingplätze das ganze Jahr über geöffnet. In den meisten Fällen ist von Oktober bis März **Winterpause** und auch für die in diesem Buch aufgeführten Öffnungszeiten kann keine Garantie übernommen werden, denn immer wieder werden Plätze in der Nebensaison mangels Besuchern schon vorzeitig geschlossen.

Viele Campingplätze sind mit **behindertengerechten Einrichtungen** versehen. Eine **Wohnmobilver- und -entsorgung** findet man allerdings nicht auf allen Plätzen. Häufig gibt es keine oder zumindest keine praktische Lösung, das Abwasser zu entsorgen.

Es ist sinnvoll, in der Normandie eine **Camping Card International** mitzuführen, da sie als Campingausweis anerkannt wird. Außerdem schließt sie eine Camping-Haftpflichtversicherung mit ein.

Auf Vorlage der **ADAC-CampCard** oder **AC-SI-Card** (www.campingcard.com) erhält man

230nm Abb.: 88

bei etlichen Campingplätzen außerhalb der Hauptsaison Rabatte.

Jeden Campingplatz in diesem Buch aufzuführen, würde den Rahmen des Tourguides sprengen und da sämtliche Campingplätze unter www.campingfrance.com abgerufen werden können, wurden überwiegend Wohnmobilstellplätze berücksichtigt. Auf Campingplätze wird nur verwiesen, wenn kein geeigneter Stellplatz vorhanden ist oder der Campingplatz sich durch besondere Schönheit, eine besonders gute Lage oder lange Öffnungszeiten auszeichnet.

STELLPLÄTZE

In der Normandie sind Wohnmobilfahrer herzlich willkommen und dementsprechend ist auch die Infrastruktur ausgerichtet. Sehr viele Städte und Gemeinden weisen Wohnmobilstellplätze aus. Die Platzqualität reicht von einem separaten Platzteil auf einem Großparkplatz bis zu eigens für Wohnmobile eingerichteten Plätzen mit Picknicktischen, Strom- und Wasserversorgung. Die kommunalen Stellplätze sind, bis auf wenige Ausnahmen **kostenlos,** für die **Ver- und Entsorgung** muss man dagegen häufig bezahlen. Es gibt aber auch in den Ortschaften abseits der Touristenrouten sehr bemühte Verwaltungen, die sogar den Strom kostenlos anbieten.

Das Auffinden der Plätze ist nicht immer leicht, denn die Beschilderung ist meist erst direkt am Platz angebracht. Es gibt jedoch auch Orte, in denen man hervorragend zum Stellplatz geleitet wird. In aller Regel werden Schilder mit einem **Wohnmobilpiktogramm** verwendet. Alle Anfahrtsbeschreibungen in diesem Buch sind mit GPS-Daten und Fahrhinweisen versehen.

◹ Ruhig und mit toller Aussicht kann man auf dem Parkplatz in Veules-les-Roses **181** *übernachten*

Freies Stehen

In Frankreich ist das **Übernachten** außerhalb von Stell- und Campingplätzen nur mit Zustimmung des Eigentümers erlaubt. Aus diesem Grund habe ich nur noch wenige freie Stellplätze im Buch aufgeführt. Bei diesen sagten mir die Touristeninformationen zu, dass eine Übernachtung toleriert wird, allerdings nicht das Aufstellen von Stühlen usw. Desweiteren habe ich bei einigen im Buch aufgenommenen Picknickplätzen beobachtet, dass Wohnmobile dort über Nacht stehen. Es bleibt jedem Womotouristen selbst überlassen, ob er dort nachts stehen will und das Risiko eingeht, eventuell von der örtlichen Polizei weggeschickt zu werden.

Offizielle Stellplätze

Offizielle Stellplätze sind von Kommunen angelegt und als Wohnmobilstellplätze ausgewiesen. Die Plätze sind in den meisten Fällen kostenlos und besitzen fast ausnahmslos eine **Ver- und Entsorgungsmöglichkeit,** die jedoch meist kostenpflichtig (1–7 €) ist. Häufig gibt es nur **einen** Stromanschluss direkt an der Entsorgungsstation und hinzu kommt, dass man jede Stunde einen Jeton oder eine (Euro-)Münze einwerfen muss – keine sehr praktische Lösung. Wenn der Strom kostenlos angeboten wird, muss man manchmal auch stündlich einen Knopf drücken, um die Elektrizität in Gang zu halten.

Direkt mit Euromünzen kann man den Strom übrigens nur selten bezahlen. Meist muss man sich im örtlichen Handel **Jetons** kaufen.

Private Stellplätze

Darunter verstehen sich Wohnmobilstellplätze von privaten Betreibern, die **häufig bei Bauernhöfen** angelegt und unterhalten werden. Die Plätze sind durchweg gebührenpflichtig. Die Kosten für eine Übernachtung schwanken zwischen 3 € und 15 €, wobei die Preise oft kein Spiegel für Lage und Ausstattung sind.

Die Plätze sind mit **Ver- und Entsorgungsstationen** ausgestattet, wobei man manchmal auf recht einfache, aber praktikable Lö-

☐ Nicht nur an der Küste, sondern auch im attraktiven Hinterland gibt es schöne Stellplatz wie hier in Mortagne-Au-Perche ⒂

sungen trifft. Man findet auf diesen Plätzen **Stromanschlüsse. Duschen** und **Toiletten** sind eher selten.

In der Nebensaison kann es vorkommen, dass man auch während der im Text genannten Öffnungszeiten vor verschlossenen Türen steht, denn wenn keine Gäste kommen, schließen die Besitzer auch mal den Platz. Auf Bauernhöfen findet man dagegen zuverlässig offene Türen.

VERHALTENSHINWEISE

FOTOGRAFIEREN UND FILMEN

Das Fotografieren und Filmen ist in den meisten Sehenswürdigkeiten erlaubt, in Museen dagegen fast überall verboten. Dass man Menschen für eine Aufnahme um Erlaubnis fragt, ist sicher selbstverständlich.

RAUCHEN

Rauchen ist **in allen öffentlichen Räumen,** inklusive Restaurants und Bars **verboten.** Beachten Sie deshalb unbedingt die Verbotstafeln mit der Aufschrift „Interdit de fumer!" (Rauchen verboten!) Die Geldstrafe für Übertretungen beträgt 68 € für den Raucher und bis zu 750 € für den Betreiber des Lokals.

TRINKGELD

In Frankreich ist das Bedienungsgeld in den Preisen inbegriffen. Wenn man aber mit dem Service besonders zufrieden ist, rundet man den Betrag auf oder gibt 1–2 € als Trinkgeld.

VERKEHRSREGELN

Die **Höchstgeschwindigkeit** für Wohnmobile unter 3,5 t Gesamtgewicht beträgt innerorts 50 km/h, außerorts 90 km/h, auf

Einige wichtige Straßenschilder	
Toutes directions	*alle Richtungen*
Autres directions	*andere Richtungen*
Rappel	*Erinnerung (meist in Verbindung mit Tempolimits)*
Ralentir	*langsam fahren*
Centre Ville	*zur Stadtmitte*
Passage interdit	*Durchfahrt verboten*
Aire	*Rastplatz*
Chaussée déformée	*schlechter Fahrbahnzustand*
Déviation	*Umleitung*
Interdiction de	*Halten/Parken stationner verboten*
Sortie	*Ausfahrt*
Travaux	*Baustelle*

Schnellstraßen 110 km/h und auf Autobahnen 130 km/h. Für Wohnmobile über 3,5 t und Gespanne gilt innerhalb geschlossener Ortschaften ebenfalls 50 km/h, außerorts 80 km/h, auf Schnellstraßen 100 km/h und auf Autobahnen 110 km/h. **Radarkontrollen** sind in Frankreich an der Tagesordnung und es kann passieren, dass die Polizei das Fahrzeug aus dem Verkehr zieht, bis das Bußgeld bezahlt ist. Die **Strafen für Verkehrsverstöße** sind außerdem wesentlich höher als in Deutschland.

> **Bei Nässe** besteht auf allen Autobahnen ein Tempolimit von 110 km/h und auf Schnellstraßen eine Höchstgeschwindigkeit von 100 km/h.

> Die **Promillegrenze** liegt bei 0,5 Promille.

> Bei Regen, Schnee oder in Tunneln muss man das **Abblendlicht** einschalten.

> **Telefonieren** mit einem Mobiltelefon ohne Freisprecheinrichtung ist beim Autofahren verboten.

> **Vorfahrtsstraßen** enden an den Ortsschildern, d. h., wenn man auf einer Vorfahrtsstraße in einen Ort hineinfährt, hat man ab dem Ortsschild nicht automatisch weiter Vorfahrt.

> **Straßenbahnen** haben immer Vorfahrtsrecht.

> Der **EU-Führerschein** ist keine Pflicht, auch ältere (graue oder rosa) Papierdokumente werden akzeptiert.

> Alle nach hinten **über das Fahrzeug hinausragenden Dachlasten** und **Ladungen** (Fahrradträger oder Träger für Motorroller) müssen mit einer reflektierenden Vorrichtung (bei Nacht mit einem roten Licht!) gekennzeichnet sein.

> Das Mitführen von **Warnweste** und **Warndreieck** im Fahrzeug ist vorgeschrieben.

> Bei gelben Markierungen am Fahrbahnrand herrscht **Parkverbot,** weiß markierte Parkflächen sind kostenlos und blaue sind gebührenpflichtig.

> **Helmpflicht** für Kinder bis 12 Jahre auf dem Fahrrad, auch als Mitfahrer

VER- UND ENTSORGUNG

Fast ausnahmslos befinden sich die Anlagen zur Ver- und Entsorgung an ausgewiesenen **Wohnmobilstellplätzen,** bei **Supermärkten** oder an **ausgeschilderten Plätzen.** Die Stationen sind beinahe überall gleich und funktionieren häufig nicht mit Münz- sondern mit **Jetoneinwurf.** Um für 10 Minuten Wasser zu zapfen oder 50 bis 60 Minuten lang Strom zu entnehmen, kauft man Jetons im Wert von 1 bis 7 €. Diese Jetons gibt es meist im örtlichen Handel, bei den Campingplätzen oder bei Touristeninformationen. Leider wird an manchen Zapfsäulen nicht explizit darauf hingewiesen, wo man die Jetons bekommt. Um Strom aus den Säulen zu entnehmen, müssen oft größere Distanzen bis zum Wohnmobil überbrückt werden.

Die meisten **Wasserhähne** sind mit Halbzoll-Schlauchanschlüssen ausgestattet, sodass man problemlos Wasser tanken kann. Die Wasserqualität ist überall gut. Die **Entsorgung des Grauwassers** ist dagegen manchmal problematisch, da anstatt einer breiten Rinne nur ein kleines Loch dafür vorgesehen ist. Das Mitführen eines Schlauches zur Abwasserentsorgung ist deshalb hilfreich.

WANDERN

Die Normandie ist geradezu prädestiniert dafür, dass man auf Schusters Rappen die Schönheit der Landschaft erkundet. Beson-

271nm Abb.: gg

ders in den **Küstenregionen** findet man zahlreiche bezeichnete Wanderwege. Im **Landesinneren** gibt es aufgrund der starken landwirtschaftlichen Nutzung viele Feld- und Wirtschaftswege, allerdings vermisst man hier häufig eine leitende Wandermarkierung. **Kletterkünste** sind in der Normandie nicht erforderlich. Die höchste Erhebung, der Signal d'Écouves, misst gerade mal 413 m. Vorsicht ist allerdings beim Auf- und Abstieg an den Klippen geboten, denn hier sind die Pfade ab und zu ausgesetzt und nach Regengüssen rutschig.

Wandern kann man in der Normandie **das ganze Jahr hindurch.** Im Winter wird es selten frostig und im Sommer werden zumindest an der Küste die hohen Temperaturen durch eine Meeresbrise abgemildert. Am schönsten ist es im Frühjahr, wenn die normannischen Apfelbäume und der Ginster blühen.

Ein großartiges Wandergebiet ist die **Normannische Schweiz,** ein von schroffen Felsformationen durchzogenes Hügelland an den Ufern der Orne. Die von mir ausgesuchten **Touren** wurden so gewählt, dass sie ohne besondere Anstrengung auch für Senioren und Familien mit Kindern bewältigt werden können. Die angegebenen Zeiten sind jeweils Gehzeiten ohne Pausen.

ZOLL

EU-Bürgern dürfen folgende Mengen zollfrei nach Frankreich ein- oder ausgeführen: 800 Zigaretten oder 400 Zigarillos oder 200 Zigarren (mit einem Stückgewicht von max. 3 g) bzw. 1000 g Tabak, 90 l Wein (höchstens 60 l Schaumwein) oder 20 l Spirituosen unter 22 Vol.-%, 10 l Spirituosen über 22 Vol.-% und 110 l Bier sowie 10 kg Kaffee.

Für **Nicht-EU-Bürger** gelten folgende Mengen: 200 Zigaretten oder 100 Zigarillos oder 50 Zigarren bzw. 250 g Tabak, 1 l Spirituosen über 22 Vol.-% Alkohol oder 2 l unter 22 Vol.-%, 4 l nicht schäumende Weine, 16 l Bier, 500 g Kaffee und 100 g Tee einführen. Darüber hinaus können Reisegepäck und Waren zum eigenen Verbrauch uneingeschränkt mitgeführt werden.

Die Mitnahme von **feststehenden Messern** (über 12 cm Klingenlänge) nach Frankreich ist grundsätzlich verboten.

◹ *Grandioser Sonnenaufgang bei Quinéville*

◁ *Wanderrast in der Bucht von Portbail*

LINKS UND RECHTS DER SEINE SÜDLICH VON ROUEN

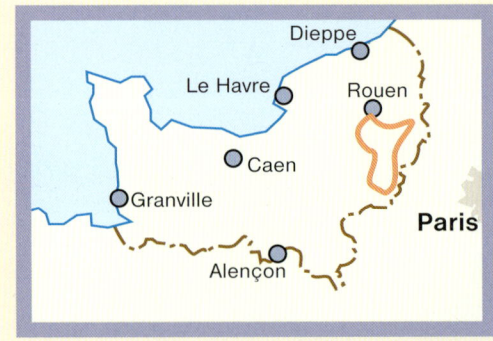

Die erste Route beginnt im kulturell und historisch sehr interessanten Rouen. Die Cathédrale Nôtre-Dame inspirierte schon den Impressionisten Claude Monet zu strahlend schönen Bildern und auch heute noch steht sie im Fokus der Touristen. Die von vielen hübsch renovierten Fachwerkhäusern flankierten Fußgängerzonen mit unzähligen Restaurants und Geschäften machen die Hauptstadt der Haute-Normandie zu einem touristischen Gesamterlebnis. Das hübsche Städtchen Évreux ist durchaus einen Besuch wert, vor allem seitdem ein guter, zentrumsnaher Stellplatz für Wohnmobile angelegt wurde. Der nächste Höhepunkt der Rundfahrt ist Giverny mit dem Haus von Claude Monet. In den idyllischen Gärten taucht man in die bezaubernden Bilder des Künstlers ein und besichtigt die farbenfrohen Innenräume seines Anwesens. Weiter geht es zunächst an der Seine entlang zur imposanten Burgruine von Les Andelys und dann in den schattigen Buchenwald um das malerische Lyons-la-Forêt. Die Schleusen von Amfreville (Écluses d'Amfreville) kurz vor Rouen beeindrucken nicht nur technisch Interessierte.

▷ *Ganz Rouen auf einen Blick*

ROUTE 1

ROUEN UND DAS ÖSTLICHE EURE

STRECKENVERLAUF

Strecke: Rouen – Louviers (39 km) – Évreux (33 km) – Vernon (31 km) – Abstecher nach Giverny (hin und zurück 10 km) – Les Andelys (22 km) – Abstecher zur Abbaye Nôtre-Dame de Mortimer (hin und zurück 3 km) – Lyons-la-Forêt (21 km) – Abstecher zum Château de Fleury-la-Forêt (12 km) – Rouen (61 km)
Streckenlänge: ohne Abstecher ca. 207 km, mit Abstecher ca. 232 km

ROUEN

Bei der Anfahrt durch die modernen Vororte erahnt man nicht, welch **prächtige Altstadt** Rouen besitzt. Gegründet von den Römern um 50 v. Chr. wurde die Stadt um das Jahr 841 mehrmals von den Wikingern überfallen und geplündert. Erst als sich der Wikinger Rollo im Jahr 911 zum Grafen der Normandie erhob und Rouen zu deren **Hauptstadt** erklärte, blühte es auf. Unter dem Königsgeschlecht der Plantagenêts erhielt Rouen die Stadtrechte, Wollhandel und der Hafen brachten Geld in die Stadtkasse und in die Säckel der Bürger. Im 12. Jh. wurde der Bau einer prächtigen Kathedrale begonnen, um den Reichtum der Stadt auch nach außen hin zu zeigen.

1348 nahm der Aufschwung durch eine **Pestepedemie** ein jähes Ende und der **Hundertjährige Krieg** tat ein Übriges, die Einwohnerzahl zu dezimieren. Die Unzufriedenheit der Bürger über steigende Steuern und sinkende Geschäftszahlen führte 1382 zur La-Harelle-Revolte: Adel und Bürger hörten auf, Steuern an den französischen König zu zahlen. Der Ungehorsam ging sogar so weit, dass sie einen Tuchhändler zu ihrem eigenen

▷ *Dicht an dicht stehen die prächtigen Fachwerkhäuser in der Altstadt von Rouen*

König krönten. Der Aufstand wurde jedoch bald vom französischen Königshaus blutig beendet.

Nach sechs Monaten Belagerung besetzte 1419 Heinrich V. von England mit seinen Truppen die Stadt. Aufstände gegen die Besetzung konnten von den Engländern niedergeschlagen werden. Die Hoffnung auf Karl VII., seit 1429 König von Frankreich, und auf **Jeanne d'Arc** wurde durch die Gefangennahme der „Jungfrau von Orléans" zunichte gemacht. Im Februar 1431 wurde sie in Rouen vor Gericht gestellt und am 30. Mai auf dem Place Vieux-Marché auf dem Scheiterhaufen verbrannt. 1449 zog Karl VII. in Rouen ein und befreite es von der Herrschaft der Engländer. In der Folgezeit kam es zu einem neuen Aufschwung für Rouen, prächtige Bürgerhäuser zeugen noch heute davon.

Der Stadtrundgang beginnt am Place de la Cathédrale bei der Touristeninformation. Letztere ist im ehemaligen **Bureau des Finances** (Finanzamt), einem eleganten Renaissancebau von 1510, untergebracht. Der aus den 1970er-Jahren stammende Palais des Congrès wurde 2015 generalsaniert und kontrastiert mit seinem modernen Baukörper mit den historischen Gebäuden am Place de la Cathédrale.

Die **Cathédrale Nôtre-Dame** ist eines der schönsten Beispiele der französischen Gotik. 137 m lang, 24 m breit und am Vierungsturm 151 m hoch, das sind die technischen Daten dieses Meisterwerkes. Begonnen wurde der Bau im 12. Jh. und erst im 19. Jh. mit dem Aufsetzen des eisernen Turmhelms erhielt die Kirche ihre heutige Gestalt. Der frühgotische Tour Saint-Romain ist der älteste Teil des Westwerks. Der rechte Turm, auch Tour de Beurre (Butterturm) genannt, ist 75 m hoch und wurde im späten 15. Jh. von den Bürgern finanziert, die sich mit diesen Spenden die Erlaubnis erkauften, auch in der Fastenzeit Butter und Milch zu verzehren. Vielleicht war das Verlangen aber doch nicht so groß, denn für einen Turmhelm hat das Geld damals nicht gereicht.

Die Westfassade ist mit Skulpturen der Propheten und Apostel, einer spätgotischen Fensterrosette und einem Tympanon (geschmückte dreieckige Fläche) reich dekoriert und gipfelt in einem Ziergiebel mit einer eleganten Galerie. Beeindruckend sind die Höhe und die harmonische Schlichtheit des Innenraums mit den schlanken Bündelpfeilern. Im Chor mit seinen zierlichen Arkaden und seinen interessanten kobaltblauen Glasfenstern aus dem 13. Jh. findet man Gräber von normannischen Herzögen. Rollo, der erste normannische Graf, Heinrich der Jüngere und das Herz von Richard Löwenherz sind hier bestattet. Man sollte nicht versäumen, in der **Marienkapelle** die prachtvollen Frührenaissancegrabmäler der Kardinäle d'Amboise und das Grabmal von Louis de Brézé (1540) zu besuchen.

Der Impressionist Claude Monet liebte die Kathedrale und hat sie auf 33 Bildern verewigt – mal taucht sie aus dem Nebel auf, mal leuchtet sie im Sonnenlicht, mal glänzt sie regennass. 28 Bilder zeigen die Westfassade zu verschiedenen Tageszeiten, beinahe immer vom selben Standpunkt aus gemalt. Diese unvergleichlichen Kunstwerke entstanden zwischen 1892 und 1894 in Rouen und Giverny.

Direkt neben der Kathedrale steht in der Rue Saint-Romain das festungsartige **Erzbischöfliche Palais** aus dem 15. Jh. Hier, wo 1431 der Jungfrau von Orléans der Prozess gemacht wurde, erzählt heute auf einer Fläche von 1000 m² das **Historial Jeanne d'Arc** ihre multimedial aufbereitete Geschichte. Die **Rue Saint-Romain** wird gesäumt von teilweise mehrfach auskragenden Fachwerkhäusern aus dem 15. bis 18. Jh. Die abzweigende **Rue des Chanoines** ist so schmal, dass gerade ein Mensch hindurchpasst. Auf der Rue Saint-Romain immer geradeaus kommt man zur **Église Saint-Maclou.** Erbaut im Übergang von der Hochgotik zur Renaissance fällt hier besonders der Vorbau mit fünf halbkreisförmig angeordneten Bögen auf. Prächtig sind die Renaissancetore mit ihren reichen

015rrm Abb.: gg

© REISE KNOW-HOW 2018

0 ———— 200 m

Essen und Trinken
1 La Couronne

Einkaufen
2 Chocolatier Auzon

— Stadtspaziergang
▸ Start

Schnitzwerken und kunstvollen Bronzelöwen als Türöffner. Im Innern ist der Orgelprospekt mit den wertvollen Renaissanceschnitzereien und die herrliche Wendeltreppe des einstigen Lettners beachtenswert. Ein Lettner ist die halbhohe Abschrankung, die den Teil der Kir-che für die Mönche von dem der Laien trennt.

Links auf der ebenfalls mit bemerkens-werten Fachwerkhäusern aus dem 15. bis 18. Jh. gesäumten **Rue Martainville** an der Kirche vorbei sollte man bei Hausnummer 186 durch den ersten Hof nach rechts in den

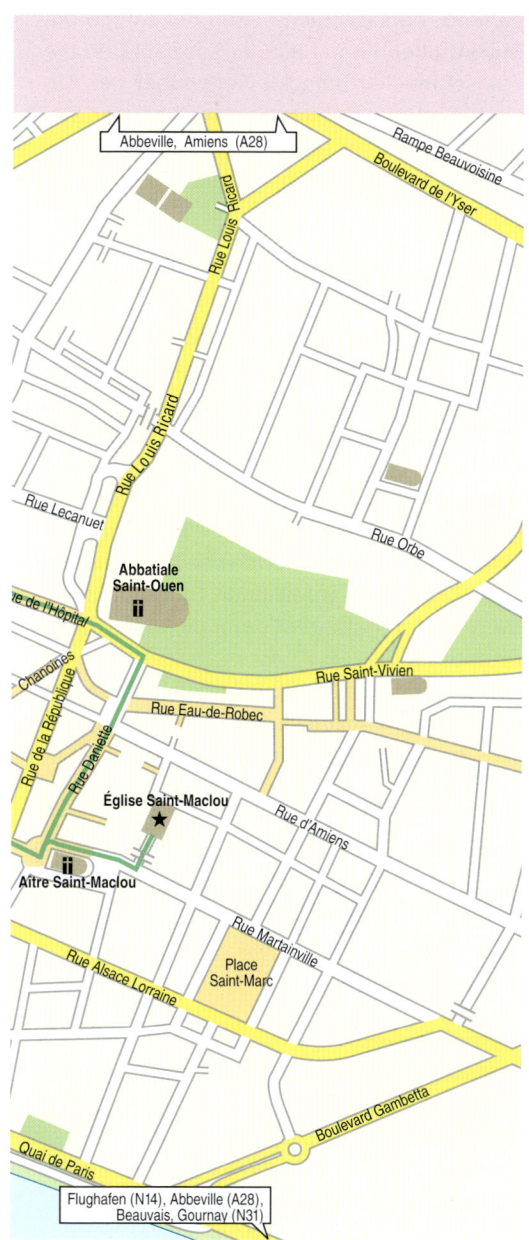

Routenatlas S. 318

beschädigten Figuren, die einen Totentanz veranstalten. Über den damals offenen Galerien im Erdgeschoss war das Beinhaus, in dem die Knochen der Pestopfer aufbewahrt wurden. Heute ist hier die Kunstakademie der Stadt ansässig.

Man geht zurück bis zur Église Saint-Maclou und dann nach rechts in die **Rue Damiette,** einer Fußgängerzone mit vielen Fachwerkhäusern, an deren Ende schon der Turm der **Abbatiale Saint-Ouen** durch das Häusermeer sichtbar wird. Von der ehemaligen Benediktinerabtei aus dem 14. Jh. stehen heute noch die Abteikirche und das ehemalige Dormitorium (Schlafsaal), in dem heute die Stadtverwaltung residiert. Bei der spätgotischen Kirche ist der mit vier Ecktürmen und einer Herzogskrone besetzte Vierungsturm erwähnenswert. 3914 Pfeifen und 64 Register hat die von Cavaillé-Coll erbaute prachtvolle Orgel im Innern. Sehenswert sind außerdem die bunten Glasfenster, das älteste ist aus dem Jahre 1339.

Eine schöne Fussgängerzone mit vielen Geschäften ist die **Rue de l'Hôpital,** auf der man bis zur **Rue des Carmes** schlendert. Hier geht man rechts und dann geradeaus, bis man auf die breite **Rue Jean Lecanuet** trifft. Auf dieser wendet man sich nach links und nach wenigen Schritten ist man beim **Musée des Beaux-Arts,** dem Museum der schönen Künste. In Rouen ist man sehr stolz, dass es als eines der bedeutendsten Museen für Malerei außerhalb von Paris gilt. Werke aus der Zeit vom 15. bis 20. Jh., von Gerard David über die Impressionisten Renoir, Monet und Sisley bis zu den zeitgenössischen Werken von Aurélie Nemours kann man hier bestaunen.

Wie wäre es jetzt mit etwas Ruhe im angrenzenden **Square Verdrel,** einem kleinen Park mit Springbrunnen und Teich, bevor man sich nach links über die Rue Jeanne d'Arc weiter auf den Stadtrundgang macht? Immer geradeaus sieht man dann schon bald die helle, mit viel Zierrat versehene gotische Fassade des **Palais de Justice** (Justizpalast). Besonders der nördliche Teil, im 16. Jh. als

Aître Saint-Maclou, einen mittelalterlichen Friedhof, gehen. Während der Pestepidemie wurden hier in den Leichengruben die Opfer verscharrt. Zeugnisse aus dieser düsteren Zeit sind die geschnitzten Totenköpfe, die gekreuzten Knochen und die leider stark

27.3nm Abb.: ßß

gehend, befindet sich neben der Kirche die **Markthalle,** die mit allerlei Spezialitäten die Feinschmecker anlockt. Gegenüber der Kirche säumen prächtige Fachwerkhäuser aus dem 16. bis 18. Jh. den alten Marktplatz. Dass dieser Platz im Mittelalter auch als Pranger und Hinrichtungsstätte gedient hat, erkennt man heute noch an den freigelegten Resten der Richtertribüne und an den Mauersteinen des Prangers.

Über die **Rue du Gros Horloge,** eine lebhafte Geschäftsstraße, kommt man zum **Le Gros Horloge,** dem großen Uhrenturm. Das goldene, reich verzierte Zifferblatt hat einen Stundenzeiger und zeigt die Wochentage und die Mondphasen an. Das alte Uhrwerk – eines der ältesten Europas – kann man besichtigen. Es funktionierte vom 14. Jh. bis ins Jahr 1928, also 5 Millionen Stunden, ohne Störung und hatte erst dann die erste Reparatur nötig.

Gestärkt von den süßen Versuchungen des **Chocolatiers Auzon,** macht man sich auf den Weg zurück zur Katherdrale.

königliches Palais erbaut, besticht durch filigrane Verzierungen und elegante spitze Türmchen. Das ganze Gebäude wurde auf dem ehemaligen jüdischen Viertel errichtet und so entdeckte man bei Renovierungsarbeiten Teile einer vermutlich hebräischen Universität aus dem 12. Jh.

Von der Rue Jeanne d'Arc biegt man jetzt rechts in die Rue Rollon ab und geht auf ihr bis zum **Place du Vieux Marché,** dem alten Marktplatz, auf dem Jeanne d'Arc ihr schreckliches Ende auf dem Scheiterhaufen fand. Ein 20 m hohes Kreuz **(Croix de la Réhabilitation)** erinnert daran. Die 1979 errichtete **Église Ste-Jeanne d'Arc** ist ein futuristisches Gebäude, dessen Baukörper und Dach die Flammen des Scheiterhaufens darstellen sollen. Die Fenster des Sakralbaus stammen aus der im Krieg zerstörten Renaissancekirche Saint-Vincent. Baulich ineinander über-

⌐ *Die Gros Horloge gehört zu den ältesten erhaltenen astronomischen Uhren*

Information

Office de Tourisme, 76008 Rouen, Place de la Cathédrale 25, Tel. +33 (0)2 32083240, www.rouentourisme.com, Öffnungszeiten: Mai–Sept. Mo–Sa 9–19 Uhr, So 9.30–12.30 und 14–18 Uhr, Okt.–Apr. Mo–Sa 9.30–12.30 und 13.30–18 Uhr

Sehenswertes

Cathédrale Nôtre-Dame, 76008 Rouen, Place de la Cathédrale, Öffnungszeiten: Apr.–Okt. Di–So 9–19 Uhr, Mo 14–19 Uhr, Nov.–März Di–So 9–12 und 14–18 Uhr, Mo 14–18 Uhr
Historial Jeanne D'Arc, Erzbischöfliches Palais, www.historial-jeannedarc.fr, Tel. +33 (0)2 35524800, Öffnungszeiten: Di–So 10–19 Uhr, Eintritt: 9,50/6,50 €
Église Saint-Maclou, 76008 Rouen, Place Berthélémy, Öffnungszeiten: Apr.–Okt. Mo, Sa, So 10–12 und 14–18 Uhr, andere Zeit nur bis 17.30 Uhr
Aître Saint-Maclou, 76008 Rouen, Rue Martainville, Öffnungszeiten: 9–18 Uhr
Abbatiale Saint-Ouen, 76008 Rouen, Place du Général de Gaulle, Öffnungszeiten: Apr.–Okt. Di–Do und

Sa/So 10–12 und 14–18 Uhr, Nov.–März 10–12 und 14–17 Uhr

Musée des Beaux-Arts, 76008 Rouen, Esplanade Marcel-Duchamp, Tel. +33 (0)2 35712840, Öffnungszeiten: Mi–Mo 10–18 Uhr, Eintritt: kostenlos, bei Sonderausstellungen bis 12 €

Église Ste-Jeanne d'Arc, 76008 Rouen, Place du Vieux Marché, Öffnungszeiten: tägl. 10–12 und 14–18 Uhr, außer Freitag- und Sonntagmorgen

Le Gros Horloge, 76008 Rouen, Rue du Gros Horloge, Öffnungszeiten: Apr.–Sept. Di–So 10–13 und 14–19 Uhr, Okt.–März Di–So 14–18 Uhr, Eintritt: 7/3,50 € inkl. Audioguide

Essen

La Couronne, 76008 Rouen, Place du Vieux Marché 31, Tel. +33 (0)2 35714090. Im ältesten Gasthaus Frankreichs (1345) kann man gemütlich in den kunstvoll gearbeiteten Innenräumen oder auf der Terrasse am Marktplatz tafeln. Nicht billig, aber gute traditionelle Küche, Spezialität: Austern!

Einkaufen

Chocolatier Auzon, 76008 Rouen, Rue du Gros Horloge 163, Tel. +33 (0)2 35368002. Makronen in allen Farben, köstliche Pralinen und Schokolade

Parken

Relativ zentrumsnah parkt man auf dem Stellplatz an der Seine ❶.

❶ Quai Cours la Reine, Rouen (s. S. 52)

❷ Aire de stationnement et de service, Montville (s. S. 53)

Man verlässt Rouen auf der D18E und kommt über die D938 nach **Elbeuf,** das seine Bewohner vom 15. bis Mitte des 20. Jh. durch die Tuchweberei ernährte und heute hauptsächlich von der Chemie- und Elektroindustrie lebt. Im ehemaligen Tuchweberviertel

▷ *Cathédrale Nôtre-Dame*

südlich der Kirche St-Jean hat der Zahn der Zeit kräftig genagt. Die damals wohlhabenden Manufakturen stehen leer und waren lange dem Zerfall preisgegeben. So langsam wird hier renoviert, einige schöne Beispiele einer gelungenen Sanierung kann man schon sehen.

Parken Elbeuf

N49.29291° E1.00615°, Allée du Front de Seine (bei der Polizei), nur für Fahrzeuge bis 7 m Länge

Zunächst auf der D913 dann auf der D313 erreicht man mit Louviers den nächsten Routenpunkt.

304mm Abb.: gg

231mm Abb.: 88

LOUVIERS (39 km – km 39)

Zum Stadtrundgang geht man vom Parkplatz auf dem Place de la République südlich in die Rue Dupont und gleich rechts in die Rue des Grands Carreaux. Ihren Namen hat die Straße vom quadratischen Straßenbelag, den sie in früheren Zeiten hatte. Erhalten sind hier noch einige Häuser aus dem 16. bis 18. Jh. Über die Rue Tatin kommt man zur **Église Nôtre-Dame** aus dem 13. bis 16. Jh. Das anfänglich sehr schlichte Gotteshaus erhielt im 15. Jh. an seiner Südseite kunstvolle spätgotische Schmuckelemente. Ziergiebel, Wasserspeier und besonders das Portal mit der filigranen Vorhalle sind außerordentlich sehenswert. Umwelteinflüsse setzen dem Bauwerk sehr zu. Eine Renovierung in den Jahren 2012 bis

▣ Träge fließt die Eure zwischen Louviers und St-Vigor

2015 konnte den Zerfall im Innenraum und der Fassade stoppen.

Die Rue de la Poste führt zur Eure, in deren Wasser sich malerisch die Reste der Büßer-Abtei **(Clôitre des Pénitents)** aus dem 17. Jh. mit dem modernen Glaskubus von 2011 spiegeln.

Nach links (Rue Ternaux) führt der Spaziergang durch das ehemalige **Weber- und Gerberviertel** mit einigen adretten Fachwerkhäusern. Der **Jardin Bigard,** ein mit einem alten Herrenhaus und modernen Brücken und Stegen spannungsreich gestalteter Garten, lädt zu einer Verschnaufpause ein. Über die Rue du Quai wird nach wenigen Schritten wieder die Stadtkirche Nôtre-Dame erreicht.

Information

Office de Tourisme, 27400 Louviers, Rue du Marechal Foch 10, Tel. +33 (0)2 32400441, Öffnungszeiten: Mo-Sa 9.30-12.30 und 14-17.30 Uhr, April-Okt. Mo-Sa 9.30-12.30 und 14-18 Uhr

Sehenswertes

Église Nôtre-Dame, 27400 Louviers, Place du Parvis, Öffnungszeiten: 10–18 Uhr

Parken

N49.21386° E1.16705°, Place de la République

❸ Camping Le Bel Air, Louviers (s. S. 53)

Für die Weiterfahrt nimmt man die D71 bis **Acquigny.** Romantisch liegt das Renaissanceschloss **Château d'Acquigny** am Ufer der Eure. Der 15 ha große Garten mit vielen alten Bäumen, einer Orangerie, Wasserfällen und einem Küchengarten lebt von seiner immer wieder interessanten perspektivischen Gestaltung.

Sehenswertes

Château d'Acquigny, GPS N49.17351° E1.18689°, Öffnungszeiten des Gartens: Apr.–Okt. Sa/So 14–18 Uhr, Juli–Aug. täglich 14–19 Uhr, Eintritt: 8/4 €

Auf der D71 geht es 2 km nach Les Planches. Ab hier gibt es für die Weiterfahrt zwei Varianten: Entweder fährt man auf der D155 (24 km) oder auf schmalen Straßen, dafür aber landschaftlich reizvoll, an der Eure entlang nach Évreux. Für letztere Variante bleibt man auf der D71 und fährt nach links in Richtung Heudreville (für Fahrzeuge über 3,5 t gesperrt). Sehr schön schlängelt sich die teilweise schmale D71 immer dem Flusslauf der Eure folgend bis nach St-Vigor. Hier zunächst auf die D316 und bei Caer auf die D155 wechseln (33 km).

ÉVREUX (33 km – km 72)

Évreux ist die Hauptstadt des Départements Eure und seit dem 4. Jahrhundert Bischofssitz. Obwohl die Stadt im Laufe der Geschichte mehrmals zerstört wurde (das letzte Mal im Zweiten Weltkrieg), hat sie sich einige malerische Ecken bewahrt.

Vom Parkplatz erreicht man zunächst die **Église St-Taurin,** benannt nach dem ersten Bischof der Stadt Taurinus (350–411). Zu seiner Heiligsprechung führten verschiedene ihm nachgesagte Wunder und sogar eine Totenerweckung. Im 11. Jahrhundert wurde die Klosterkirche von Richard I., Herzog der Normandie, gegründet. Im Innern beherbergt sie in der linken Seitenkapelle ein Meisterwerk der mittelalterlichen Goldschmiedekunst, den Taurus-Schrein (13. Jahrhundert). Fein gearbeitete Ornamente und Figuren schmücken das Kunstwerk, in dem die Reliquien des Heiligen aufbewahrt werden. Über die Rue de Verdun gelangt man zur imposanten

▷ *600 Jahre lang wurde an der Cathédrale Nôtre-Dame von Évreux gebaut*

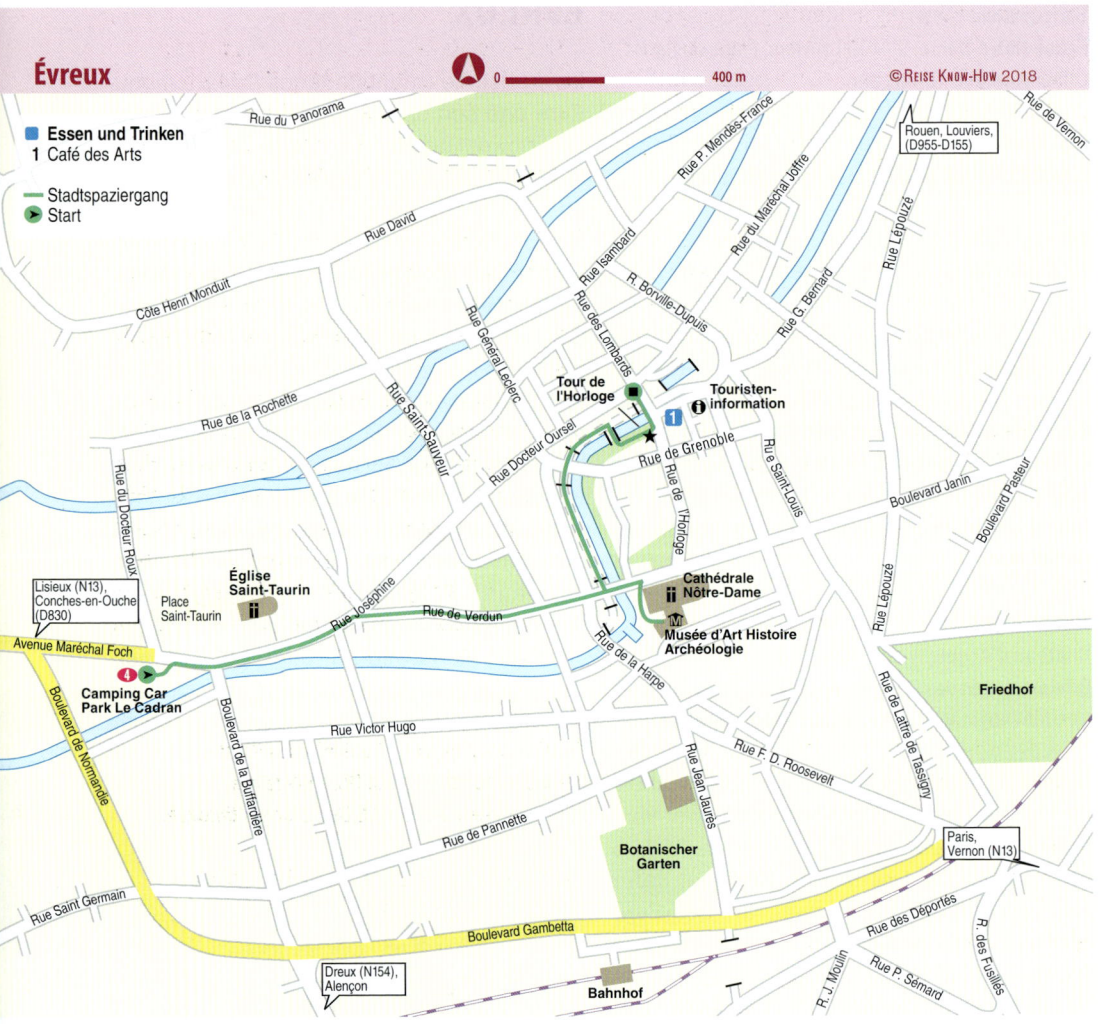

■ **Essen und Trinken**
1 Café des Arts

— Stadtspaziergang
▶ Start

© REISE KNOW-HOW 2018

Rue du Panorama

Rue David

Côte Henri Mondüit

Rue de la Rochette

Rue du Docteur Roux

Rue Général Leclerc

Rue Saint-Sauveur

Rue de la Rochette

Rue P. Mendès-France

Rue du Maréchal Joffre

Rouen, Louviers, (D955-D155)

Rue de Vernon

Rue Isambard

Rue des Lombards

R. Bonville-Dupuis

Rue G. Bernard

Rue Lépouzé

Tour de l'Horloge

Touristen-information

Rue Docteur Oursel

Rue de Grenoble

Rue de l'Horloge

Rue Saint-Louis

Boulevard Janin

Boulevard Pasteur

Église Saint-Taurin

Place Saint-Taurin

Rue Joséphine

Rue de Verdun

Cathédrale Nôtre-Dame

Musée d'Art Histoire Archéologie

Rue Lépouzé

Lisieux (N13), Conches-en-Ouche (D830)

Avenue Maréchal Foch

Camping Car Park Le Cadran

Rue de la Harpe

Friedhof

Rue de Lattre de Tassigny

Boulevard de Normandie

Boulevard de la Buffardière

Rue Victor Hugo

Rue F. D. Roosevelt

Rue de Pannette

Rue Jean Jaurès

Botanischer Garten

Paris, Vernon (N13)

Rue Saint Germain

Boulevard Gambetta

Dreux (N154), Alençon

Bahnhof

R. J. Moulin

Rue P. Sémard

Rue des Déportés

R. des Fusillés

Cathédrale Nôtre-Dame. Es dauerte vom 10. bis zum 17. Jahrhundert, bis sie ihr heutiges Gesicht erhielt, da sie immer wieder durch Brände oder Kriegseinflüsse zerstört wurde. Besonders prächtig sind das Nordportal, ein Meisterwerk der Steinmetzkunst im Flamboyantstil, und der spätgotische Vierungsturm mit Laterne. Im Innern fällt zuerst die moderne Orgel von 2007 über dem Eingangsportal ins Auge. In der ersten Chorkapelle rechts ist der Kirchenschatz hinter stabilen Gittern verwahrt. Das geschmiedete Chorgitter und die wunderbar geschnitzten Gitter der Seitenkapellen sind weitere Kostbarkeiten. Die

Scheitelkapelle, gestiftet von Ludwig XI., wird von herrlichen Buntglasfenstern aus dem 15. Jahrhundert erhellt. An die Kathedrale schließt sich der ehemalige Bischofssitz aus dem 15. Jahrhundert an. Hier ist heute das **Musée d'Art Histoire Archéologie** untergebracht. Es zeigt neben bedeutenden archäologischen Funden, wie den Bronzestatuen von Jupiter und Apoll, auch Gemälde und informiert über die Geschichte der Stadt. Sehenswert ist ebenfalls der ehemalige Kapitelsaal mit seinem wuchtigen Kamin.

Entlang des Flusses Iton, an alten Waschplätzen und dem Rest der gallisch-römischen

Stadtmauer vorbei, schlendert man abseits des Verkehrs zum **Tour de l'Horloge,** dem schönen Uhrenturm aus dem 15. Jahrhundert. Dahinter kann man im **Café des Arts** die Stadtbesichtigung gemütlich ausklingen lassen.

Information

Office de Tourisme, 27000 Évreux, Place du Général de Gaulle 1, Tel. +33 (0)2 32240443, Öffnungszeiten: Mo–Sa 9.30–18.30 Uhr, So 10–12.30 Uhr

Sehenswertes

Cathédrale Nôtre-Dame 2700 Évreux, Rue Charles Corbeau, Öffnungszeiten: 9–19 Uhr
Église St-Taurin, 2700 Évreux, Place St-Taurin, Öffnungszeiten: 9–17.30 Uhr
Musée d'Art Histoire Archèologie, 2700 Évreux, Rue Charles Corbeau 6, Tel. +33 (0)2 32318190, Öffnungszeiten: Di–So 10–12 und 14–18 Uhr, Eintritt: frei

Essen

Café des Arts, 2700 Évreux, Rue de l'Horloge 5, Tel. +33 (0)2 32311252. Nette Terrasse beim Uhrenturm für die kleine Pause

Parken

Stellplatz ❹ 5 €/5 Std.

❹ Camping Car Park Le Cadran, Évreux (s. S. 53)

❺ Camping Les Sapins, Bonneville-sur-Iton (s. S. 54)

Auf der gut ausgebauten N13 ist man nach 18 km in **Pacy-sur-Eure,** einem sympathischen, lebhaften kleinen Städtchen an der Eure. Besonders idyllisch ist die Mühleninsel. Hier standen einmal zwei Getreidemühlen, heute flaniert man in einem reizvoll mit Blumenrabatten angelegten Park und genießt die Aussicht auf die träge dahinfließende Eure. Gar nicht träge geht es in der Hauptgeschäftsstraße zu, wo sich Laden an Laden reiht und man sich mit allem Notwendigen eindecken kann.

Information/Parken

Office de Tourisme, 27120 Pacy-sur-Eure, Place Dufay, N49.01391° E1.38229°, Tel. +33 (0)2 32261821, Öffnungszeiten: Okt.–März Di–Fr 10–12.30 und 14–17 Uhr, Apr.–Sept. Di–Sa 10–12.30 und 14–17.30 Uhr, WLAN 45 Minuten frei

Die D181 bringt einen nach 13 km nach Vernon, dem nächsten Ziel der Route 1. Auf dem Weg gibt es die Möglichkeit, einen Campingplatz anzufahren und ein Schloss zu besichtigen.

Das **Château de Bizy** liegt in einem Park aus dem 18. Jh. mit herrlicher Lindenallee, kunstvollen Wasserbecken und barocken Springbrunnen. In den Innenräumen besichtigt man im Rahmen einer Führung Salons und das Esszimmer mit prächtigen Wandteppichen und einigen Erinnerungen an Napoleon I. In den Stallungen findet sich eine kleine Kutschensammlung.

Sehenswertes

Château de Bizy, N49.08396° E1.46398°, www.chateaudebizy.com, Öffnungszeiten: Apr.–5. Nov. Di–So 10–18 Uhr, Schlossführungen

❻ Camping Les Fosses Rouges, Saint-Marcel (s. S. 54)

VERNON (31 km – km 103)

Von der Pont Clémenceau erblickt man das weithin bekannte Postkartenmotiv von Vernon: die letzten Reste einer Seine-Brücke (12. Jh.), auf der malerisch eine alte Mühle „balanciert". Dahinter erhebt sich das in einem hellgrauem Stein erbaute **Château des Tourelles.** Der wehrhafte Bau diente im Mittelalter zur Bewachung der Brücke und somit dem Zugang zur Stadt Vernon.

In der Altstadt auf der anderen Seine-Seite gruppieren sich rund um die **Collégiale** (Stiftskirche) noch einige historische Fachwerkhäuser. Durch die **Rue Carnot** mit ihrer intakten Fachwerkhäuserzeile gelangt man

018mm Abb: gg

zur Stiftskirche, die zwischen dem 11. und 16. Jahrhundert erbaut wurde. An der Fassade fällt besonders die wunderschöne Rosette aus dem 15. Jahrhundert ins Auge. Im Innern reizt der Kontrast der Glasfenster aus dem 16. Jahrhundert und den modernen Glaskunstwerken von 1994. Direkt daneben in dem auskragenden, prächtigen ehemaligen Kaffeehaus residiert die **Touristeninformation.** Rechts um die Kirche herumgehend stößt man in der Rue Chapitre 3/5 auf das ehemalige **Domherrenhaus** aus dem 15. Jahrhundert. In der Vieille Gabelle Nr. 5 steht noch ein **Salzspeicher** aus dem 17. Jahrhundert und die Rue Potard besitzt noch eine vollständige mittelalterliche Häuserzeile. Unten an der Seine ist der **Pavillon Bourbon Penthièvre,** das Haus des letzten Lehnsherrn, aus dem 18. Jahrhundert erhalten.

Information

Office de Tourisme, 27200 Vernon, Rue Carnot 36, Tel. +33 (0)2 32513960, www.cape-tourisme.fr, Öffnungszeiten: Okt.–März Mo–Sa 10–12.30 und 14–17 Uhr, Apr.–Sept. Mo–Sa 10–18 Uhr, So 10–13 Uhr

Parken

Place de la République (GPS 49.09041°N 1.48544°E), gebührenpflichtig

ABSTECHER NACH GIVERNY

(hin und zurück 10 km)

Nach Giverny fährt man über die Pont Clémenceau und dann rechts immer an der Seine entlang. Der Abstecher in das 550 Einwohner zählende Dorf ist ein unbedingtes Muss für jeden Kunstliebhaber, denn Giverny ist gleichbedeutend mit Monet. Das ganze Dorf lebt von den Besucherströmen, die unablässig zum Haus und in die Gärten des berühmten Impressionisten pilgern. Das **Anwesen Claude Monets** wurde von dessen Sohn an die Académie des Beaux-Arts vererbt, die es nach aufwendiger Restaurierung

⌂ *Hier muss man einfach den Fotoapparat zücken*

Claude Oscar Monet

Claude Oscar Monet wurde am 14. November 1840 in Paris geboren und siedelte noch im Kindesalter mit seinen Eltern in die Normandie nach Le Havre um. Seine zeichnerische Karriere begann bereits in der Schule als Karikaturist. Eugène Boudin, einer der ersten Maler, der sein Atelier verließ und in freier Natur malte, wurde auf den jungen Monet aufmerksam. Durch ihn kam er zur Landschaftsmalerei. Bald wurde Monet ein entschiedener Gegner der statischen akademischen Malerei und plädierte für natürliche Motive mit imponierendem Licht- und Schattenspiel. Sein Gemälde mit dem Namen „Impression, soleil levant", die Darstellung des Hafens von Le Havre mit aufgehender Sonne, gab der neuen Malerei-Stilrichtung ihren Namen: „Impressionismus".

Beim Impressionismus sind die Farben und die Wirkung des Lichtes wichtige Gestaltungselemente. Die Pinselführung besteht aus unvermischten, nebeneinander gesetzten Farbflecken. So entsteht erst beim Betrachter eine optische Farbmischung. Gemalt wird meist direkt in der Natur. Die berühmtesten Vertreter des Impressionismus sind Paul Cézanne (1839–1906), Paul Gauguin (1848–1903), Camille Pissarro (1830–1903), Édouard Manet (1832–1883), Edgar Degas (1834–1917) und Pierre-Auguste Renoir (1841–1919).

Das Familienleben Monets war nicht unkompliziert. Seine erste Frau Camille konnte er erst nach einigen Schwierigkeiten mit seiner Familie und nach der Geburt seines ersten Sohnes heiraten. Kurz nach der Geburt eines weiteren Sohnes verstarb Camille im Alter von 32 Jahren. Alice Hoschedé, die Frau des in Konkurs gegangenen Kaufmanns Ernest Hoschedé, wurde seine neue Lebensgefährtin. 1883 zog Monet mit seinen zwei Söhnen, Alice und ihren sechs Kindern nach Giverny im Seine-Tal. Als Ernest Hoschedé 1891 starb, legitimierte Monet ihr Verhältnis und heiratete Alice.

In Giverny investierte Monet viel Geld in die Gestaltung seines Gartens. Er legte einen großen Seerosenteich an und ließ den Garten mit exotischen Gewächsen bepflanzen. Hier entstanden seine berühmten Seerosenbilder, Höhepunkte des späten Impressionismus.

1911 verstarb seine zweite Frau. Die folgenden Jahre machte sich bei Monet eine zunehmende Augenerkrankung (Grauer Star) und eine Depression bemerkbar. Claude Monet starb am 5. Dezember 1926 in Giverny.

☑ Der Garten in Giverny wurde nach den Vorstellungen Monets angelegt

019nrm Abb.: gg

1980 der Öffentlichkeit zugänglich machte. Alle Räume des Hauses, in dem der Künstler von 1883 bis 1926 lebte und arbeitete, sind original restauriert und können besichtigt werden. Hinter dem Haus legte Monet einen Garten im normannischen Stil an, dessen üppige Blumenpracht kaum zu überbieten ist. In einem Fußgängertunnel unterquert man die Straße und gelangt in den japanisch inspirierten Wassergarten, ebenfalls nach Vorgaben Monets angelegt. Hier blühen die zahllosen Seerosen, am Ufer eingerahmt von mächtigen Trauerweiden, die der Maler in seinen Bildern weltberühmt machte.

Kunstinteressierte sollten sich das nur wenige Schritte von Monets Haus entfernte **Musée des Impressionnismes** nicht entgehen lassen. Hier wird die ganze Bandbreite des Impressionismus in aller Welt und sein Einfluss auf die Kunst im 20. Jh. veranschaulicht. Eingebettet ist das architektonisch sehr schlicht gehaltene Museum in streng gegliederte Gartennischen. Hier wachsen Blüten- und Blattpflanzen in farblich und jahreszeitlich wunderbar harmonisch geordneten Ensembles.

Durch das pittoreske Dorf Giverny mit einigen Galerien und Restaurants kommt man zu der Kirche, auf deren Friedhof Claude Monet und einige seiner Familienmitglieder ihre letzte Ruhe gefunden haben.

Sehenswertes

Fondation Claude Monet, 27620 Giverny, Tel. +33 (0)2 32512821, Öffnungszeiten: Apr.–1. Nov. 9.30–18 Uhr, Eintritt: 9,50/5,50 €, Kombi mit Musée des Impressionnismes 16,50/10 € (Hundeverbot!)
Musée des Impressionnismes, 27620 Giverny, Rue Claude Monet 99, Tel. +33 (0)2 32519465, www.mdig.fr, Öffnungszeiten: Apr.–1. Nov. 10–18 Uhr, Eintritt: 7/3 €

Essen

Ancien Hôtel Baudy, 27620 Giverny, Rue Claude Monet 81, Tel. +33 (0)2 32211003, Öffnungszeiten: Ende März–1. Nov. Di–So 10–23.30 Uhr. Hier verkehrten die berühmten Impressionisten, sehr schöner Garten.

7 Parkplatz La Prairie, Giverny (s. S. 54)

Von Giverny geht es wieder zurück zur Pont Clémenceau bei Vernon. Diese wird nicht überquert, sondern man fährt auf der rechten Seine-Seite nördlich auf der D313 Richtung Les Andelys. Immer wieder in Sichtweite der Seine geht es durch landwirtschaftlich genutztes Gebiet 22 km bis nach Les Andelys.

LES ANDELYS (22 km – km 125)

Der Plural im Namen der Stadt zeigt, dass sie aus dem kleinen Petit Andely und dem großen Grand Andely entstanden ist, und zwar in der Zeit der französischen Revolution. Im Stadtwappen liest man „Fecit utraque unum" („aus zwei wird eins"). Vor allem das malerische Petit Andely mit seinen Fachwerkhäusern am Seine-Ufer lohnt einen Rundgang.

Die Hauptsehenswürdigkeit ist jedoch das **Château Gaillard.** Die Ruinen der einst mächtigen Burg stehen hoch über der Seine. Zum Parkplatz folgt man der Beschilderung durch Grand Andely (N49.23919° E1.40643°). Richard Löwenherz ließ die Burg im Jahre 1196 als Schutz für das nahe Rouen errichten. In der Rekordzeit von nur einem Jahr waren die Bauten vollendet. Nach dem Tod von Richard Löwenherz 1199 sah der französische König Philippe-Auguste eine günstige Gelegenheit, die Normandie zu erobern. 1203 begann er mit der Belagerung von Château Gaillard. Nach fast einjähriger Belagerungszeit wurde die Burg 1204 von den französischen Truppen eingenommen. Im selben Jahr fiel die gesamte Normandie an Frankreich. Nach einer wechselvollen Geschichte begann man 1598 mit dem Abbau der Burg. 1852 wurden die Ruinen schließlich unter Denkmalschutz gestellt.

▷ *Blick vom Château Gaillard auf die Seine bei Les Andelys*

Information

Le Bureau d'Information Touristique des Andelys,
27700 Les Andelys, Rue R. Phélip, N49.24545°
E1.40579°, www.lesandelys-tourisme.fr, Tel. +33
(0)2 32544193, Öffnungszeiten: Mo–Sa 10–13 und
14–17 Uhr, So 10.30–13.30 und 14.30–16 Uhr

Sehenswertes

Château Gaillard, Öffnungszeiten: oberer Hof
Apr.–1. Nov. Mi–Mo 10–13 und 14–18 Uhr, Eintritt:
3,20/2,70 €, mit Führung 4,50 €. Der untere Hof ist
ganzjährig kostenlos zu besichtigen. Hunde erlaubt!

Parken in Petit Andely

Im engen Petit Andely einen Parkplatz – besonders für
große Wohnmobile – zu finden, ist nicht leicht. Am besten versucht man es am Ufer der Seine (N49.24074°
E1.39980°). Dazu fährt man von der D313 gleich am
Ortsanfang nach links in die Rue Grande, dann sofort
links in die Rue Bellevue und auf ihr wenige Meter zum
Ufer. An der Uferstraße gibt es links und rechts Parkbuchten mit schöner Sicht auf den Fluss.

❽ Camping L'Île des Trois Rois, Les Andelys (s. S. 55)

Man verlässt Les Andelys und fürs Erste auch
die Seine, um auf der D1 und nach 4,5 km
auf der D2 über Écouis in den Forêt de Lyons
zu fahren. Durch abwechslungsreiche hügelige Landschaft des Vexins erreicht man **Écou-**

is. Das beschauliche Dorf hat einen wahren
Schatz von bemerkenswerten Stein- und
Holzskulpturen in seiner **Collégiale Nôtre-Dame** verborgen. Besonders hervorzuheben
sind die Skulpturen „Hl. Veronika" (14. Jh.)
gleich links neben dem Eingang, „Unsere
Liebe Frau von Écouis" (14. Jh.) gleich links
im Hauptschiff und „Hl. Agnes" (14. Jh.) im
linken Querhaus. Außerdem sollte man das
Chorgestühl und das fein gearbeitete Tafelwerk im Chor beachten. Die Kirche wurde ab
1310 in nur drei Jahren von Enguerrand de
Marigny, dem ersten Minister von König Philipp IV., errichtet. Dieses Meisterwerk brachte
ihm jedoch keinen Segen, er endete 1315
wegen Unterschlagung und Ketzerei am Galgen.

Hinter Écouis ist der Forêt de Lyons erreicht. Dieses große Waldgebiet (10.700 ha)
mit seinen mächtigen Buchenstämmen gehört zu den schönsten des Landes.

Auf der Weiterfahrt nach Lyons-la-Forêt ist
zu beachten, dass die Straße hinter Écouis
für Fahrzeuge über 3,60 m Höhe gesperrt ist.
Sollte das Womo höher sein, muss man den
Umweg über Fleury-sur-Andelle nach Lyons-la-Forêt nehmen. Gleich nach der Engstelle
bei einer Eisenbahnlinie kann man noch einen Abstecher durch das malerische Lisors
zur Abbaye Nôtre-Dame de Mortemer unternehmen (ausgeschildert).

305nrm Abb.: gg

Route 1: Rouen und das östliche Eure

ABSTECHER ZUR ABBAYE NÔTRE-DAME DE MORTEMER (hin und zurück 3 km)

Die Zisterzienserabtei (12.–17. Jh.) liegt im ausgedehnten Buchenwald Forêt-de-Lyons an drei kleinen Seen. Im **Museum** wird das Leben zu damaliger Zeit mit Figuren, Bild- und Toneffekten zum Leben erweckt. Beachtenswert ist das Taubenhaus aus dem 15. Jh. mit über 900 Nistplätzen. Für Kinder interessant: Ein Bähnchen fährt rund um die Seen vorbei an Hirsch- und Ponygehegen.

Sehenswertes

Abbaye Nôtre-Dame de Mortemer, Parkplatz N49.36902° E1.47935°, www.abbaye-de-mortemer.fr, Öffnungszeiten: Mai–Aug. tägl. 11–18.30 Uhr, übrige Zeit Sa/So 13.30–18 Uhr, Eintritt: 6/4 €, mit Führung 9/7 € inkl. Museum

Um wieder zur eigentlichen Route zu gelangen, fährt man zurück bis zur D2 und dann 7 km bis zum nächsten Ziel, Lyons-la-Forêt.

LYONS-LA-FORÊT (21 km – km 146)

Lyons-la-Forêt gehört zum erlauchten Kreis der **schönsten Dörfer Frankreichs** *(plus beaux villages de France)*. Diese Auszeichnung wurde zu Recht vergeben, gruppieren sich doch fein herausgeputzte Fachwerk- und Backsteinhäuser um die Markthalle aus dem 18. Jh. auf dem **Place Benserade.** Das Gebäude mit seinem wuchtigen Gebälk war schon zweimal Kulisse für die Verfilmung des Romans „Madame Bovary" von Gustave Flaubert. In der Rue d'Enver befindet sich ein Fachwerkhaus namens „Le Fresne", das mehrmals den Komponisten Maurice Ravel beherbergt hat. Lassen Sie sich Zeit für Entdeckungen, wie z. B. die drei Wassermühlen, die seit dem 14. Jh. am Ufer der Lieure stehen. Setzen Sie sich in eines der Straßencafés am Place Benserade oder machen Sie eine der vom Tourismusverband ausgeschilderten Wanderungen.

☑ *Lyons-la-Forêt, eines der schönsten Dörfer Frankreichs*

Information

Office de Tourisme, 27480 Lyons-la-Forêt,
Place Bensenade 25 bis, Tel. +33 (0)2 32493165,
www.paysdelyons.com, Öffnungszeiten: Apr.–Sept.
Mo–Sa 9.30–12.30 und 14–18 Uhr, So 9.30–13
und 14–17.30 Uhr, Okt.–März Mo–Sa 10–12 und
14–17 Uhr, So 10–13 und 14–16 Uhr

Essen

La Licorne Royale, 27480 Lyons-la-Forêt, Place
Benserade, Tel. +33 (0)2 32482424. Wenn man sich
etwas gönnen will, geht man hierher. Nicht billig, aber
Ambiente und Küche sind hervorragend.

Parken

Am Marktplatz vorbei Richtung Étrétagny (D6) fahren
und dann vor der Post nach rechts zum Parkplatz
(N49.39943° E1.47940°). Hier kann man auch
übernachten.

**❾ Camping Saint-Paul, Lyons-la-Forêt
(s. S. 55)**

**❿ Parkplatz Post, Lyons-la-Forêt
(s. S. 55)**

Tipp

Vom Parkplatz ❿ aus starten zwei schöne zweistündi-
ge Wanderungen. Gelbe Schilder weisen den Weg.

ABSTECHER ZUM CHÂTEAU DE FLEURY-LA-FORÊT
(hin und zurück 12 km)

Schon in Lyons-la-Forêt ist das 6 km entfernte **Château de Fleury-la-Forêt** gut ausgeschildert. Das Schloss aus dem 17. Jh.
wirbt damit, die schönste Küche Frankreichs
zu haben. Tatsächlich ist sie mit ihren Delf-
ter Kacheln und den Utensilien aus Kupfer,
Zinn und feinem Porzellan äußerst beeindruckend. Neben einigen sehenswerten Salons
und Schlafzimmern lockt auch eine Sammlung alter Spielsachen und Puppen.

Sehenswertes

Château de Fleury-la-Forêt, N49.41377°
E1.54383°, www.chateau-fleury-la-foret.com,
Tel. +33 (0)2 32496391, Öffnungszeiten: Apr.–Sept.
So 14–18 Uhr, Juli und August täglich 14–18 Uhr,
Eintritt: 6/5 €

▱ *Wer mit offenen Augen durch Lyons-la-Forêt
spaziert, entdeckt manch hübsches Detail*

Wieder zurück in Lyons-la-Forêt nimmt man die D321 und kommt nach 12 km Fahrt durch den herrlichen Buchenwald des Forêt de Lyons nach **Fleury-sur-Andelle.** 6 km hinter Fleury-sur-Andelle biegt man von der D321 nach rechts in die D714 zur **Abbaye de Fontaine-Guérard** ab. Die Zisterzienserabtei wurde 1135 in abgeschiedener Lage am Ufer der Andelle erbaut. Von der Abteikirche sind noch das Gewölbe der Apsis und der Chor mit seinen hohen Fenstern erhalten. Daneben steht das große Kapitelhaus aus der ersten Hälfte des 13. Jahrhunderts.

Sehenswertes

Abbaye de Fontaine-Guérard, N49.34991° E1.30719°, Tel. +33 (0)6860804, Öffnungszeiten: 30. Apr.–7. Juli und 4. Sept.–1. Okt. So/Feiertags 14–18 Uhr, 8. Juli–3. Sept. tägl. 14–18.30 Uhr, Eintritt: 5/3 €

⌂ *Malerisch schlängelt sich die Seine durchs Tal*

▷ *Abendstimmung an der Seine*

Immer weiter auf der D321 erreicht man **Pont-St-Pierre.** Vorsicht: Hier muss man die Rue René Raban (D321/abknickende Vorfahrtsstraße) verlassen und geradeaus in die schmale Straße hinter der Hostellerie La Bonne Marmite hineinfahren. Auf der D19 geht es immer geradeaus weiter über Le Val Pitan bis nach Amfreville-sous-les Monts. Hier windet sich die D20 gleich am Ortsanfang links Richtung **Côte des Deux Amants** den Berg hinauf. Schon auf halbem Weg hat man in einer Linkskurve eine **weite Aussicht auf die Seine** und ihre Seen.

Parkplatz mit Aussicht auf die Seine
N49.30256° E1.26537°

Weiter geht die Fahrt immer den Schildern zur Côte des Deux Amants folgend bis zum Parkplatz (N49.31733° E1.24810°) mitten im Wald. Von hier spaziert man noch ca. 150 m auf einem Waldweg bis zur Aussichtsstelle. Die Sicht von hier oben auf das Seine-Tal und die **Schleusen von Amfreville** *(Écluses d'Amfreville)* ist grandios. Der Name „Steilhang der beiden Liebenden" *(Côte des*

Die Seine

Die Seine ist der wohl berühmteste Fluss Frankreichs, erstreckt sich doch an ihren Ufern Paris. Sie entspringt in Burgund, 30 km nordwestlich von Dijon, und mündet nach 777 km bei Le Havre in den Ärmelkanal. Von ihrer Mündung bis nach Rouen (120 km im Landesinneren) können Hochseeschiffe die Seine befahren, insgesamt sind 560 km schiffbar. Oberhalb von Rouen regulieren die Écluses (Schleusen) von Amfreville zusammen mit dem Poses-Damm den Wasserstand des Flusses, der ab hier flussabwärts gezeitenabhängig ist. Ein speziell angelegter Fischpass ermöglicht den Fischen an den Schleusen vorbei flussaufwärts zu schwimmen. In einem Raum mit Glasfenstern können Besucher die Fische dabei beobachten.

022nrm Abb.: gg

Deux Amants) geht auf die beiden Liebenden Calista und Raoul zurück. Die Königstochter Calista sollte demjenigen zur Frau gegeben werden, der sie auf seinen Armen von der Seine nach hier oben tragen könne. Raoul versuchte es, starb aber, als er oben angekommen war, an Erschöpfung, Calista anschließend an Verzweiflung über seinen Tod. So erinnert der Name Côte des Deux Amants an ihr trauriges Schicksal.

Nachdem sicherlich viele Fotos geschossen wurden, macht man sich auf die Rückfahrt nach Le Val Pitan. Hinter dem letzten Haus, einem *manoir* („Gutshaus") mit Umfassungsmauer, biegt man sofort links in Richtung Seine ab. Dann geht es ein kurzes Stück nach rechts und man hat die **Écluses d'Amfreville** (N49.31269° E1.23837°) erreicht. Von der Fußgängerbrücke über die Schleuse bieten sich wieder beeindruckende Fotomotive.

Anschließend fährt man auf demselben Weg nach Pont-St-Pierre zurück. Ab hier geht es auf der D126 und später bei der Einmündung in die D6014 links in Richtung Rouen. Um eine grandiose Aussicht auf Rouen zu haben, wechselt man kurz vor Bonsecours auf die D914 und fährt auf ihr durch Bonsecours bis zum Ortsende. Vorsicht! An einer Ampel zeigt ein kleines Schild mit einem Panoramasymbol und „La Corniche" nach rechts. Immer geradeaus kommt man nach ca. 1,5 km zum **Aussichtspunkt** (N49.43339° E1.10999°). Hier liegt einem ganz Rouen mit seinen prachtvollen Kirchen zu Füßen.

Nun geht es wieder zurück bis zur Abzweigung in Bonsecours und dann nach rechts hinunter nach **Rouen.** Um dort zum Stell- bzw. Parkplatz Cours la Reine ❶ zu gelangen, fährt man zunächst in Richtung „Centre Ville" und dann an der Seine entlang. Auf der zweiten Brücke (Pont Corneille) überquert man den Fluss und fährt sofort nach links (Richtung Autobahn Paris). Nach wenigen Metern weist ein kleines Schild mit Wohnmobil-Piktogramm nach links. Man überquert die Gegenfahrbahn und fährt auf einer Rampe hinunter zum Quai. Der Platz ist sicherlich nicht schön gelegen und hat einzig den Vorteil, dass er zentrumsnah ist. Durch die angrenzende Parkanlage kann man gemütlich zunächst am Ufer entlang und dann über die Brücke Pont J. d'Arc ins Zentrum spazieren.

STELL- UND CAMPINGPLÄTZE ENTLANG DER ROUTE

❶ Quai Cours la Reine, Rouen
N49.43338° E1.09639°
Offizielle Plätze zwischen Seineufer, Straße und Bahn in lauter und unschöner Lage, zentrumsnah. **Lage/Anfahrt:** Von der Autobahn auf der A139 (später N338) bis zum Seineufer fahren. Dort rechts und gleich nach der dritten Brücke (Pont Pierre Corneille) links über den Quai Jacques Anquetil zum Seineufer hinunter fahren (kleines Womoschild). Achtung: Anfahrt über E46 bzw. D18E ist wegen des spitzen Winkels der Abfahrt nicht möglich; **Platzanzahl:** 20; **Untergrund:** Asphalt; **Preise:** kostenlos; **Geöffnet:** frei zugänglich; **Adresse/Kontakt:** 76100 Rouen, Quai Cours la Reine

☑ *Die Lage ist nicht gerade schön, dafür parkt man in Rouen ❶ zentrumsnah*

232mm Abb.: gg

❷ Aire de stationnement et de service, Montville

N49.54729° E1.07217°

Platz in schöner, ruhiger und doch zentraler Lage bei den Freizeitanlagen mit See, Busverbindung zum 20 km entfernten Rouen. **Lage/Anfahrt:** Von Rouen zunächst auf der N28, in Isneauville auf die D47 wechseln und bis Montville fahren; **Platzanzahl:** 12; **Untergrund:** Schotter; **Ver-/Entsorgung:** Strom (2 Anschlüsse an der VE), Trinkwasser, Abwasser, Chemie-WC; **Sicherheit:** beleuchtet; **Preise:** kostenlos, Wasser/Strom 55 Min je 6 €; **Geöffnet:** ganzjährig; **Adresse/Kontakt:** 76710 Montville, Place Abbé Kérébel

❸ Camping Le Bel Air, Louviers

N49.21498° E1.13281°

Platz mit befriedigender Sanitärausstattung und Schwimmbad (Juni–Aug.) in schöner Lage im Wald, 3,6 km ins Zentrum. **Lage/Anfahrt:** Auf der D81 Richtung La Haye-Malherbe, ausgeschildert; **Platzanzahl:** 92; **Untergrund:** Wiese; **Ver-/Entsorgung:** Strom, Trinkwasser, Chemie-WC; **Sicherheit:** umzäunt, beleuchtet, bewacht; **Preise:** aufgrund von Besitzerwechsel nicht bekannt; **Geöffnet:** 15.3.–15.10.; **Adresse/Kontakt:** 27400 Louviers, 9054 Route de la Haye Malherbe, Tel. +33 (0)2 32401077; **Achtung:** Besitzerwechsel, geplante Neueröffnung im April 2018

❹ Camping Car Park Le Cadran, Évreux

N49.02302° E1.13839°

Platz zentral und doch relativ ruhige Lage, Zentrum 500 m. WLAN inkl. **Lage/Anfahrt:** Zunächst auf der N154, dann auf die N3 wechseln, ausgeschildert; **Platzanzahl:** 6; **Untergrund:** Asphalt; **Ver-/Entsorgung:** Strom, Trinkwasser, Abwasser, Chemie-WC; **Sicherheit:** beleuchtet; **Preise:** 9,20 €/24 Std., 5 €/5 Std. alles inkl., Karte für Zahlung muss beim ersten Mal für 4 € gekauft werden; **Geöffnet:** ganzjährig; **Adresse/Kontakt:** 27000 Évreux, Bd de Normandie 64

☑ *Ein ruhiges Plätzchen findet man auf dem Campingplatz Les Fosses Rouges* ❻

233mm Abb.: gg

234-rm Abb.: gg

❺ Camping Les Sapins, Bonneville-sur-Iton

N49.00335° E1.03685°

Platz mit einfacher und nicht besonders gepflegter Sanitärausstattung, Lage gut und relativ ruhig. Nach Évreux 6,1 km. **Lage/Anfahrt:** Auf der D830 in Richtung Conches-en-Ouche fahren, 3,2 km hinter St-Sébastien-de-Morsent nach rechts zum Platz abbiegen; **Platzanzahl:** 40; **Untergrund:** Wiese; **Ver-/Entsorgung:** Strom, Trinkwasser; **Sicherheit:** umzäunt; **Preise:** 8 €/Fahrz., 3,50 €/Pers., Strom 2,25–4,50 €, Hund 1,25 €, Dusche 2 €; **Geöffnet:** März–Mitte Nov.; **Adresse/Kontakt:** 27190 Bonneville-sur-Iton, Rue de la mare hue, Tel. +33 (0)2 32371103, www.camping-les-sapins.com

❻ Camping Les Fosses Rouges, Saint-Marcel

N49.09659° E1.43854°

Platz mit einfacher Sanitärausstattung, schöne Aussicht, Waschmaschine, Brotverkauf, ruhige Lage. **Lage/Anfahrt:** Von der D181 auf die D64E abbiegen und 3,3 km bis zum Platz, ausgeschildert; **Platzanzahl:** 60; **Untergrund:** Wiese; **Ver-/Entsorgung:** Strom, Trinkwasser, Abwasser, Chemie-WC; **Sicherheit:** umzäunt; **Preise:** 4,60 €/Fahrz., 3,30 €/Pers., Strom 3,80–4,90 €, Hund 5 €, Taxe 0,20 €/Pers.; **Geöffnet:** März–Oktober; **Adresse/Kontakt:** 27950 St-Marcel, Chemin de Réanville, Tel. +33 (0)2 32515986

❼ Parkplatz La Prairie, Giverny

N49.07292° E1.52969°

Übernachtungsmöglichkeit auf dem separaten Parkplatz in sehr schöner und ruhiger Lage. Um 20 Uhr wird die Schranke geschlossen und bis 9 Uhr ist keine Ausfahrt möglich. Wenn das Museum geschlossen ist, hat auch der Parkplatz zu. **Lage/Anfahrt:** In Giverny der Beschilderung zum Parkplatz folgen; **Platzanzahl:** 20; **Untergrund:** Wiese; **Preise:** kostenlos; **Geöffnet:** frei zugänglich; **Kontakt:** 27620 Giverny, D5

◁ *Eine Übernachtung auf dem Parkplatz in Giverny ist erlaubt*

201mm Abb.: gg

8 Camping L'Île des Trois Rois, Les Andelys
N49.23554° E1.40019°

Platz mit befriedigender Sanitärausstattung direkt an der Seine mit Schwimmbad, Snackbar und Waschmaschine. Gute und ruhige Lage. Wenn der Platz geschlossen ist, kann man auch eine Nacht auf dem Parkplatz davor stehen. **Lage/Anfahrt:** Von der D313 vor dem Ort links, ausgeschildert; **Platzanzahl:** 300; **Untergrund:** Wiese; **Ver-/Entsorgung:** Strom, Trinkwasser, Abwasser, Chemie-WC; **Sicherheit:** umzäunt, beleuchtet, bewacht; **Preise:** 23–27 €/Fahrz. inkl. 2 Pers. und Strom, Hund 3 €; **Geöffnet:** 15. März–14. November; **Adresse/Kontakt:** 27700 Les Andelys, Rue Gilles Nicolle 1, Tel. +33 (0)2 32542379, www. camping-troisrois.com

9 Camping Saint-Paul, Lyons-la-Forêt
N49.40347° E1.47991°

Platz mit guter Sanitärausstattung, beheiztes Freibad, WLAN, Laden. Lage gut und ruhig, 600 m ins Zentrum. **Lage/Anfahrt:** Im Ort ausgeschildert; **Platzanzahl:** 100; **Untergrund:** Wiese; **Ver-/Entsorgung:** Strom, Trinkwasser, Abwasser, Chemie-WC; **Sicherheit:** umzäunt, beleuchtet, bewacht; **Preise:** 15,20–17 €/ Fahrz., inkl. 2 Pers., Strom 3,60 €, Hund 2,80 €, Taxe 0,50 €/Pers., Nebensaison Pauschale mit Camping-Card ACSI 16 €; **Geöffnet:** April–Oktober; **Adresse/Kontakt:** 27480 Lyons-la-Forêt, Route Saint-Paul 2, Tel. +33 (0)2 32494202, www.campingsaintpaul.fr

10 Parkplatz Post, Lyons-la-Forêt
N49.39949° E1.47935°

Stellmöglichkeit auf einem Parkplatz in guter und relativ ruhiger Lage, zentrumsnah. Lt. Touristeninformation ist eine Übernachtung möglich. **Lage/Anfahrt:** Am Marktplatz vorbei Richtung Étrétagny (D6) fahren und dann vor der Post nach rechts hinauf zum Parkplatz; **Platzanzahl:** 10; **Untergrund:** Schotter; **Preise:** kostenlos; **Geöffnet:** frei zugänglich; **Adresse/Kontakt:** 27480 Lyons la Foret, Chemin de Croix Mesnil

⬚ *Das malerische Lyons-la-Forêt hat einen guten Campingplatz* 9 *mit beheiztem Schwimmbad zu bieten*

DIE NATUR ENTLANG DER SEINE-SCHLEIFEN UND DAS WELTKULTURERBE LE HAVRE

Hinter Rouen folgt die Route den weiten Schleifen der Seine bis zu ihrer Mündung bei Le Havre. Naturschutzgebiete, idyllische Abteien und traumhafte Fachwerkhäuser säumen die abwechslungsreiche Strecke. Die Abteien von Saint-Georges-de-Boscherville, Jumièges und St-Wandrille waren einst geistige und religiöse Stätten von überregionaler Bedeutung. Eingebettet in die schöne, abgeschiedene Landschaft, sind sie auch heute noch ein Hort der Ruhe und der Meditation. Die Wanderschuhe schnüren sollte man im Parc Naturel Régional des Boucles de la Seine Normande. Beschaulich geht es dabei zu, egal ob man durch das einsame Marais oder entlang der Seine seine Runden zieht. Die Stell- und Campingplatzauswahl ist gut und jeder kann ein geeignetes Plätzchen finden. Ein richtiges Kontrastprogramm zur übrigen Route ist Le Havre. Im Krieg völlig zerstört, wurde es vom Architekten Auguste Perret, dem „Meister des Betons", wieder aufgebaut. Es entstand ein Gesamtkunstwerk mit breiten Avenuen, großzügigen Wohnblöcken und Hochhäusern aus Beton, erstellt nach einem einheitlichen architektonischen Konzept.

▷ *Die Ruinen von Jumièges zeugen vom einstigen Klosterleben*

ROUTE 2

VON ROUEN NACH LE HAVRE

STRECKENVERLAUF

Strecke: Rouen – Jumièges (28 km) – Abbaye de St-Wandrille (14 km) – Abstecher nach Caudebec-en-Caux und Villequier (hin und zurück 16 km) – Parc Naturel Régional des Boucles de la Seine Normande (32 km) – Marais Vernier (10 km) – Le Havre (38 km)
Streckenlänge: ohne Abstecher ca. 122 km mit Abstecher ca. 138 km

Vom Stellplatz in Rouen ❶ (s. S. 52) fährt man auf den Quai Jean Moulin hinauf und überquert auf der Pont Boieldieu die Seine. Dann folgt man dem Fluss nach links immer auf der D6015 in Richtung Le Havre bis zur Abzweigung der D982 (Richtung Duclair). In Canteleu biegt man von der D982 auf die D351 Richtung Sahurs ab. Die Straße verläuft durch den Forêt de Roumare, dem Naherholungsgebiet der Bewohner von Rouen. Nach wenigen Kilometern liegt rechts der Straße der große Parkplatz **Animalier Forêt de Roumare** (N49.40936° E0.99152°). Von hier kann man verschiedene markierte Wanderungen von 1 bis 3 Std. unternehmen. Sie führen durch schattigen Buchen- und Eichenwald zum Teil an Wildgehegen entlang und über einen Waldlehrpfad.

Weiter geht die Fahrt durch den Wald von Roumare bis nach Sahurs, einem kleinen Ort an der Seine. Dahinter windet sich der Fluss – und mit ihm die Straße – in Richtung Norden. In St-Pierre-de-Manneville steht das prächtige **Manoir de Villers,** ein Landsitz aus dem 16. Jh. mit exquisiter Möblierung, umgeben von einer schönen Parkanlage.

Sehenswertes

Manoir de Villers, 76113 Saint-Pierre-de-Manneville, Route de Sahurs 30, Tel. +33 (0)2 35320702, www.manoirdevillers.com, Öffnungszeiten Garten: Mai–Sept. Sa–Mi 14.30–17.30 Uhr. Öffnungszeiten Manoir: April–Okt. Sa 14.30–17.30 Uhr, So 15–18.30 Uhr, Eintritt: 7/3 €, ohne Führung 6/3 €

Auf der D67 erreicht man über Quevillon den kleinen Ort St-Martin-de-Boscherville mit seiner schönen Klosteranlage. Die **Abbaye Saint-Georges de Boscherville,** erbaut im 12. Jahrhundert, besticht durch ihren harmonischen Stil und ihre schlichte, typisch normannische Architektur. Das Hauptschiff erhielt im 13. Jahrhundert ein gotisches Gewölbe. Die dreischiffige Kirche dient seit der französischen Revolution als Pfarrkirche. Üppig mit Figuren geschmückt ist der gotische Kapitelsaal *(salle capitulaire)* aus dem 12. Jahrhundert. Der angrenzende Klostergarten wurde 1680 im französischen Stil angelegt. Auch heute noch werden hier Kräuter, Duftpflanzen und Gemüse originalgetreu im *potager* (historischer Gemüsegarten) angebaut. Besonders schön ist auch der Panoramablick auf die Seine von den Terrassen des Gartens.

☑ *Überraschende Begegnungen: Hochseeschiffe auf der Seine*

Sehenswertes

Abbaye Saint-Georges de Boscherville, www.abbaye-saint-georges.com, Öffnungszeiten: April–Okt. 9–18.30 Uhr, Nov.–März 14–17 Uhr, Eintritt: April–Okt. 6 €, übrige Zeit 5,50 €, Audioguide inkl., Kinder bis 12 Jahre frei

Parken

N49.44468° E0.96183°. Bei der Abbaye Saint-Georges de Boscherville. Oder abseits bei N49.44553° E0.95893° – hier kann man auch gut einmal übernachten.

Immer an der Seine entlang sind es 9,5 km nach **Duclair,** einem betriebsamen Marktflecken am rechten Seine-Ufer. Schon in vorrömischer Zeit gab es an dieser Stelle eine Ansiedlung namens Duroclaros, die Römer nannten sie dann Duroclarum. Bereits im Mittelalter verkehrte hier eine Fähre über die Seine und 1198 verlieh kein geringerer als Richard Löwenherz der Stadt die Marktrechte. Im 16. und 17. Jahrhundert besaß Duclair

026nrm Abb.: gg

eine bedeutende Brauerei. Sehenswert ist die Kirche Saint-Denis, deren Ursprung auf das 11. Jahrhundert zurückgeht.

Essen

Bistro du Siècle, 76480 Duclair, Rue Jules Ferry 75, Tel. +33 (0)2 35376236. Rustikales Bistro, serviert wird alles vom einfachen Snack über Fleisch vom Grill bis zum geschmackvollen Menü, im Sommer an Holztischen am Straßenrand.

Parken in Duclair

N49.47987° E0.87271°, an der Seine

Etwa 2 km hinter Duclair zweigt links die D65 in Richtung **Le Mesnil-sous-Jumièges** ab. Auf landschaftlich schöner Strecke, die von einfachen Fachwerkhäusern und wunderschönen Villen gesäumt ist, führt die Straße am Ufer der Seine entlang. In Le Mesnil-sous-Jumièges geht es zum nächsten Ziel, nach Jumièges, rechts ab.

JUMIÈGES (28 km – km 28)

L'Abbaye de Jumièges (die Abtei von Jumièges) wird von vielen als die schönste Ruine Frankreichs bezeichnet. Nicht zu Unrecht, ziehen die beiden 46 m hohen Türme und das riesige Schiff der **Abteikirche Nôtre-Dame** doch jeden Besucher in ihren Bann. Der heilige Philibert gründete die Abtei bereits Mitte des 7. Jahrhunderts. Nach Jahren enormen Aufschwungs wurde sie im 9. und 10. Jahrhundert mehrmals von den Wikingern überfallen und letztendlich völlig zerstört. Mit großzügiger Unterstützung der normannischen Herzöge konnte sie von den Benediktinern wieder aufgebaut werden. 1067 fand die feierliche Einweihung der Abteikirche im Beisein Wilhelms des Eroberers statt. Über viele Jahrhunderte hinweg galt das Kloster als geistliches und geistiges Zentrum der Normandie, das seinen Reichtum aus seinen zahlreichen Ländereien schöpfte. Im Zuge der Französischen Revolution verließen die letzten Mönche 1789 Jumièges. Die Abtei wurde an einen Privatmann verkauft, der sie als Steinbruch missbrauchte. 1852 erwarb die Familie Lepel-Cointet die Ruine und rettete sie so vor dem völligen Zerfall. Seit 1946 ist sie im Besitz des französischen Staates. Ein vollständiger Wiederaufbau der Anlage war nie beabsichtigt, jedoch wurden umfangreiche Renovierungsmaßnahmen durchgeführt, die erst 2009 ihren vorläufigen Abschluss fanden.

Heute betritt man die Anlage durch das Torhaus aus dem 14. Jh., das im 19. Jh. im neogotischen Stil umgebaut wurde. Dahinter befindet sich die Kirche Nôtre-Dame aus dem 11. Jh. Der romanische Baukörper weist erstaunlich großzügige Dimensionen auf. Das Hauptschiff hat eine Länge von 27 m und eine Höhe von 23 m. Neben den Außenmauern des Hauptschiffs sind noch Teile des Quer-

◁ *Trotz der Zerstörungen findet man viele kunstvolle Elemente in Jumièges*

Wanderung rund um die Klosterruine von Jumièges

Diese Wanderung führt an der Seine entlang, durch die schöne Landschaft der Flussschleife mit Viehweiden, Apfel- und Kirschbäumen und an hübschen Fachwerkhäusern vorbei. Immer wieder hat man einen imposanten Blick auf die Klosteranlage von Jumièges.

Man verlässt den Wohnmobilstellplatz 12 *in Richtung Seine. Nach wenigen Schritten auf der Straße biegt man rechts in die Rue Guillaume Quesne ab und folgt ihr bis zum Fluss. Nach einem Linksbogen erreicht das kleine Sträßchen die Fähranlegestelle und man geht weiter geradeaus auf der Rue du Perrey am Ufer der Seine entlang.*

Nicht lange danach verlässt die Straße in einem Linksbogen den Fluss und man wandert an einzelnen Häusern vorbei landeinwärts. Wenn auf der linken Seite die Klosterruine ins Blickfeld kommt, biegt man kurze Zeit später rechts auf den Chemin Saint-Jean (Einbahnstraßenschild) ab. An der nächsten Kreuzung spaziert man auf dem von Gärten und Obstplantagen gesäumten Weg immer geradeaus. Nach ca. 25 Min. mündet er in ein asphaltiertes Sträßchen ein. Auf diesem nach rechts bis zu einer alten Fachwerkscheune (ca. 200 m) gehen, hier die Straße überqueren und in den unbefestigten Weg nach rechts einbiegen. Der ziemlich holprige Feldweg führt immer geradeaus bis zu den ersten Häusern der Siedlung Conihout de Jumièges. An der Wegkreuzung (rechts sieht man einen Bauernhof und links die Stromleitung) wendet man sich nach links auf den unbefestigten Weg und wandert auf ihm in Richtung der Seen, die durch Ausbaggerungen mit riesigen Baggerschiffen entstanden sind. Einer der beiden Seen hat sich mit Freizeiteinrichtungen und dem Camping du Lac 11 *zu einem Erholungsgebiet entwickelt. Der Wanderweg führt immer am See entlang und dann an Fischgewässern mit Picknickplätzen vorbei, bis er auf eine schmale Straße stößt. Hier geht man rechts an Tierweiden und hübschen Häusern vorbei bis zum Ende der Straße, hält*

sich dann links und sieht schon die Hauptstraße D65. Auf ihr geht man nur wenige Schritte nach links und biegt dann wieder nach links in die Sente du Piege ein. Sie geht beim Haus 203 vom Schotter- in einen Wiesenweg über, dem man immer weiter folgt, bis man wieder auf die D65 kommt. Diese muss man jetzt ca. 200 m nach links entlanggehen. Bei der nächsten Kreuzung (Bushaltestelle) biegt man nach rechts in die Rue André Fessard ab. Auf dieser wandert man bis zur Einmündung an der Klostermauer und hier nach rechts bergan. Bei der nächsten Einmündung geht es nach links und weiter geradeaus, am Haus des Abtes vorbei, bis die Schule und der Friedhof erreicht sind. Jetzt läuft man links den Berg hinunter und auf der Hauptstraße nach links bis zur Klosterruine und von dort wieder zum Stellplatz.

Es handelt sich um eine leichte Wanderung ohne Steigungen (Dauer 2:30 Std.), die teilweise mit einem grünen Punkt markiert ist.

☑ *Die Ruinen von Jumièges im Frühling*

schiffs und des Chors erhalten. Während das Hauptschiff mit seinen Arkaden und Drillingsfenstern streng im romanisch-normannischen Stil gehalten wurde, finden sich im Querschiff auch gotische Elemente. Ursprünglich schlossen sich an den Chorraum sieben Kapellen an, nur noch eine ist bis heute in voller Größe erhalten. Zwischen Gästehaus, Hauptschiff und der Kirche St-Petrus (ältester Teil der Abtei) befand sich der Kreuzgang, der leider nicht mehr erhalten ist. Hinter den Ruinen schließt sich ein 15 ha großer, von einer 2,5 km langen Mauer umschlossener Park an. Hier befindet sich die Residenz des Abtes aus dem Jahre 1675. An verschiedenen Stationen erblüht die Abtei dank modernster 3D-Technik auf dem Smartphone oder Tablet in altem Glanz.

Information

Office de Tourisme, 76480 Jumièges, Rue Guillaume le Conquérant, Tel. +39 (0)2 35372897, jumieges@ rouentourisme.com. Öffnungszeiten: Mai–Sept. 10–12.30 und 13.30–18 Uhr

Sehenswertes

Abbaye de Jumièges, 76480 Jumièges, Tel. +33 (0)2 35372402, Öffnungszeiten: 15. April–15. Sept. 9.30–18.30 Uhr, 16. Sept.–14. April 9.30–13 Uhr und 14.30–17.30 Uhr, Eintritt: 6,50 €, Kinder bis 18 Jahre frei, Hundeverbot!

Parken

Parken kann man auf dem gut ausgeschilderten Bus-/Wohnmobilparkplatz **⑫**

⑪ Camping du Lac, Le Mesnil-sous-Jumièges (s. S. 73)

⑫ Busparkplatz, Jumièges (s. S. 73)

⑬ Camping de la Forêt, Jumièges (s. S. 73)

Wer von Jumiéges schon in den Parc Naturel Régional des Boucles starten will, kann mit der Autofähre nach Heurteauville übersetzen. Die Fähre nimmt Wohnmobile bis 3,5 t und einer Höhe von 3 m mit. Vorsicht: Beim Auffahren auf die Fähre besteht die Gefahr des Aufsitzens!

Weiter auf Route 2 fährt man 3,5 km über Yainville bis zur D982. Auf ihr geht es nach links über Le Trait bis zur Abzweigung zur Abbaye de St-Wandrille (Parken N49.52728° E0.76652° oder N49.52789° E0.76558°).

◁ *Abbaye de St-Wandrille: stumme Zeugin der Vergangenheit*

ABBAYE DE ST-WANDRILLE
(14 km – km 42)

Schon die kleine Ortschaft St-Wandrille mit ihren vielen schön herausgeputzten Fachwerkhäusern ist hübsch anzusehen, doch es gibt hier noch mehr zu besichtigen, nämlich ein Kloster mit einer großen Kirchenruine.

Nicht durch das schöne Eingangsportal aus dem 19. Jh., sondern durch eine kleine Pforte in der Klostermauer betritt man die Abtei von Wandrille. Dahinter fällt sofort die prächtige **Porte de Jarente** ins Auge, die dem Besucher den Blick in den inneren Klosterkomplex verschließt. Nur im Rahmen einer Führung kann man hinter die Klostermauern sehen und so einen Einblick in das auch heute noch von der Ordensregel „Ora et labora" (Bete und arbeite) bestimmte Leben der Mönche erhalten.

Frei zugänglich ist die von friedlicher Stille umgebene **Ruine der Abteikirche** (14. Jh.). Hier auf der weiten Rasenfläche kann man noch gut die Umrisse des Gotteshauses mit den Pfeilern der Arkaden erkennen. Hoch ragen zwei Bündelpfeiler des Querhauses in den Himmel und veranschaulichen so die Höhe der ehemaligen Kirche. Fünfzehn Kapellen säumten einstmals den großen Chorraum. Wer zwischen Haus 8 und 9 am Place d'Église 250 m hinaufsteigt, hat einen herrlichen Überblick über die ganze Klosteranlage.

Sehenswertes
Abbaye de St-Wandrille, 76490 St-Wandrille, Tel. +33 (0)2 35962311, www.st-wandrille.com, Öffnungszeiten: Ostern–Allerheiligen Führungen tägl. 15.30, So. auch 11.30 Uhr, übrige Zeit Sa/So 15.30 Uhr, Eintritt: 4 €

⑭ Ferme de la Mare,
St. Wandrille Rancon (s. S. 74)

Der weitere Routenverlauf führt zunächst auf demselben Weg zurück bis zur D982. Jetzt nach rechts und auf der Pont de Brotonne die Seine überqueren. Wer den Abstecher nach Caudebec-en-Caux macht, bleibt auf der D982 geradeaus bis ins Zentrum.

ABSTECHER NACH CAUDEBEC-EN-CAUX UND VILLEQUIER (hin und zurück 16 km)

Die lebhafte Kleinstadt **Caudebec-en-Caux** an der Seine war über Jahrhunderte hinweg die Hauptstadt des Pays-de-Caux, bevor sie von Yvetot abgelöst wurde. Die wichtigste Sehenswürdigkeit ist die **Kirche Nôtre-Dame.** Sie wurde im 15. Jh. im reinsten Flamboyantstil erbaut. Ein durch sein unterbrochenes Mauerwerk beinahe zierlich wirkender 53 m hoher Turm überragt weithin sichtbar das Gotteshaus. Die Westfassade der Kirche besitzt drei reich verzierte spätgotische Portale. Allein das Mittelportal weist 333 figürliche Darstellungen auf. Der stilvolle Innenraum beherbergt eine Orgel aus dem frühen 16. Jh., deren Klang heute noch die Zuhörer begeistert. Links hinten im Hauptschiff befindet sich in einer Kapelle ein wertvolles Taufbecken aus dem 17 Jh., dessen Deckel Szenen aus dem Alten und Neuen Testament zieren. Das **Maison des Templiers** (Templerhaus) in der Rue Thomas Basin ist ein schönes Beispiel städtischer Architektur des 13. Jh. Wer sich für die Seine interessiert, dem sei das **Musée de la Marine de Seine** empfohlen. Es widmet sich eingehend der Landschaft entlang der Seine von der Antike bis zur Gegenwart, den Bewohnern der Gegend, dem Fischfang und dem Schiffsbau. Es liegt am westlichen Stadtrand von Caudebec an der Straße nach Villequier.

Information
Office de Tourisme Caux Vallée de Seine, 76490 Caudebec-en-Caux, Place du Général de Gaulle, Tel. +33 (0)2 32704632, Öffnungszeiten: Okt.–Mai Di–Sa 10–12.30 und 13.30–17 Uhr, Juni–Sept. tägl. bis 18.30 Uhr, WLAN 30 Min. kostenlos

Sehenswertes
Église Nôtre-Dame, 76490 Caudebec-en-Caux, Grande Rue, Öffnungszeiten: 8–12.30 und 14–18 Uhr

Essen und Trinken in der Normandie

Essen und Trinken spielen eine große Rolle im täglichen Leben der Bewohner der Normandie. Besonders am Wochenende nimmt man sich sehr viel Zeit für ein ausgiebiges Familienmahl. Die traditionelle normannische Küche ist bäuerlich-gehaltvoll mit viel Butter und Crème fraîche. Vorspeise, Hauptgericht, Zwischengang, Dessert und Kaffee gehören zu dieser stundenlangen Schlemmerei unbedingt dazu. Als Aperitif wird ein „Pommeau", eine Mischung aus zwei Dritteln Apfelsaft und einem Drittel Calvados, gereicht. Am Meer dominieren Muscheln, Austern, Salzlamm und Seefisch, im Landesinnern Enten, Kaninchen, Würste wie die „Andouille" (Wurst aus Innereien) und die „Boudin" (Blutwurst) oder die „tripes" (Kutteln) das Menü.

Als Zwischengang werden Weichkäsesorten wie Camembert, Livarot, Neufchâtel und Pont-l'Évêque gereicht. Auch das Dessert fällt üppig aus: Ob „tarte aux pommes" (Apfelkuchen), „teurgoule" (Zimtreisbrei) oder Kekse wie „sablés" – kalorienarm ist keiner dieser Leckerbissen. Dazwischen legt man eine „trou normand" (wörtlich: normannisches Loch), eine Pause mit einem Calvados ein. Wein wird in der Normandie nicht angebaut, deshalb trinkt man traditionell „Cidre" (Apfelmost) oder „Poiré" (Birnenmost). Zum Abschluss gibt es noch einen „petit noir", einen kleinen schwarzen Kaffee.

Die in den Restaurants angebotenen Menüs sind meist günstiger als „à la carte" zu bestellen und bewegen sich beim „menu touristique" zwischen 15 und 30 €.

Musée de la Marine de Seine, 76490 Caudebec-en-Caux, Avenue Winston Churchill, Tel. +33 (0)2 35959013, Öffnungszeiten: Feb.–Juni und Sept.–Nov. Di–So 13–18.30 Uhr, Juli/Aug. Di–So 10–18.30 Uhr, Eintritt: 5/3,50/14 €, über 65 Jahre frei

Auf der D81 sind es nur wenige Kilometer an der Seine entlang zum hübschen Dorf **Villequier** mit seinen alten, typisch normannischen Fachwerkhäusern. Parken sollte man beim Picknickplatz vor dem Ort. Ein schöner Spaziergang am Seine-Ufer führt in den Ort hinein.

Die Hauptattraktion in Villequier ist das **Musée Victor Hugo,** das im ehemaligen Haus Charles Vacqueries, dem Schwiegersohn Hugos, untergebracht ist. Vacquerie und seine Ehefrau Léopoldine, die älteste Tochter von Victor Hugo, ertranken im September 1843 bei einer Bootstour auf der Seine, nur sechs Monate nach ihrer Hochzeit. Der traurige Vater Victor Hugo verarbeitete dieses Unglück in den lyrischen *Contemplations,* einer Sammlung von 158 Gedichten über Liebe und Tod. Im Museum sind Erinnerungsgegenstände, Briefe, Familienporträts und Möbel aus dem Besitz von Léopoldine Hugo zu sehen. Ein besonders fantasievoll angelegter Garten lädt zum Verweilen ein.

Auf dem **Friedhof** bei der Kirche von Villequier in der Rue Président René Coty liegen sowohl Léopoldine als auch Charles Vacquerie begraben – angeblich sogar gemeinsam in einem Sarg. In der Kirche sind die vielen schönen Glasfensterbilder aus dem 16. Jahrhundert interessant.

Sehenswertes
Musée Victor Hugo, 76490 Villequier, Rue Ernest Binet, Tel. +33 (0)2 35567831, Öffnungszeiten: Mo/Mi–Sa 10–12.30 und 14–18 Uhr, So 14–18 Uhr, Okt.–März nur bis 17.30 Uhr, Eintritt: 4 €, Kinder bis 18 Jahre frei

◁ *Beim Stadtspaziergang in Caudebec-en-Caux*

Parken
N49.51503° E0.67726°

Von Villequier geht es auf demselben Weg zurück, bis hinter Caudebec-en-Caux die filigrane Konstruktion der **Pont de Brotonne** sichtbar wird. Auf dieser Brücke überquert man in luftiger Höhe von 50 m die Seine. Dieses Meisterwerk der Brückenbaukunst wurde 1977 erbaut, ihre Länge beträgt 1280 m und die mächtigen Pylonen sind 125 m hoch.

PARC NATUREL RÉGIONAL DES BOUCLES DE LA SEINE NORMANDE (32 km – km 74)

Nach der Pont de Brotonne verlässt man die D490 und fährt nach links in Richtung **La Mailleraye-sur-Seine.** Unterwegs erhält man im **Maison du Parc Naturel Régional des Boucles de la Seine Normande** Informationen zum Naturpark. Das Außengelände des Informationszentrums ist wie ein Freilichtmuseum angelegt. Hier gibt es eine Scheune *(grange),* einen Pferdestall *(écurie),* ein Taubenhaus *(colombier),* einen Brotbackofen *(four au pain)* und ein Hühnerhaus *(poulailler).* Auf Informationstafeln wird die Bauweise der einzelnen Gebäude erklärt (nur auf Französisch).

Am Parkplatz beginnen schöne Wanderungen von 8/10/11,5 km Länge und eine 33 km lange Radrundfahrt durch die Boucles de la Seine.

Sehenswertes
Maison du Parc Naturel Régional des Boucles de la Seine Normande, 76940 Nôtre-Dame-de-Bliquetuit, www.pnr-seine-normande.com, Öffnungszeiten: Mitte Sept.–Mitte Juni Mo–Fr 9–12.30 u. 13.30–18 Uhr, Mitte Juni–Mitte Sept. Mo–Fr 9–18 Uhr, Sa/So 11–17 Uhr

Park- und Picknickplatz Maison du Parc
N49.49734° E0.75887°

Nach 2 km ist **La Mailleraye-sur-Seine,** der größte Ort im Fôret de Brotonne erreicht. Er eignet sich gut, um die Vorräte aufzufüllen und auf einem schönen Stellplatz zu übernachten.

⑮ Quai Paul Girardeau, La Mailleraye-sur-Seine (s. S. 75)

Von La Mailleraye-sur-Seine fährt man zurück bis zur D490, überquert diese geradeaus und rollt dann weiter nach Saint-Nicolas-de-Bliquetuit. Dieser Ort hat einen Stellplatz direkt an der Seine.

⑯ Seine-Ufer, Saint Nicolas de Bliquetuit (s. S. 75)

Ab Saint-Nicolas-de-Bliquetuit beginnt die **Route des Chaumières** (reetgedeckte Fachwerkhäuser).

Auf der D65 fährt man, immer dem Schild mit dem Reetdachhaus folgend, an Weiden mit Kühen, Schafen und Eseln und an Apfel- und Kirschplantagen vorbei nach **Vatteville-la-Rue** mit seinem interessanten, gedrun-

genen Kirchturm. Wer ein Wohnmobil über 8 m Länge hat, sollte auf der D65 bleiben, kleinere Fahrzeuge können den beschilderten Abzweigungen folgen und unterwegs die schönen Fachwerkbauten bewundern.

Durch ein schattiges Waldgebiet führt die Straße in Sichtweite der Seine nach **Aizier.** Kurz vor dem Dorf wechselt das Département Seine-Maritime ins Département Eure. Auch die Straße heißt jetzt D95. Immer wieder sieht man die ganz entzückenden Reetdachhäuser, die teilweise wunderschön restauriert, teilweise noch im renovierungsbedürftigen Zustand sind.

Ein **idyllischer Picknickplatz** direkt an der Seine lädt in Aizier zu einer Pause ein (N49.43109° E0.62494°). Der Höhepunkt der Route des Chaumières ist das kleine Dorf **Vieux-Port.** Ein Haus ist schöner als das andere und müsste man sich für eines entscheiden, fiele die Wahl sicher schwer. Hier parkt man ideal direkt an der Seine (N49.42680° E0.61051°).

Immer noch auf der D95 rollt man durch Trouville-la-Haule nach **Sainte-Opportune-la-Mare.**

030mm Abb.: gg

236nrm Abb.: gg

MARAIS VERNIER (10 km – km 84)

Am Ortsanfang von Sainte-Opportune-la-Mare kreuzt man die D810 und fährt dann auf einer schmalen Straße Richtung **Grand Mare.** Wenn man den Wald durchquert hat, liegt das ganze **Marais Vernier,** ein **Sumpfgebiet** mit unzähligen Entwässerungskanälen, vor einem. Bei der Einmündung der Zufahrtsstraße biegt man nach links ab und schlägt so einen großen Bogen um das Teichgebiet Grand Mare. Nach wenigen Kilometern (hinter einem schlossähnlichen Haus) bietet sich ein Parkplatz mit Aussichtsturm für eine Rast an. Oben vom Holzturm hat man einen umfassenden Ausblick auf das Moorgebiet bis zu den weiß leuchtenden Felsen an der Seine.

◌ *Das Marais Vernier ist ein Paradies für Tiere*

◁ *Das Maison du Parc Naturel Régional des Boucles de la Seine Normande*

▷ *Traditionelle Häuser entlang der „Fachwerkstraße"*

Spaziergang am Seine-Ufer

Vom Stellplatz ⓰ *in Saint-Nicolas-de-Bliquetuit kann man nach links sehr schön und bequem am Seine-Ufer entlang bis auf Höhe von Villequier, das sich am anderen Ufer befindet, spazieren und auf demselben Weg zurückgehen. Eine landschaftlich schöne Strecke und immer wieder tuckern riesige Schiffe auf der Seine entlang. Dauer ca. 1:30 Std.*

274nrm Abb.: gg

Das Marais Vernier

In der letzten Schleife, die die Seine vor ihrer Mündung in den Ärmelkanal bildet, liegt das Marais Vernier. Das in der Eiszeit entstandene Sumpfgebiet ist 4500 ha groß. Durch den Bau zahlreicher Deiche und Kanäle wurde es weitgehend trockengelegt.

Heute ist es mit seinen Feuchtwiesen und Obstgärten Agrarland. Zahllose Rinder laufen frei auf riesigen Weiden, die von Pappeln und Korbweiden eingerahmt sind. Das Marais Vernier steht als Teil des Parc Naturel Régional des Boucles de la Seine Normande (Naturpark Seine-Schleifen) unter Naturschutz.

Das wohl schönste Dorf dieses Landstrichs ist das gleichnamige Marais Vernier. Es empfängt seine Besucher mit reetgedeckten, liebevoll restaurierten Bauernkaten und üppigen Blumengärten.

Im Sumpf Marais Vernier liegt ein Teichgebiet, das Grand Mare, das vielen Wasservögeln als Stand- und Durchzugsgebiet dient. Von einem frei zugänglichen Holzturm aus kann man Enten, Gänse, Reiher, Störche und Kormorane beobachten.

Herrliche Wanderung durchs Naturschutzgebiet

Start: in Marais-Vernier auf dem Wanderparkplatz Les Courtils (N49.41870° E0.45686°)
Länge: 5,4 km; Markierung gelber Strich
Verlauf: Vom Parkplatz auf dem Chemin du Roy nach rechts – an Kreuzung D103 200 m rechts – bei Rechtskurve geradeaus weiter – wenn man wieder auf D103 stößt, diese überqueren – am Wasserkanal entlang – über Brücke rechts und bei den Häusern rechts zurück zum Chemin du Roy.

Picknickplatz
N49.42030° E0.53412°

Aussichtsplatz auf das Marais Vernier
N49.40303° E0.46701°

Weiter der Straße in Richtung Quillebeuf-sur-Seine folgend, umrundet man die sumpfige Region. Auch auf dieser Strecke gibt es wieder herrliche Fachwerkhäuser zu sehen. Auf halbem Weg zwischen dem Ort Marais-Vernier und Quillebeuf-sur-Seine (D103) biegt die C40 zur Pont de Tancarville ab. Man folgt der teilweise sehr schmalen Straße bis zur D6015, auf der man in schwindelnder Höhe die Seine auf der Pont de Tancerville (bis 3 m Höhe 3,20 €, über 3 m Höhe oder über 3,5 t 3,80 €) überquert.

Dahinter fährt man auf der kostenfreien Autobahn A131 in Richtung Le Havre Vond.

▷ *Ozeanriese vor Frankreichs größtem Seehafen*

LE HAVRE (38 km – km 122)

Le Havre hat unter dem Zweiten Weltkrieg besonders stark gelitten. Während der Befreiung Frankreichs wurde die Stadt im September 1944 von den Alliierten mit einem Bombenteppich überzogen und die deutsche Wehrmacht sprengte bei ihrem Rückzug die Hafenanlagen in die Luft. Kaum ein Stein blieb auf dem anderen. Nach Kriegsende waren es der Architekt **Auguste Perret** und sein brasilianischer Kollege **Oscar Niemeyer,** die der Stadt ihr heutiges Gesicht verliehen. Auguste Perret, der auch „Meister des Betons" genannt wird, plante breite licht- und luftdurchflutete Straßenzüge mit Gebäuden in unterschiedlicher Höhenabstufung, allesamt aus Stahlbeton. Sichtbare tragende Elemente, angedeutete Säulen, hohe, schlanke oder quadratische Fensterfronten prägen das Stadtbild. Das Zentrum von Le Havre ist das erste städtische Ensemble aus der Mitte des 20. Jh., das von der UNESCO in die Liste des Weltkulturerbes aufgenommen wurde (2005).

Man beginnt den **Stadtspaziergang** bei der Endstation der Tram, am Plage. Bei der **Touristeninformation** mit Material versorgt, schwenkt man nach rechts in die Avenue Foch. Zwei 13-stöckige Hochhäuser flankieren die Flaniermeile von Le Havre. Sie sollen symbolisch das Tor der Stadt **(Porte Océane)** darstellen. Die **Avenue Foch** mit ihren Rasenflächen und Alleebäumen und der harmonischen Architektur wirkt sehr breit und großzügig. An den Häusern sollte man die einzelnen Flachreliefs und die interessanten Säulenkapitelle beachten. Der **Square Saint-Roch** ist eine wunderschöne üppig blühende Parkanlage. Auch hier wurde das Gesamtkonzept beibehalten und mit Beton gearbeitet. Ein durchbrochener Betonzaun umgibt den Garten.

Der **Place de l'Hôtel de Ville** ist einer der größten Rathausplätze Europas. Dominiert wird er vom 72 m hohen Rathausturm und von der aufwendigen Springbrunnenanlage. Laubengänge, Blumenbeete, Buchenalleen und viele Ruhebänke laden zum Verweilen ein.

Über die Rue de Paris kommt man zum **Le Volcan.** Die Bewohner von Le Havre bezeichnen dieses 1982 von Oscar Niemeyer erbaute Kulturzentrum respektlos als „Joghurtbecher". So ganz von der Hand weisen lässt sich dieser Vergleich bei genauer Betrachtung allerdings nicht. Untergebracht sind in den hohen, weißen Gebäuden ohne Fenster ein Kino, zwei Theatersäle und Büroräume.

Die Wasserfläche des **Bassin du Commerce** (das älteste Hafenbecken von Le Havre) gleich gegenüber von Le Volcan wird überspannt von der **Passerelle de la Bourse,** einer 1969 von Guillaume Gillet erbauten Fußgängerbrücke. Hinter der Brücke wendet man sich kurz rechts, um dann gleich nach links in das **Quartier Saint-François** einzuschwenken. Es ist eines der wenigen Viertel, die nicht neu aufgebaut wurden und noch vereinzelt sind Häuser aus dem 16. und 18. Jh. zu sehen. Ein besonders schönes Beispiel ist das **Maison de l'Armateur** (Haus des Reeders), bei dem man auch die prächtigen Innenräume besichtigen kann. Um zu dem Haus zu gelangen, geht man über die Rue Jean de la

Map labels:

Fort de Ste-Adresse
Fort de Tourneville
Flughafen Le Havre-Octeville, Étretat, Octeville
Rue du Fort
Rue Cochet
Rue Clément Marical
Rue de la Cavée Verte
Rue Sadi Carnot
Rue du 329ème.
Rue Reine Elisabeth
Rue du Général de Gaulle
Rue Cochet
Rue Clément Marical
Rue de Ste-Adresse
Rue Félix Faure
Rue G. Lafaurie
Rue Gustave Flaubert
Boulevard Albert 1er.
Rue d'Étretat
R. du Président Wilson
Rue des Gobelins
Rue A. Dollfus
Rue d'Ingouville
Av. René Coty
Rue Ernest Renan
Rue Lesieur
Rue Guillemard
Rue H. Génestal
R. Casimir Perrier
Rue J.B.
Eyriès
R. Gabriel Péri
R. Gal. Sarrail
Strand
Rue F. Bellanger
Rue G. Braque
Rue Anatole France
Porte Océane
Square St-Roch
Place de l'Hôtel de Ville
R. Jules Lecesne
Essen und Trinken
1 La Petite Auberge
Touristen-information
Avenue Foch
Bd. de Strasbourg
Stadtspaziergang
Start
Rue Paul Doumer
Rue Dicquemare
Rue B. de St-Pierre
Rue Siegfried
R. Alchard
Église Saint-Joseph
Rue Louis Brindeau
Quai Georges V
Quai Georges V
Av. G. Achard
Kulturzentrum Le Volcan
Bassin du Commerce
Rue Voltaire
Quai de Lamblardie
Pompidou
Jachthafen
Boulevard Clemenceau
Rue Augustin Normand
Boulevard François 1er.
Rue Séry
Rue de Paris
Rue Richelieu
Rue Émile Zola
R.J. Macé
Q. Videcoq
Quai M. Féré
Quai Georges
Bassin de la Barre
Hafen
Rue de la Mailleraye
R. d. Drapiers
Maison de l'Armateur
Quai de l'Île
Bassin de la Citadelle
Cathédrale Nôtre-Dame
Musée Malraux
R. J. d'Arc
Quai de Southampton
Bassin de la Manche
Digue Nord

Fontaine bis zur Rue de Général Faidherbe, überquert diese und erreicht geradeaus an der nächsten Ecke das Maison de l'Armateur gleich links neben einer kleinen Bar. Nach der Besichtigung geht es wieder zurück bis zur Hauptstraße und dann links über die Brücke. Hinter ihr biegt man kurz rechts und dann sofort links in die Rue des Drapiers ab und spaziert auf ihr bis zur Kirche **Nôtre-Dame**. Dieses Gebäude ist eines der wenigen, das nach dem Krieg wieder in seiner ursprünglichen Form – einer Mischung aus Gotik und Renaissance – aufgebaut wurde. Vom Vorplatz der Kirche wendet man sich nach links und kommt zum Hafengebiet.

Der **Hafen** von Le Havre ist der größte Seehafen Frankreichs. Bereits im frühen 16. Jh. wurde er unter der damaligen Bezeichnung Havre-de-Grâce angelegt. Im 19. und in der ersten Hälfte des 20. Jh. hatte die transat-

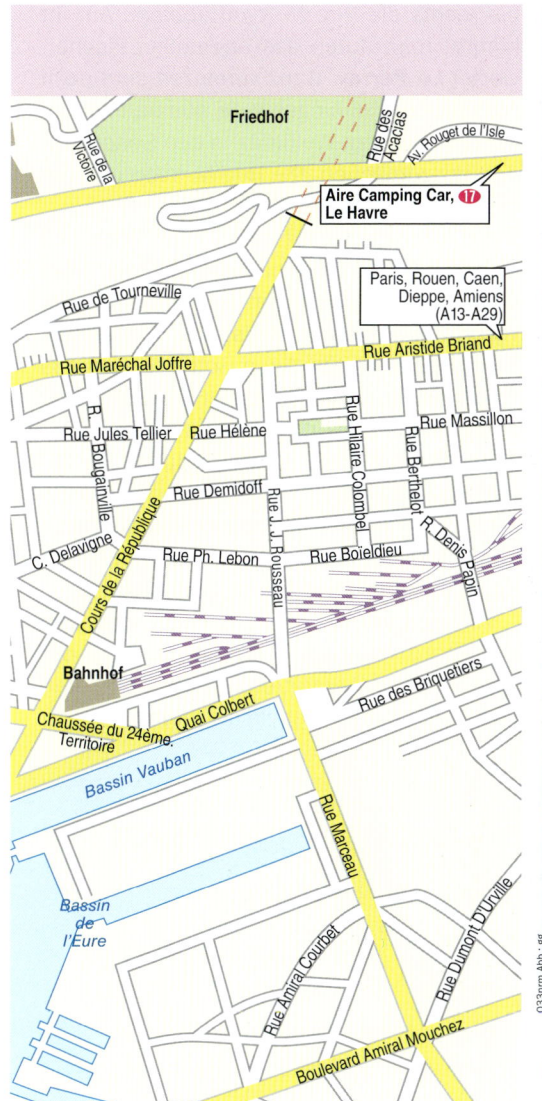

⌂ *Sakrale Betonarchitektur in der Kirche Saint-Joseph*

lantische Personenschifffahrt ihre Glanzzeit. Von Le Havre aus stachen die großen stolzen Dampfer nach New York in See. Die berühmtesten Ozeanriesen waren die „Washington", die „Normandie", die „Île-de-France" und die „Liberté". Das zur damaligen Zeit größte Passagierschiff der Weltmeere, die „France", verkehrte von 1962 bis 1974 zwischen Frankreich und Amerika. Nach 1974 war die Personenschifffahrt unrentabel und wurde einge-

stellt. Heute ist Le Havre ein riesiger Container- und Rohölhafen.

Über 7000 Schiffe und die Fähren nach Irland und Großbritannien legen jährlich in Le Havre an und ab. Das Projekt „Port 2000" ermöglicht es, dass selbst die größten Frachtschiffe und Tanker problemlos in Le Havre anlegen können.

Der direkt von hoher See zugängliche und vom Tidenhub unabhängige Containerhafen wurde 2007 eingeweiht und ist der umsatzstärkste französische Hafen mit einem Marktanteil von über 60 Prozent des Containeraufkommens.

Über den Boulevard Clemenceau ist man rasch am **Musée Malraux.** Der moderne, lichte kubische Bau entstand 1961. Seine Hafenseite schmückt die monumentale Skulptur „Le Signal". Im Museum werden Gemälde vom 17. bis zum 20. Jahrhundert, unter anderem von Vouet, Mignard, Fragonard, Delacroix, Corot, Courbet, Léger und Dubuffet, ausgestellt. Besonders stark ist Eugène Boudin (1824–1898) vertreten. Er stammte aus Honfleur, hat viele Jahre in Le Havre gelebt und gilt als Wegbereiter des Impressionismus. Außerdem findet man Werke der Impressionisten Monet, Renoir, Degas und Sisley. Die Impressionistensammlung des Museums gilt als die größte in Frankreich, Paris ausgenommen.

Nach dem Museumsrundgang spaziert man weiter an der Hafenkante entlang bis rechts die Rue M. Yvon abbiegt. Auf ihr kommt man durch das ehemalige Fischerviertel **Le Perrey.** Ganz vereinzelt sind noch die alten Backsteingebäude aus den Jahren vor dem Zweiten Weltkrieg in den Seitenstraßen auszumachen. Die Rue M. Yvon mündet in den Boulevard François I.

Auf ihm wendet man sich nach links und sieht schon bald das nächste Ziel, den alles überragenden Kirchturm von **Saint-Joseph,** vor sich. 110 m hoch ist der achteckige Turm dieses eigenwilligen Gotteshauses aus Waschbeton. Erbaut wurde es in den 1950er-Jahren nach Plänen von Auguste Perret. Der quadratische Innenraum wird durch 12.769 farbige Glasfelder erhellt und von quadratischen und runden Sichtbetonsäulen getragen. Über dem Altar hat man einen freien Blick hinauf in den Turm bis zur Spitze.

Vom Kirchenvorplatz überquert man den Boulevard Francois I. und spaziert auf der Rue Frédérick Lemaître bis zum Jachthafen und weiter zur Haltestelle der Tram.

Information

Office de Tourisme, 76059 Le Havre, Boulevard Clemenceau 186, Tel. +33 (0)2 32740404, www.lehavre tourisme.fr, Öffnungszeiten: Okt.–März Mo 14–18 Uhr, Di–So 10–12.30 und 14–18 Uhr, Apr.–Sept. tägl. 9.30–18.30 Uhr

Sehenswertes

Musée Malraux (MuMa), 76059 Le Havre, Boulevard Clemenceau 2, Tel. +33 (0)2 35196262, Öffnungszeiten: Mo/Mi–Fr 11–18 Uhr, Sa/So 11–19 Uhr, Eintritt: 5–10 €, je nach Ausstellung

Maison de l'Armateur, 76059 Le Havre, Quai d'Ile 3, Tel. +33 (0)2 35190985, Öffnungszeiten: Apr.–1.Nov. Do–Mo 10–12.30 und 13.45–17.30 Uhr, Mi 14–18 Uhr, Eintritt: 7/4 €

Essen

La Petite Auberge, 76600 Le Havre, Rue de St-Adresse 32, Tel. +33 (0)2 35462732. Reizendes Lokal mit marktfrischen Gerichten. Sehr aufmerksamer Service.

⑰ Aire Camping Car, Le Havre (s. S. 75)

◁ *Keine 100 Jahre alt und schon Weltkulturerbe: das Zentrum von Le Havre*

STELL- UND CAMPINGPLÄT-ZE ENTLANG DER ROUTE

⑪ Camping du Lac, Le Mesnil-sous-Jumièges
N49.41205° E0.84435°

Platz in schöner und ruhiger Lage, befriedigende Sanitärausstattung, 200 m zum See mit Freizeiteinrichtungen. **Lage/Anfahrt:** Von Jumièges 4 km Richtung Le Mesnil, ausgeschildert; **Platzanzahl:** 115; **Untergrund:** Wiese; **Ver-/Entsorgung:** Strom, Trinkwasser, Abwasser, Chemie-WC; **Sicherheit:** umzäunt, beleuchtet, bewacht; **Preise:** 17,90–19,90 €/Fahrz. inkl. 2 Pers. und Strom, Hund 2 €, vor der Schranke ohne VE 5,10–10,20 €, Taxe 0,55 €; **Geöffnet:** Ostern–Oktober; **Adresse/Kontakt:** 76480 Le Mesnil-sous-Jumièges, Rue du Manoir 4, Tel. +33 (0)2 32133000

⑫ Busparkplatz, Jumièges
N49.43129° E0.81479°

Offizieller Stellplatz für Wohnmobile auf dem Busparkplatz oder auf der angrenzenden Wiese, 5 Min. bis zur Klosterruine, um 8.30 Uhr kommt der Bäcker vorbei. Die Lage ist gut und relativ ruhig (an- und abfahrende Busse). Jetons beim örtlichen Bäcker. **Lage/Anfahrt:** In Jumièges an der Klosterruine vorbei und dann nach rechts den Schildern zum Busparkplatz folgen; **Platzanzahl:** 10; **Untergrund:** Schotter; **Ver-/Entsorgung:** Trinkwasser, Abwasser, Chemie-WC; **Preise:** 3 €/100 l Wasser (Jetons); **Geöffnet:** frei zugänglich; **Adresse/Kontakt:** 76480 Jumièges, Rue A. Callais

⑬ Camping de la Forêt, Jumièges
N49.43489° E0.82901°

Großzügige, parzellierte Stellplätze im lichten Wald auf sehr gepflegtem Platz mit guter Sanitärausstattung, Restaurant, beheiztem Schwimmbad, Waschmaschine; sehr schöne und ruhige Lage. **Lage/Anfahrt:** Ab Jumièges gut ausgeschildert; **Platzanzahl:** 76; **Untergrund:** Wiese; **Ver-/Entsorgung:** Strom, Trink-

wasser, Abwasser, Chemie-WC; **Sicherheit:** umzäunt, beleuchtet, bewacht; **Preise:** 26–30 €/Fahrz. inkl. 2 Pers. und Strom; **Geöffnet:** Ostern–Oktober; **Adresse/ Kontakt:** 76480 Jumièges, Rue Mainberte, Tel. +33 (0)2 35379343, www.campinglaforet.com

14 Ferme de la Mare, St. Wandrille Rancon
N49.54072° E0.76723°

Platz bei einer Rinderzucht in sehr schöner und sehr ruhiger, einsamer Lage, Dusche/WC. **Lage/Anfahrt:** In St. Wandrille am Kloster vorbei, bergan und nach ca. 800 m rechts abbiegen, ca. 2,2 km schmale Zufahrt, ausgeschildert; **Platzanzahl:** 3; **Untergrund:** Wiese/ Schotter; **Ver-/Entsorgung:** Strom, Trinkwasser, Abwasser, Chemie-WC; **Preise:** 5 €/Fahrz., Taxe 0,50 €/ Pers., Ver- und Entsorgung inkl., Strom 2 €, kalte Dusche/WC 1 €; **Geöffnet:** ganzjährig; **Adresse/Kontakt:** Dubourg, Impasse Ferme de la Mare 20, 76490 St. Wandrille-Rancon, Tel. +33 0609853103

▵ *Entspannung auf dem Stellplatz Jumièges* 12

◁ *Der viel besuchte Stellplatz Quai Paul Girardeau in La Mailleraye-sur-Seine*

⑮ Quai Paul Girardeau, La Mailleraye-sur-Seine

N49.48442° E0.77342°

Offizieller Stellplatz direkt am Seine-Ufer, bei Regen sumpfig. Sehr schöne und ruhige Lage, nur Kartenzahlung möglich. **Lage/Anfahrt:** Im Ortszentrum nach links in die Rue de la République Richtung Seine-Ufer abbiegen, am Quai wieder links zum Stellplatz; **Untergrund:** Wiese; **Ver-/Entsorgung:** Trinkwasser, Abwasser, Chemie-WC; **Sicherheit:** beleuchtet; **Preise:** 5 €/Fahrzeug, Taxe 0,50 €/Pers., 3 €/10 Min. Wasser (Jetons), **Geöffnet:** frei zugänglich; **Adresse/Kontakt:** 76940 La Mailleraye-sur-Seine, Quai P. Girardeau

⑯ Seine-Ufer, Saint-Nicolas-de-Bliquetuit

N49.52096° E0.72729°

Offizieller Platz direkt an der Seine. Für Fahrzeuge über 7 m sind die Plätze zu kurz. Sehr schöne und ruhige Lage. **Lage/Anfahrt:** Auf der Pont de Brotonne die Seine überqueren, danach rechts Richtung Saint-Nicolas-de-Bliquetuit abbiegen, ab hier ausgeschildert; **Platzanzahl:** 12; **Untergrund:** Asphalt; **Ver-/Entsorgung:** seit einiger Zeit defekt; **Preise:** kostenlos; **Max. Stand:** 2 Nächte; **Geöffnet:** frei zugänglich; **Adresse/Kontakt:** 76940 Saint-Nicolas-de-Bliquetuit, Rue du Bac

⑰ Aire Camping Car, Le Havre

N49.50450° E0.17196°

Platz in befriedigender, relativ ruhiger Lage, 6 km ins Zentrum, Läden und Tram in der Nähe. **Lage/Anfahrt:** Von der A131 auf die 6382 Richtung Ville Haute fahren, dann auf 982 wechseln, ab hier ausgeschildert; **Platzanzahl:** 13; **Untergrund:** Asphalt; **Ver-/Entsorgung:** Trinkwasser, Abwasser, Chemie-WC; **Sicherheit:** umzäunt, beleuchtet; **Preise:** 6 €/Fahrz. inkl. VE; **Max. Stand:** 3 Nächte; **Geöffnet:** ganzjährig; **Adresse/Kontakt:** 76610 Le Havre, Rue Sakharov 74

◹ Der Stellplatz Seine-Ufer in Saint-Nicolas-de-Bliquetuit mit seinem schönem Ausblick

SEEBÄDER, CIDRE, CALVADOS UND KÄSE

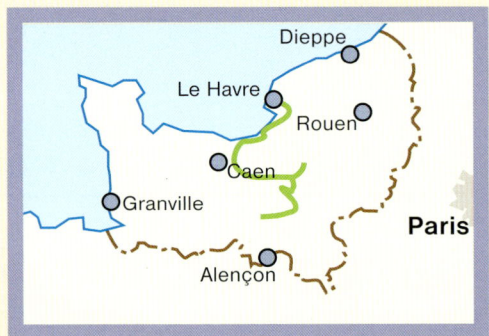

Elegante Belle-Époque-Seebäder prägen zwischen der Seine- und der Orne-Mündung das Bild der Côte Fleurie. Beinahe endlose Sandstrände, ein breites Angebot an Freizeiteinrichtungen, Kasinos, Pferderennen und Festivals sorgen für einen kurzweiligen Urlaub. Camembert, Livarot, Pont l'Évêque, Teurgoule, Cidre, Poiré und Calvados – schon die Namen lassen dem Gourmet das Wasser im Munde zusammenlaufen. Im Pays d'Auge grasen glückliche Kühe auf fetten, saftigen Weiden und liefern die köstliche Grundlage für die berühmten Weichkäse der Region. Ob im Frühjahr bei der Apfelblüte, im Herbst bei der Apfelernte oder den Rest des Jahres bei der Verkostung der kulinarischen Leckerbissen – das Pays d'Auge ist immer eine Reise wert. Eines der schönsten Dörfer Frankreichs, das Städtchen Argentan, repräsentative Châteaus, der bedeutendste Wallfahrtsort des Landes, aber auch das Mémorial Coudehard, das an eine der schwersten Schlachten des Zweiten Weltkriegs erinnert, sind die Hauptsehenswürdigkeiten im hügeligen Hinterland der Küste. Ein besonderer Leckerbissen sind die vielen guten und meist auch kostenlosen Stellplätze auf dieser Route.

▷ *Die Pont de Normandie –*
ein architektonisches Meisterwerk

ROUTE 3

DIE CÔTE FLEURIE
UND DAS PAYS D'AUGE

STRECKENVERLAUF

Strecke: Le Havre – Honfleur (25 km) – Trouville-sur-Mer (15 km) – Deauville (2 km) – Cabourg (19 km) – Beuvron-en-Auge (37 km) – Lisieux (33 km) – Abstecher nach Pont l'Évêque (hin und zurück 36 km) – Vimoutiers (39 km) – Abstecher zur Prieuré St-Michel (hin und zurück 10 km) – Abstecher nach Camembert (hin und zurück 10 km) – Gacé (20 km) – Abstecher zum Mémorial Coudehard (hin und zurück 28 km) – Argentan (48 km) – Abstecher zum Château de Sassy (hin und zurück 24 km)

Streckenlänge: ohne Abstecher 238 km
mit Abstecher 346 km

Man verlässt Le Havre auf der D6015 in Richtung **Pont de Normandie.** Ein kurzes Stück auf der A131 und dann fährt man auf der A29 über die imposante Brücke (Preise: bis 3 m Höhe 6,30 €, über 3 m Höhe oder über 3,5 t 6,80 €).

Gleich hinter der Pont de Normandie biegt man auf die D580 nach Honfleur oder zum Stellplatz ⑱ ab.

⑱ Aire de Camping Car, La Rivière Saint Saveur (s. S. 105)

HONFLEUR (25 km – km 25)

Vom Stellplatz ⑲, der auch die einzige Parkmöglichkeit für Wohnmobile in Honfleur ist, geht man ein Stück den Anfahrtsweg zurück, um dann nach rechts in Richtung Zentrum abzubiegen. Auf der linken Seite des Quai Lepaulmier entdeckt man den alten Waschplatz aus dem 17. Jh. Den Wasserlauf entlang, etwas den Berg hoch kommt man zur **Église St-Léonard.** Während des Hundertjährigen Krieges im 16. Jh. zerstört, erhielt sie im 17. und 18. Jh. ihr heutiges Gesicht mit spätgotischem Portal und dem oktogonalen Glockenturm (1760). Im Kreis der Impressionisten war die Église St-Léonard ein sehr beliebtes Motiv. Ganz in der Nähe, in der Rue Bourdet, erblickte Eugéne Boudin, der als Begründer dieses Malstiles gilt, am 12. Juli 1824 das Licht der Welt. Nach rechts über die Rue Nôtre-Dame kommt man direkt zur **Touristeninformation.** Gegenüber, in der Rue de la Ville, werden regionale Produkte in vielen Geschäften angeboten. Kurz bevor sich die Straße zum Place Arthur Boudin weitet, stehen auf der rechten Seite zwei aus hellem Stein gemauerte ehemalige Salzspeicher **(Greniers à Sel),** 10 Mio. kg Salz sollen hier einst gelagert worden sein. Benötigt wurde es, um den

Die Pont de Normandie

Die Pont de Normandie ist ein wahres Wunderwerk der Technik. 200.000 Tonnen Beton und 20.000 Tonnen Stahl wirken nicht plump oder schwerfällig, vielmehr schwingt sich die längste Schrägseilbrücke Europas leicht und elegant über die Seine-Mündung. Die Brücke, die mit Stahlseilen an zwei Pylonen aufgehängt ist, wird wegen ihrer eleganten Form als „l'harpe de l'estuaire" („Harfe der Mündung") bezeichnet. Die Fahrbahn der 2141 m langen Brücke ist an ihrer höchsten Stelle 250 m über dem Wasserspiegel. Die 60 m tief verankerten Pfeiler sind mit einer 9 m dicken Betonschicht umgeben. So kann die Brücke selbst einer Kollision mit einem

Ozeanriesen standhalten, auch Windgeschwindigkeiten von 400 km/h können dem Meisterwerk der Brückenbautechnik nichts anhaben. In die Fahrbahn eingelassene Sensoren warnen im Winter vor Glatteis.
Einen guten Eindruck von der Brücke bekommt man bei zwei Wanderungen. Eine 45-minütige geht unter der Brücke entlang bis zur Seine, die andere führt über die Brücke ans andere Ufer (kostenlos) und dauert 2 Std. Zum Ausgangspunkt beider Wanderungen kommt man, wenn man im zweiten Kreisverkehr nach der Brücke auf der ersten Straße (Avenue Augustin Normand) abfährt und den Schildern zum „circuit de visité" folgt (N49.41951° E0.27345°).

Fischfang durch Pökelung haltbar zu machen. Heute finden hier wechselnde Veranstaltungen statt. Weiter geradeaus stößt man auf den Quai de la Quarantaine, auf dem man nach links das **Vieux Bassin** (das alte Hafenbecken) erreicht. Wunderschön reihen sich auf der rechten Seite die bis zu sieben Stockwerke hohen, extrem schmalen und teils mit Schieferplatten verkleideten Häuser. Auf der linken Seite des Beckens stehen ehemalige Bürgerhäuser mit großen Dachgauben. Sie sind aus Stein gebaut, breiter und wesentlich niedriger als die Häuser auf der gegenüberliegenden Seite. Den Abschluss des Hafenbeckens zum Meer hin bilden eine Hubbrücke und das **La Lieutenance,** das ehemalige Gouverneurshaus mit dem alten Stadttor. Im Wasser davor schaukeln schöne, alte Boote, die vom Verein für Segel-Oldtimer gesammelt und renoviert wurden.

Auf der linken Beckenseite ist das Marinemuseum **(Musée de la Marine)** in der ehemaligen Kirche Saint-Etienne aus dem 14. Jahrhundert untergebracht. Es zeigt die Geschichte des Hafens von Honfleur und einige Schiffsmodelle.

Direkt neben dem Marinemuseum führt die schmale **Rue de la Prison** zu drei prächtigen alten Fachwerkhäusern (**Musée d'Ethnographie et d'Art Populaire** oder auch **Musée du Vieux Honfleur** genannt). In ihnen wird die Historie von Honfleur anhand von Trachten, ganzen Zimmereinrichtungen, Werkstätten und einem Laden präsentiert.

Man sollte auf jeden Fall einmal rund um das alte Hafenbecken schlendern, die schönen Eindrücke auf sich wirken lassen und vielleicht in einem der unzähligen Restaurants oder Cafés einkehren.

Beim Stadttor angekommen geht man kurz nach links, hält sich dann sofort wieder links und erreicht so die **Église Ste-Cathérine.** Das gesamte Gotteshaus wurde im 15. Jh. an der Stelle einer im Hundertjährigen Krieg zerstörten Steinkirche völlig aus Holz hergestellt. Die Legende sagt, dass die Steinmetzen und Baumeister so viele Gebäude nach dem Krieg wieder aufbauen mussten, dass es sehr lan-

△ *La Lieutenance bewacht die Einfahrt zum Hafen von Honfleur*

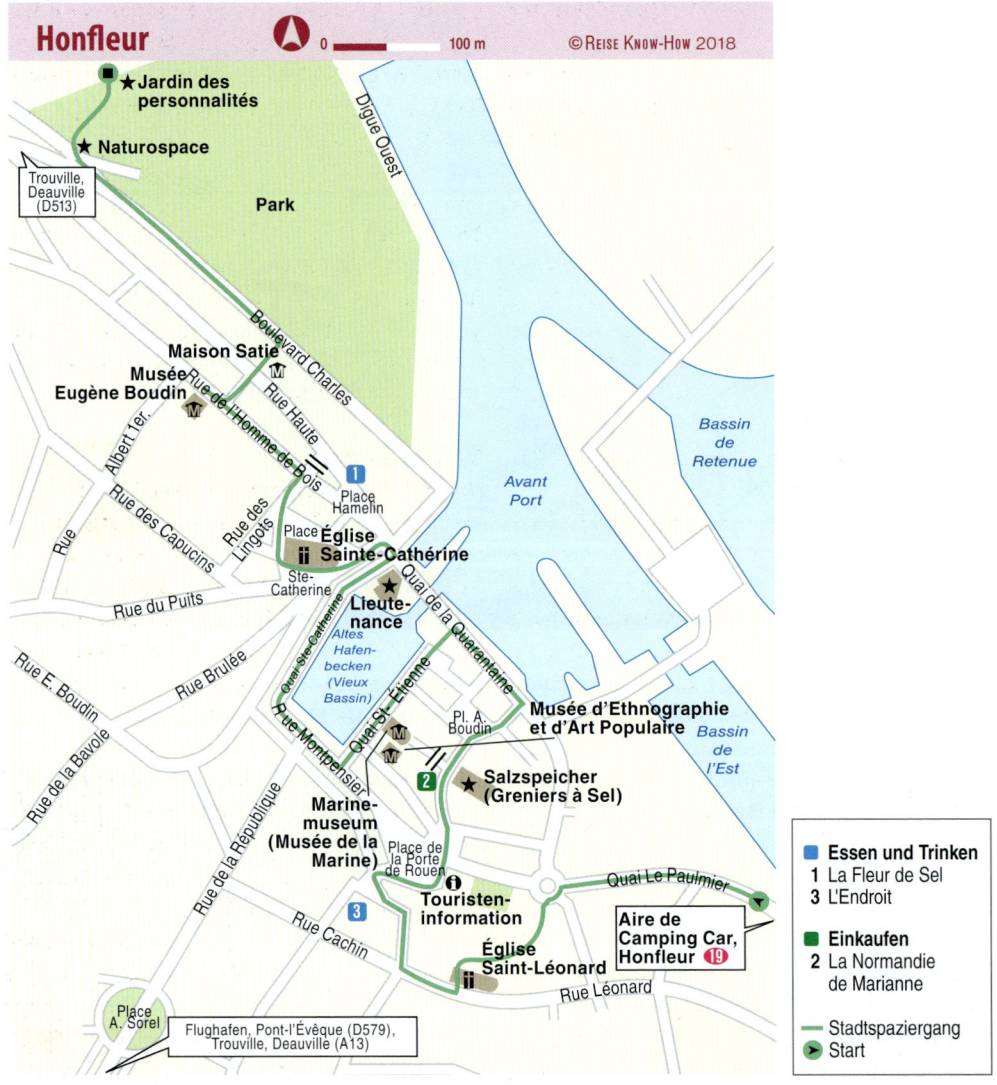

Honfleur

0 ⸺ 100 m © REISE KNOW-HOW 2018

★ **Jardin des personnalités**

★ **Naturospace**

Trouville, Deauville (D513)

Park

Digue Ouest

Boulevard Charles

Maison Satie

Musée Eugène Boudin

Rue de l'Homme de Bois

Rue Haute

Albert 1er.

Rue des Capucins

Rue

Rue des Lingots

Place Hamelin

1

Place Ste-Catherine

Église Sainte-Cathérine

Ste-Catherine

Rue du Puits

Lieutenance

Quai de la Quarantaine

Avant Port

Bassin de Retenue

Altes Hafenbecken (Vieux Bassin)

Quai Ste-Étienne

Rue E. Boudin

Rue Brulée

Rue Montpensier

Quai St-Étienne

Pl. A. Boudin

Musée d'Ethnographie et d'Art Populaire

Bassin de l'Est

Rue de la Bavole

2

★ **Salzspeicher (Greniers à Sel)**

Marinemuseum (Musée de la Marine)

Place de la Porte de Rouen

Rue de la République

3

ℹ Touristeninformation

Rue Cachin

Église Saint-Léonard

Quai Le Paulmier

Aire de Camping Car, Honfleur ⑲

Rue Léonard

Place A. Sorel

Flughafen, Pont-l'Évêque (D579), Trouville, Deauville (A13)

▶ Start

■ **Essen und Trinken**
1 La Fleur de Sel
3 L'Endroit
■ **Einkaufen**
2 La Normandie de Marianne
━ Stadtspaziergang
▶ Start

ge gedauert hätte, bis hier wieder eine Kirche entstanden wäre. Deshalb nahmen sich die Schiffszimmerleute dieses Problems an und bauten eine Kirche aus Holz. Im Innern ist deutlich die Verwandtschaft mit einem Schiffsrumpf zu erkennen. Besonders schön sind die geschnitzten Tafelbilder an der Empore. Der Glockenturm von Sainte-Cathérine **(Clocher Sainte-Cathérine)** steht separat und ist ebenfalls aus Eichenholz gebaut und mit Kastanienholzschindeln verkleidet. Im Innern sind sakrale Kunstwerke ausgestellt.

Über die schmale Rue des Lingots bummelt man an schönen alten Gebäuden vorbei durch das ehemalige Seemannsviertel. Auf der Rue de L'Homme de Bois (Straße des Holzmannes) angekommen, wendet man sich links. Bei Nr. 23 sieht man in Höhe des ersten Stocks einen geschnitzten Männerkopf prangen. Von diesem „Holzmann" hat

▷ *Die fotogene Kulisse von Honfleur*

die Straße ihren Namen. Das **Museé Eugène Boudin** ist zu einem großen Teil dem in Honfleur geborenen „Wegbereiter des Impressionismus" gewidmet. In den wechselnden Ausstellungen finden immer wieder auch Bilder anderer Künstler ihren Platz.

Man folgt der Straße leicht bergab und biegt nach rechts in die Rue Haute ein. Immer geradeaus und bald steht man vor dem aus rotem Fachwerk gebauten Geburtshaus von Erik Satie, dem **Maison Satie.** Satie sah die Musik als Gesamtkunstwerk und so sind in seinem Museum interessante, mit Musik unterlegte Installationen zu bewundern. Ein Audioguide (auch auf Deutsch) ist im Eintrittspreis enthalten.

Wer sich jetzt nach einer Pause im Grünen sehnt, sollte die Rue Haute nach links bis zu ihrem Ende gehen. Hier steht das **Naturospace,** ein riesiges tropisches Gewächshaus, in dem sich rund 60 verschiedene Arten von Schmetterlingen tummeln. Dahinter im **Jardin des personnalités** sind Büsten berühmter Bewohner von Honfleur inmitten von schöner Parklandschaft aufgestellt. Eine gute Gelegenheit, die müden Beine auszuruhen, bevor man sich am Hafendamm entlang zurück zum Stellplatz aufmacht.

Information

Office de Tourisme, 14600 Honfleur, Quai Lepaulmier, Tel. +33 (0)2 31892330, Öffnungszeiten: Ostern–Juni, Sept. Mo–Sa 9.30–12.30 und 14–18.30 Uhr, So 10–12.30 und 14–17 Uhr, Juli, Aug. Mo–Sa 9.30–19 Uhr, So 10–17 Uhr, Okt.–Ostern Mo–Sa 9.30–12.30 und 14–18 Uhr. WLAN verfügbar.

Sehenswertes

Musée de la Marine, 14600 Honfleur, Quai St-Étienne13, Tel. +33 (0)2 31891412, Öffnungszeiten: Apr.–Sept. Di–So 10–12 und 14–18.30 Uhr, Okt.–März Di–Fr 14.30–17.30 Uhr, Sa/So 10–12 und 14.30–17.30 Uhr, Eintritt: 4,20/2,90 €, Kombiticket mit Musée d'Ethnographie et d'Art Populaire 5,30/3,80 €, Kombiticket mit Musée d'Ethnographie et d'Art Populaire und Musée Boudin 12/9 €

238mm Abb.: gg

Musée d'Ethnographie et d'Art Populaire, 14600 Honfleur, Rue de la Prison, Tel. +33 (0)2 31891412, Öffnungszeiten: siehe Museé de la Marine

Clocher Ste-Cathérine (Glockenturm), 14600 Honfleur, Place Ste-Cathérine, Öffnungszeiten: Ostern–Ende Sept. täglich außer Mo 10–12 und 14–19 Uhr, Eintritt: 2,50 €

Église Ste-Cathérine, 14600 Honfleur, Place Ste-Cathérine, Öffnungsz.: 9–19 Uhr

Musée Eugène Boudin, 14600 Honfleur, Rue de l'Homme de Bois, Tel. +33 (0)2 31895400, Öffnungszeiten: 15. März–30. Sept. Mi–Mo 10–12 und 14–18 Uhr, Okt.–Dez./1.-14.März Mo/Mi/Do/Fr 14.30–17.30 Uhr, Sa/So 10–12 und 14.30–17.30 Uhr, Eintritt: 6–8 €/4,50–6,50 € je nach Ausstellung, Audioguide 2 €, Kombiticket mit Musée de la Marine und Musée d'Ethnographie et d'Art Populaire 12/9 €

Maison Satie, 14600 Honfleur, Boulevard Charles V 67, Tel. +33 (0)2 31891111, Öffnungszeiten: Mai–Sept. Mi–Mo 10–19 Uhr, Okt.–April Mi–Mo 11–18 Uhr, Eintritt: 6,20/4,70 €

Naturospace, 14600 Honfleur, Boulevard Charles V, Tel. +33 (0)2 31817700, Öffnungszeiten: April–Sept. 10–18.30 Uhr, Feb., März, Okt. 10–17 Uhr, Eintritt: 8,80/34 €

042mm Abb.: gg

Essen

L'Endroit, 14600 Honfleur, Rue Charles et Paul Brèard 3, Tel. +33 (0)2 31880843. Im modern-rustikalen Ambiente gibt es abseits des Touristenrummels gute Menüs, die ihren Preis wert sind.

La Fleur de Sel, 14600 Honfleur, Rue Haute 17, Tel. +33 (0)2 31890192, geschl. Mo/Di. Modernes Interieur in altem Gemäuer, gute vielseitige Menüs von 30 bis 60 €

L'Assiette des Mondes, 14600 Equemauville, Chemin de la Croix Rouge 39, Tel. +33 (0)2 31815211, Mi geschl. Ein Traum für jeden Genießer und als Gast kann man auf dem Parkplatz übernachten.

Einkaufen

La Normandie de Marianne, 14600 Honfleur, Rue de la Ville 22, Tel. +33 (0)2 31899630. Hier gibt es alles rund um Apfel und Birne: Cidre, Calvados, Poiré, Pommeau. Auch Honig und 94 Sorten Marmelade hat Marianne im Sortiment.

Am Samstag findet auf dem Place Ste-Cathérine ein **Wochenmarkt** statt.

⑲ Aire de Camping Car, Honfleur (s. S. 105)

Man verlässt den Stellplatz in Honfleur und richtet sich am Hafenbecken nach den Straßenschildern „Trouville-sur-Mer". Wer ganz vorzüglich speisen möchte, macht in Pennedepie über die D62 einen lohnenden Umweg ins L'Assiette des Mondes in Equemauville. Die kleine Karte offeriert internationale Köstlichkeiten.

Auf der Route entlang der Côte de Grâce (D513) kommt man auf schmaler Straße (für Fahrzeuge bis 3,5 t) nach **Cricquebœuf.** Schwerere Wohnmobile fahren im Landesinneren über die D62 nach Trouville-sur-Mer. Einen Blick auf die Dorfkirche von Cricquebœuf können deshalb nur Besucher mit einem Wohnmobil bis 3,5 t werfen. Das malerische Gotteshaus aus dem 12. Jh. wird häufig für Werbezwecke fotografiert und prangt auf einigen Plakaten. Weiter geht es auf landschaftlich schöner Strecke (D513) über Villerville nach Trouville-sur-Mer.

TROUVILLE-SUR-MER

(15 km – km 40)

Mit Beginn des Zweiten Kaiserreichs 1852 begann auch der Aufschwung der Nachbarstädte Trouville und Deauville zu den **bedeutendsten Badeorten** an der normannischen Küste. Es war vor allem der Herzog von Morny, ein Halbbruder Napoleons III., der die reichen Pariser hierher lockte. Viele Hotels und prachtvolle Villen erzählen aus der Zeit, als es in der Belle Époque als chic galt, seine Ferien in der Normandie zu verbringen. Mit dem Adel und dem reichen Bürgertum zog es auch Künstler hierher. Maler wie Charles Mozin, Paul Huet oder Eugène Boudin stellten an den Uferpromenaden ihre Staffeleien auf.

Das 6500 Einwohner zählende Seebad Trouville-sur-Mer bildet mit seiner mondänen Nachbarin Deauville – lediglich getrennt durch den Fluss Toques – eine Einheit. Ein riesiger, feinsandiger **Strand** reizt in der Saison Heerscharen von Touristen zu einer Visite. Doch auch im zeitigen Frühjahr und späten Herbst ist der Ort gut besucht. Ein beheiztes Frei- und Hallenbad an der Strandpromenade verlängert die Badesaison. Ein beliebter Treffpunkt sind die *planches,* eine aus Holzplanken angelegte Flaniermeile. Ebenso beliebt ist ein Spaziergang am Hafenkai des Flusses Toques und am Boulevard Fernand Mouraux entlang. Hier steht auch die 1936 erbaute Fischhalle im neo-normannischen Stil, in der täglich Fisch angeboten wird. Regionale Köstlichkeiten gibt es am Mittwoch- und Samstagvormittag auf dem großen Markt am Quai Moureaux.

▱ *Buntes Strandleben auch schon im Frühling*

◁ *Die Kirche von Cricquebœuf findet man auf vielen Werbepostern für die Normandie*

Information

Office de Tourisme, 14360 Trouville-sur-Mer, Quai Fernand Moureaux 32, Tel. +33 (0)2 31146070, www.trouvillesurmer.org, Öffnungszeiten: Sept.–Juni Mo–Sa 10–18 Uhr, So 10–13.30 Uhr, Juli/Aug. Mo–Sa 9.30–19 Uhr, So 10–18 Uhr, WLAN 1 Std. gratis

Tipp

Mit der kleinen Personenfähre kann man vom Casino Trouville nach Deauville übersetzen oder bei Ebbe über Bohlen zu Fuß das Hafenbecken durchqueren.

Essen

La Petite Auberge, 14360 Trouville-sur-Mer, Rue Carnot 7, Tel. +33 (0)2 31881107. Ausgezeichnetes Menü mit freundlichem Service, Reservierung empfohlen.

Crêperie du Port, 14360 Trouville-sur-Mer, Quai Fernand Moureaux 30, Tel. +33 (0)2 31881860. Große Auswahl an reich belegten Crêpes und Galettes.

Parken

Von Trouville-sur-Mer über die Brücke Pont de Belges nach Deauville fahren, dann sofort nach rechts in den Quai de Touques abbiegen. Gebührenpflichtig von 9 bis 19 Uhr, N49.36229° E0.08351°.

DEAUVILLE (2 km – km 42)

Zum Stadtspaziergang verlässt man den Stellplatz ❷⓪ hinter den Sportplätzen und geht bis zum Kreisverkehr zurück. Hier wendet man sich nach links und nimmt an der nächsten Kreuzung die Rue Désiré Le Hoc. Immer geradeaus aus an schönen alten Gebäuden mit eleganten Boutiquen vorbei erreicht man den **Place Morny.** Er wurde wie der Place de l'Étoile in Paris als Stern angelegt, in den acht Straßen einmünden. Hier findet am Dienstag-, Freitag- und Samstagvormittag teils im Freien, teils in der offenen Markthalle der gut sortierte Wochenmarkt statt.

Auf der Rue Désiré Le Hoc und später auf der Rue Eugène Colas immer weiter geradeaus gelangt man zum im typisch normannischen Fachwerkstil erbauten Rathaus von Deauville. Auf dem Platz vor der Touristeninformation soll eine Installation mit 12 Glocken den Lebensrhythmus der Stadt akustisch vermitteln.

Immer weiter auf der Rue E. Colas kommt man am mondänen, 1912 erbauten **Hôtel Normandy** vorbei. Hier schlägt das gesellschaftliche Herz von Deauville, hier trifft sich das Publikum von Rang und Namen. Das Hotel ist berühmt dafür, dass es seinen Gästen jeden erdenklichen Wunsch erfüllt. Das alles hat natürlich seinen Preis. Wer will, kann auch als Wohnmobilreisender im eleganten, wenn auch nicht gerade günstigen Restaurant einkehren.

Der **Place Yves Saint Laurent** erinnert an den großen Couturier, der hier wie viele seiner Kollegen eine Prêt-à-porter-Boutique hatte. Angefangen hatte damit Coco Chanel, die bereits 1913 einen Laden eröffnete, und auch heute findet man noch Luxusläden mit den neuesten Kreationen bekannter Designer.

Im **Kasino** von 1912 stehen neben klassischen Roulettetischen auch „einarmige Banditen". Gegenüber dem Kasino erstreckt sich der lange feine Sandstrand von Deauville. Viele Prominente haben hier schon gebadet. Namen wie Elizabeth Taylor, Pierce Brosnan, Rita Hayworth, Roger Moore, Clint Eastwood,

⌃ *Die repräsentative Nobelherberge*
Hôtel Normandy

Steven Spielberg und die vieler anderer Berühmtheiten des Filmgeschäfts wurden an den Umkleidekabinen am Strand verewigt. Wenn im September in Deauville das **Amerikanische Filmfestival** stattfindet, kommen viele hierher und der Glanz von Hollywood erstrahlt für einige Tage in der Normandie. Ein weiterer gesellschaftlicher Höhepunkt ist der **Grand Prix Deauville,** ein Pferderennen im Hippodrom, mit viel prominentem Publikum.

Auf den **planches,** den Planken aus tropischen Hölzern, kann man am Strand entlangschlendern und so den Besuch ausklingen lassen.

Information

Office de Tourisme, 14800 Deauville, Quai de l'impératrice Eugénie, Tel. +33 (0)2 31144000, www.deauville.fr, Öffnungszeiten: Mo–Sa 10–18 Uhr, So 10–13 und 14–17 Uhr, Juli–Anf. Sept. Mo–Sa 9–19 Uhr, So 10–18 Uhr

⑳ Boulevard des Sports, Deauville (s. S. 105)

Auf der D513 immer der Küstenlinie folgend fährt man über Benerville-sur-Mer und Blonville-sur-Mer nach **Villers-sur-Mer.** Hier gleich am Ortsanfang biegt man nach links in die Avenue Jean Moulin ein, auf ihr kommt man zum angenehmen Stellpatz ㉑. An ihn grenzt das **Marais de Villers** an, ein Moorgebiet mit angelegten Seerosenteichen und schönen Spazierwegen unterschiedlicher Länge.

Villers-sur-Mer ist ein elegantes Seebad mit einem langen Sandstrand. In der Saison tummeln sich die Urlaubermassen auf der Uferpromenade.

㉑ Aire de Camping Cars, Villers-sur-Mer (s. S. 105)

Hinter Villers-sur-Mer können Fahrzeuge bis 3,5 t in Auberville die Alternativroute über die D163 nach Houlgate nehmen. Fahrzeuge über 3,5 t fahren auf der D513 weiter nach Houlgate.

Houlgate ist ein reizendes, kleines Seebad, dessen Grandhotel und schöne alte Villen an der Uferpromenade von der Belle Époque erzählen. Besonders schöne Exemplare stehen an der Rue Henri-Dobert und an der Rue des Bains. Ein langer, feiner Sandstrand lädt zum Baden oder Faulenzen und der Camping Municipal ㉒ zur Übernachtung ein.

㉒ Camping Municipal, Houlgate (s. S. 105)

Über **Dives-sur-Mer,** mit einer sehr gut erhaltenen Markthalle aus Eichenholz (14. Jh.), erreicht man Cabourg.

㉓ Aire de Camping Cars, Dives-sur-Mer (s. S. 106)

Essen

Le Billig's, 14160 Dives-sur-Mer, Rue d'Hastings 2, Tel. +33 (0)2 31240814. Nette Atmosphäre und leckere Crépes und Galettes, Meerblick.

309mm Abb.: gg

MARLON BRANDO
ROWN WINKLER
ARMIN MILCHAN
ABEL FERRARA

GENA ROWLANDS

CHRISTINE VACHON

BILLY CRYSTAL

PIERCE BROSNAN

MALCOM MACDOWELL

⊡ *Hier auf den weltberühmten Planches von Deauville treffen sich die Stars der Leinwand*

CABOURG (19 km – km 61)

Cabourg ist ebenfalls ein Seebad, das vom Charme vergangener Zeiten lebt. Der depressive Literat Marcel Proust verbrachte hier Ende des 19. Jh. viele Tage in der heilsamen Meeresluft und hier entstand auch der Band „Im Schatten junger Mädchenblüte" seines siebenbändigen Hauptwerkes „Auf der Suche nach der verlorenen Zeit", in dem der fiktive Ort Balbec sogar starke Züge von Cabourg trägt.

Von der Touristeninformation über die lebhafte Avenue de la Mer, vorbei an unzähligen Restaurants und Cafés, flaniert man bis zum weitläufigen Platz beim **Kasino.** Die hier zusammentreffenden Straßen bilden einen Stern, in dessen Zentrum ein üppig mit Blumen bepflanzter Park angelegt ist. Mit dem repräsentativen **Grand Hôtel** und dem stilvollen Kasino als Kulisse fällt es leicht, die großen Zeiten der Belle Époque vor dem geistigen Auge aufleben zu lassen.

Auf der 2 km langen Promenade Marcel Proust, immer mit herrlichem Ausblick aufs Meer, lustwandelt man heute wie damals mit großem Vergnügen.

Information/Parken

Office de Tourisme, 14390 Cabourg, Jardin de l'Hôtel de Ville, N49.28749° W0.11771°, Tel. +33 (0)2 31062000, www.cabourg.net, Öffnungszeiten: Mo–Sa 9.30–12.30 und 14–18 Uhr, So 10–12.30 und 14–17.30 Uhr, Nov.-März Di nur 14–17.30 Uhr, Juli/Aug. tägl. 9.30–19 Uhr, WLAN für 30 Min. kostenlos

Essen

Au pied des marais, 14390 Cabourg, Avenue du president Coty 26, Tel. +33 (0)2 31912755. Hohes Niveau, authentische Küche und zuvorkommende Gastgeber garantieren einen schönen Abend.

㉔ Aire de Camping Cars, Cabourg (s. S. 106)

Für die Weiterfahrt wählt man die D514 und erreicht bald **Merville-Franceville-Plage.** In Merville-Franceville-Plage erinnert das Freilichtmuseum **Musée des Batteries de Merville** an den 6. Juni 1944, als britische Fallschirmjäger an der befestigten Küste von Merville landeten und sich ein erbittertes Gefecht mit den deutschen Truppen lieferten, bei dem es auf beiden Seiten hohe Verluste gab. In einem, in seinen Originalzustand zu-

246mm Abb.: gß

rückversetzten Bunker können Interessierte dank ausgeklügelter Licht- und Tontechnik sowie dem Einsatz von Geruchsdiffusoren die Landung der britischen Truppen nachempfinden. In einem weiteren Bunker auf dem Gelände findet man eine Gedenkstätte für die Gefallenen mit Originalaufnahmen und persönlichen Schilderungen von Zeitzeugen. Ein Besuch, der unter die Haut geht und jeden tief betroffen zurücklässt.

Information

Office de Tourisme, 14810 Merville-Franceville-Plage, Avenue de Paris 1, Tel. +33 (0)2 31242357, www. tourisme-campagnebaieorne.fr, Öffnungszeiten: Okt.– März Di–So 10–12.30 und 14–17.30 Uhr, Apr.–Sept. bis 18 Uhr, Juli/Aug. tägl. 10–18.30 Uhr. Hier ist für 5 € ein Wanderführer mit 12 Touren in die Umgebung in deutscher Sprache erhältlich.

Sehenswertes

Musée des Batteries de Merville, 14810 Merville-Franceville-Plage, N49.27048° W0.19630°, Öffnungszeiten: 15. März–Sept. 9.30–18.30 Uhr, Okt.–15. Nov. 10–17 Uhr, Eintritt 6/3,50 €

Essen

Chez Marion, 14810 Merville-Franceville-Plage, Place de la Plage 10, Tel. +33 (0)2 31242339, gute Küche (v. a. Fischgerichte) im mittleren Preissegment

25 Dünenstrand, Merville-Franceville (s. S. 106)

Tipps

Kite-Point beim Stellplatz 25
Schöne Wanderung (ca. 4 km) vom Stellplatz 25 um das Naturreservat „Gros banc"

Über die D514 sind es 3,5 km nach **Sallenelles.** Der Ort hat ein anderes Erscheinungsbild als die Dörfer auf der bisherigen Route:

⌂ *Maßgeschneidertes Mittelalter in Sallenelles*

◁ *Ein Beispiel aus der charmanten Belle Époque*

Steinhäuser lösen die Fachwerkhäuser ab. Im Zentrum, genau diagonal gegenüber der *boulangerie* (Bäckerei), findet man Dominique in ihrem Petit Atelier. Sie taucht selbst gerne ins Mittelalter ein und fertigt detailgenaue Kostüme aus dieser Zeit. Man kann den Schneiderinnen bei der Arbeit zusehen und sogar Kostüme anziehen und sich damit fotografieren lassen.

Am Ende der Straße, an der Bucht, beginnen schöne Wanderungen nach Merville-Franceville-Plage (45 Min.) und Ranville (55 Min.). Am Ortsrand im La Maison de la Nature et de L'Estuair erfährt man interaktiv sehr viel über die Natur im Mündungsbereich der Orne. Der schöne Spaziergang von hier aus zum Orneufer kostet nichts.

Sehenswertes

La Maison de la Nature et de L'Estuair, an der D514 hinter Sallenelles Richtung Bénouville, N49.26258° W0.23634° Öffnungszeiten: Okt.–Apr. Di–So 14–18 Uhr, Mai, Juni, Sept. Di–So 10–12.30 und 14–18 Uhr, Juli, Aug. 10–18.30 Uhr, Eintritt: 2/1 €

Einkaufen

Le Petit Atelier, 14121 Sallenelles, Rue André Pierre Marie 5, Tel. +33 (0)6 73473318, damedumarais@ orange.fr. Dominique hat eine wunderbare Auswahl von mittelalterlichen Gewändern für Damen, Herren und Kinder im Angebot.

㉖ Orne-Mündung, Sallenelles (s. S. 106)

Zur Weiterfahrt biegt man im Ortszentrum von Sallenelles nach links in Richtung Amfreville (D37b) ab. Man durchfährt das Dörfchen und erreicht den kleinen Ort **Bréville-les-Monts** mit einem guten Stellplatz ㉗ für Wohnmobile. Hier in der Gegend bemüht man sich sehr um den Wohnmobiltouristen und hat einige kostenlose Stellplätze mit Ver- und Entsorgung angelegt.

㉗ Rue des Dentellières, Bréville-les-Monts (s. S. 106)

Hinter Bréville fährt man auf der D223 bis nach Ranville. **Ranville** war der erste Ort in Frankreich, den die Alliierten von der deutschen Besatzung befreiten. Am 6. Juni 1944 nahmen britische Fallschirmjäger um 2.30 Uhr den Ort ein.

Erschütternd ist der **Besuch des Soldatenfriedhofes** bei der Kirche (Place Général Sir Richard Gale). Unzählige Gräberreihen lassen die ganze Tragweite dieses Krieges nur erahnen. Junge Männer, meist zwischen 19 und 30 Jahre alt, haben im Kampf ihr Leben gelassen. Auch deutsche Soldaten fanden hier ihre letzte Ruhe, doch sind selbst im Tod Freund und Feind in verschiedenen Abteilungen und mit unterschiedlichen Grabsteinen optisch getrennt.

Auf der D37 erreicht man in rascher Fahrt den Ort **Hérouvillette** mit einem schönen Wohnmobilstellplatz ㉘. An einem kleinen Bach mit Park wurden durch Hecken unterteilt vier Stellplätze angelegt. Sofern man sich in Merville-Franceville-Plage in der Touristeninformation den Wanderführer gekauft hat (s. S. 87), kann man von hier aus Wanderungen unternehmen. Im Ort Hérouvillette gibt es eine Bäckerei, einen kleinen, aber gut sortierten Laden und eine Busverbindung nach Caen.

㉘ Zentrum, Hérouvillette (s. S. 107)

Zur Weiterfahrt geht es vom Stellplatz nach rechts und beim Tabakwarenladen nach links Richtung der Kleinstadt **Troarn** (D37), die man durch Agrarland fahrend rasch erreicht.

Im Kreisverkehr nimmt man die D675 durch das nette Ortszentrum von Troarn. Hier zweigt dann die D78 nach Beuvron-en-Auge ab. Auf ihr kommt man auch zur Sehenswürdigkeit von Troarn: der **Abbaye St-Martin** (ausgeschildert). Gegründet wurde sie von Roger II. de Montgomerie 1059. Heute steht noch das mächtige Kirchenschiff, es kann allerdings innen nicht besichtigt werden. Auf der D78 und hinter Le Ham auf der D80 und später D49 kommt man durch schöne normannische Landschaft nach Beuvron-en-Auge.

BEUVRON-EN-AUGE
(37 km – km 98)

Jeder, der schon einmal hier war, kommt ins Schwärmen ob des authentischen Bildes, das das kleine Dorf bietet. Wunderschöne Fachwerkhäuser und eine große Markthalle zieren den liebevoll renovierten Hauptplatz. Viele Lokale, Läden mit allerlei Krimskrams und ein schöner Wohnmobilstellplatz sorgen für das Wohlbefinden des Gastes. **Teurgoule** ist die Spezialität von Beuvron und des ganzen Pays d'Auge. Dazu wird *falues,* ein Hefegebäck, gegessen – schmeckt köstlich, ist aber auch eine wahre Kalorienbombe. Beim Bäcker in Beuvron gibt es *teurgoule* und *falues* zu kaufen und natürlich bieten die Restaurants *teurgoule* als Dessert an.

Rezept für Teurgoule
Zutaten: 1 l Milch, 120 g Zucker, 120 g Rundkornreis, 2 Prisen Zimt
Zucker, Zimt und Reis in einer feuerfesten Tonschüssel verrühren und die kochende Milch dazugeben. Fünf bis sechs Stunden bei 100 °C im Backofen quellen lassen. Guten Appetit!

Information

Office de Tourisme, 14430 Beuvron en-Auge, Mairie, Tel. +33 (0)2 31395914, www.beuvroncambremer. com, Öffnungszeiten: Nov.–Feb. Di–Sa 10–13 und 14–17 Uhr, März/Apr./Juni/Sept./Okt. Mo–Sa 10–13 und 14–18 Uhr, Mai/Juli/Aug. Mo–Sa 10–13 und 14–19 Uhr, So 10–13 und 14–17 Uhr

Essen

Café du Coiffeur, Le Bourg 12. Man holt sich beim Bäcker etwas zu essen, bestellt hier ein Getränk und verzehrt beides am idyllischen Marktplatz.
Café La Forge, 14430 Beuvron-en-Auge, Le Bourg, Tel. +33 (0)2 31740178. In der ehemaligen Schmiede wird schmackhaft gekocht, ausgezeichnetes Preis-Leistungs-Verhältnis.
Le Pavé de Auge, 14430 Beuvron-en-Auge, Le Bourg, in der alten Markthalle, Tel. +33 (0)2 31792671. In dem Restaurant der gehobenen Preisklasse gibt es sehr feine Menüs, guten Service und nettes Ambiente. Mo und Di ist geschlossen.

Einkaufen

Au Pressoir Gourmand, 14430 Beuvron-en-Auge, Le Bourg, Tel. +33 (0)2 31395914, geöffnet: Apr.–Okt. Hier gibt es typische Produkte der Region.

㉙ Alter Bahnhof, Beuvron-en-Auge (s. S. 107)

Um Route 3 weiter zu fahren, nimmt man die Route du Cidre (D49/D16/D65) nach **Cambremer.**

Bei Cambremer handelt es sich um ein nettes kleines Dorf mit einem schönen Hauptplatz, aber dies allein wäre noch kein Grund, um hierherzufahren. Am Ortsrand in Richtung Caen liegen die **Jardins du Pays d'Auge** und das **Gut des Calvados- und Cidre-Produzenten Pierre Huet** und damit die Hauptgründe für einen Besuch in Cambremer. Bei letzterem ist schon allein das Gutshaus (Manoir la Brière des Fontaines) hübsch anzusehen und beim Probieren der Produkte kommt man ins Schwärmen. Die schon des Öfteren mit einer Goldmedaille ausgezeichneten Cidres, Poirés, Pommeaux, Calvados und verschiedene Calvadosliköre kann man im neuen Laden verkosten und natürlich auch kaufen. Das

☑ *Der zentrale Platz von Beuvron-en-Auge ist eine wahre Augenweide*

Wanderung oder Fahrradtour zur Chapelle de Clermont

Länge: Wanderung ca. 6 km, Radtour ca. 9 km
Am Ortsanfang überquert man die D49 und folgt den Straßenschildern nach Les-Forges-Clermont (D146). Nach ca. 1,5 km entlang der Straße geht links ein schöner Wanderweg (Beschilderung „Chemin") noch mal 1,5 km bis zur Kapelle. Mit dem Fahrrad folgt man weiter der Straße und biegt dann links auf die Zufahrtsstraße (Beschilderung „Panorama") zur Kapelle ab. Von Ostern bis Allerheiligen ist die Chapelle de Clermont aus dem 12. Jh. geöffnet und bietet die Möglichkeit, das schlichte Innere mit dem Kalksteinaltar (15. Jh.) zu besichtigen. Der eigentlich umfassende Panoramablick auf das Pays d'Auge ist inzwischen etwas durch hohe Bäume getrübt. Zurück nach Bevron geht es auf demselben Weg.

Gut, seit fünf Generationen in Familienbesitz, verarbeitet jährlich an die 600 t Äpfel zu weit über 100.000 Flaschen Cidre, 30.000 Flaschen Pommeau und 40.000 Flaschen Calvados. Bei einem Rundgang durch den Keller erfährt man alles über die Cidre- und Calvadosproduktion.

Von Anfang April bis Mitte November sind die **Jardins du Pays d'Auge** geöffnet, typische Gärten der Region, angelegt in einem 3 ha großen Park rund um einen Bauernhof aus dem 17. Jh. Gelungen und fantasiereich gestaltet sind vor allem Sonnengarten, Mondgarten u.v.a.m.

Information

Office de Tourisme, 14340 Cambremer, Rue Pasteur 16, +33 (0)2 31630887, www. beuvroncambremer. com, Öffnungszeiten: April–Juni/Sept. Di–Sa 10–12.30 u. 14.30–18 Uhr, Juli/Aug. Di–Sa 9.30–13 u. 14–18 Uhr, So 10–13 Uhr, Okt.–März Fr 10–12.30 u. 14.30–18 Uhr, Sa 10–12.30 Uhr

Sehenswertes

Jardins du Pays d'Auge, 14340 Cambremer, Avenue des Tilleuls (D101), Tel. +33 (0)2 31630181, www. lesjardinsdupaysdauge.com, Öffnungszeiten: Ostern–Sept. 10–18.30 Uhr, Okt. Mo–Fr 10–17 Uhr, Eintritt: 8,10/5 €

Essen

Au P'tit Normand, 14340 Cambremer, Place d'Église 5, Tel. +33 (0)2 31320320. Einfaches, familiäres Lokal mit gutem Preis-Leistungs-Verhältnis

Einkaufen

Calvados Pierre Huet, 14340 Cambremer, Avenue des Tilleuls 5, N49.14770° E0.04782°, Tel. +33 (0)2 31630109, www.calvados-huet.com, Öffnungszeiten: Mo–Sa 9–12.30 und 14–18 Uhr, So (nur Apr.–Sept.) 10–13 und 15–18 Uhr, geführte Touren Apr.–Sept. 10, 11, 14.30, 15.30, 17 Uhr, Okt.–März Mo–Fr 11 und 15 Uhr

◁ *Blütenzauber im Pays d'Auge*

046nm Abb.: gg

Calvados, Cidre, Pommeau und Poiré

Blühende Apfelbäume gehören zum klassischen Bild der Normandie, genauso wie der daraus gewonnene Cidre oder der Calvados. Schon im Mittelalter kannte man den Cidre, damals wurden die Äpfel in Granitmühlen gemahlen. Die so entstandene Maische wurde zwischen Roggenstroh in Holzpressen ausgequetscht. In Eichenfässer reifte der Apfelmost in luftigen, kühlen Kellern zum köstlichen Getränk heran. Heute wird Cidre zwar meist fabrikmäßig hergestellt, aber es gibt sie noch häufig, die Bauernhöfe, die ihren eigenen Cidre produzieren und ihn direkt vermarkten. Man unterscheidet wie beim Wein nach Farbe, Geruch und Geschmack, der von feinherb bis süßlich variiert. Eine Tonne reifer Äpfel ergibt ca. 700 l Apfelmost, der den Winter über in Fässern zum Cidre reift. Je nach Süßegrad hat das Getränk 2,5 bis 5 Vol.-% Alkohol. Zu kaufen gibt es Cidre als „brut" (trocken) oder als „doux" (lieblich), getrunken werden sollte er aber auf jeden Fall kalt. Poiré wird auf die gleiche Weise hergestellt wie Cidre, allerdings aus Birnen statt aus Äpfeln, und ist vom Geschmack her lieblicher.

Calvados hat einen Alkoholgehalt von 40 bis 45 Vol.-% und wird aus Cidre hergestellt. Dieser wird zweimal destilliert und reift sechs bis fünfzehn Jahre in Eichenfässern heran. Hier gilt: Je älter, desto feiner und samtiger ist der Geschmack. Die Farbe wandelt sich von bernsteinfarben bis cognacbraun. Calvados wird sehr gerne als Digestif, das heißt zwischen den einzelnen Gängen oder nach dem Essen gereicht. Übrigens dürfen sich nur Cidrebrände aus der

Normandie Calvados nennen. Pommeau ist ein hervorragender Aperitif. Bestehend aus zwei Teilen Apfelsaft und einem Teil Calvados hat er zwischen 16 und 18 Vol.-%. Er wird kalt und mit einem Stück getrocknetem Apfel serviert.

◹ *Im Land des Calvados*

㉚ Place L'Europe, Cambremer (s. S. 107)

Über St-Laurent-du-Mont (D101) geht die Fahrt nach **Crèvecœur-en-Auge.** Der Ort selbst ist sehr stark durch Lastwagenverkehr beeinträchtigt – vielleicht kommt daher der Name, der übersetzt „Herzeleid" heißt. Etwas außerhalb in Richtung Caen (D613) liegt die malerische **Wasserburg (Château de Crèvecœur-en-Auge)** aus dem 11. Jh. Schon das Pförtnerhaus mit seinem schachbrettartigen Mauerwerk und den spitzen Türmchen zieht die Objektive der Kameras auf sich. Das Taubenhaus mit Platz für 15.000 Tauben ist typisch für die Normandie. Im Herrenhaus und in der Scheune ist das **Musée Schlumberger** untergebracht. Hier werden Gerätschaften der Elsässer Ingenieure Marcel und Conrad Schlumberger gezeigt, die ein Verfahren zur geoelektrischen Lagerstättenerkundung entwickelt haben. 1927 nahmen die beiden Erfinder die erste elektrische Bohrlochvermessung vor. Ebenfalls Teil der Schlossbesichtigung ist der Schaubauernhof mit einer Ausstellung zum normannischen Fachwerk und einem Obstgarten mit normannischen Apfelsorten.

Sehenswertes

Château de Crèvecœur-en-Auge, Tel. +33 (0) 2 31630245, www.chateau-de-crevecoeur.com, Öffnungszeiten: Ende März–Sept. 11–18 Uhr, Juli, Aug. 11–19 Uhr, Okt. So 14–18 Uhr, Eintritt: 8/5 €

Nach der Schlossbesichtigung fährt man zurück bis Crèvecœur-en-Auge und dort weiter auf der D613 bis Lisieux.

Die heilige Thérèse von Lisieux

Thérèse wurde am 2. Januar 1873 als jüngste Tochter der zutiefst religiösen Familie Martin in Alençon geboren. Als sie viereinhalb Jahre alt war, starb ihre Mutter – für Thérèse ein schwerer Schlag, über den sie Zeit ihres Lebens nicht hinweg kam. Nach dem Umzug nach Lisieux traten ihre beiden ältesten Schwestern, die bis jetzt bei Thérèse die Mutterrolle eingenommen hatten, ins Kloster ein. Die überdurchschnittlich intelligente Thérèse wollte ebenfalls dem Karmeliterorden beitreten, was ihr dank ihres Durchsetzungsvermögens 1888 auch gelang. Ihre weiteren neun Lebensjahre verbrachte sie ganz Gott geweiht im Kloster, bis sie 1897 im Alter von nur 24 Jahren an Tuberkulose starb. Weltweit bekannt wurde sie durch die von ihr verfasste Autobiografie „Geschichte einer Seele". 1923 wurde Thérèse seliggesprochen und 1925 folgte die Heiligsprechung durch Papst Pius XI.

LISIEUX (33 km – km 131)

Lisieux ist das Zentrum des Pays d'Auge. Trotz schwerer Kriegsschäden findet man hier noch steinerne Zeugen aus der Vergangenheit. Im Mittelalter verwalteten mächtige Bischöfe die Stadt und machten sie zu einer der blühendsten der Normandie. Nach der Französischen Revolution verlor Lisieux sowohl seine religiöse als auch seine wirtschaftliche Bedeutung. Dank der von Papst Pius II. heiliggesprochenen Karmeliternonne Thérèse errang die Stadt im 20. Jh. den Status einer der bedeutendsten Wallfahrtsstätten Frankreichs.

Eine Stadtbesichtigung führt vom Stellplatz **31** aus zuerst zur **Basilique Sainte-Thérèse.** Der Bau, der 1928 begonnen und 1957 eingeweiht wurde, zählt zu den weltweit größten, im 20. Jh. gebauten Gotteshäusern. Die Kuppel hat eine Höhe von 95 m. Das Kirchenschiff ist über und über mit Mosaiken geschmückt, die die Botschaft der heiligen Thérèse versinnbildlichen. Das rechte Querschiff bewahrt ihren rechten Arm als Reliquie. Wer sich mit dem Wirken der Heiligen beschäftigen will, dem sei das Diorama mit 11 Szenen aus dem Leben der Heiligen empfohlen. In der Krypta sind die Reliquien der 2008 seliggesprochenen Eltern von Thérèse in einem golden Schrein bestattet.

Über die Avenue Sainte-Thérèse kommt man in Richtung Innenstadt. Am ersten großen Kreisverkehr führt linker Hand die Rue du Carmel zum **Karmeliterinnenkloster,** dem die Heilige Thérèse angehörte, und hier in der Kapelle liegen ihre sterblichen Überreste in einem prunkvollen Schrein aus Glas und Edelhölzern.

Vom Carmel geht es an der Touristeninformation vorbei bis zum Boulevard Sainte-Anne. Man überquert ihn und erreicht über die Fußgängerzone (Rue Pont Mortain) die **Cathédrale Saint-Pierre,** im 12. Jh. im normannisch-gotischen Stil erbaut, war sie bis zur Französischen Revolution Bischofssitz. Bunte Fenster sucht man in dem erhabenen

Kirchschiff vergebens. Sie wurden im 17. Jh. durch einfaches Fensterglas ausgetauscht, damit der Kirchenraum heller erscheint. Den Hauptaltar der Beichtkirche der heiligen Thérèse stiftete 1888 ihr Vater Louis Martin.

Hinter der Kirche gelangt man in den in der Anordnung typischen französischen **Jardin de L'Évêché.** Ihn diagonal durchquerend stößt man auf den Boulevard Duchesne Fournet. Auf ihm stadtauswärts und dann nach rechts in den Chemin les Buissonnets, auf dem es nur wenige Schritte zum **Les Buissonnets** sind. Hier lebte Thérèse von ihrem vierten Lebensjahr bis zu ihrem Eintritt ins Kloster. Bei einer Besichtigung sieht man Möbel und Gegestände aus dem Besitz der Heiligen. Über den Boulevard Duchesne Fournet und den Boulevard Jeanne d'Arc stadteinwärts, erreicht man die Avenue Sainte-Thérèse, die einen zum Parkplatz zurückführt.

Information

Office de Tourisme, 14106 Lisieux, Rue d'Alençon 11, Tel. +33 (0)2 31481810, www.lisieux-tourisme.com, Öffnungszeiten: Mo–Sa 8.30–12 und 13.30–18 Uhr

Sehenswertes

Basilique und Krypta, 14106 Lisieux, Avenue Jean XXIII, Öffnungszeiten: Nov.–März 9–17.30 Uhr, Apr./Okt. 9–18.30 Uhr, Mai–Sept. 9–19 Uhr

Diorama Museé de Cire, in der Basilique, Öffnungszeiten: Apr.–Okt. 14–17.30 Uhr, Jan. geschl., Eintritt: frei, Audioguide auch auf Deutsch

Les Buissonnets, 14106 Lisieux, Chemin les Buissonnets, Öffnungszeiten: Ostern–Anfang Oktober 10–12.30 u. 13.30–18 Uhr, Okt. 10–12.30 u. 13.30–17 Uhr, Nov.–Febr. 10–12 u. 14–16 Uhr, März–Ostern 10–12.30 u. 13.30–17 Uhr, Eintritt: frei

Cathédrale St-Pierre, 14106 Lisieux, Place François Mitterrand, Öffnungszeiten: 9.30–18.30 Uhr

Carmel, 14106 Lisieux, Rue de Carmel 37, Öffnungszeiten: 7.20–19 Uhr, Nov.–Mitte März nur bis 18.30 Uhr, Eintritt: frei

Museum im Carmel, 9.30–12.15 u. 13.30–18 Uhr, Okt.–Mitte März 9.45–11.45 u. 14–17.45 Uhr

▱ Die Basilique Sainte-Thérèse wurde zu Ehren der heiligen Thérèse in Lisieux errichtet

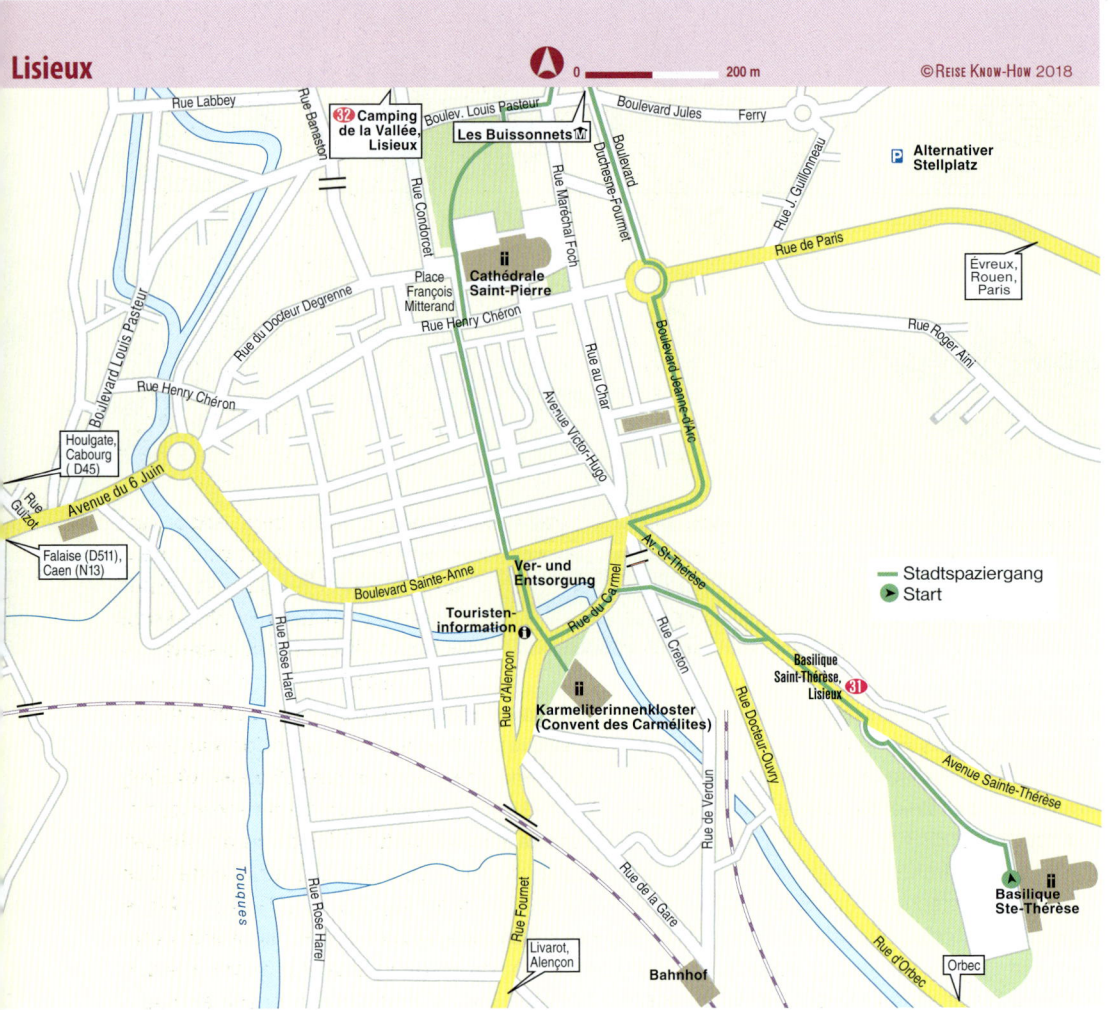

0 — 200 m

© REISE KNOW-HOW 2018

Map labels:
Rue Labbey · Rue Bansten · Boulev. Louis Pasteur · **32** Camping de la Vallée, Lisieux · Les Buissonnets · Boulevard Jules Ferry · **P** Alternativer Stellplatz · Rue Condorcet · Boulevard Duchesne-Fournet · Rue Maréchal Foch · Rue J. Guillonneau · Rue de Paris · Évreux, Rouen, Paris · Rue du Docteur Degrenne · Place François Mitterand · **Cathédrale Saint-Pierre** · Rue Henry Chéron · Rue au Char · Boulevard Jeanne-d'Arc · Rue Roger Aini · Boulevard Louis Pasteur · Rue Henry Chéron · Houlgate, Cabourg (D45) · Avenue Victor-Hugo · Avenue du 6 Juin · Rue Guizot · Falaise (D511), Caen (N13) · Boulevard Sainte-Anne · Ver- und Entsorgung · Av. St-Thérèse · Stadtspaziergang · Start · Touristen-information · Rue du Carmel · Rue Crébon · Basilique Saint-Thérèse, Lisieux **31** · Rue Rose Harel · **Karmeliterinnenkloster (Convent des Carmélites)** · Rue Docteur-Ouiry · Rue de Verdun · Avenue Sainte-Thérèse · Touques · Rue Rose Harel · Rue Fournet · Rue de la Gare · Basilique Ste-Thérèse · Livarot, Alençon · Bahnhof · Rue d'Orbec · Orbec

Parken

N49.14134° E0.23407°, auf dem Stellplatz **31** oder auf dem Parkplatz der Basilika

Ver- und Entsorgung

Gegenüber der Touristeninformation, wo es die Jetons gibt (N49.14258° E0.22753°), Rue M. Germain, 2 €/100 l Wasser oder 60 Min. Strom

31 Basilique Saint-Thérèse, Lisieux (s. S. 107)

32 Camping de la Vallée, Lisieux (s. S. 107)

ABSTECHER NACH PONT-L'ÉVÊQUE (hin und zurück 36 km)

Man verlässt Lisieux auf der D48 Richtung Coquainvilliers/Pont-l'Évêque. Dieser Abstecher ist besonders im Frühjahr während der Apfelblüte empfehlenswert. Links und rechts der Straße blühen die Bäume, aus deren Früchten Cidre und Calvados entstehen. Auf den üppigen Wiesen grasen Schafe und die hellen, „bebrillten" Rinder der Normandie und immer wieder schaut der Kirchturm ei-

nes kleinen Dorfes aus dem satten Grün. In **Coquainvilliers** (D270 Richtung Manerbe) muss man unbedingt die **Destillerie Boulard** besichtigen. Sehr professionell wird hier dem Interessierten die Produktion von Calvados nähergebracht und am Ende der Führung kann man, in lustigen Holzfässern sitzend, probieren und die erlesenen Destillate auch kaufen. Ausgezeichnet schmecken auch Kaffee mit Crème de Calvados und der frische Apfelsaft aus der Region.

㉝ Le Lieu Chéri, Quilly-le-Vicomte (s. S. 108)

Weiter schlängelt sich die Straße (D48) durch das schöne Pays d'Auge an einem See mit Freizeiteinrichtungen und an einer Quad-Geländestrecke für jedermann vorbei bis nach **Pont-l'Évêque.**

Einkaufen
Calvados Boulard, 14130 Coquainvilliers, N49.2002° E0.20871°, Tel. +33 (0)2 31626054, www.calvados-boulard.com, Öffnungszeiten: Apr.–Okt. 10–12.30 und 14–18 Uhr, geführte Touren um 10.30, 11.30, 14.30, 15.30 und 16.30 Uhr

⌂ *Charakteristisches Bauwerk in der Normandie*

Pont-l'Évêque hat sich mit dem Käse, der hier seit dem 13. Jh. hergestellt wird, weltweit einen Namen gemacht. Die Kleinstadt an der Toques wurde im Zweiten Weltkrieg stark in Mitleidenschaft gezogen, sodass nur noch wenige alte Gebäude zu sehen sind. Trotzdem lohnt sich ein Besuch des lebhaften freundlichen Städtchens. Mitten im Zentrum steht die spätgotische **Église St-Michel,** flankiert von einem wuchtigen Viereckturm. Das Geburtshaus des Bühnenautors Robert de Flers dient heute als Rathaus. In der Rue de Vaucelles findet man den Gasthof **Aigle d'Or** („goldener Adler"). Das wunderschöne Fachwerkhaus war vom 16. bis zum Ende des 19. Jh. Postkutschenstation. In seiner Nachbarschaft stehen noch einige weitere sehenswerte alte Fachwerkhäuser.

Information
Office de Tourisme, 14130 Pont-l'Évêque, Place Jean Bureau 16, Tel. +33 (0)2 31641277, www. blangy-pontleveque.com, Öffnungszeiten: Sept.–Juni Mo–Sa 10–13 u. 14–18, Juli/Aug. Mo–Sa 9.30–13 u. 14–18.30, Mai–Sept. auch So 10–13 Uhr

Parken
Auf dem Parkplatz Place Foch (N49.28611° E0.18665°) in der Avenue de Verdun kann man gleich bei der Touristeninformation parken, allerdings nicht übernachten

Zur Rückfahrt nach Lisieux kann man entweder dieselbe Straße wie bei der Hinfahrt oder die wesentlich schnellere D579 nehmen.

Man verlässt Lisieux nun auf der D579 in Richtung Vimoutiers.Weiter geht es durch St-Martin-de-la-Lieue hindurch und gleich danach biegt man links auf die D268 zum **Château de Saint-Germain-de-Livet** ab, das malerisch von der Douves, einem Nebenfluss der Toques, umflossen daliegt. Zwei Gebäudeteile bestimmen das Anwesen: ein Herrenhaus (Manoir) in Fachwerkbauweise aus dem 15. Jh. und der Schlossbau aus glasierten Ziegel- und Natursteinen aus dem 16. Jh. Sein Eingang wird von zwei eleganten schlanken Türmen flankiert. Den Innenhof schmückt eine prächtige Renaissancegalerie. Im Saal der Wachen sieht man Fresken aus dem 16. Jh. Das Speisezimmer mit seinem mächtigen Kamin ist mit wertvollen Empiremöbeln eingerichtet. Salons im Louis-quinze-Stil und eine Gemäldegalerie sind ebenfalls Besuchern zugänglich.

Lecker! Echter Pont-l'Évêque-Käse

Sehenswertes

Château de Saint-Germain-de-Livet, N49.08953° E0.21578°, Tel. +39 (0)2 31310003, Öffnungszeiten: Nov.–März Sa/So 14–18 Uhr, Führungen um 14, 15, 16, 17 Uhr, Apr.–Juni und Sept.–5. Nov. Di–So 11–13 und 14–18 Uhr, Juli/Aug. tägl. 10–18 Uhr, Führungen um 11, 12, 14, 15, 16, 17 Uhr, Eintritt: 7,30/5,30 €, nur Park 2 €. Hundeverbot!

Nach dem Rundgang muss man wieder zurück nach St-Martin-de-la-Lieue fahren und dort im Kreisverkehr auf die D64 Richtung Fervaques wechseln. Durch die typische Landschaft dieser Gegend, mit Hecken eingefasste Wiesen und Felder, ist man nach 10 km im hübschen **Fervaques.** Das kleine Städtchen besitzt das repräsentative Château Le Kinnor, in dessen Park die älteste orientalische Platane Frankreichs steht. Hier lustwandelte angeblich schon der berühmte Chateaubriand. (Genau! Der Politker und Dichter, nach dem das bekannte Steak benannt wurde.) Am Hauptplatz stehen einige reizvolle Fachwerkhäuser.

Etwas außerhalb befindet sich ein Bauernhof, der seine Molkereiprodukte direkt vermarktet.

Einkaufen

Didier Lallier, 14140 Fervaques, La Moissonnière, N49.03596° E0.25533°, Tel. +33 (0)2 31323123, von der D64 300 m nach dem Ortsendeschild nach links abbiegen (Hinweisschild „produits du terroir"), geöffnet: Mo–Fr 8–13 und 14–16 Uhr, Sa 8–12 Uhr, Käse, Butter, Milch direkt ab Hof

Die folgende Strecke bis Nôtre-Dame-de-Courson ist besonders während der Apfelblüte ausgesprochen reizvoll. Das kleine **Nôtre-Dame-de-Courson** sorgt mit einem schönen Platz für Wohnmobilreisende. Hier verlässt man die D64 und fährt auf der D4 noch 8 km bis **Livarot,** ebenfalls eine „Käsestadt". Zwar ist der Livarot nicht so bekannt wie der Camembert, aber er ist mindestens genauso lecker.

③④ Aire Camping Cars, Nôtre-Dame De Courson (s. S. 108)

③⑤ Aire Camping Cars, Préaux-Saint-Sébastien (s. S. 108)

In **Le Village Fromager** bekommt man beim kostenlosen Rundgang einen Einblick in die Produktion mit anschließender Verkostung von Camembert-, Pont-l'Évêque-, Neufchatel- und Livarot-Käse. Letzterer ist ein würziger Weichkäse mit Rotschmiere. Er wird im Reifekeller dreimal abgewaschen und erhält so seine orangene Farbe. Charakteristisch für den echten Livarot ist die Umwicklung mit Riedgrashalmen.

Einkaufen

Le Village Fromager Eugène Graindorge, 14140 Livarot, Rue du Général Leclerc 42, N49.0008° E0.151577°, Tel. +33 (0)2 31482010, www.graindorge.fr, Öffnungszeiten: Nov.–März Mo–Fr 10–12.30 und 14.30–17.30 Uhr, Sa 10–12.30 Uhr, Apr.–Juni und Sept.–Okt. Mo–Sa 9.30–13 und 14–17.30 Uhr, Juli/Aug. Mo–Sa 9.30–17.30 Uhr, So 10.30–17.30 Uhr

☑ *Das Château de Saint-Germain-de-Livet wartet mit einer interessanten Fassade auf*

Die Route führt auf der D579 weiter bis nach Vimoutiers. Nach 4 km kann man rechts abbiegen und findet nach 700 m einen netten Picknickplatz. Wer gerne in wunderschöner Umgebung in Ruhe relaxen will, fährt auf Platz **36**.

Picknickplatz

N48.96953° E0.15435°, Bei La Chapelle Haute Grue

36 Étape Camping Car, St. Germain de Montgommery (s. S. 108)

VIMOUTIERS (39 km – km 170)

Da steht sie nun auf dem Hauptplatz der Stadt: Marie Harel, die „Erfinderin des Camemberts" (s. S. 99). Ohne sie würde es die Hauptsehenswürdigkeit der Stadt, das **Mu-**

sée du Camembert überhaupt nicht geben. Im Museum werden dem Besucher anhand von Schautafeln die Herstellungstechniken von der Milch bis zum fertigen Käse gezeigt. Ein weiteres, etwas kurioses Museum ist die **Moulin de Vimoutiers.** Madame Brêteau zeigt hier mit wahrer Begeisterung die etwas unordentliche ehemalige Mühle und ihren kleinen, noch historisch eingerichteten Laden. Sie und ihr Mann haben bis zum Jahr 1995 in der Mühle Getreide und Buchweizen (sarrasin) zu Mehl verarbeitet. Wenn jemand kein Französisch spricht, nimmt Madame Hände und Füße zu Hilfe.

Die Kirche Nôtre-Dame war 1944 das einzige Gebäude der Stadt, das dem amerikanischen Bombardement Stand hielt, nur die Buntglasfenster gingen zu Bruch. 1956 wurden sie mit finanzieller Hilfe des amerikanischen Pilotenclubs durch neue ersetzt.

Information

Office de Tourisme, 61120 Vimoutiers, Place de Mackau 21, Tel. +33 (0)2 33674942, Öffnungszeiten: Sept.–Apr. Mo–Fr 10–12.30 und 14.30–17.30 Uhr, Mai–Aug. tägl. geöffnet

Sehenswertes

Musée du Camembert, 61120 Vimoutiers, Avenue du Général de Gaulle 10, Tel. +33 (0)2 33393029, Öffnungszeiten: Apr.–Anf. Nov. 14–17.30 Uhr, Juli/Aug. Mo–Fr 14–18 Uhr, Sa/So 10–18 Uhr, Eintritt: 3/2 €, Käseprobe 1 €
Moulin de Vimoutiers Jean Brêteau, 61120 Vimoutiers, Avenue du Général de Gaulle 1, Tel. +33 (0)2 33390366, Öffnungszeiten: 10–12 und 14–18 Uhr, Eintritt: Es wird eine Spende erwartet.

37 Aire Camping cars, Vimoutiers (s. S. 108)

◁ *Die Statue von Marie Harel auf dem Markt-platz von Vimoutiers*

ABSTECHER ZUR PRIEURÉ ST-MICHEL (hin und zurück 10 km)

5 km westlich von Vimoutiers liegt die **Prieuré St-Michel** nahe dem winzigen Dörfchen Crouttes. Man erreicht sie über die D916 und die D703. Das Priorat wurde im 10. Jh. von der Abtei in Jumièges gegründet und ist eines der wenigen benediktinischen Gründungen in der Normandie, die heute noch erhalten sind. Die wichtigsten Sehenswürdigkeiten sind die Kapelle und die Zehntscheune aus dem 13. Jh. Die Scheune besitzt einen riesigen offenen Dachstuhl aus Eichenholz. Ein Gang durch den mittelalterlichen Kräuter- und Rosengarten rundet die Besichtigung ab.

Sehenswertes
Le Prieuré Saint-Michel, 61120 Crouttes-Vimoutiers, N48.92461° E0.12815°, Tel. +33 (0)2 33391515, Öffnungszeiten: Mai–Sept. Fr–So 14–18 Uhr, 6/3 €

Picknickplatz Crouttes
N48.92192° E0.14045°. Schöne Aussicht und ausgeschilderte Wanderwege

ABSTECHER NACH CAMEMBERT (hin und zurück 10 km)

Winzig klein ist das Dorf Camembert und doch durch Marie Harel weltweit bekannt, die hier den Weichkäse erfunden haben soll. Im **Maison du Camembert** kann man probieren und einkaufen.

Im Museum gegenüber werden alte und neue Techniken der Käse- und Butterherstellung anhand von Geräten und mittels eines Videos gezeigt. Anschließend werden drei Sorten Camembert zur Verkostung angeboten.

Sehenswertes
Maison et Musée du Camembert, 61120 Camembert, Tel. +33 (0)2 33121037, Öffnungszeiten: März/Apr./Okt. Mi–So 10–11.30 und 14–16.30 Uhr, Mai/Sept. tägl. 10–11.30 u. 14–16.45 Uhr, Juni–Aug. tägl. 10–11.45 u. 14–17.45 Uhr, Eintritt ins Museum: 3,50/1,50 € inkl. Camembert-Verkostung

Parken
N48.89210° E0.17812°

Camembert de Normandie
Der berühmte Weichkäse bekam seinen Namen vom kleinen französischen Dorf Camembert in der Normandie. Inzwischen wird der Käse auch außerhalb Frankreichs hergestellt, darf sich aber nur Camembert nennen, wenn er dem französischen „Reinheitsgebot" entspricht. Nur der in Camembert hergestellte Käse darf den geschützten Namen „Camembert de Normandie" tragen. Um seine Entstehung rankt sich eine Legende: Die Bäuerin Marie Harel aus dem Dorf Camembert soll während der Französischen Revolution den Priester Abbé Charles-Jean Bonvoust aus Brie bei sich versteckt haben. Aus Dankbarkeit gab er das Geheimnis der Käseherstellung an sie weiter. Sie verfeinerte es und daraus entstand der Camembert. Wie gesagt ist das Ganze wahrscheinlich eine schöne Legende, denn die Region um Camembert war bereits im 16. Jh. bekannt für ihren guten Käse. Für die Verbreitung des Camemberts sorgte die französische Eisenbahn. Durch die schnelle Verbindung nach Paris ab 1850 eroberte der kulinarische Leckerbissen die Märkte ganz Frankreichs, später sogar der Welt. Zur Herstellung von Camembert wird die Rohmilch auf 36 °C erhitzt und mit Lab (Ferment aus dem Kälbermagen) zum Gerinnen gebracht. Die so entstandene eingedickte Milch wird in eckige oder ovale Formen geschichtet und mit dem weißen Edelschimmelpilz geimpft. Bis der Käse gereift ist, dauert es drei Wochen. Camembert wird ausschließlich aus Kuhmilch hergestellt, hat eine weiße Edelschimmelrinde und wird häufig traditionell in der Spannschachtel angeboten. Sein Geschmack reicht von nussig beim jungen bis zu leicht scharf beim reifen Käse.

Für die weitere Route nach Gacé bieten sich zwei Möglichkeiten an: die schnelle (D979) oder die schönere Variante (D33) entlang der Toques. 6 km abseits der Route gibt es in **Le Sap** einen kostenlosen Stellplatz **❸❽** und das **Écomusée,** in dem man alles „vom Apfel bis zum Calvados" erfährt (Rue du Grand Jardin, Juni–Sept. Mi–So 14–17 Uhr, Juli/Aug. tägl. 10.30–12.30 und 14–18 Uhr, Ostern–Apr./ Mai/Okt./Nov. Sa/So 14–17 Uhr, Eintritt: 3,50/2 €).

❸❽ Les Terriers, Le Sap (s. S. 108)

GACÉ (20 km – km 190)

Gacé ist eine ruhige, abseits der Touristenrouten liegende Stadt. Im Zentrum steht das wehrhafte Schloss aus Ziegelsteinen (12. Jh.). In seinen Mauern findet man neben der Stadtverwaltung und der Touristinformation auch das **Musée de la Dame aux Camélias.** Es ist der weltberühmten Tochter der Stadt Alphonsine Plessis gewidmet. Bekannt wurde die Kurtisane allerdings unter dem Namen „Kameliendame". Eine Bild- und Tonschau,

persönliche Gegenstände und Schmuck erinnern an die Dame, die Künstler wie Dumas und Liszt inspirierte. Ein weiterer Ausstellungsraum zeigt den Mythos der bekannten Kurtisane in Literatur und Film.

Information
Office de Tourisme, 61230 Gacé, Place du Château, Tel. +33 (0)2 33355024, Öffnungszeiten: Mo–Fr 9–12 und 14–17, Sa 10–12 Uhr

Sehenswertes
Musée de la Dame aux Camélias, 61230 Gacé, Place du Château, Tel. +33 (0)2 33670859, Öffnungszeiten: Juli–Aug. Mi–Sa Führungen (französisch und englisch) zwischen 14 und 18 Uhr, Eintritt: 4/2 €

❸❾ Schloss, Gacé (s. S. 108)

Auf der D438 verlässt man Gacé, um dann gleich auf die D14 nach Exmes abzufahren. Am Ortsanfang kann man zu einem schönen Stellplatz bei einem Bauernhof in ruhiger Lage abbiegen.

❹⓪ Camping car au haras, Villebadin (s. S. 109)

Die Kameliendame

Das Vorbild für die Romanfigur von Alexandre Dumas' „Kameliendame" war Alphonsine Plessis aus dem kleinen normannischen Dorf Nonant-le-Pin bei Gacé. Sie wurde hier am 15. Januar 1824 in ärmlichen Verhältnissen geboren. Mit 14 Jahren kam sie zu Verwandten nach Paris und arbeitete dort als Wäscherin, bis sie einem reichen Kaufmann auffiel und er sie zu seiner Geliebten (Kurtisane) machte. Bald wurde ihre Schönheit in den Pariser Salons legendär und sie stieg zu einer der beliebtesten Kurtisanen der Stadt auf. Sie nützte das verdiente Geld, um sich zu bilden und änderte ihren Namen in Marie Duplessis. Zu ihren Liebhabern gehörten Franz Liszt und Alexandre Dumas. Ihre besondere Vorliebe galt den Kamelienblüten: Sie soll

nur während bestimmter Tage im Monat rote Blüten im Haar getragen haben, in der übrigen Zeit waren es weiße. Nach einer gescheiterten Ehe mit Graf Eduard de Perregeaux in London kam sie schwer an Tuberkulose erkrankt nach Paris zurück. Hier starb sie am 3. Februar 1847 einsam, von allen Bewunderern verlassen und wurde auf dem Friedhof Montmartre beigesetzt. Alexandre Dumas schrieb in Anlehnung an ihre Lebensgeschichte den Roman „Die Kameliendame". Der Roman, in dem Marie Duplessis Marguerite Gautier heißt, wurde später auch als Theaterstück aufgeführt und Giuseppe Verdi verwendete es für seine Oper „La Traviata". So wurde die traurige Geschichte der schönen Kurtisane unsterblich.

Ab Exmes fährt man auf der D26 und der D926 5,5 km bis **Le Haras National du Pin.** Das auch „Versailles der Pferde" genannte königliche Gestüt wurde 1714 auf Befehl Ludwigs des XIV. erbaut, um die Verbesserung und Neuzüchtung von Pferderassen zu gewährleisten. Auch heute noch ist es eines der bekanntesten Pferdezuchtzentren Europas. Im schlossähnlichen Hauptgebäude wohnte schon 1715 der erste Direktor des Anwesens, François Gédéon. In den Seitenflügeln des Gestüts sind die zahlreichen Pferdeställe untergebracht. Auf den Übungsplätzen und im Gelände rund um Haras du Pin kann man Pferde und Reiter beim täglichen Training oder Zugpferde vor ihren Kutschen beobachten. Hier herrscht immer ein reges Treiben, besonders jedoch beim jährlichen großen Reitturnier Mitte Juni.

Sehenswertes

Haras National du Pin, 61310 Le Pin au Haras, www.haras-nationaux.fr, Öffnungszeiten: Apr.–Sept. 10–18 Uhr, Okt./März Sa/So 14–17 Uhr, geführte Touren, Gestüt 7/4,50 €, Gestüt und Reitplätze 14/9,50 €, Pferdevorführungen: Apr.–Okt. Sa/So, Mitte Juli–Mitte Aug. auch Mi/Fr jeweils 15.30 Uhr

◹ *Rassige Pferde in Haras National du Pin*

Wanderung rund um Haras National du Pin

Man überquert, vom Parkplatz des Gestüts kommend, die D926 und geht an der Vorderfront von Haras du Pin entlang. Dann folgt man auf einer Fußgängerallee links der Straße ca. 800 m der D926. Als Markierung dient ein gelber Strich. Bei der Kreuzung mit dem Lokal „Tête-au-loup" wendet man sich nach links (gelb-rote Markierung) in die Route de Villebadin. Kurz hinter dem ersten Haus des Weilers Bourg-Maheu folgt man dem Weg, der links in den Forêt-du-Pin-au-Haras führt. Immer geradeaus gehend passiert man im Wald zwei Kreuzungen mit Waldwegen. Nach gut einem Kilometer stößt der Wanderer auf ein Sträßchen, auf diesem geht es weiter bis zur D926. Diese überqueren und geradeaus weiter in den Wald hineingehen. Bei der Kreuzung „Les Perrets" wendet man sich nach rechts (gelbe Markierung). Kurz nach Verlassen des dichten Waldes folgt man dem ersten Weg, der nach links abzweigt, ca. 800 m bis nach Le Vieux Pin. An der Kirche vorbei und bei der nächsten Kreuzung nach rechts kommt man zum Ausgangspunkt der Wanderung zurück. Es handelt sich um eine beschauliche, leichte Waldwanderung, die etwa 2:30 Std. dauert.

Parken Le Haras du Pin
N48.73964° E0.14547°. Hier kann man in der Nebensaison auch einmal übernachten, WC.

Wieder zurück in Exmes können Interessierte einen Abstecher zum Mémorial Coudehard, einer Gedenkstätte für den Zweiten Weltkrieg, machen.

ABSTECHER ZUM MÉMORIAL COUDEHARD
(hin und zurück 28 km)

Man verlässt Exmes auf der D26 Richtung Vimoutiers. Nach 14 km erreicht man über Mont-Ormel die Gedenkstätte **Mémorial Coudehard** aus dem Jahre 1965. Im Museumsbereich wird die letzte Etappe der langen und blutigen Schlacht um die Normandie dargestellt. Polnische Soldaten führten hier durch ihren Kampf gegenüber den verzweifelten Angriffen der eingekesselten deutschen Truppen den Sieg herbei. Von hier aus ist eine Autorundfahrt zu den Plätzen der Schlachten des Zweiten Weltkriegs ausgeschildert. Auf der D16 kommt man nach **Chambois.** Mitten in dem kleinen Dorf thront ein gewaltiger, quadratischer Donjon (Bergfried) mit Vierecktürmen aus dem 12. Jh. Danach sind es noch 5 km auf der D16 bis nach **Le Bourg-St-Léonard.** Schon vor der Stadt, direkt an der D16, steht das **Château Le Bourg-St-Léonard.** Das sehenswerte Schloss wurde im späten 18. Jh. von Jules David Cromot auf Geheiß Ludwigs XV. in einem 400 ha großen Park mit Stallungen für Pferde und einer Orangerie erbaut. Im Inneren des Schlosses sind wertvolle Möbel, Teppiche und Holzvertäfelungen aus dem 18. Jh. zu bewundern.

Ohne Abstecher führt die Route von Exmes nach Le Bourg-St-Léonard. Von dort sind es noch 7 km auf der D926 bis nach Argentan.

Sehenswertes
Mémorial Coudehard, N48.83774° E0.14246°, Öffnungszeiten: Apr./Sept./Okt. 10–17 Uhr, Mai–Aug. 9.30–18 Uhr, Nov.–März Mi/Sa/So, 10–17 Uhr, Eintritt 5,50/3,50 €
Château Le Bourg-St-Léonard, 61310 Le Bourg-St-Léonard, Tel. +33 (0)2 33366868, N48.76683° E0.10434°, Öffnungszeiten: Mai, Juni, 1.–15. Sept. Sa, So 14.30–16.30 Uhr, Juli, Aug. täglich 14.30–17.30 Uhr, Park Nov.–März 8–19 Uhr, Apr.–Okt. 8–22 Uhr, Eintritt: Park kostenlos, Schloss 5/3 €

ARGENTAN (48 km – km 238)

Vom Campingplatz de la Noë 41 aus geht man geradeaus Richtung Zentrum. Auf dem weiten Place du Marché findet am Dienstag und Freitag der vielseitige, große Markt statt. Ebenfalls hier steht das ehemalige **Schloss** der Plantagenêts. Pierre II. Graf von Alençon ließ das von zwei quadratischen Türmen flankierte *château* nach seiner Zerstörung im Hundertjährigen Krieg im 14. Jh. wiederaufbauen. Seit 1827 ist darin die Justiz beheimatet. Etwas ungewöhnlich sind die Räumlichkeiten der Touristinformation. Man findet sie in der ehemaligen Schlosskirche **Chapelle St-Nicolas** aus dem 14. Jh. Vom 15. bis zum 18. Jh. wurde an der **Église St-Germain** gebaut. Ihr Nordportal in der Rue St-Germain ist ein schönes Beispiel für den Flamboyantstil. Doch sie vereint noch andere Baustile zu einem harmonischen Gesamtwerk: Gotisch sind das Längs- und Querschiff, im Stile der Renaissance dagegen die Apsis. Sehr malerisch wirkt sie nachts, wenn sie von 22.30 bis 2 Uhr angestrahlt wird.

Zwischen der Kirche und einem Haus in der Rue St-Germain hängt eine große Uhr über der Staße. Sie wurde von M. Lérot 1845 in Form eines Ordens der Ehrenlegion erschaffen. Man folgt der Rue du Griffon bis zur Rue de la République. Auf ihr nach rechts gehend kommt man zum **Turm Marguerite** (15. Jh.), dem letzten Rest der alten Stadtbefestigung. Über den schmalen Fußweg Fossés de la boucherie gelangt man wieder zur Église St-Germain.

Direkt neben dem Campingplatz steht in einem schönen Park das **Maison des Dentelles.** In dem Herrenhaus aus dem 19. Jh. wird heute eine Ausstellung der kostbaren Argentan-Spitzen, Klöppelspitzen und Automatenstickerei aus dem 16. bis 21. Jh. gezeigt.

Die feinen Argentan-Nadelspitzen waren besonders in der Zeit Marie-Antoinettes sehr gefragt und beim Adel heiß begehrt. Im 18. Jahrhundert gab es in Argentan vier königliche Spitzenmanufakturen.

Information

Office Municipale de Tourisme, 61201 Argentan, Chapelle St-Nicolas, Tel. +33 (0)2 33671248, Öffnungszeiten: Mo–Fr 9.30–12.30 und 14–18 Uhr, Sa 9.30–12.30 und 13.30–17.30 Uhr, 30 Min. WLAN kostenlos

Sehenswertes

Maison des Dentelles, 61200 Argentan, Rue de la Noë 34, Tel. +33 (0)2 33675078, Öffnungszeiten: April–Mitte Okt. Di–Sa 10–13 und 14–18 Uhr, So 15–18 Uhr, Eintritt: 3,50 €, 1. Sonntag im Monat freier Eintritt

Essen

Bar und Brasserie Café de Paris, 61201 Argentan, Place du Marché. Hier treffen sich die Einwohner am Markttag zu einem Kaffee oder bei kleinen Gerichten, um zu klatschen und zu tratschen.

◁ *Lebhafter Wochenmarkt zu Füßen der Kirche St-Germain in Argentan*

▢ *Maison des Dentelles*

Argentan

0 ___ 200 m   © REISE KNOW-HOW 2018

Caen (N158)
Lisieux, Vimoutiers (D916)
Rue des Petits Fossés
l'Aigle, Paris, Dreux (N26)
N158
Rue de la Poterie
Rue de la République
Rue Aristide Briand
Boulevard Général Koenig
Rue Saint-Martin
Turm Marguerite
Rue du Griffon
R. St-Germain
R. A. Briand
Rue P. Boschet
Rue du Collège
Rue du 104e - Régiment-d'Infanterie
ii Église Saint-Germain
1
Pl. du Marché
Touristeninformation in der Ancienne Chapelle St-Nicolas
Champ de Foire
Orne
Rue de la République
R. de la Chaussée
Rue d'Belles
Ancien Château mit Stadtgericht
Place Henri-IV
Rue du Paty
Rue E. Panthou
Place Général Leclerc
Rue de la Noë
Almanêches (D238)
Rue Ch. Corday
Avenue de la 2e-D.-B.
Boulevard Carnot
Avenue de la Forêt-Normandie
Maison des Dentelles
Rue Ch. Corday
Flers, Bagnoles (D924)
Place Pierre Sémard
Sées, Alençon
Bahnhof
41
Camping de la Noë, Argentan

■ **Essen und Trinken**
1 Bar und Brasserie Café de Paris

— Stadtspaziergang
▶ Start

Einkaufen

Dienstag, Freitag und Sonntag findet auf dem Platz bei der Kirche St-Germain ein großer **Markt** statt.

Ver- und Entsorgung

Vor dem Camping de la Noë **41** kann man auf zwei Stellplätzen übernachten (Lage ausreichend gut, aber laut). N48.74007° W0.01711°, Jetons 2,20 €/100 l Wasser oder 60 Min. Strom. Jetons gibt es beim Camping Municipal.

41 Camping de la Noë, Argentan (s. S. 109)

ABSTECHER ZUM CHÂTEAU DE SASSY (hin und zurück 24 km)

Auf der D958 geht es Richung Sées bis zur Abzweigung nach **St-Christophe-le-Jajolet.** Dort wird der Schutzpatron der Autofahrer (und Wohnmobilisten) verehrt. Man umrundet die riesige Statue des Heiligen mit seinem Fahrzeug und erhält so den Segen für eine gute Reise und eine gesunde Heimkehr. Von hier sind es noch 2 km bis zum sehr idyllisch gelegenen **Château de Sassy.** Ein wunderschön im französischen Stil angelegter Garten und einige Innenräume werden bei einer Führung gezeigt. Das wertvolle Mobiliar und schöne Wandteppiche sollen auch Elisabeth II. von England begeistert haben. Sie war in den 1960er-Jahren zu Gast. Der Rückweg nach Argentan erfolgt auf derselben Route wie bei der Hinfahrt.

Sehenswertes

Château de Sassy, Tel. +39 (0)2 33353266, Öffnungszeiten (geführte Touren): Ostern–Mitte Juni und Mitte–Ende Sept. Sa/So 15–18 Uhr, 16. Juni–15. Sept. täglich 10.30–12.30 und 14–18 Uhr, Eintritt: 7 €

ABSTECHER NACH ÉCOUCHÉ
(hin und zurück 24 km)

Das freundliche 1400-Einwohner-Städtchen lockt mit einem schönen Stellplatz **42** und der Kirche Nôtre-Dame. Die Besonderheit von Nôtre-Dame ist, dass nacheinander drei Kirchen auf denselben Grundmauern errichtet wurden. Heute stehen noch das Gotteshaus aus dem 15. Jh. und die fotogenen Säulen und Bögen der Kirche aus dem 12. Jh. auf dem Vorplatz.

42 **Aire Camping Car, Écouché**
(s. S. 109)

STELL- UND CAMPINGPLÄTZE ENTLANG DER ROUTE

18 Aire de Camping Car, La Rivière Saint Saveur
N49.40909° E0.26827°
Platz in schöner, aber lauter Lage direkt unterhalb der A29. Zentrumsnah, nach Honfleur 3 km. **Lage/Anfahrt:** Von der A29 Richtung Honfleur abfahren, im Kreisverkehr Richtung Saint-Saveur ausgeschildert; **Platzanzahl:** 20; **Untergrund:** Schotter; **Ver-/Entsorgung:** Trinkwasser, Abwasser, Chemie-WC; **Sicherheit:**

beleuchtet; **Preise:** kostenlos, Wasser 5 €; **Geöffnet:** frei zugänglich; **Adresse/Kontakt:** 14600 La Riviere Saint-Saveur, Rue du Banc

19 Aire de Camping Car, Honfleur
N49.41880° E0.24391°
Riesiges, häufig überfülltes offizielles Gelände, dann zu wenig Stromanschlüsse, 10 Min. ins Zentrum. Teilweise schöne und ruhige Lage, VE etwas heruntergekommen. **Lage/Anfahrt:** Ab dem Ortsanfang gut ausgeschildert; **Platzanzahl:** 100; **Untergrund:** Schotter; **Ver-/Entsorgung:** Strom, Trinkwasser, Abwasser, Chemie-WC; **Sicherheit:** beleuchtet; **Preise:** 11 €/Fahrz. alles inklusive; **Geöffnet:** frei zugänglich

20 Boulevard des Sports, Deauville
N49.35739° E0.08431°
Offizieller Platz hinter den Sportplätzen und in Bahnhofsnähe, Lage befriedigend und relativ ruhig. Häufig überfüllt. **Lage/Anfahrt:** Hinter der Pont de Belges im zweiten Kreisverkehr auf die dritte Straße (D27a) Richtung Autobahn Lisieux/Caen abfahren. Erste Möglichkeit nach rechts (am Ende des Sportplatzes) abbiegen. Der Platz liegt gleich an der linken Seite; **Platzanzahl:** 7; **Untergrund:** Schotter; **Ver-/Entsorgung:** Strom, Trinkwasser, Abwasser, Chemie-WC; **Sicherheit:** beleuchtet; **Preise:** kostenlos, auch Strom; **Geöffnet:** frei zugänglich; **Adresse/Kontakt:** 14800 Deauville, Boulevard des Sports 36

21 Aire de Camping Cars, Villers-sur-Mer
N49.32891° E0.01335°
Offizielle Stellplätze in schöner, ruhiger Lage. Jeder Platz ist mit hohen Hecken eingefasst. Direkt am Marais. **Lage/Anfahrt:** Von der Küstenstraße am Ortsanfang links in Avenue Jean Moulin abbiegen, ausgeschildert; **Platzanzahl:** 14; **Untergrund:** Schotter; **Ver-/Entsorgung:** Strom, Trinkwasser, Abwasser, Chemie-WC; **Preise:** 12 € inklusive Strom, 2 €/10 Min. Wasser (nur mit Karte); **Geöffnet:** frei zugänglich; **Adresse/Kontakt:** 14460 Villers-sur-Mer, Rue des Martrois

22 Camping Municipal, Houlgate
N49.29258° W0.07443°
Netter Platz beim Sportplatz mit einfacher Sanitärausstattung, Waschmaschine. Lage gut und ruhig, zum

Strand 800 m. **Lage/Anfahrt:** Im Ort ausgeschildert; **Platzanzahl:** 188; **Untergrund:** Wiese; **Ver-/Entsorgung:** Strom, Trinkwasser, Chemie-WC; **Sicherheit:** umzäunt, beleuchtet, bewacht; **Preise:** 6 €/Fahrz., 4,20 €/Pers., Taxe 1 €/Pers., Strom 5–8 €, Hund 2 €; **Geöffnet:** Apr.–Okt.; **Adresse/Kontakt:** 14510 Houlgate, Chemin de Chevaliers, Tel. +33 (0)2 31243793, www.campinghoulgate.com

🅒 Aire de Camping Cars, Dives-sur-Mer
N49.29027° W0.10341°
Offizielle Stellplätze in schöner, ruhiger Lage am Hafen, ideal für Hunde. **Lage/Anfahrt:** Richtung Port Guillaume abbiegen, ausgeschildert; **Platzanzahl:** 6 (stehen immer viel mehr Womos); **Untergrund:** Asphalt; **Ver-/Entsorgung:** Trinkwasser, Abwasser, Chemie-WC; **Preise:** kostenlos, 2 €/10 Min. Wasser (nur mit Karte); **Geöffnet:** frei zugänglich; **Adresse/Kontakt:** 14160 Dives-sur-Mer, Rue de L'Avenir

🅒 Aire de Camping Cars, Cabourg
N49.28235° W0.11943°
Offizielle Stellplätze in schöner, ruhiger Lage. 10 Min. ins Zentrum. **Lage/Anfahrt:** Von der Touristeninformation Richtung Hippodrome fahren, hinter dem Hotel Mercure rechts in Avenue M. D'Ornano abbiegen, ausgeschildert; **Platzanzahl:** 6; **Untergrund:** Asphalt; **Ver-/Entsorgung:** Trinkwasser, Abwasser, Chemie-WC; **Preise:** kostenlos, 2€/10 Min. Wasser (nur mit Karte); **Geöffnet:** frei zugänglich; **Adresse/Kontakt:** 14390 Cabourg, Avenue Michel D'Ornano

🅒 Dünenstrand, Merville-Franceville
N49.28519° W0.20997°
Offizielle Stellplätze direkt am Dünenstrand. Lage sehr schön und ruhig. **Lage/Anfahrt:** Im Ortszentrum Richtung Strand, an diesem nach links, 600 m zum Platz; **Platzanzahl:** 5; **Untergrund:** Asphalt; **Ver-/Entsorgung:** Trinkwasser, Abwasser, Chemie-WC; **Preise:** kostenlos, 2 €/10 Min. Wasser (Jetons). Jetons gibt es bei der Touristeninformation; **Geöffnet:** frei zugänglich; **Adresse/Kontakt:** 14810 Merville-Franceville, Boulevard Wattier

🅒 Orne-Mündung, Sallenelles
N49.26479° W0.22716°
Offizielle Stellplätze (für Fahrzeuge bis 6 m) am Ortsrand. Lage befriedigend und relativ ruhig. **Lage/Anfahrt:** Im Ortszentrum bei der *boulangerie* nach rechts Richtung Orne (Rue Léopold Trébutien) abbiegen, am Ende der Straße nach rechts in die Einbahnstraße und bis zum Platz fahren; **Platzanzahl:** 2; **Untergrund:** Asphalt; **Ver-/Entsorgung:** Trinkwasser, Abwasser, Chemie-WC; **Sicherheit:** beleuchtet; **Preise:** kostenlos, 2 €/10 Min. Wasser (Jetons). Jetons gibt es bei der Bäckerei im Zentrum; **Geöffnet:** frei zugänglich; **Adresse/Kontakt:** 14810 Sallenelles, Rue Maritime

🅒 Rue des Dentellières, Bréville-les-Monts
N49.24167° W0.22822°
Offizieller Stellplatz an einer ruhigen Zufahrtsstraße, Lage gut und relativ ruhig. **Lage/Anfahrt:** 150 m hinter dem Ortsanfangsschild an der ersten Straße nach links (Rue des Dentellières) abbiegen. Der Platz liegt an der linken Seite; **Platzanzahl:** 6; **Untergrund:** Asphalt; **Ver-/Entsorgung:** Trinkwasser, Abwasser, Chemie-WC; **Sicherheit:** beleuchtet; **Preise:** kostenlos, 2 €/10 Min. Wasser (Jetons). Jetons gibt es beim Bäcker in Sallenelles und Amfreville; **Geöffnet:** frei zugänglich; **Adresse/Kontakt:** 14810 Bréville-les-Monts, Rue des Dentellières

▷ *Auch das kleine Bréville-les-Monts hat einen Stellplatz eingerichtet*

◁ *Direkt vor dem Stellplatz in Merville-Franceville beginnt der wunderschöne Dünenstrand*

28 Zentrum, Hérouvillette
N49.21992° W0.24498°

Offizieller Stellplatz, durch Hecken abgegrenzt und auf einem Parkplatz auch für Pkws. Lage schön und relativ ruhig. Haltestelle für Bus nach Caen Hbf. **Lage/Anfahrt:** Auf der D37 durch den Ort in Richtung Caen, 50 m nach einer scharfen Rechtskurve liegt Platz auf der rechten Seite; **Platzanzahl:** 8; **Untergrund:** Wiese, Asphalt; **Ver-/Entsorgung:** Strom (2 Anschlüsse an VE), Trinkwasser, Abwasser, Chemie-WC; **Sicherheit:** beleuchtet; **Preise:** kostenlos, Jeton 2 €/10 Min. Wasser oder 55 Min. Strom; **Geöffnet:** frei zugänglich; **Adresse/Kontakt:** 14810 Hérouvillette, D513 A

29 Alter Bahnhof, Beuvron-en-Auge
N49.18618° W0.04949°

Offizieller Stellplatz in schöner und ruhiger Lage, an Wiesen angrenzend. **Lage/Anfahrt:** Im Ort Richtung Parkplatz, dann aber geradeaus auf der Allee zum Platz, ausgeschildert; **Platzanzahl:** 10; **Untergrund:** Schotter; **Ver-/Entsorgung:** Trinkwasser, Abwasser, Chemie-WC; **Sicherheit:** beleuchtet; **Preise:** 6 € inkl. 1 Jeton für Ver- und Entsorgung; **Max. Stand:** 1 Nacht; **Geöffnet:** frei zugänglich; **Adresse/Kontakt:** 14430 Beuvron en-Auge, Avenue de la Gare

30 Place L'Europe, Cambremer
N49.14955° E0.04642°

Offizieller, abschüssiger Platz in schöner und relativ ruhiger Lage am Ortsrand (Platz wird auch von Pkws genutzt). **Lage/Anfahrt:** Am Hauptplatz von Cambremer nach rechts auf die D101 Richtung Caen abbiegen, nach 150 m liegt der Platz auf der rechten Seite; **Platzanzahl:** 10; **Untergrund:** Asphalt; **Ver-/Entsorgung:** Trinkwasser, Abwasser, Chemie-WC; **Sicherheit:** beleuchtet; **Preise:** kostenlos, 2 €/10 Min. Wasser oder 60 Min. Strom (Jetons im örtlichen Handel); **Geöffnet:** frei zugänglich; **Adresse/Kontakt:** 14340 Cambremer, Avenue des Tilleuls

31 Basilique Saint-Thérèse, Lisieux
N49.14134° E0.23407°

Sehr abschüssiger Platz in relativ schöner und lauter Lage, zentrumsnah, WC bei Basilika; **Lage/Anfahrt:** immer Richtung Basilique fahren; **Platzanzahl:** 10; **Untergrund:** Asphalt; **Ver-/Entsorgung:** Wasser aus Brunnen; **Preise:** kostenlos; **Geöffnet:** ganzjährig; **Adresse/Kontakt:** 14106 Lisieux, Avenue Sainte-Thérèse 29. Ein weiterer Stellplatz beim Bowling-Center (N49.14652° E0.23824°) kostet 8 €. Er wird auch als Abstellplatz genutzt und ist deshalb eher nicht zu empfehlen.

32 Camping de la Vallée, Lisieux
N49.16523° E0.22064°

Platz mit einfacher Sanitärausstattung, 1,5 km ins Zentrum, Busverbindung (Linie 1), Waschmaschine, Trockner. Lage befriedigend, relativ ruhig. **Lage/Anfahrt:** Der Platz ist gut ausgeschildert; **Platzanzahl:** 40; **Untergrund:** Wiese; **Ver-/Entsorgung:** Strom, Trinkwasser, Abwasser, Chemie-WC; **Sicherheit:** umzäunt, beleuchtet, bewacht; **Preise:** 13,60 €/Fahrz. inkl. 2 Pers., Strom 3–5,10 €, Taxe 0,35 €; **Geöffnet:** Ostern–Okt.; **Adresse/Kontakt:** 14100 Lisieux, Route de la Vallée, Tel. +33 (0)2 31620040

㉝ Le Lieu Chéri, Quilly-le-Vicomte
N49.18451° E0.20955°

Privater Stellplatz bei einem sehr guten Cidre- und Calvados-Hof mit Laden, WC. Einkauf obligatorisch. Lage sehr schön und ruhig. **Lage/Anfahrt:** An der D48 in Richtung Pont-L'Evêque kurz hinter Lisieux, ausgeschildert; **Platzanzahl:** 4; **Untergrund:** Schotter; **Ver-/Entsorgung:** Strom; **Preise:** 2 €/Fahrz., Strom 2 €; **Geöffnet:** ganzjährig; **Adresse/Kontakt:** 14100 Quilly-le-Vicomte, Route de Coquainvilliers 20

㉞ Aire Camping Cars, Nôtre-Dame-de-Courson
N48.99060° E0.25909°

Offizieller Stellplatz mit parzellierten Plätzen an einer großen Wiese mit Picknickbänken. Schöne und relativ ruhige Lage (Straße angrenzend). **Lage/Anfahrt:** In Nôtre-Dame-de-Courson in Richtung Livarot am Ortsende rechts; **Platzanzahl:** 5; **Untergrund:** Schotter; **Ver-/Entsorgung:** Strom, Trinkwasser, Abwasser, Chemie-WC; **Preise:** kostenlos, Ver- und Entsorgung 2 €; **Geöffnet:** frei zugänglich; **Adresse/Kontakt:** 14140 Nôtre-Dame-de-Courson, D4

㉟ Aire Camping Cars, Préaux-Saint-Sébastien
N48.98685° E0.30751°

Offizieller Stellplatz bei der Kirche an einer Wiese mit Picknickbänken. Sehr schöne und ruhige Lage. **Lage/Anfahrt:** In Nôtre-Dame-de-Courson 3,6 km in Richtung Orbec, dann rechts auf die D161 abbiegen; **Platzanzahl:** 2; **Untergrund:** Schotter/Wiese; **Preise:** kostenlos; **Geöffnet:** frei zugänglich; **Adresse/Kontakt:** 14140 Lieu-dit Préaux-Saint-Sébastien

㊱ Étape Camping Car, St.-Germain-de-Montgommery
N48.93927° E0.16176°

Privater Stellplatz bei einem Cidre-Hof, mit Hecken parzelliert, sehr schöne und sehr ruhige Lage, herzlicher Empfang, Cidre, Calvados, Poire und Pommeauproben. Verkauf von Cidre-Essig, Apfelsaft und Apfelsekt, Einkauf obligatorisch. **Lage/Anfahrt:** Von der D579 in Ste-Foy-de-Montgommery abbiegen, 3 km zum Platz, ausgeschildert mit Gautard Didier oder Cidricole; **Platzanzahl:** 5; **Untergrund:** Wiese; **Ver-/Entsorgung:** Strom möglich, Trinkwasser; **Preise:** kostenlos; **Geöff-net:** ganzjährig; **Adresse/Kontakt:** 14140 St.-Germain-de-Montgommery, Lieu-dit Perrey Picot, Tel.+33 (0)2 33392752, gautard.didier@orange.fr

㊲ Aire Camping Cars, Vimoutiers
N48.93190° E0.19567°

Offizieller Stellplatz, mit Maschendrahtzaun abgegrenzter Bereich eines Parkplatzes, von Bäumen umgeben. Lage befriedigend und relativ ruhig. **Lage/Anfahrt:** Im Ort Richtung Orbec und Lisieux fahren. Der Platz liegt am Ortsende kurz vor dem Campingplatz auf der linken Seite; **Platzanzahl:** 5; **Untergrund:** Schotter; **Ver-/Entsorgung:** Strom (muss halbstündlich aktiviert werden), Trinkwasser, Abwasser, Chemie-WC; **Sicherheit:** beleuchtet; **Preise:** kostenlos; **Geöffnet:** frei zugänglich; **Adresse/Kontakt:** 61120 Vimoutiers, Rue du Dokteur Dentu

㊳ Les Terriers, Le Sap
N48.89525° E0.33031°

Offizieller Platz neben einem kleinen Teich am Ortsrand, Fabrik angrenzend, Lage gut, aber Lärm durch Fabrik und Straße. **Lage/Anfahrt:** Von der D979 auf die D12 Richtung Ticheville abbiegen. Auf der D12 gleich am Ortsrand nach rechts zum Platz fahren (ausgeschildert); **Platzanzahl:** 3; **Untergrund:** Schotter, Wiese; **Ver-/Entsorgung:** Strom (muss stündlich aktiviert werden), Trinkwasser, Abwasser, Chemie-WC; **Sicherheit:** beleuchtet; **Preise:** kostenlos; **Geöffnet:** frei zugänglich; **Adresse/Kontakt:** 61470 Le Sap, Rue des Terriers

㊴ Schloss, Gacé
N48.79552° E0.29591°

Offizieller Stellplatz beim Schloss, von 17 bis 10 Uhr reservierte Plätze für Wohnmobile. Lage gut und relativ ruhig. **Lage/Anfahrt:** Richtung Zentrum und Burg fahren, dann ausgeschildert; **Platzanzahl:** 7; **Untergrund:** Asphalt; **Ver-/Entsorgung:** Trinkwasser, Abwasser,

▷ *Freundliche Aufnahme findet man auf dem Campingplatz de la Noë in Argentan*

Chemie-WC, Ver- und Entsorgung am Straßenrand der Zufahrt (N48.79517° E0.29643°); **Sicherheit:** beleuchtet; **Preise:** kostenlos, 2 €/10 Min. Wasser, Jetons beim Rathaus; **Geöffnet:** frei zugänglich; **Adresse/Kontakt:** 61230 Gacé, Rue du Chateau

⑩ Camping car au haras, Villebadin
N48.79085° E0.18571°

Privater Platz bei einem Cidre-Hof mit Pferdezucht. Lage sehr gut und ruhig. **Lage/Anfahrt:** In Exmes auf D26 abbiegen, 4 km zum Platz, ausgeschildert; **Platzanzahl:** 5; **Untergrund:** Wiese; **Ver-/Entsorgung:** Strom, Trinkwasser, Abwasser, Chemie-WC; **Preise:** 7 € inkl. Strom, Ver- und Entsorgung 3,50 €; **Geöffnet:** ganzjährig; **Adresse/Kontakt:** 61310 Villebadin, Rue la Blacherie D, Tel. +33 (0)2 33399325

⑪ Camping de la Noë, Argentan
N48.74004° W0.01673°

Sehr gepflegter Platz mit guter Sanitärausstattung (in jeder Toilette Spender für Papiersitze) und sehr freundlichem, für außerordentliche Sauberkeit sorgendem Platzwart. 400 m ins Zentrum. Waschmaschine, Trockner, kostenloses WLAN. Schöne, ruhige Lage direkt an einem gepflegten Park, im See kann man angeln (Tageskarte). **Lage/Anfahrt:** Richtung Zentrum und dann den Hinweisschildern zum Platz folgen; **Platzanzahl:** 23; **Untergrund:** Wiese; **Ver-/Entsorgung:** Strom, Trinkwasser, Chemie-WC; **Sicherheit:** umzäunt, beleuchtet, bewacht; **Preise:** 4,70 €/Fahrz., 2,40 €/Pers., Strom 2,80 €; **Geöffnet:** April–Sept.; **Adresse/Kontakt:** 61200 Argentan, Rue de la Noë 34, Tel. +33 (0)2 33360569. Dieser herrliche Platz wird voraussichtlich 2019 geschlossen. Es soll ein neuer, größerer Platz an anderer Stelle angelegt werden.

⑫ Aire Camping Car, Écouché
N48.71536° W0.12777°

Offizieller Platz am Ortsrand, schöne und relativ ruhige Lage, hübsches Städtchen mit Geschäften. 10 km nach Argentan. **Lage/Anfahrt:** Auf der D924 Richtung Flers, Abfahrt Échoucé, ab Ortsanfang ausgeschildert; **Platzanzahl:** 4; **Untergrund:** Schotter, Wiese; **Ver-/Entsorgung:** Strom (2 Anschlüsse an der VE), Trinkwasser, Abwasser, Chemie-WC; **Sicherheit:** beleuchtet; **Preise:** kostenlos, 2 €/10 Min. Wasser oder 60 Min. Strom; **Geöffnet:** frei zugänglich; **Adresse/Kontakt:** 61150 Échoucé, Rue Racinet

245mm Abb.: gg

CAEN, KULINARISCHE LECKERBISSEN UND DIE LANDUNGSSTRÄNDE DER ALLIIERTEN

Auf den Spuren Wilhelm des Eroberers geht es von seinem Geburtsort Falaise bis nach Caen, wo er begraben liegt. Die Abbaye aux Hommes und die Abbaye aux Dames in Caen wurden von Wilhelm und seiner Gemahlin Mathilde gegründet und sind von herausragendem kulturhistorischen Interesse. Isigny-sur-Mer gilt als Stadt, in der die beste Butter und ausgezeichnete Karamellbonbons hergestellt werden. An der Küste werden vorzügliche Austern gezüchtet und ganz frisch an den Mann bzw. die Frau gebracht. Die Restaurants bieten die verschiedensten Austern- und Muschelvariationen von traditionell bis exotisch an. Die historische Tapisserie von Bayeux mit ihren detailreichen Bildern über die Eroberung Englands gehört zum kulturhistorischen Muss auf dieser Route. Doch ziehen sich auch die Erinnerungen an die Landung der Alliierten 1944 an der Küste wie ein roter Faden durch Route 4. Ob an den Landungsstränden, bei der Besichtigung der Bunker oder auf den riesigen Soldatenfriedhöfen – man steht betroffen ob der Brutalität des Krieges und der unglaublichen Zahl von Menschenleben, die er gefordert hat.

▷ *Die Côte de Nacre bietet breite, endlos scheinende Sandstrände*

061nrm Abb.; gg

ROUTE 4

VOM PAYS DE FALAISE AN DIE CÔTE DE NACRE

STRECKENVERLAUF

Strecke: Argentan – Falaise (23 km) – Caen (41 km) – Courseulles-sur-Mer (33 km) – Bayeux (29 km) – Abstecher zum Château de Balleroy und zur Abbaye St-Vigor (hin und zurück 48 km) – Arromanches-les-Bains (10 km) – Abstecher zu einer Austernzucht (hin und zurück 8 km) – Isigny-sur-Mer (51 km)

Streckenlänge: ohne Abstecher 187 km
mit Abstecher 243 km

FALAISE (23 km – km 23)

Auf der D958 geht es zügig von Argentan nach Falaise. Vom Stellplatz ❹❸ aus liegt es nahe, zuerst das **Château Guillaume-le-Conquérant,** das Schloss **Wilhelms des Eroberers,** zu besuchen. Bereits die ersten Herzöge der Normandie besaßen an dieser Stelle eine der frühesten Steinburgen. 1027 erblickte Wilhelm als Sohn Roberts I., Herzog der Normandie, und der Gerberstochter Arlette (Herleva) hier das Licht der Welt. Aufgrund der nicht standesgemäßen Verbindung seiner Eltern hieß Wilhelm mit Beinamen zunächst „der Bastard". Als 1035 bei einer Pilgerreise nach Jerusalem sein Vater verstarb, trat er dessen Nachfolge im Alter von sieben Jahren an. Seinen stolzen Namenszusatz „der Eroberer" erhielt Wilhelm erst 1066, als er England besiegte und dessen Thron bestieg. Sein Sohn Henri I. Plantagenêt erbaute 1125 nach dem Vorbild des Londoner Towers den mächtigen Donjon (Bergfried) und die Kapelle. Unter Henri II. Plantagenêt wurde der Petit Donjon (der kleine Bergfried) in der zweiten Hälfte des 12. Jh. errichtet. Die Restaurierung der Burganlage ist einzigartig gut gelungen. Man arbeitete dabei bewusst mit Beton, Stahl und Glas, um ein Spannungsfeld zwischen Alt und Neu zu schaffen. Einen faszinierenden Eindruck von den Innenräumen erhält man durch bereitgestellte Tablets.

Sie lassen die historische Möblierung vor dem Auge des Besuchers erscheinen. Auf dem Touchscreen werden Modelle lebendig, einzelne Gegenstände erläutert und Hintergrundinformationen geliefert. Eine sehr gelungene und innovative Applikation.

Am Place G. le Conquérant mit dem Denkmal von Wilhelm dem Eroberer befindet sich seit 2016 das neue, beeindruckende **Le Mémorial des Civils dans la Guerre.** Es widmet sich dem Überleben der Zivilbevölkerung während der deutschen Besatzung und der ersten Zeit des Wiederaufbaus (Erklärungen auch auf Deutsch). Der Fokus liegt hier nicht auf dem eigentlichen Kampfgeschehen, sondern auf dessen furchtbaren Auswirkungen auf die Bevölkerung. Sehr persönliche Schilderungen erzählen davon. Ein unter die Haut gehender Film zu Beginn lässt den Besucher den Bombenangriff in einem Haus miterleben.

Vorbei an der Église de la Trinité kommt man zur **Église St-Gervais.** Begonnen im 11. Jh., wurde sie jedoch erst im 16. Jh. fertiggestellt. Nach links gehend erreicht man die **Porte des Cordeliers.** Das alte Stadttor mit seinem spitzbogigen Tor und dem Rundturm stammt aus dem 14. Jh. Wieder zurück bis zur Église St-Gervais und dann nach rechts spaziert man zur **Automates Avenue,** einem Museum der ganz besonderen Art. 300 Spielzeugautomaten, konstruiert vom Anfang des 20. Jh. bis 1950, werden darin gezeigt. Kleine Szenen dieser faszinierenden Welt der beweglichen Figuren bezaubern den Besucher.

Immer geradeaus auf dem Boulevard de la Libération ist man bald wieder beim Stellplatz ❹❸ angekommen. Von hier lohnt sich ein kleiner Spaziergang der Burgmauer entlang zur **Fontaine d'Arlette** (Brunnen der Arlette). Hier soll der Legende nach Robert I. Arlette zum ersten Mal gesehen und sich unsterblich in sie verliebt haben.

▷ *In der Burg von Falaise wurde Wilhelm der Eroberer geboren*

Information

Office de Tourisme du Pays de Falaise, 14700 Falaise, Place G-le-Conquérant 5, Tel. +33 (0)2 31901726, www.falaise-tourisme.com, Öffnungszeiten: Mai–Sept. Mo–Sa 9.30–12.30 u. 13.30–18.30 Uhr, So 10–13 Uhr, Okt.–Apr. Di–Sa 9.30–12.30 u. 13.30–17.30 Uhr

Sehenswertes

Le Mémorial des Civils dans la Guerre, 14700 Falaise, Place G. le Conquérant, Tel. +33 (0)2 31060645, Öffnungszeiten: Febr.–Juni/Sept.–Anfang Nov. 10–17.30 Uhr, Juli/Aug. 10–18 Uhr, Eintritt: 7,50/6,50 €, inkl. Memorial Caen 23,50 €

Château Guillaume-le-Conquérant, 14700 Falaise, www.chateau-guillaumeleconquerant.fr, Tel. +39 (0)2 31416144, Öffnungszeiten: 10–18, Juli/Aug. 10–19 Uhr, Sa/So 15 Uhr Führungen, Eintritt: 8/4/20 €

Automates Avenue, 14700 Falaise, Boulevard de la Libération, Tel. +33 (0)2 31900243, www.automates-avenue.fr, Öffnungszeiten: Okt., Nov., Jan., Febr., März Sa, So 10–12.30 und 13.30–18 Uhr, April, Mai, Juni, Sept., Dez. tägl. 10–12.30 und 13.30–18 Uhr, Juli, Aug. tägl. 10–18 Uhr, Eintritt: 7/5/20 €

Essen

La Fine Fourchette, 14700 Falaise, Rue Georges Clemenceau 52, Tel. +33 (0)2 31900859. In diesem hellen, freundlichen Restaurant gibt es sehr schmackhafte Gerichte, mittleres Preisniveau

Ô Saveurs (im Hôtel de la Poste), 14700 Falaise, Rue Georges Clemenceau 38, Tel. +33 (0)2 31901314. Kreative, anspruchsvolle Küche, freundlicher Service

Ver- und Entsorgung

An der Tankstelle des Supermarktes Carrefour (N48.89648° W0.19046°). Jeton: 1 €/10 Min. Wasser oder 45 Min. Strom. Jetons gibt es im Supermarkt.

Camping Municipal du Château

In sehr schöner Lage unterhalb der Burg befindet sich ein Campingplatz, der aber nur von Mai bis September geöffnet ist. 14700 Falaise, Rue du Val d'Ante, Tel. +33 (0)2 31901655, www.camping-falaise.com, Preise: 15,20 €/Fahrzeug inklusive 2 Personen, Strom 4,30 €, Hund 2,30 €, Taxe 0,20 €, Pauschale mit Camping-Card ACSI 13 €, Gelände abschüssig, Unterlegkeile erforderlich

062nm Abb.: gg

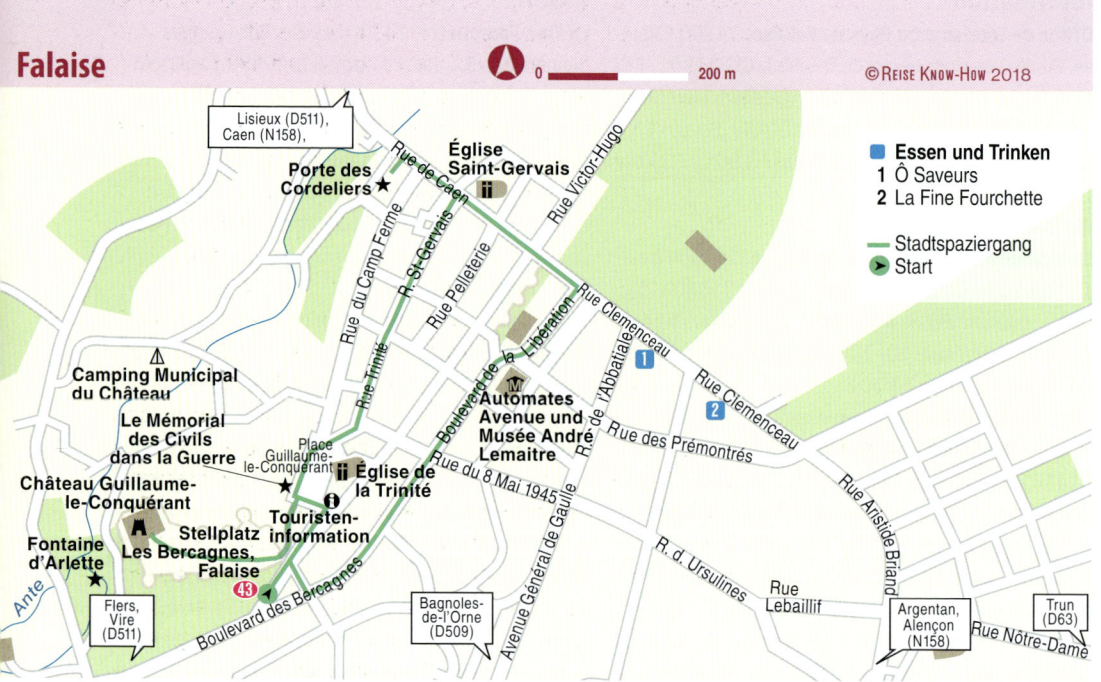

Falaise

0 ⸻ 200 m © Reise Know-How 2018

Lisieux (D511),
Caen (N158),

Porte des
Cordeliers ★

Église
Saint-Gervais ⓘ

Rue de Caen

Rue Victor-Hugo

Rue de Camp Ferme

R. St-Gervais

Rue Pelleterie

Rue Trinité

Rue Clemenceau

Rue de la Libération

Boulevard de la Libération

Rue de l'Abbatiale

■ **Essen und Trinken**
1 Ô Saveurs
2 La Fine Fourchette

━ Stadtspaziergang
▶ Start

1

Rue Clemenceau

2

Camping Municipal
du Château ⚠

Le Mémorial
des Civils
dans la Guerre

Château Guillaume-
le-Conquérant

Fontaine
d'Arlette ★

Ante

Stellplatz
Les Bercagnes,
Falaise

43

Place
Guillaume-
le-Conquérant

Rue du 8 Mai 1945

Automates
Avenue und
Musée André
Lemaitre

ⓘ Église de
la Trinité

Touristen-
information

Boulevard des Bercagnes

Rue des Prémontrés

Avenue Général de Gaulle

R. d. Ursulines

Rue Aristide Briand

Rue
Lebaillif

Flers,
Vire
(D511)

Bagnoles-
de-l'Orne
(D509)

Argentan,
Alençon
(N158)

Trun
(D63)

Rue Nôtre-Dame

---

43 Les Bercagnes, Falaise (s. S. 136)

Hinter Falaise geht es nun auf der sehr gut ausgebauten N158 bis nach Caen. Wer unterwegs noch sehr schön und ruhig übernachten möchte, der sollte den kleinen Umweg zum Bauernhof-Camping 44 (Camping à la ferme) in Clinchamps-sur-Orne nicht scheuen. Dort wird man nämlich mit einem schönen Platz, freundlicher Aufnahme und Ruhe belohnt.

44 Le Bout de la Ville, Clinchamps-sur-Orne (s. S. 136)

CAEN (41 km – km 64)

Drei Hauptsehenswürdigkeiten gibt es in Caen: die Klöster Abbaye aux Hommes und Abbaye aux Dames sowie das Château Ducal. Sie liegen auf einer Achse von West nach Ost und wer alles sehen will, muss einen ordentlichen Fußmarsch zurücklegen oder die Tageskarte der öffentlichen Verkehrsmittel kaufen.

Man beginnt die Besichtigung am Place Saint-Pierre. Das zur Straße hin sehr streng wirkende Patrizierpalais **L'Hôtel d'Escoville**, in dem heute das **Office de Tourisme** beherbergt ist, hat einen sehr schönen, reich dekorierten Innenhof. Dieses typische Herrenhaus aus dem 16. Jh. wurde im Krieg stark beschädigt und danach detailgetreu restauriert. Gegenüber erhebt sich die **Église St-Pierre**, ein Meisterwerk der normannischen Spätgotik und der Renaissance. Wohlhabende Bürger haben diesen stolzen Prachtbau durch Spenden ermöglicht. Leider hat auch hier der Zahn der Zeit eifrig genagt und der ehemals helle Stein war porös und dunkel verfärbt. In den letzten Jahren wurde fleißig renoviert und der Kontrast ist inzwischen nur noch an wenigen Stellen zu erkennen. Im Innern fällt besonders der Unterschied zwischen dem eher schlichten ersten Teil des

▷ *Die Abbaye aux Hommes ist das Wahrzeichen von Caen*

Kirchenschiffes und dem üppig geschmückten Renaissancechor auf. Außergewöhnlich sind die stalaktitenähnlichen Gebilde, die in unterschiedlichen Längen von den Decken der Chorkapellen hängen.Mitten in der Stadt erstreckt sich auf einem Hügel das weitläufige **Château Ducal,** das Wilhelm der Eroberer im Jahre 1060 gründete. Aufwendige Restaurierungsarbeiten haben die Schäden des Zweiten Weltkrieges weitgehend beseitigt und so hat die stolze Burg heute wieder ihre ursprüngliche Form zurückgewonnen. Einige Mauerabschnitte aus dem 12. Jh. sind noch erhalten. Vom Wehrgang hat man einen wunderbaren Blick auf die Kirche St-Pierre und den Westen der Stadt bis hin zu den Türmen der Abbaye aux Hommes. Innerhalb der Burgmauern findet der Besucher zwei Museen und die **Chapelle St-Georges.** Die Kapelle aus dem 12. Jh. wurde im 15. Jh. umgebaut. Das **Musée des Beaux-Arts** (Museum der schönen Künste) zeigt Gemälde von der Renaissance bis zur Neuzeit. Vor allem die Sammlung der europäischen Meister des 17. Jh., darunter Werke von Perugino, Philippe de Champaigne und Rubens lohnen einen Besuch. Auch Impressionisten wie Boudin oder Monet werden präsentiert. Das **Musée de Normandie** ist im Haus der Burgvögte und in den Salles du Rempart untergebracht. Das ethnologische und archäologische Museum zeigt, nach Themenbereichen gegliedert, die Geschichte der Besiedelung der Normandie. Die **Remparts Nord** (nördliche Festungsmauern), die originalgetreu restauriert wurden, kann der Besucher erklimmen. Über die Fußgängerzone Rue Saint-Pierre bummelt man vorbei an zwei noch gut erhaltenen, reich verzierten Fachwerkhäusern aus dem 16. Jh. zur **Église Nôtre-Dame-de-Froiderue.** Das Besondere an dieser Kirche sind die beiden Apsiden in unterschiedlichen Baustilen. Eine wurde in üppiger Flamboyant-Gotik, die andere im Renaissancestil erbaut. Wer jetzt eine kleine Ruhepause braucht, geht nach links über die Rue de Strasbourg zum **Place de la République.** Im schönen Stadtpark kann man, umgeben von stattlichen Bürgerhäusern, gut eine Rast einlegen.

Über die Rue Écuyère mit Häusern aus verschiedenen Stilrichtungen (das prächtige Maison Chibourg Nr. 98 ist ein Buchladen) und der kleinen Rue aux Fromages kommt man zum **Place St-Sauveur.** Repräsentative

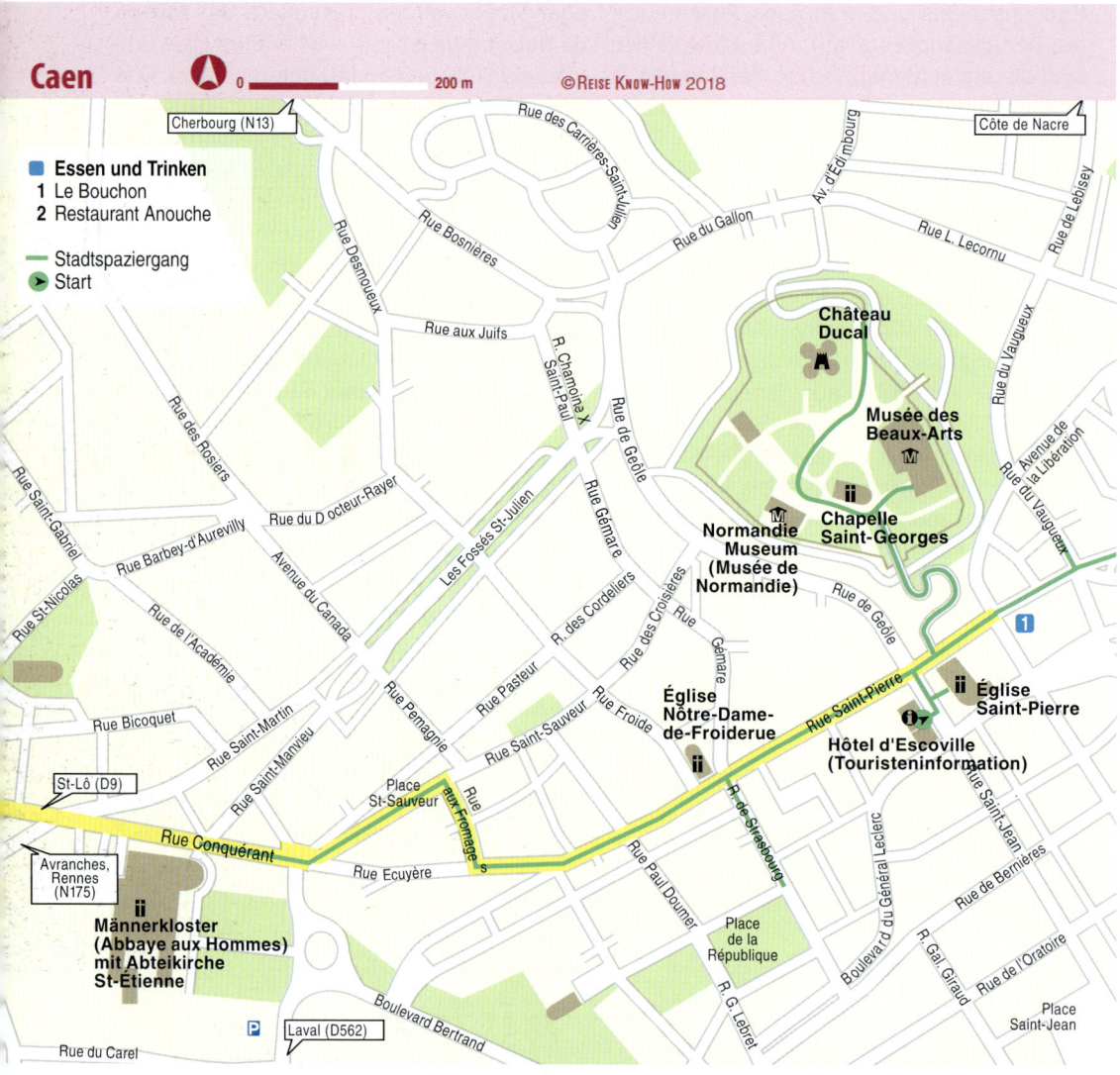

0 —————— 200 m   © REISE KNOW-HOW 2018

Cherbourg (N13)

Côte de Nacre

Essen und Trinken
1 Le Bouchon
2 Restaurant Anouche

— Stadtspaziergang
▶ Start

Rue des Carrières-Saint-Julien

Rue Bosnières

Rue Desmoueux

Rue aux Juifs

Rue des Rosiers

Rue Saint-Gabriel

Rue St-Nicolas

Rue Barbey-d'Aurevilly

Rue du Docteur-Rayer

Avenue du Canada

Rue de l'Académie

Rue Bicoquet

St-Lô (D9)

Avranches, Rennes (N175)

Rue du Carel

Laval (D562)

Rue Conquérant

Rue Ecuyère

Place St-Sauveur

Rue Saint-Martin

Rue Saint-Manvieu

Rue Pémagnie

Rue Pasteur

Rue Saint-Sauveur

Rue Froide

Rue aux Fromages

R. Chamoine X Saint-Paul

Les Fossés St-Julien

Rue de Geôle

Rue Gémare

R. des Cordeliers

Rue des Croisières

Rue Gémare

Rue du Gallon

Rue L. Lecornu

Rue de Lebisey

Av. d'Édimbourg

Château Ducal

Musée des Beaux-Arts

Normandie Museum (Musée de Normandie)

Chapelle Saint-Georges

Rue du Vaugueux

Avenue de la Libération

R. Avenue du Vaugueux

Rue de Geôle

Église Notre-Dame-de-Froiderue

Hôtel d'Escoville (Touristeninformation)

Rue Saint-Pierre

Église Saint-Pierre

Rue Saint-Jean

R. de Strasbourg

Rue de Bernières

Boulevard du Général Leclerc

R. Gal Giraud

Rue de l'Oratoire

R. G. Lebret

R. G. Lebret

Place de la République

Rue Paul Doumer

Place Saint-Jean

Boulevard Bertrand

Männerkloster (Abbaye aux Hommes) mit Abteikirche St-Étienne

P

Häuser aus dem 18. Jh. bilden ein geschlossenes Ensemble. Schon von hier sieht man die spitzen Zwillingstürme der **Abbaye aux Hommes** (Männerkloster). Von der Esplanade Louvel erschließt sich die ganze Größe dieses eindrucksvollen Komplexes. Heute ist im Klostergebäude, der 1063 von Wilhelm dem Eroberer gegründeten Abtei, die Stadtverwaltung zuhause. Bei der 90-minütigen Besichtigung werden Säle mit ihren noch ursprünglichen Vertäfelungen aus Eichenholz, die Wärmestube, das Skriptorium, das Refektorium (30 x 9 m) mit Gemälden aus dem 17. und 18. Jh. und der Kreuzgang gezeigt. Imponierend ist das ovale Parlatorium, ein Raum, in dem die Mönche vom Schweigegelübde entbunden waren, mit einer besonderen Akustik, durch die sich die Gespräche der Mönche mit Gästen gut überwachen ließen.

Ohne Führung kann man die romanischgotische **Abteikirche St-Étienne** besuchen. Sie wurde um 1066 begonnen und 1077 geweiht. Hier fand der Klosterstifter Wilhelm der Eroberer seine letzte Ruhestätte. Vor dem

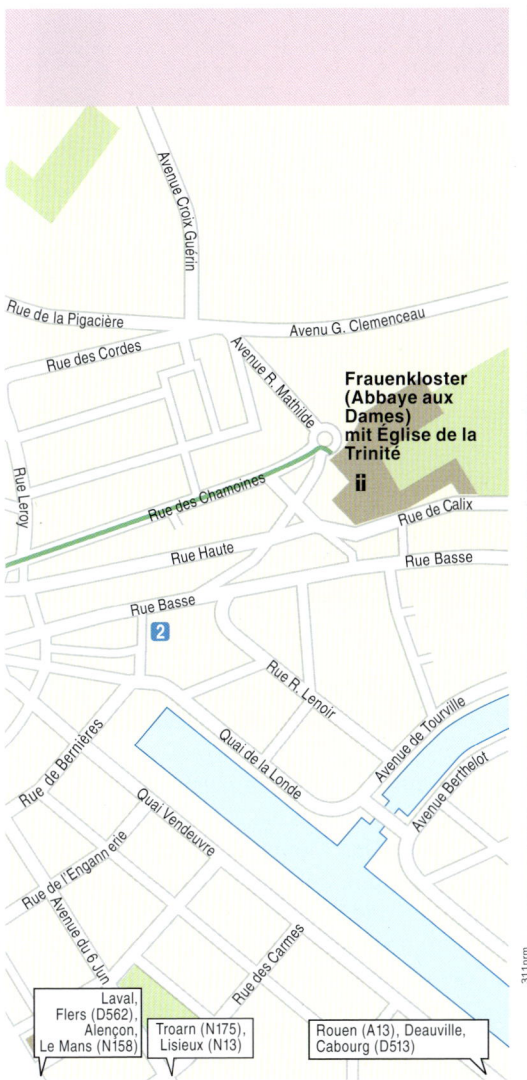

△ *Pietro Vannuccis „Die Hochzeit der Jungfrau" im Musée des Beaux-Arts*

Altar unter einer Marmorplatte liegt heute allerdings nur ein Oberschenkelknochen. Das Grab wurde von den Hugenotten im 16. Jh. geschändet und der Leichnam entnommen. Sehenswert ist der gotische Umgangschor mit Kapellenkranz aus dem 13. Jh.

Für den Rückweg bis zum Place Saint-Pierre benutzt man am besten die Buslinien 1 oder 2. Diesmal geht es vom Platz in östlicher Richtung nach **Vaugueux.** Das kleine pittoreske Stadtviertel mit Stein- und Fachwerkhäusern und schönen alten Straßen-

laternen ist der älteste Teil von Caen. In der Rue du Vaugueux reiht sich Restaurant an Restaurant. Von Fischspezialitäten über Kutteln nach Caener Art bis hin zur nordafrikanischen Couscous-Küche wird dem Feinschmecker alles geboten.

Über die Rue Chanoines kommt man zur **Abbaye aux Dames** (Frauenkloster). Sie ist vor allem wegen der **Église de la Trinité** (Dreifaltigkeitskirche) besuchenswert, einem Meisterwerk der normannischen Romanik. In ihr sind die Gebeine von Mathilde von Flan-

dern, der Frau Wilhelms des Eroberers, beigesetzt. Das gesamte Gotteshaus wirkt hell
und licht. Besonders das rechte Querschiff
mit seinen feinen Bündelpfeilern ist überra-
schend großzügig. Die komplett restaurierten
Gebäude des ehemaligen Benediktinerinnen-
klosters sind seit 1986 Sitz des Regionalrats
der Basse-Normandie. Sie können im Rahmen einer Führung besichtigt werden.

Ab der Haltestelle Vaugueux geht es mit
der Buslinie 2 zurück zum Mémorial am Rand
von Caen. Das **Mémorial** ist Museum und
Gedenkstätte in einem und zeigt die europäische Geschichte von 1918 bis heute. Mit
modernster audiovisueller Technik werden
dem Besucher in eindringlicher Weise die
Entstehungsgeschichte und der Verlauf des
Zweiten Weltkrieges nahe gebracht. Filme

☐ *Wuchtig thront das Château Ducal im
Zentrum von Caen*

zeigen auf einer Panoramaleinwand die er-
bitterte Schlacht um die Normandie im Sommer 1944. Das Mémorial ist dennoch kein
Kriegsmuseum, vielmehr sollen die Besucher
zu Frieden und Völkerverständigung ermahnt
werden. Im sogenannten Friedenssaal wird
an die aktuellen Krisenherde der Welt erinnert. Breiten Raum nimmt außerdem die Zeit
des Kalten Krieges und die Teilung Deutschlands ein. Im an das Mémorial anschließen-
den **Parc de la Colline aux Oiseaux** erinnert
die Freiheitsmauer an Hunderttausende alli-
ierter Soldaten, die für die Freiheit Europas
gefallen sind.

Information

Office de Tourisme, 14000 Caen, Place Saint-Pierre,
Tel. +33 (0)2 31271414, www.caen-tourisme.fr,
Öffnungszeiten: März Mo–Sa 9.30–13 und 14–
18.30 Uhr, Apr.–Juni, Sept. Mo–Sa 9.30–18.30 Uhr,
9.30–13.30, Juli, Aug. Mo–Sa 9–19 Uhr, So 10–13
und 14–17 Uhr, Okt.–Feb. Mo–Sa 9.30–13 und
14–18 Uhr

Essen

Le Bouchon, 14000 Caen, Rue Graindorge 12, Tel. +33 (0)2 31442626, Menüs im mittleren Preissegment. Hierher kommen die Einheimischen, um gut zu essen. Im Winter So/Mo Ruhetag.

Anouche, 14000 Caen, Rue Samuel Bochard 7, Tel. +33 (0)2 31475249. Armenische Küche, alles selbstgemacht, günstige Preise, ausprobieren!

Sehenswertes

Église St-Pierre, 14000 Caen, Place Saint-Pierre, Öffnungszeiten: 9–19 Uhr, geschl. Sonntagnachmittag

Abbaye aux Hommes, 14000 Caen, Esplanade J. M. Louvel, Tel. +33 (0)2 31304281, Führungen: Okt.–März (nur in den Schulferien) Mo–Fr 10.30 und 14 Uhr, Preis: 4,50 €, Apri.–Sept. tägl. 10.30, 14.30 und 16 Uhr, Juli–Aug. auch 12.30, 15 und 17.30 Uhr, Preis: 7 €

Abteikirche St-Étienne, 14000 Caen, Place Monseigneur des Hameaux, Öffnungszeiten: Mo–Sa 9–13 und 14–18.30 Uhr, So 14–18.30 Uhr

Abbaye aux Dames, 14000 Caen, Place Reine Mathilde, Öffnungszeiten Kirche: 14–17.30 Uhr, Führungen Kloster tägl. 14.30 und 16 Uhr, Eintritt: frei

Château Ducal, 1400 Caen, Öffnungszeiten: frei zugänglich

Musée de Normandie mit Chapelle St-Georges, im Château Ducal, Tel. +33 (0)2 31304760, Öffnungszeiten: Nov.–Mai Mi–So 9.30–12.30 und 14–18 Uhr, Juni–Okt. Mo–Fr 9.30–12.30 und 14–18 Uhr, Sa/So 11–18 Uhr, Eintritt: 3,50–5 €, je nach Ausstellung, Kombi mit Musée des Beaux-Arts 6–8 €, 1. So im Monat frei

Musée des Beaux-Arts, im Château Ducal, Tel. +33 (0)2 31304770, Öffnungszeiten siehe Musée de Normandie, Eintritt: 3,50 €

Le Mémorial, 14050 Caen, Esplanade Eisenhower, Tel. +33 (0)2 31060645, Öffnungszeiten: Ostern–4. Nov. 9–19 Uhr, 5. Nov.–31. Dez. Di–So 9.30–18 Uhr, Eintritt: 19,80/17 (auch Senioren)/51 €, Kinder bis 10 Jahre frei

Parken

Leider hat Caen bis heute keinen offiziellen Stellplatz für Wohnmobile angelegt, auch die Parksituation im Zentrum ist für Wohnmobile nicht gerade rosig. Ein **zentraler Parkplatz für Fahrzeuge bis ca. 6 m Länge liegt direkt bei der Abbaye aux Hommes** (N49.17992° W0.37114, von 9 bis 19 Uhr gebührenpflichtig, Höchstparkdauer 2½ Std.). Wer sich nicht ins Verkehrsgewühl der Innenstadt stürzen möchte, parkt auf dem **Parkplatz beim Mémorial.** Um dorthin zu gelangen, fährt man auf der „Périphérique Est" Ringschnellstraße bis zur Ausfahrt 7 Chemin Vert und folgt dann den Hinweisschildern „Mémorial" (N49.19944° W0.38613°, Caen, Esplanade Eisenhower). Man parkt auf dem kostenlosen Wohnmobil-Parkplatz und fährt mit der Buslinie 2 ins Zentrum (Tageskarte: 4 €/Pers. oder 6,20 € für 2–5 Personen).

Ver- und Entsorgung

N49.18456° W0.41471°, 14760 Bretteville-sur-Odon, Rue de la Vallée, bei einem Wohnmobilhändler

Die Entstehungsgeschichte der Klöster von Caen

Der junge Wilhelm begehrte seine Kusine, Mathilde von Flandern, und wollte sie heiraten. Als er bei ihrem Vater um ihre Hand anhielt, soll Mathilde alles andere als begeistert gewesen sein. Lieber wolle sie ins Kloster gehen, als diesen außerehelich gezeugten Bastard zu heiraten, soll sie ausgerufen haben. Diese Aussage Mathildes erzürnte den jungen Freier derart, dass er sie der Überlieferung nach an ihren Zöpfen ziehend und mit Fußtritten traktierend durch ihr väterliches Schloss in Lille trieb. Gerade diese unsanfte Behandlung soll Mathilde erstaunlicherweise umgestimmt haben und sie willigte in die Heirat ein. Der Klerus hatte Einwände gegen eine Vermählung der beiden Verwandten und so wurde das frisch getraute Ehepaar 1050 mit dem Kirchenbann belegt. 1059 wurde dieser aufgehoben, nachdem die beiden versprachen, ein Frauen- und ein Männerkloster zu stiften. So entstanden in Caen die beiden Abteien Abbaye aux Dames und Abbaye aux Hommes. Die beiden Benediktinerklöster unterstanden dem Bischof von Bayeux.

065nm Abb.: gg

Für die Weiterfahrt verlässt man bei Ausfahrt 3a die Ringautobahn (Périphérique) und fährt dann auf der D515 und auf der D514 Richtung Ouistreham. Nach 6 km kann man einen Besuch des **Château de Bénouville** einplanen. Es ist ein hervorragendes Beispiel des klassizistischen Baustils am Ende des 18. Jh. Es werden die Säle und der weiße monumentale Treppenaufgang mit Kassettendecke gezeigt.

Sehenswertes

Château de Bénouville, N49.23899° W0.28362°, Öffnungszeiten: **bis Mitte 2019 geschlossen**

Wieder zurück auf der Schnellstraße D514 erreicht man **Ouistreham.** Hier fährt die Fähre nach Portsmouth in England ab. Vom Stellplatz **45** hat man einen guten Blick auf die abfahrenden Schiffe.

▱ Zur schwarzen Marienstaue in der Kirche Nôtre-Dame-de-la-Délivrande pilgern die Wallfahrer

45 Strand, Ouistreham (s. S. 136)

Man verlässt Ouistreham westwärts auf der D514, die an der Côte de Nacre (Perlmuttküste) entlangführt. An ihr reiht sich Seebad an Seebad – wie Perlen an einer Schnur.

Nachdem man das kleine La Brèche-d'Hermanville passiert hat, erreicht man das Familienseebad **Lion-sur-Mer.** An der Strandpromenade gibt es Villen aus der zweiten Hälfte des 19. Jahrhunderts zu entdecken. Sehenswert ist auch die Kirche St-Pierre mit ihrem romanischen Turm. Fast nahtlos geht Lion-sur-Mer in den nächsten Badeort **Luc-sur-Mer** über. Einen Namen machte sich Luc-sur-Mer vor allem mit seinem Kurzentrum, in dem Meerwasseranwendungen angeboten werden. Man riecht hier die jodhaltige Luft, die die vom Meer angeschwemmten Braunalgen verbreiten. Am Ortsende von Luc-sur-Mer biegt man nach links auf die D83 ab, die direkt ins 2 km entfernte **Douvres-la-Délivrande** führt. Schon von Weitem sichtbar grüßen die beiden Türme der **Basilique Nôtre-Dame-de-la-Délivrande.** Das Gotteshaus wurde im

Die Invasion der Alliierten in der Normandie

Mit dem Begriff „D-Day" bezeichnet man den Beginn einer großen militärischen Offensive. Im heutigen Sprachgebrauch wird so der 6. Juni 1944, der Tag der Landung der Alliierten in der Normandie, bezeichnet. Die gesamte militärische Befreiungsaktion des von Deutschen besetzten Frankreichs trug den Namen „Operation Overlord". Sie dauerte vom 6. Juni bis zum 25. August 1944, dem Tag, an dem Paris von der deutschen Armee befreit wurde.

1943 einigten sich bei der Konferenz von Teheran die mächtigsten Männer der damaligen Zeit, Roosevelt, Stalin und Churchill, auf die Landungsoffensive in Frankreich. Soldaten aus Polen, den USA, Großbritannien, Kanada, Neuseeland und weiteren Nationen sollten bei einer der größten Militäraktionen, die jemals stattgefunden hat, auf dem Wasserweg und aus der Luft die deutsche Besatzung in Frankreich beenden. Eigentlich war der Angriff für den 5. Juni geplant, der Termin musste jedoch wegen schlechten Wetters um einen Tag verschoben werden. Fünf Strände, die die Alliierten unter sich aufteilten, waren für die Landung vorgesehen.

Die deutsche Wehrmacht wurde durch gefälschte Funksprüche, enttarnte und umgedrehte Spione in den Glauben versetzt, die Invasion stehe im Pays-de-Calais bevor. Deshalb lag der Schwerpunkt der deutschen Verteidigungsmaßnahmen auch dort. Geschwächt wurden die Deutschen auch durch Sabotageaktionen der Résistance, die unter anderem Eisenbahnlinien und Telefonleitungen sprengte. Eine weitere Täuschungsaktion gelang britischen Flugzeugen, die mittels im Pays-de-Calais und über dem Ärmelkanal abgeworfenen Silberfolien das deutsche Radar in die Irre führten.

Am 6. Juni 1944 sprangen amerikanische und britische Fallschirmjäger im Schutze der Nacht im Hinterland der Küste ab. Ihre Aufgabe war die Zerstörung der deutschen Nachschubwege und die Vereinigung der Kräfte mit den vom Meer kommenden Truppen. Im Morgengrauen eröffneten Schiffe das Feuer auf die Küste, anschließend folgten Bombardements aus der Luft. Trotz des erbitterten Widerstands der deutschen Wehrmacht landeten die alliierten Landstreitkräfte mit speziellen Landungsbooten in künstlich angelegten Häfen und an den Stränden Utah, Omaha, Gold, Sword und Juno Beach. Bei vielen Einheiten, besonders am Omaha Beach, mussten große Verluste der Landungstruppen beklagt werden. Am 12. Juni 1944 war nach der Einnahme von Carentan der Zusammenschluss der Landungsstrand- und der Luftlandetruppen vollendet. Bei der weiteren Befreiung der Normandie kam es in der Bocage zum sogenannten „Heckenkrieg". Die Bocage mit ihren Hecken und Mauern bot für die deutschen Verteidiger gute Deckungsmöglichkeiten, im Gegensatz dazu gab es für die Panzer der Alliierten kein Durchkommen. Erst als einer Pflugschar ähnelnde Stahlplatten vor die Panzer montiert wurden, konnten die Hindernisse beiseite geräumt werden. Der endgültige Durchbruch gelang am 25. Juli, als die Amerikaner St-Lô und Lessay einnahmen und in den folgenden Tagen die ganze Cotentin-Halbinsel in die Hand der Alliierten gelangte.

20.000 Einwohner der Normandie und 54.000 Soldaten der Alliierten verloren während der Kampfhandlungen ihr Leben. Schätzungsweise 200.000 deutsche Soldaten fielen oder sind vermisst, in einem Krieg, der überall unendliches Leid brachte. Ermessen lässt sich dieses Leid auf den riesigen Soldatenfriedhöfen und in den vielen Informationszentren, die berührende Einzelschicksale zeigen. Die Dankbarkeit der Bewohner der Normandie gegenüber den Alliierten zeigt sich überall. So wurden z.B. Städtenamen geändert, Strände umbenannt und sogar Land zur Errichtung von Gedenkstätten den Befreiern geschenkt. Tröstlich ist für den heutigen Besucher aus Deutschland, dass die Versöhnung von Deutschen und Franzosen „über die Gräber hinweg" in der Normandie wahrhaftig stattgefunden hat.

19. Jahrhundert im neugotischen Stil an der Stelle einer alten romanischen Kirche erbaut. Ihr größter Schatz ist eine Marienstatue aus dem 16. Jahrhundert, die wahre Pilgerscharen in das kleine Städtchen zieht, das sich selbst als den ältesten Marienwallfahrtsort der Normandie bezeichnet. Eine Marmorplatte in der Kirche verkündet stolz, dass Papst Pius IX. die Marienstatue im Jahre 1872 persönlich gekrönt hat.

In unmittelbarer Nähe zur Basilika stößt man auf ein für die Normandie recht ungewöhnliches Gebäude, eine **pharmacie** (Apotheke), deren Fassade und Verkaufsraum im reinsten Jugendstil dekoriert sind.

Douvres-la-Délivrande wartet noch mit einer weiteren Sehenswürdigkeit auf, dem **Musée-radar.** Um dorthin zu gelangen, verlässt man Douvres auf der D7 in Richtung Caen. Bei der Einmündung in die D404 folgt man dieser nach rechts Richtung Courseulles-sur-Mer. Ab hier ist das Museum ausgeschildert. Im ehemaligen Bunker der deutschen Radarstation von Douvres ist ein Museum eingerichtet, das sich der Radartechnik widmet. Auf dem Freigelände steht ein riesiger Radarschirm, der zur Ortung von Schiffen und Flugzeugen eingesetzt wurde. Dem Interessierten wird alles zur Entwicklung und zum Einsatz der Radartechnik seit dem Zweiten Weltkrieg erklärt.

Sehenswertes
Basilique Nôtre-Dame-de-la-Délivrande, Öffnungszeiten: tägl. 10–12 und 15–17.30 Uhr, Mo 15–17.30 Uhr
Musée-radar, Öffnungszeiten: Juni–15. Sept. Di–So 10–18 Uhr, Eintritt: 5,50 €, Kinder bis 10 Jahre frei, Parkplatz: N49.28568° W0.40292°

Ver- und Entsorgung
N49.31424° W0.34355°, 3 € mit Strom in Luc-sur-Mer mit 4 ausgewiesenen, kostenlosen Stellplätzen direkt am Straßenrand, Strandnähe

㊻ St-Aubin d'Arquenay, Colleville-Montgomery (s. S. 136)

㊼ Aire Camping Cars, Berniéres-sur-Mer (s. S. 137)

Weiter geht die Fahrt auf der D404, die in die D79 übergeht, nach Courseulles-sur-Mer.

☑ *Der riesige Radarschirm im Musée-radar*

312rmm Abb.: gg

275vrm Abb.: gg

COURSEULLES-SUR-MER
(33 km – km 97)

Das quirlige Seebad war im Zweiten Weltkrieg von großer strategischer Bedeutung. Hier landeten am 6. Juni 1944, dem sogenannten „D-Day", die Kanadier. An die Beteiligung der kanadischen Soldaten an der Befreiung der Normandie erinnert das **Centre Juno Beach.** Neben zahlreichen Dokumentationen über den kanadischen Einsatz im Zweiten Weltkrieg wird dem Besucher auch Einblick in die moderne kanadische Gesellschaft gegeben.

In der Fußgängerzone stehen einige nette typische Häuser der Region. Am Strand entlang sind die schwarzen, hohen Appartementhäuser dagegen sicher nicht jedermanns Geschmack.

Information
Office de Tourisme, 14470 Courseulles-sur-Mer, Rue 11. Novembre 5, Tel. +33 (0)2 31374680, www.terresdenacre.com, Öffnungszeiten: Okt.–März Di–Sa 10–12.30 und 14.30–17 Uhr, Apr.–Juni/Sept. tägl. 10–12.30 und 14.30–18 Uhr, Juli/Aug. tägl. 10–18 Uhr

Sehenswertes
Centre Juno Beach, 14470 Courseulles-sur-Mer, Voie des Français libres 104, Tel. +33 (0)2 31373217, www.junobeach.org, Öffnungszeiten: Apr.–Sept. 9.30–19 Uhr, März, Okt. 10–18 Uhr, Feb., Nov., Dez. 10–17 Uhr, Jan. geschlossen, Eintritt: 7/5,50/21 €

Einkaufen
Jeden Morgen bekommt man am Hafen direkt vom Fischkutter wunderbar frischen Fisch und andere Meerestiere.

Parken
N49.33694° W0.46525, Parken am Strand von 8 bis 20 Uhr.

48 Beim Campingplatz, Courseulles-sur-Mer (s. S. 137)

49 Camping Canadian Scottish, Graye-sur-Mer (s. S. 137)

▵ *Die Küste mit den idyllischen Stränden war Schauplatz der Alliierten-Invasion*

Wanderung zum Gold Beach

Vom Stellplatz **48** *geht man zum Strand und folgt diesem nach links bis nach Courseulles-sur-Mer. Zunächst spaziert man am Quai des Alliés entlang und wechselt dann über die Dreh-Brücke auf die andere Seite des Hafenbassins. Es geht kurz an der Straße entlang bis zu den hohen Appartementhäusern. Hier gleich rechts durch einen Hausdurchgang (Promenade F. Voilard) kommt man zum Jachthafen. An diesem geht man links entlang und wieder durch einen Durchgang hinaus auf die Zufahrtsstraße zum Museum Juno Beach. Bei der Segelschule (École de Voile) läuft man links den Berg hinauf bis zum Metallkreuz (Croix de Lorraine), das an die Rückkehr Charles de Gaulles nach Frankreich am 14.6.1944 erinnert. Von hier wandert man etwa eine Stunde auf dem Trampelpfad über die Dünen bis zu den ersten Häusern von Ver-sur-Mer. Unterwegs kommt man am Campingplatz* **49** *und an einer Bunkerruine vorbei und sieht auf der linken Seite sumpfige Wiesen mit Schilfbewuchs. Für den Rückweg nimmt man den Weg am Strand entlang. Die Wanderung am schönen Gold-Strand dauert ca. 2½ Std.*

205mm Abb.: gg

Der nächste Ort an der Küstenstraße D514 ist Ver-sur-Mer. Von hier bietet sich ein kleiner Ausflug ins Hinterland der Küste an, in dem eine stimmungsvolle Abtei, herrliche Schlösser und natürlich das schöne Bayeux locken. Ab Ver-sur-Mer nimmt man an der ersten Ampelkreuzung die D112 (Richtung Crépon) nach links. **Crépon** ist ein Dorf mit stattlichen Bauernhöfen und der Regenschirmmanufaktur Parapluies H2O. Bei der Führung, auch in Deutsch, kann man den Arbeitern über die Schulter schauen und anschließend einen außergewöhnlichen Schirm kaufen.

Weiter auf der D65 ragen schon bald die massigen Mauern des Schlosses von **Creully** in den Himmel. Zwischen dem 11. und 14. Jh. erbaut, diente es im Zweiten Weltkrieg der BBC als geheime Sendezentrale. Daran erinnert heute ein kleines Museum (Juli/Aug. Di–Fr 10–12.30 und 14.30–18.15 Uhr, Eintritt: 4 €). Von der Aussichtsterrasse des Donjons bietet sich ein schöner Ausblick.

Einkaufen

H2O Parapluies, 14480 Crépon, Route de Creully 7, www.h2oparapluies.fr, geöffnet: Mo–Sa 9–12 und 14–19 Uhr

Parken in Creully

N49.28658° W0.53802°

Weiter geht es auf der D93 (später D35) nach **St-Gabriel-Brécy.** Sie wurde 1058 von Benediktinern aus dem mächtigen Kloster in Fécamp gegründet. Durch das spitzbogige Portal mit dem Wappen der Abtei von Fécamp betritt man einen weiten Innenhof. In diesem stimmungsvollen Ambiente findet am ersten Maiwochenende ein großer Töpfermarkt statt. Der dreistöckige Turm war der Prioriatsgerichtsbarkeit vorbehalten. Hier wurde Gericht gehalten und auch gleich eingekerkert. Hinter der schön restaurierten Abteikirche aus dem 11. Jh. ist der Klostergarten versteckt. Hier wachsen auch heute noch allerlei Gewürze und Heilkräuter. An Wochentagen lernen in der Abtei Schülerinnen und Schüler der École du paysage et de l'horticulture (Land- und Gartenbau).

Sehenswertes

Prieuré Saint-Gabriel, 14480 St-Gabriel-Brécy, Rue Saint-Thomas Becket 24, N49.27883° W0.56501°, Mobil-Tel. 06 89457163, Öffnungszeiten: Ostern–August Sa, So 14.30–18.30 Uhr, Eintritt: frei

In Brécy, dem anderen Ortsteil von St-Gabriel-Brécy, sollte man nicht versäumen, das **Château de Brécy** zu besuchen. Das monumentale Eingangstor zum Schloss ist prachtvoll mit Blättern- und Blütenranken verziert. Das Schloss selbst ist ein eher schlichter Bau, üppig wirkt dagegen der italienische Terrassengarten aus dem 17. Jh. Skulpturen, Blumen- und Buchsbaumornamente sowie Brunnen wurden nach den Plänen von Claude Mollet zu einem formvollendeten Ganzen vereint.

◁ *Im Schlosspark von Creully*

Sehenswertes

Château de Brécy, 14480 St-Gabriel-Brécy, N49.26394° W0.57469°, Tel. +33 (0)2 31801148, Öffnungszeiten: Ostern–Allerheiligen Di, Do, So 14.30–18.30 Uhr, Juni und in den Schulferien auch Sa, Eintritt: 8 €, Kinder bis 12 Jahre frei

Nun fährt man bis zur D82 durch Brécy hindurch und folgt dieser dann nach rechts. Kurz darauf zweigt rechts die D126 ab. Auf ihr geht es auf schmaler Fahrbahn nach Bayeux.

Wer eine breitere Straße bevorzugt, fährt vom Château de Brécy bis Creully zurück und nimmt hinter Tierceville die D12 bis Bayeux.

BAYEUX (29 km – km 126)

Nach Jahren des Zögerns hat Bayeux nun auch zwei Wohnmobilstellplätze eingerichtet. Da von beiden der Zugang zur Kathedrale gut ausgeschildert ist, beginnt der Stadtspaziergang dort.

Anstelle einer 1046 abgebrannten Kirche begann man 1047 mit dem Bau der romanischen **Cathédrale Nôtre-Dame.** Sie wurde am 14.7.1077 in Anwesenheit von Wilhelm dem Eroberer geweiht. Erst im 15. Jh. fügte man den oktogonalen Vierungsturm an. Sehenswert ist das Tympanon am Südquerschiff. Es zeigt die Geschichte des heiligen Thomas Becket. Im Inneren der Kirche sind sowohl gotische als auch romanische Elemente zu finden. Ein sehr schönes Beispiel der normannischen Gotik ist der dreigeschossige Chor mit Umgang. Nachdem sich das Auge an die Dunkelheit in der Krypta gewöhnt hat, kann man die restaurierten Fresken mit musizierenden Engeln an den Säulenkapitellen entdecken. Wer Bayeux zwischen Mitte Juli und Ende August besucht, erlebt am Di/Do/Sa von 22 bis 0.30 Uhr eine spektakuläre, kostenlose Lichtshow rund um die Kathedrale.

Die Rue du Bienvenue mündet in die Rue St.-Martin, eine quirlige Geschäftsstraße mit Konfektion für Damen und Herren. Doch

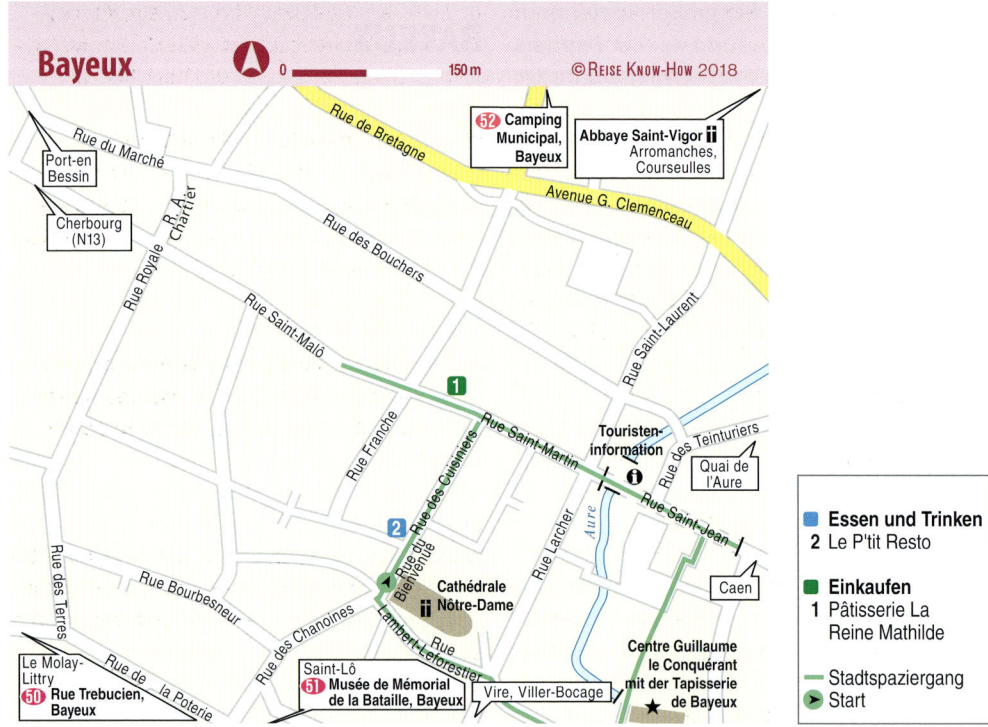

Bayeux

0 ——— 150 m

© Reise Know-How 2018

Rue de Bretagne

Rue du Marché

Port-en Bessin

Cherbourg (N13)

R. A. Chartier

Rue Royale

Rue des Bouchers

Rue Saint-Malô

Rue Franche

Rue des Cuisiniers

Rue du Bienvenue

Rue Bourbesneur

Rue des Terres

Rue des Chanoines

Rue de la Poterie

Rue Lambert-Leforestier

Rue Larcher

Aure

52 Camping Municipal, Bayeux

Abbaye Saint-Vigor ⓘ Arromanches, Courseulles

Avenue G. Clemenceau

Rue Saint-Laurent

1 Rue Saint-Martin

Touristen-information ⓘ

Rue des Teinturiers

Quai de l'Aure

Rue Saint-Jean

2

Cathédrale ⓘ Nôtre-Dame

Rue Saint-Lô

50 Rue Trebucien, Bayeux

Le Molay-Littry

51 Musée de Mémorial de la Bataille, Bayeux

Vire, Viller-Bocage

Centre Guillaume le Conquérant mit der Tapisserie ★ de Bayeux

Caen

■ **Essen und Trinken**
2 Le P'tit Resto

■ **Einkaufen**
1 Pâtisserie La Reine Mathilde

— Stadtspaziergang
► Start

nicht nur den Ladengeschäften sollte das Augenmerk gelten, auch die unterschiedlichen Häuserfronten sind einen Blick wert. So das **Grand Hôtel d'Argouges** aus dem 15. Jh. mit kunstvollen Holzfiguren, an der Kreuzung mit der Rue des Cuisiniers ein besonders prächtiges Fachwerkhaus mit drei vorspringenden Stockwerken und bei Hausnummer 6 ein schönes Stadtpalais mit Sonnenuhr aus dem 17. Jh. Wieder zurück an der Einmündung der Rue du Bienvenue geht man geradeaus und kommt zur **Touristeninformation.** Hinter dieser bietet sich ein Blick auf das idyllische Ensemble des ehemaligen Gerber- und Färberviertels mit einem hölzernen Wasserrad am Fluss L'Aure.

Über die Rue St.-Jean folgt man den Hinweisschildern und gelangt so zur Hauptsehenswürdigkeit: der **Tapisserie de Bayeux.** Dahinter verbirgt sich eine beinahe 1000 Jahre alte Stickarbeit auf einer 68,30 m langen und 50 cm breiten Leinwandbahn. Mit feinen Wollfädenstichen gestaltet, zeigt sie eine detailreiche Bildergeschichte der Ereignisse um die Eroberung Englands durch den Normannenherzog Wilhelm im Jahre 1066.

Die in 58 Bildern gegliederte Arbeit wurde wahrscheinlich von angelsächsischen Nonnen zur Dekoration der Kathedrale gefertigt. Viele Details geben genaue Informationen über Kleider, Waffen, Schiffe und den Lebensstil des Mittelalters. Besonders ausdruckstark ist die Darstellung der Überfahrt der Normannen nach England, die Errichtung einer Befestigungsanlage dort und Szene 48, in der sich die Reiterei der Normannen zur Schlacht in Bewegung setzt. Ab Szene 51 lebt die 14-stündige Schlacht bei Hastings zwischen Wilhelm und Harold in dramatischen Bildern mit stürzenden Pferden, Bogen- und Lanzenschützen und unzähligen gefallene Soldaten wieder auf. Seit seinem Sieg am 14.10.1066 trägt Wilhelm den Beinamen „der Eroberer und König von England". Ergänzt wird die Besichtigung durch eine Ausstellung über die Fertigung der Tapisserie und die Schlacht bei Hastings.

Weiter auf dem Rundgang über die Rue de Nesmond sieht man bald die weit ausladende Cathédrale Nôtre-Dame. Von hier hat man die fotografisch beste Perspektive auf das Gotteshaus. Wer am Stellplatz **51** beim Musée Memorial de la Bataille de Normandie parkt, hat vielleicht noch Interesse, dieses zu besichtigen. Mit seiner Chronologie auf die 77 Tage dauernde Schlacht in der Normandie bietet es die ideale Einstimmung auf die nun folgenden Erinnerungsstätten.

◁ *Die Tapisserie de Bayeux mit ihren wunderschönen Details*

Information

Office de Tourisme, 14400 Bayeux, Pont Saint-Jean, Tel. +33 (0)2 31512828, www.bayeux-bessin-tourisme.com, Öffnungszeiten: Nov.–März Mo–Sa 9.30–12.30 und 14–17.30 Uhr, So 10–13 und 14–17.30 Uhr, Apr.–Juni, Sept.–Okt. Mo–Sa 9.30–12.30 und 14–18 Uhr, So 10–13 und 14–18 Uhr, Juli/Aug. Mo–Sa 9–19 Uhr, So 9–13 und 14–18 Uhr

Sehenswertes

Tapisserie de Bayeux, 14400 Bayeux, Rue de Nesmond, Centre Guillaume le Conquérant, Tel. +33 (0)2 31512550, Öffnungszeiten: März–Okt. 9–18.30 Uhr, Nov.–Feb. 9.30–12.30 und 14–18 Uhr, letzter Einlass 45 Min. vor Schließung, Eintritt: 9,50/7,50 €
Cathédrale Nôtre-Dame, 14400 Bayeux, Rue des Cuisiniers, Öffnungszeiten: Jan.–März 9–17 Uhr, Apr.–Juni 9–18 Uhr, Juli–Sept. 8.30–19 Uhr, Okt.–Dez. 9–18 Uhr
Musée Memorial de la Bataille de Normandie, 14400 Bayeux, Boulevard F. Ware, Tel. +33 (0)2 31514690, www.bayeuxmuseum.com, Öffnungszeiten: Mai–Sept. 9.30–18.30, Okt.–Apr. 10–12.30 und 14–18 Uhr, Eintritt: 7,50/5,50 €

Essen

Le P'tit Resto, 14400 Bayeux, Rue du Bienvenu 2, Tel. +33 (0)2 31518540. Familiär geführtes kleines Restaurant mit traditionellen Gerichten. So. geschl., Hundeverbot!

Einkaufen

Pâtisserie La Reine Mathilde, 14400 Bayeux, Rue St-Martin 47. Wunderbare kleine Kunstwerke von süßen Leckereien, im kleinen *salon de thé* kann man sie auch gleich genießen.

Ver- und Entsorgung

N49.28171° W0.69607°, 3 € (nur mit Karte)

50 Rue Trebucien, Bayeux (s. S. 137)

51 Musée de Mémorial de la Bataille, Bayeux (s. S. 137)

52 Camping Municipal, Bayeux (s. S. 137)

ABSTECHER ZUM CHÂTEAU DE BALLEROY

UND ZUR ABBAYE ST-VIGOR (hin und zurück 48 km)

Hinter Bayeux fährt man auf der D572 nach **Noron-la-Poterie.** Der Ort macht seinem Namen alle Ehre, denn links und rechts der Straße bieten Händler Töpferwaren an. In La Tuilerie nimmt man die D73 bis nach Balleroy. Das **Château de Balleroy** wurde zwischen 1626 und 1636 vom Architekten François Mansart erbaut. Seit 1970 gehört es der amerikanischen Verlegerfamilie For-

bes, die hier in einem der Wirtschaftsgebäude ein **Ballonmuseum** eingerichtet hat. Darin erfährt man alles über die Fahrt mit gas- und heißluftbetriebenen Ballons. Die eleganten Innenräume des Schlosses mit aufwendigen Wandmalereien, Holzvertäfelungen, historischen Möbeln und kostbaren Porträts sind unbedingt sehenswert. Die im englischen Stil gehaltene Bibliothek von 1850 enthält mehr als 1600 Bücher.

Sehenswertes

Château de Balleroy, 14490 Balleroy, Tel. +33 (0)2 31210676, www.chateau-balleroy.com, Öffnungszeiten: Apr.–Sept. Mi–So 10.45–18 Uhr, Juli/Aug. tägl., Eintritt: 9/6,50 € inkl. Museum, 7/5,50 € nur Schloss, 4,50/3,50 € Museum, 3 € Park

⌂ *Das sehenswerte Château de Balleroy ist heute im Besitz der Verlegerfamilie Forbes*

Abendspaziergang in Cerisy-la-Fôret

Vom Stellplatz 🔟 bei der Abtei geht man vor bis zur Straße und folgt ihr nach links. Bei den letzten Häusern des Dorfes biegt man in den Chemin Pedéstre Abbatiale ein (Markierung: gelb-roter Strich). Zwischen Weideflächen steigt das Sträßchen minimal an. Wenn die Straße nach links abzweigt, geht man auf einem Wiesenweg weiter geradeaus (Markierung: gelb-roter Strich). Nach ungefähr 300 m verzweigt sich der Weg in zwei schmale Pfade. Man wählt den rechten, der kurz abwärts führend auf einer schmalen Brücke einen Bachlauf überquert.

Jenseits der Brücke steigt man bis zur Straße D13 hinauf. Auf ihr geht man nun nach rechts (Bezeichnung „Chemin Pedéstre Abbatiale"). Hinter Pferdeweiden erblickt man rechter Hand die Abbaye St-Vigor. Kurz vor dem Ortsschild von Cerisy-la-Fôret nimmt man die nach rechts abzweigende Rue de Sangles. Von ihr eröffnet sich immer wieder ein schöner Blick auf die Abtei – vor allem in den Abendstunden ein lohnendes Fotomotiv. Nach wenigen Minuten erreicht man den Stellplatz. Für diese kleine Abendrunde mit schöner Sicht auf die Abtei sollte man etwa eine halbe Stunde einplanen.

Auf der D13 sind es 9 km durch ein großes Waldgebiet mit Spazierwegen nach Cerisy-la-Forêt mit seiner Abbaye Saint-Vigor. „Eine Perle romanischer Architektur in der Basse-Normandie", nennt sie der Prospekt des Fremdenverkehrsbüros. 1032 gegründet, erlebte sie im 12. Jahrhundert ihre Blütezeit. Die Abteikirche ist innen außergewöhnlich hell. Die hohen schlanken Säulen geben ihr ein für einen romanischen Bau eher untypisches, leichtes und elegantes Aussehen. Neben der Kirche können noch die Klostergebäude mit Kapelle und Gerichtssaal besichtigt werden. Angrenzend an den Stellplatz 🔟 ist ein Stein-Skulpturenpark mit 112 Werken von 71 Künstlern aus 34 Ländern angelegt.

Sehenswertes
Abbaye St-Vigor, 50680 Cerisy la-Forêt, Rue Sangles, Tel. +33 (0)2 33573463, Öffnungszeiten: Mai–Aug. 10–18 Uhr, Apr./Sept. Di–So 11–18 Uhr, Okt. Sa/So 12–18 Uhr, Eintritt: 4 €, inkl. Führung 6 €

🔟 Abtei Saint-Vigor, Cerisy-la-Fôret (s. S. 137)

Nach einer ruhigen Nacht auf dem Stellplatz fährt man zurück bis zur D34. Hier steht schon ein Hinweisschild zum nächsten Ziel: **Le Molay-Littry.** Am Rande des lebhaften Marktstädtchens ist das **Musée de la Mine**

zu finden. 1741 wurde hier eine Steinkohleader entdeckt und zwischen 1743 und 1880 abgebaut. Das Museum zeigt alte Werkzeuge, eine Dampfmaschine von 1800, einen 70 m langen rekonstruierten Bergwerksstollen und eine historische Feuerlöschpumpe.

Sehenswert
Musée de la Mine, 14330 Le Molay-Littry, Rue de la fosse Frandemiche, N49.24203° W0.87925°, Tel. +33 (0)2 31228910, Öffnungszeiten: Ostern–Sept. Mo/Mi/Do/Sa/So 14–18 Uhr, Eintritt: 5/2 €

🔟 Aire les Peupliers, Saint-Vigor-le-Grand (s. S. 138)

Zurück fährt man über die D5 nach Bayeux und von dort auf der D516 nach Arromanches-le-Baines.

ARROMANCHES-LES-BAINS
(10 km – km 136)

Arromanches-les-Bains nennt sich, da es bei der Landung der Alliierten im Juni 1944 eine entscheidende Rolle spielte, Schlüssel zur Befreiung Europas. Am Strand sind heute noch gut die Überreste der künstlich angelegten Hafenanlage zu sehen. 230 sogenannte Phönixkästen aus 500.000 t Beton wurden

Wanderung von Arromanches zum Cap Manvieux

Diese einfache Wanderung führt zum Cap Manvieux mit seinen ockerfarbenen Klippen und auf demselben Weg zurück (Dauer ca. 1:15 Std.). Leider kann man ab dem Cap nicht mehr weiter an den Klippen entlang wandern. Wegen akuter Abruchgefahr wurde der Küstenweg nach Longues-sur-Mer gesperrt.

Vom Stellplatz 55 *wandert man zuerst zum Strand, um einen Eindruck von dem künstlich angelegten Hafen der Alliierten zu erhalten. Bei Ebbe kann man zu einem der für die Landung am „D-Day" angelegten Wellenbrecher waten. Am Strand entlang nach links (Westen) und bei den letzten Häusern auf dem ansteigenden Sträßchen bergan erklimmt man die Steilküste. Von oben hat man eine weite Sicht auf die Bucht mit den Phönixkästen. Weiter auf dem gut sichtbaren Weg hat man immer wieder einen wunderschönen Panoramablick über die Klippenküste. Vorsicht: Den Pfad nicht verlassen und nicht näher an den Steilabbruch gehen! Nach 40 Min. Gehzeit erreicht man das deutlich hervorspringende Cap Manvieux. Nachdem man ausgiebig den Meerblick genossen hat, geht es auf demselben Weg zurück zum Stellplatz.*

Spaziergang zur Batterie Allemande

Vom Picknickplatz in Longues-sur-mer (s. S. 132) nimmt man den Weg an der Felsenküste entlang. Rechts liegt nahe der Steilküste ein ehemaliger Befehlsstand der deutschen Wehrmacht und links tauchen vier deutsche Batterien auf. Der Weg windet sich nach links auf die deutschen Verteidigungsanlagen zu. Hier sind sogar noch die Geschütze zu sehen, die von hier aus bis zu 20 km weit schossen. Weiter wandert man an der Touristeninformation vorbei und über die Zufahrtsstraße zurück zum Picknickplatz. Wer noch ein schönes Fotomotiv braucht, geht die Straße nach rechts hinunter in Richtung Meer. Ungefähr nach 10 Min. Fußweg bietet sich ein guter Blick zurück auf die ockerfarbenen Klippen.

Fahrradtour ins Tal der Aure

Eine gemütliche Tour mit vielen Sehenswürdigkeiten, überwiegend im schönen Tal der Aure.
Länge: 23 km
Start: Bei der Touristinfo in Longues-sur-mer. Die Strecke ist auf einer Tafel aufgezeichnet.
Streckenverlauf: Fontenailles – Aunay – Vaux-sur-Aure – Le Manoir d'Argouges – Le Château d'Harcourt – Fosse Soucy – Château du Bosq – Longues-sur-mer.

072nrm Abb.: gg

dafür über den Ärmelkanal transportiert. Sie dienten als Wellenbrecher zum Schutz der Molenköpfe, von denen aus Pontonbrücken aus Leichtmetall an Land führten. Über sie rollten täglich bis zu 9000 t Material an Land.

Das **Musée du Débarquement** zeigt anhand von Modellen mit 3D-Animation und Filmen den Bau und die Inbetriebnahme des künstlichen Hafens.

Im **Cinéma Circulaire Arromanches 360°**, einem 360-Grad-Kino, wurden bislang unveröffentlichte historische Aufnahmen zu einem packenden Film (Dauer: 35 Minuten) zusammengeschnitten. Neueste Spezialeffekte ergänzen das spannungsgeladene Leinwandspektakel.

Information

Office de Tourisme, 14117 Arromanches-les-Bains, Rue Maréchal Joffre 2, Tel. +33 (0)2 31223645, www.arromanches.com, Öffnungszeiten: Nov.–März Sa/So 10–13 und 14–17 Uhr, Apr.–Juni/Sept.–Okt. 10–13 und 14–18 Uhr, Juli/Aug. 9.30–19.30 Uhr

Sehenswertes

Cinéma Circulaire Arromanches 360°, 14117 Arromanches-les-Bains, Chemin du Calvaire BP9, Tel. +33 (0)2 31060645, www.arromanches360.com, Öffnungszeiten: Feb./März und Nov.–Dez. Di–So 10–17 Uhr, Apr./Okt. tägl. 10–17.30 Uhr, Mai–Aug. 9.30–18 Uhr, Sept. 10–18 Uhr, Eintritt: 6/5,50 € (über 60-jährige), 3 € Parkgebühr.

Musée du Débarquement, 14117 Arromanches-les-Bains, Place du 6 Juin, Tel. +33 (0)2 31223431, Öffnungszeiten: Feb./Nov./Dez. 10–12.30 und 13.30–17 Uhr, März/Okt. 9.30–12.30 und 13.30–17.30 Uhr, Apr. 9–12.30 und 13.30–18 Uhr, Mai–Aug. 9–19 Uhr, Sept. 9–18 Uhr, Eintritt: 8/5,90 €

Essen

Les P'tites Assiettes, 14117 Arromanches-Les-Bains, Rue M. Lithare 6, Tel. +33 (0)2 31223605. Kleines, familiäres Lokal mit gutem Preis-Leistungs-Verhältnis, So geschl.

55 **Motorhome Aire, Arromanches-les-Bains (s. S. 138)**

ABSTECHER ZU EINER AUSTERNZUCHT
(hin und zurück 8 km)

Im kleinen Seebad Asnelles, 4 km östlich von Arromanches-les-Bains, kann man eine Austernzuchtstation besichtigen und Austern probieren. Da die Besichtigung nur bei Ebbe durchgeführt werden kann, muss man sich unbedingt vorher telefonisch anmelden. Man besucht die Austernbänke, ist bei der „Ernte" dabei und bekommt anschließend eine Kostprobe (Dauer 2 Stunden). Wer will, kann hier auch Austern inklusive verschiedener Soßen kaufen.

Um dort hinzukommen, fährt man auf der D514 durch Asnelles hindurch und wenn rechts die C2 nach Meuvaines abzweigt, nach links (Hinweisschild „La Calvadosienne"). Dann geht es immer geradeaus, bis links der Laden von **La Calvadosienne** im Chemin des Roquettes auftaucht

Sehenswertes

La Calvadosienne, N49.34105° W0.57186°, Tel. +33 (0)2 31210624, Öffnungszeiten Laden: Mo–Fr 10–12.30 und 14.30–18 Uhr, Sa 10–19 Uhr, Führungen mit Verkostungen nach telefonischer Voranmeldung

Von Arromanches rollt man weiter auf der D514 bis nach Longues-sur-Mer. Hier kann man die frei zugängliche **Batterie Allemande** erkunden.

Dazu fährt man in **Longues-sur-Mer** bei der Ampel nach rechts und weiter bis zum Office de Tourisme. Hier gibt es, etwas vom Rand einer sechzig Meter hohen Steilküste zurückgesetzt, vier teilweise unzerstörte deutsche Batterien mit 150-mm-Geschützen und einen Befehlsstand zu sehen. Die Einnahme der Geschütze mit ihrer enormen Reichweite spielte eine strategisch wichtige Rolle bei der Landung der Alliierten. Am 7.6.1944 unterlagen die deutschen Truppen nach heftigsten Kämpfen den Alliierten.

Information

Office de Tourisme, 14400 Longues-sur-Mer, N49.34327° W0.69150°, Führungen (englisch oder französisch) durch die Batterie Allemande: Juli–Anfang Sept. Sa/So 10.15, 11.45, 14.15, 15.45 Uhr, Eintritt: 5 €

Einkaufen

La Ferme de Félicité, 14400 Longues-sur-Mer, Route du Chaos 2, Tel. +33 (0)2 31217531, Öffnungszeiten: tägl. 9–19 Uhr, Okt.–März So. geschl. Cidre, Calvados und Pommeau direkt vom Erzeuger mit Verkostung

Picknickplatz

N49.34572° W0.69023°, Steilküste, Longues-sur-Mer

Zurück auf der D514 fährt man weiter nach **Port-en-Bessin-Huppain.** Im kleinen Hafen Port-en-Bessin-Huppain kann man den Fischern bei der Arbeit zusehen und in der Fischhalle von Dienstag bis Sonntag von 8.30 bis 12.30 Uhr frischen Fisch kaufen. Wer mehr über den Fischfang (10.000 t jährlich) und den Hafen erfahren will, sollte eine geführte Hafenbesichtigung machen. Bei dieser (auch auf Deutsch) wird die Hafengeschichte erzählt und eine Bootswerft sowie die Hafenanlagen besucht. Für einen Panoramablick geht man von der Fischhalle geradeaus in den Ort und gleich nach rechts bergan. Nach 300 m hat man eine herrliche Sicht auf den Hafen.

Entlang dem **Omaha Beach** können von Port-en-Bessin-Huppain aus Bootsfahrten unternommen werden. Sie sind gezeitenabhängig, deshalb Termine telefonisch anfragen.

Information

Office de Tourisme, 14520 Port-en-Bessin-Huppain, Quai Baron Gérard 40, Tel. +33 (0)2 31224580, Öffnungszeiten: Apr.–Okt.10–13 und 14–18 Uhr, Juli und Aug. bis 18.45 Uhr, Nov.–März Fr–So 10–13 und 14–17 Uhr

Sehenswertes

Hafenbesichtigung, Treffpunkt: Centre Culturel, 14520 Port-en-Bessin-Huppain, Rue du Croiseur Montcalm, Tel. +33 (0)2 31219233, Di–Sa 10–12 und 14–18 Uhr, So 14.30–18 Uhr, Preis: 6/3,50 €, verschiedene Themenführungen

Bootsfahrten, Näheres beim Office de Tourisme

Essen

Pays Du Bessin, 14520 Port-en-Bessin-Huppain, Quai Felis Faure, Tel. +33 0613310236, Mi. geschl. Urig! Auf einem Kutter gibt es Fisch und Meeresfrüchte in sehr guter Qualität.

56 Tennisplätze, Port-en-Bessin-Huppain (s. S. 138)

☑ *Der amerikanische Soldatenfriedhof wurde 2009 vom amerikanischen Präsidenten Barack Obama besucht*

Ver- und Entsorgung

N49.34264° W0.75231°, Super U, 3 €

Immer weiter auf der D514 kommt man in das nächste Seebad, nach **Ste-Honorine-des-Pertes.** Hier gibt es einen privaten Stellplatz **57**.

57 Aire de Repos,
Ste-Honorine-des-Pertes (s. S. 138)

In Colleville-sur-Mer eröffnete im Juni 2013 das **Overlord Museum Omaha Beach.** Es soll anhand von 10.000 Sammlungsstücken ein besseres Verständnis der Geschichte der Operation Overlord vermitteln. Der amerikanischen Soldatenfriedhof **(Cimetière américain)** liegt 1,2 km außerhalb des Ortes. Das seit 1956 bestehende Gräberfeld liegt auf einem 70 ha großen Gelände. 9387 marmorne Grabsteine und Tafeln mit 1557 eingravierten Namen von Vermissten erinnern an die Opfer der US-Streitkräfte, die am „D-Day" und in den darauffolgenden Schlachten ihr Leben verloren. Seit 2007 beleuchtet das angegliederte Besucherzentrum die Bedeutung und die Tragweite der Landung der alliierten Truppen am Morgen des 6. Juni 1944. In sehr bewegenden Film- und Bilddokumentationen wird der größte Amphibienfahrzeugangriff der Geschichte gezeigt und persönliche Lebensdaten erhellen Einzelschicksale gefallener amerikanischer Soldaten auf sehr anrührende Weise. 1978 besuchte mit Jimmy Carter erstmals ein US-Präsident die Anlage.

Sehenswertes

Cimetière américain, Omaha Beach, 14710 Colleville-sur-Mer, N49.35653° W0.85151°, Öffnungszeiten: 15. April–15. Sept. 9–18 Uhr, übrige Zeit 9–17 Uhr
Overlord Museum Omaha Beach, www.overlordmuseum.com. Öffnungszeiten: Febr./März/Okt.–Dez. 10–17.30 Uhr, April/Mai/Sept. 10–18.30 Uhr, Juni–Aug. 9.30–19 Uhr, Eintritt: 7,80/5,70 €

58 La Ferme du Clos Tassin,
Colleville-sur-Mer (s. S. 139)

Über die D514 kommt man nach St-Laurent-sur-Mer. Das **Musée Mémorial d'Omaha Beach** zeigt eine große Sammlung an Waffen, Fahrzeugen und Uniformen und erklärt mittels Archivfotos und -filmen die Landung der Alliierten am Omaha Beach und am Pointe du Hoc.

Sehenswertes

Musée Mémorial d'Omaha Beach, 14710 St-Laurent-sur-Mer, Avenue de la Libération, N49.36710° W0.88174°, www.musee-memorial-omaha.com, Tel. +33 (0)2 31219744, Öffnungszeiten: ab 15. Feb. 10–17 Uhr, März/Okt./Nov. 10–18 Uhr, Apr./Mai/Sept. 9.30–18.30 Uhr, Juni 9.30–19 Uhr, Juli/Aug. 9.30–19.30 Uhr. Eintritt: 6,90/4,50 €

59 La Ferme du Lavoir,
Formigny (s. S. 139)

▱ *Die gigantische Befestigungsanlage der deutschen Wehrmacht*

Für die Weiterfahrt Richtung Meer fährt man unmittelbar vor dem Strand auf das **Monument Commémorativ du Débarquement** (Denkmal zur Erinnerung an die Landung der Alliierten) zu. An dieser Stelle hatten sich am frühen Morgen des „D-Day" die ersten Truppenkontingente hinter Kiesaufschüttungen verschanzt.

Für die tapferen Helden wurde von der Künstlerin Anilore Banon ein stählernes Mahnmal direkt im Sand errichtet. Im Ort neben der Straße kann man noch eine der Pontonbrücken aus dieser Zeit sehen.

Von der D514 biegt man bei km 80 zum **Pointe du Hoc** (N49.39309° W0.98943°) ab. An dieser Felsnase war eine strategisch wichtige deutsche Artilleriebatterie stationiert, die am 6. Juni 1944 von der US-Armee unter schweren Verlusten eingenommen wurde. Sie erstürmten die deutschen Stellungen mithilfe von Seilen und Strickleitern über die 30 m hohe Steilküste. Anhand eines Flyers, auch auf Deutsch, kann man sich zu den Orten dieses dramatischen Geschens führen lassen.

In **Grandcamp-Maisy,** dem nächsten Ort an der D514, gibt es ebenfalls noch Erinnerungen an das Kriegsgeschehen. Am Ortseingang steht die silbern glänzende Friedensstatue und im Zentrum ein Denkmal zu Ehren des 2. US Rangerbataillons, das Pointe du Hoc erstürmte.

60 La Ferme Rouge Fosse, Englesqueville-la-Percée (s. S. 139)

61 Aire de camping-cars, Grandcamp-Maisy (s. S. 139)

Von Grandcamp-Maisy fährt man auf der D113 7 km nach **La Cambe** und dann weiter zum **deutschen Soldatenfriedhof**

Auf dem deutschen Friedhof ruhen 21.139 Soldaten

(N49.34304° W1.02733°, ausgeschildert). Schon bei der Anfahrt fallen die 1200 kugelförmigen Ahornbäume ins Auge, die einen Friedenspark bilden und die Zufahrtsstraße zum Friedhof säumen. Baumpaten setzen so mit ihrer Spende von 250 € ein lebendiges Zeichen für den Frieden. 21.139 deutsche Soldaten sind auf dem Friedhof beigesetzt. Die Anlage des Geländes wurde 1958 mithilfe eines internationalen Jugendlagers bewältigt. Es stand unter dem Moto „Versöhnung über den Gräbern". Das Gräberfeld mit Namensplatten aus Keramik, Kreuzen und zwei großen Basaltfiguren wurde 1961 eingeweiht.

Ein kleines Informationszentrum dokumentiert sehr persönliche Einzelschicksale von Soldaten, aber auch den Weg hin zur Versöhnung zwischen den einst verfeindeten Nachbarn Deutschland und Frankreich.

Auf der vierspurigen N13 ist man recht flott in **Isigny-sur-Mer** (Abfahrt „Isigny-sur-Mer Centre").

ISIGNY-SUR-MER
(51 km – km 187)

Isigny-sur-Mer ist genau das Richtige für Schleckermäuler: Hier gibt es hervorragende Molkereiprodukte, zartschmelzende Karamellbonbons, schmackhafte Austern und zum Nachspülen Calvados und Cidre.

Der Herstellung dieser Köstlichkeiten widmet sich **La galerie du Caramel d'Isigny.** Durch breite Glasscheiben kann man einen Blick in die Produktionsstätte werfen, die jährlich 22 Millionen Bonbons herstellt. Entstanden in einer Notsituation sind sie heute ein Verkaufsschlager. In den 1930er-Jahren gab es in der Gegend eine Milchüberproduktion, die die Familie Galliot auf die Idee brachte, aus dem Butterüberschuss Karamellbonbons zu fertigen. Nach der Besichtigung kann man sich im Laden mit Karamellpopcorn, -sirup, -brotaufstrich und -bonbons in den verschiedensten Geschmacksrichtungen eindecken. Zur Karamellfabrik fährt man über die D5 stadtauswärts. Beim Kreisverkehr in die erste Straße nach rechts (Z.A. Isypole) abfahren und weiter geradeaus zur Fabrik.

Isigny ist seit dem 17. Jh. bekannt für seine hervorragenden Molkereiprodukte. Besonders die gesalzene Butter ist bei Feinschmeckern sehr beliebt. Im **Molkereibetrieb Isigny Ste-Mère** wird außerdem Sahne, Quark und Käse wie der Pont L'Évêque, Mimolette oder Camembert hergestellt und im dazugehörenden Laden verkauft. Man erreicht die Molkerei, wenn man vom Stellplatz 62 links über die Aure und weiter bis zum Ortsendeschild geht.

Information
Office de Tourisme, 14230 Isigny-sur-Mer, Rue Émile Demagny 16, Tel. +33 (0)2 31214600, http://isigny-grandcamp-intercom.com, Öffnungszeiten: Okt.–März Di–Sa 9.30–12.30 u. 14–17 Uhr, Apr./Mai Di–Sa 9.30–12.30 u. 14–18 Uhr, So 9.30–12.30 Uhr, Juni–Sept. Mo–Sa 10–13 u. 14–18.30 Uhr, So 10–13 Uhr

Sehenswertes
Caramels d'Isigny, 14230 Isigny-sur-Mer, Rue du 19 Mars 1962, N49.31013° W1.10125°, Tel. +33 (0)2 31513989, Öffnungszeiten La galerie du Caramel: Okt.–März Mo–Fr 9–17 Uhr, Apr.–Sept. tägl. 9–18 Uhr. Ladenverkauf Mo–Sa 9–19 Uhr, Apr.–Sept. auch So, Eintritt: 3/2 €.

Essen
Au Galichon, 14230 Isigny-sur-Mer, Place du G. de Gaulle 18, Tel. +33 (0)2 31107519. Für den kleinen Hunger: Galettes und Crêpes in vielen Varianten.

Einkaufen
Molkerei Isigny Ste-Mère, 14230 Isigny-sur-Mer, Rue du Docteur Boutrois 2, Tel. +33 (0)2 31513388, Öffnungszeiten: Mo–Sa 10–13 und 14–19 Uhr
Au Caïen d'Isigny, 14230 Isigny-sur-Mer, Rue du Docteur Boutrois 55, Tel. +33 (0)2 31519898, geöffnet: Di–So 9.30–12.30 und 15.30–19 Uhr. Austern, Muscheln und Meeresfrüchte von prämierter Qualität.

62 **Fluss Aure, Isigny-sur-Mer (s. S. 139)**

STELL- UND CAMPINGPLÄTZE ENTLANG DER ROUTE

➍➌ Les Bercagnes, Falaise
N48.89265° W0.20327°

Freier Stellplatz direkt unterhalb des Schlosses (lt. Touri-Info übernachten hier möglich), Lage gut, aber laut (Ausfallstraße). **Lage/Anfahrt:** Richtung Château ausgeschildert; **Platzanzahl:** 5; **Untergrund:** Asphalt; **Ver-/Entsorgung:** an der Tankstelle des Carrefour-Supermarktes; **Preise:** kostenlos; **Geöffnet:** frei zugänglich; **Adresse/Kontakt:** 14700 Falaise, D511

➍➍ Le Bout de la Ville, Clinchamps-sur-Orne
N49.08290° W0.40027°

Privater Stellplatz auf einem gepflegten Wiesengelände an einem Bauernhof. Einfache, aber saubere Sanitäranlage. Sehr freundliche und bemühte Besitzer. Lage sehr gut und sehr ruhig. **Lage/Anfahrt:** Von der N158 bei Lorguichon auf die D41 abfahren und auf dieser bis Clinchamps-sur-Orne, ausgeschildert; **Platzanzahl:** 20; **Untergrund:** Wiese; **Ver-/Entsorgung:** Strom, Trinkwasser, Chemie-WC; **Sicherheit:** umzäunt, beleuchtet, bewacht; **Preise:** 3 €/Fahrz., 3 €/Pers., Strom 3,50 €; **Geöffnet:** Ostern–Allerheiligen; **Adresse/Kontakt:** 14320 Clinchamps-sur-Orne, Rue du Village 23, Tel. +33 (0)2 31799417, www.campingduboutdelaville.com

➍➎ Strand, Ouistreham
N49.28775° W0.24964°

Offizieller Stellplatz hinter den Dünen, sehr gut besucht, Lage gut, aber durch an- und abfahrende Fähren laut. **Lage/Anfahrt:** In Ouistreham Richtung Car-Ferry mit Lastwagensymbol fahren, daran vorbei und 600 m zum Platz; **Platzanzahl:** 45; **Untergrund:** Asphalt; **Ver-/Entsorgung:** Trinkwasser, Abwasser, Chemie-WC; **Preise:** 10 € (Kartenzahlung) inkl. Ver- und Entsorung; **Max. Stand:** 2 Nächte; **Geöffnet:** frei zugänglich; **Adresse/Kontakt:** 14150 Quistreham, Boulevard Maritime 40

➍➏ St-Aubin d'Arquenay, Colleville-Montgomery
N49.27103° W0.29891°

Offizieller mit Hecken unterteilter Stellplatz, am Ortsrand beim Sportplatz. Lage gut und relativ ruhig. **Lage/Anfahrt:** Von Colleville-Montgomery-Plage auf die D60a Richtung Colleville-Montgomery und durch den Ort hindurch Richtung St-Aubin fahren, ausgeschildert; **Platzanzahl:** 9; **Untergrund:** Wiese; **Sicherheit:** umzäunt, beleuchtet; **Preise:** 5 €/Fahrz. inkl. Wasser; **Geöffnet:** frei zugänglich; **Adresse/Kontakt:** 14880 Colleville-Montgomery, Route de Saint-Aubin d'Arquenay

㊼ Aire Camping Cars, Berniéres-sur-Mer
N49.33482° W0.41981°

Offizieller Stellplatz in befriedigender, relativ ruhiger Lage (Straße) am Ortsrand, strandnah. **Lage/Anfahrt:** direkt an der Ortszufahrt; **Platzanzahl:** 20; **Untergrund:** Schotter; **Preise:** kostenlos; **Geöffnet:** frei zugänglich; **Adresse/Kontakt:** 14990 Berniéres-sur-Mer, D264

㊽ Beim Campingplatz, Courseulles-sur-Mer
N49.33482° W0.44519°

Offizielle Stellplätze, vom Strand durch vierstöckige Häuserreihe getrennt. Zum Zentrum 500 m. Lage befriedigend und relativ ruhig. **Lage/Anfahrt:** Im Ort den Hinweisschildern zum Campingplatz Champ de Course folgen. Der Stellplatz ist direkt daneben; **Platzanzahl:** 11; **Untergrund:** Asphalt; **Ver-/Entsorgung:** Trinkwasser, Abwasser, Chemie-WC; **Sicherheit:** umzäunt, beleuchtet; **Preise:** April–September 6,50 €/Fahrz., Wasser 2,15 €, Taxe 0,50 €/Pers., übrige Zeit ohne Ver- und Entsorgung kostenlos; **Geöffnet:** frei zugänglich; **Adresse/Kontakt:** 14470 Courseulles-sur-Mer, Avenue de la Libération

㊾ Camping Canadian Scottish, Graye-sur-Mer
N49.33818° W0.47745°

Platz direkt hinter den Dünen mit befriedigender Sanitärausstattung. Lage schön und sehr ruhig. **Lage/Anfahrt:** Von der Küstenstraße D514 bei der Ampel in Richtung Strand abbiegen, ausgeschildert; **Platzanzahl:** 234; **Untergrund:** Wiese; **Ver-/Entsorgung:** Strom, Trinkwasser, Abwasser, Chemie-WC; **Sicherheit:** umzäunt, beleuchtet, bewacht; **Preise:** Pauschale bei einmaliger Übernachtung 10,50–11,50 €/Fahrz. inkl. 2 Pers., Strom 4 €, Hund 2,10–2,40 €; **Geöffnet:** April–Mitte September; **Adresse/Kontakt:** 14470 Graye-sur-Mer, Route d'Arromanches, Tel. +33 (0)2 31374523, http://campingcanadianscottish.jimdo.com

◁ *Der Stellplatz von Courseulles-sur-Mer* ㊽ *ist vom Strand nur durch Appartementhäuser getrennt*

㊿ Rue Trebucien, Bayeux
N49.27600° W0.71293°

Offizielle Stellplätze in einem Wohngebiet, befriedigende und ruhige Lage, 1 km ins Zentrum. **Lage/Anfahrt:** Den Schilder zum Musée de Mémorial de la Bataille folgen (hier ist der Alternativplatz), zum Stellplatz Rue Trebucien weiter über D5 und D06 zum Platz; **Platzanzahl:** 50; **Untergrund:** Asphalt; **Preise:** von 17 bis 8 Uhr gebührenpflichtig, 4 €; **Geöffnet:** frei zugänglich; **Adresse/Kontakt:** 14400 Bayeux, Rue Trebucien

51 Musée de Mémorial de la Bataille, Bayeux
N49.27246° W0.71065°

Offizielle Stellplätze beim Museum in befriedigender und lauter Lage (Straße), 1 km ins Zentrum, für Womos über 8 m geeignet. **Lage/Anfahrt:** Den Schildern zum Musée de Mémorial de la Bataille folgen; **Platzanzahl:** 30; **Untergrund:** Asphalt; **Preise:** von 17 bis 8 Uhr gebührenpflichtig, 4 €; **Geöffnet:** frei zugänglich; **Adresse/Kontakt:** 14400 Bayeux, D5

52 Camping Municipal, Bayeux
N49.28401° W0.69786°

Ein gärtnerisch gestalteter Campingplatz mit befriedigender Sanitärausstattung, größere Duschen im zweiten Sanitärhaus. Die Lage ist gut, aber laut (Ausfallstraße). **Lage/Anfahrt:** In Bayeux ausgeschildert; **Platzanzahl:** 140; **Untergrund:** Wiese; **Ver-/Entsorgung:** Strom, Trinkwasser, Abwasser, Chemie-WC; **Sicherheit:** umzäunt, beleuchtet, bewacht; **Preise:** 10,45 €/Fahrz. inkl. 1 Pers., 4,95 €/Pers., Strom 4,40 €; **Geöffnet:** Mitte April–Okt.; **Adresse/Kontakt:** 14400 Bayeux, Boulevard Eindhoven, Tel. +33 (0)2 31920843, www.camping-bayeux.fr

53 Abtei Saint-Vigor, Cerisy-la-Fôret
N49.19847° W0.93245°

Offizieller Stellplatz bei einem kleinen See mit Picknicktischen und einem hübsch angelegten Steinskulpturengarten. Lage gut und sehr ruhig. **Lage/Anfahrt:** An der Abteikirche vorbeifahren und am See nach links abbiegen; **Platzanzahl:** 3; **Untergrund:** Schotter; **Ver-/Entsorgung:** Strom, Trinkwasser, Chemie-WC; **Preise:** kostenlos, 2 €/10 Min. Wasser oder 60 Min. Strom; **Geöffnet:** frei zugänglich; **Adresse/Kontakt:** 14663 Cerisy-la-Fôret, Rue de l'Etang

54 Aire les Peupliers, Saint-Vigor-le-Grand

N49.29932° W0.67459°

Privater Platz auf einem Bauernhof in sehr schöner und sehr ruhiger Lage, parzelliert; **Lage/Anfahrt:** Von der D516 ausgeschildert; **Platzanzahl:** 10; **Untergrund:** Schotter/Wiese; **Ver-/Entsorgung:** Strom, Trinkwasser, Chemie-WC; **Preise:** 12 € inkl. Strom und VE; **Geöffnet:** ganzjährig; **Adresse/Kontakt:** 14400 St. Vigor-le-Grand, Rue René Bazin 20, Tel. +33 0687040377

55 Motorhome Aire, Arromanches-les-Bains

N49.33909° W0.62580°

Offizielle zentrumsnahe Stellplätze. Lage gut und relativ ruhig. WC. **Lage/Anfahrt:** Durch den Ort hindurch ausgeschildert; **Platzanzahl:** 14; **Untergrund:** Asphalt; **Ver-/Entsorgung:** Strom, Trinkwasser, Chemie-WC; **Sicherheit:** beleuchtet; **Preise:** kostenlos, 2 €/10 Min. Wasser oder 60 Min. Strom; **Geöffnet:** frei zugänglich; **Adresse/Kontakt:** 14117 Arromanches-les-Bains, Rue François Carpentier

56 Tennisplätze, Port-en-Bessin-Huppain

N49.34558° W0.75845°

Offizielle zentrumsnahe Stellplätze beim Tennisplatz (Rue du 11 Novembre). Lage befriedigend und relativ ruhig. **Lage/Anfahrt:** Im Ort mit Womopiktogramm ausgeschildert; **Platzanzahl:** 25; **Untergrund:** Schotter; **Preise:** 6 €/Fahrz.; **Geöffnet:** ganzjährig; **Adresse/Kontakt:** 14520 Port-en-Bessin-Huppain, Rue du 11 Novembre

57 Aire de Repos, Ste-Honorine-des-Pertes

N49.34845° W0.81652°

Privater, gepflegter Platz neben einer Autowerkstatt mit Tankstelle. Lage befriedigend und relativ ruhig. **Lage/Anfahrt:** Von der D514 bei der Garage Vally nach links abbiegen; **Platzanzahl:** 40; **Untergrund:** Wiese; **Ver-/Entsorgung:** Strom, Trinkwasser, Abwasser, Chemie-WC; **Sicherheit:** umzäunt, beleuchtet; **Preise:** 10 €/Fahrz. inkl. Strom und VE; **Geöffnet:** ganzjährig; **Adresse/Kontakt:** 14520 Sainte-Honorine-des-Pertes, Route d'Omaha Beach 45

⌃ *Kunst und Natur findet man auf dem Stellplatz bei der Abtei Saint-Vigor* 53.

⌄ *Kostenlos und zentrumsnah steht das Wohnmobil auf dem Platz in Isigny-sur-Mer*

58 La Ferme du Clos Tassin, Colleville/Mer

N49.34913° W0.83955°

Privater Stellplatz bei einem Bauernhof mit Cidre-, Calvados- und Pommeau-Verkostung, hübsch angelegtes, parzelliertes Gelände. Lage schön und relativ ruhig (Straße). **Lage/Anfahrt:** Von der D514 vor Colleville ausgeschildert; **Platzanzahl:** 6; **Untergrund:** Schotter/Wiese; **Ver-/Entsorgung:** Strom, Trinkwasser; **Preise:** 6 €, alles inkl.; **Geöffnet:** ganzjährig; **Adresse/Kontakt:** 14710 Colleville-surr-Mer, Route d'Omaha Beach, Tel. +33 (0)2 31224151, www.clostassin.fr

59 La Ferme du Lavoir, Formigny

N49.34085° W0.89650°

Privater Stellplatz mit einfacher Dusche/WC bei einem Bauernhof mit Cidre- und Calvados-Verkostung und Pferden, nett angelegtes, parzelliertes Gelände. Lage schön und ruhig. **Lage/Anfahrt:** Von der D514 in St-Laurant-sur-Mer auf die D517 nach Formigny abbiegen, 3 km bis zum Platz, ausgeschildert; **Platzanzahl:** 6; **Untergrund:** Schotter/Wiese; **Ver-/Entsorgung:** Strom, Trinkwasser, Abwasser, Chemie-WC, Toilette; **Preise:** 10 € inkl. Strom und VE; **Geöffnet:** ganzjährig; **Adresse/Kontakt:** 14710 Formigny, D517, Tel. +33 (0)2 31225689, www.fermedulavoir.fr

60 La Ferme Rouge Fosse, Englesqueville-la-Percée

N49.38750° W0.94845°

Wunderschöner privater Stellplatz hinter einem Bauernhof mit Kühen, nett angelegtes, parzelliertes Gelände. Man wird herzlich empfangen und Kinder dürfen gern auf dem Hof mithelfen. Lage sehr gut und ruhig. **Lage/Anfahrt:** Von der D514 in Englesqueville ausgeschildert; **Platzanzahl:** 6; **Untergrund:** Schotter/Wiese; **Ver-/Entsorgung:** Strom, Trinkwasser, Abwasser, Chemie-WC, Toilette; **Preise:** 5 € inkl. Strom, 3 € Ver- und Entsorgung; **Geöffnet:** ganzjährig; **Adresse/Kontakt:** 14710 Englesqueville la Percée, Ferme de la Rouge Fosse, Tel. +33 (0)2 31518526

61 Aire de camping-cars, Grandcamp-Maisy

N49.38623° W1.03858°

Offizieller Stellplatz, nett angelegtes, parzelliertes Gelände. Lage gut und ruhig. Bäcker kommt um 8.30 Uhr.

Lage/Anfahrt: Von der D514 vor dem Zentrum bei einem kleinen Steinturm mit Fahne nach links in die Rue du Moulin Odo abbiegen, ausgeschildert; **Platzanzahl:** 14; **Untergrund:** Schotter; **Ver-/Entsorgung:** Trinkwasser, Abwasser, Chemie-WC; **Preise:** 10 € inkl. VE; **Max. Stand:** 2 Nächte; **Geöffnet:** frei zugänglich; **Adresse/Kontakt:** 14450 Grandcamp-Maisy, Rue du Moulin Odo

62 Fluss Aure, Isigny-sur-Mer

N49.32135° W1.10425°

Offizielle Stellplätze am Fluss Aure, zentrumsnah, nur zwei Plätze sind auch für Fahrzeuge über 6 m Länge geeignet. Lage befriedigend und relativ ruhig. **Lage/Anfahrt:** Auf der D613 stadtauswärts fahren, vor dem Fluss Aure nach links in den Quai A. Briand abbiegen, geradeaus bis zum Platz (links), oder von der D613 bei der Ausfahrt „Isigny Port" abfahren, geradeaus und nach der Aure rechts; **Platzanzahl:** 6; **Untergrund:** Asphalt; **Ver-/Entsorgung:** Trinkwasser, Abwasser, Chemie-WC; **Sicherheit:** beleuchtet; **Preise:** kostenlos, Wasser 2 €; **Geöffnet:** frei zugänglich; **Adresse/Kontakt:** 14230 Isigny-sur-Mer, Quai Neuf

294mm Abb.: ug

VOM MEER UMTOSTE FELSENKAPS, SANDBUCHTEN UND DIE BOCAGE

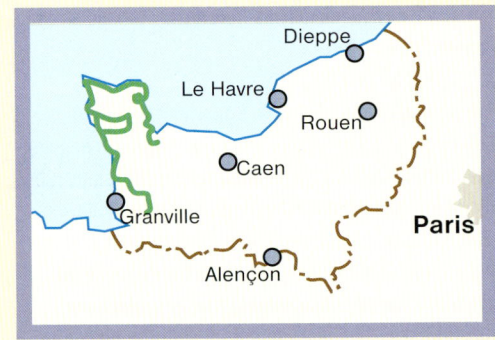

Einem Finger gleich ragt die dünn besiedelte Halbinsel Cotentin in den Ärmelkanal. An der Küste wechseln sich steile Klippen mit Sandbuchten und kleinen Fischerhäfen ab. Wanderungen mit wunderschöner Aussicht lassen sich entlang der vom Meer umspülten Felsenkaps oder in weiter Dünenlandschaft unternehmen. Immer wieder bieten sich herrliche Badeplätze an weiten Sandstränden für eine Erfrischung im Meer an. Zum Sonnenbaden findet man windgeschützte Dünenmulden. Cherbourg ganz im Norden des Cotentin besitzt den größten künstlich angelegten Hafen der Welt. Liebevoll angelegte Parks mit zum Teil tropischen Pflanzen rund um Märchenschlösser sind zur Besichtigung freigegeben. Das dünn besiedelte Landesinnere mit seiner typischen Bocage-Landschaft wird nur wenig von Touristen besucht, dabei ist die von Steinwällen und Hecken geprägte Region mit malerischen Dörfern wie Villedieu-les-Poêles und der Abbaye de Hambye durchaus reizvoll. Sainte-Mère-Église und Utah Beach erinnern dagegen an die Schrecken des Zweiten Weltkrieges, aber auch an eine menschliche Geste inmitten der unmenschlichen Ereignisse.

▷ *Am nördlichsten Punkt des Cotentins wacht der Leuchtturm am Cap de la Hague*

276mm Abb.: gg

ROUTE 5

DURCH DAS COTENTIN

STRECKENVERLAUF

Strecke: Isigny-sur-Mer – Carentan (12 km) – Sainte-Mère-Église (33 km) – Abstecher zur Batterie d'Azeville (insgesamt 14 km) – Quinéville (16 km) – Abstecher ins Tal der Saire (Rundfahrt 15 km) – St-Vaast-la-Hougue (13 km) – Barfleur (13 km) – Château des Ravalet (36 km) – Cherbourg-Octeville (5 km) – Abstecher zum Parc Floral du Château de Martinvast (hin und zurück 16 km) – Cap de la Hague (34 km) – Abstecher durch das Landesinnere (65 km) – Barneville-Carteret (70 km) – Lessay (29 km) – Abstecher nach Gratot (hin und zurück 5 km) – Coutances (26 km) – Villedieu-les-Poêles (38 km)

Streckenlänge: ohne Abstecher 325 km mit Abstecher 440 km

Parc Naturel Régional des Marais du Cotentin et du Bessin

Im Herzen des Départements Manche liegt dieser Naturpark, von dem ein Teil noch in das Bessin im Département Calvados ragt. Er umfasst ein Gebiet von 145.000 ha, davon sind 30.000 ha Feuchtgebiete. Wenn im Mai die Wiesen nach der winterlichen Überschwemmung wieder abtrocknen, werden Rinder und Pferde auf die Weiden entlang der Flüsse Douve und Taute getrieben. Die Beweidung der Marschlandschaft ist für deren Erhalt von außerordentlicher Bedeutung. Ohne sie gewännen in kürzester Zeit Bäume und Sträucher die Oberhand, mit der Folge, dass das Marschland zusehends verlanden würde. Für viele Vögel wie den Weißstorch gibt es hier ideale Bedingungen zur Aufzucht der Jungen. Im Maison du Parc erhält man neben Informationen zur Tier- und Pflanzenwelt Routenvorschläge und Kartenmaterial, um das Gebiet zu erkunden.

CARENTAN (12 km – km 12)

Auf der vierspurigen N13 fährt man rasch die 12 km von Isigny-sur-Mer bis nach Carentan. Die Stadt liegt im **Parc Naturel Régional des Marais du Cotentin et du Bessin,** einem Landschaftsschutzgebiet mit Sümpfen und Feuchtwiesen. Hier auf dem fetten Grasland weiden Kühe und liefern Milch für die unnachahmlich gute Butter. In Carentan, das auch „Capitale des Marais" („Hauptstadt der Sümpfe") genannt wird, finden regelmäßig große Viehmärkte statt. Über die Rue Holgate mit vielen Geschäften erreicht man den Place de la République und weiter geradeaus die Rue de la Halle mit ihren mittelalterlichen Arkadengängen. Unter der von zehn Pfeilern gedeckten Galerie wurde ab dem 14. Jh. Markt abgehalten. Diese Bauweise ist einmalig in der Normandie. Sich links haltend kommt man zur **Église Nôtre-Dame** mit ihrem achteckigen Turmhelm. Begonnen im 11. Jh., wurde sie 1443 von den Engländern zerstört und im 15. bis 16. Jh. in ihrer heutigen Gestalt wieder aufgebaut.

Information

Office de Tourisme des Marais de Carentan, 50500 Carentan, Place de la République 24, Tel. +33 (0)2 33712350, www.ot-carentan.fr, Öffnungszeiten: Apr.–Juni/Sept. Mo–Sa 9.30–12.30 und 14–18 Uhr, Juli/Aug. Mo–Sa 9–18.30 Uhr, So 9.30–13.30 Uhr, Okt.–März Mo–Fr 9.30–12.30 und 14–18 Uhr

63 Aire Camping Car le Port, Carentan (s. S. 176)

Auf der D913 geht die Fahrt Richtung St-Côme-du-Mont. Ungefähr 1,5 km hinter dem Ortsende von Carentan biegt man beim Hinweisschild „Ponts d'Ouve" nach links auf den Parkplatz ab. Hier im Maison du Parc bekommt man Informationen zum **Parc Naturel Régional des Marais du Cotentin et du Bessin,** kann einen Naturfilm ansehen, zu Wanderungen oder einer interessanten Bootsfahrt durch das Sumpfgebiet starten.

Auf dem Ausflugsboot gleitet man bequem mitten hinein in diese einzigartige Natur.

Sehenswertes

Maison du Parc, 50500 Saint-Côme-du-Mont, Village Ponts d'Ouve 3, N49.32014° W1.26506°, Tel. +33 (0)2 33716530, Öffnungszeiten: Jan.–März und Okt.–Dez. Di–So 9.30–13 und 14–17.30 Uhr, Apr.–Juni/Sept. 10–13 und 14–18.30 Uhr, Juli/Aug. 10–18.30 Uhr, Eintritt: 4–5/2–2,50/8,50–11 €, Hundeverbot.
Promenades fluviales, 50500 Saint-Côme-du-Mont, Village Ponts d'Ouve 3, Tel. +33 (0)2 33423944, Mai–Sept. Halbtagsfahrt (13/9 €): 9.30 und 15 Uhr, nur Sa Ganztagesfahrt (Anmeldung unter +39 (0)2 33211626, 20/15 €): 9.30 Uhr, Hund immer 5 €

Auf der D913 geht die Fahrt weiter Richtung Küste. Schon von Weitem grüßt der prächtige Renaissancekirchturm von **Sainte-Marie-du-Mont.** Auf einem weiten, kreisförmig von Häusern umgebenen Platz steht die Kirche aus dem 11. bis 16. Jh. Man betritt das Gotteshaus durch ein Portal aus dem 16. Jh. Im Innern sollte man einen Blick auf die erste Säule rechts werfen. Am Kapitell ist eine Hirschkuh zu sehen, die sich in den Schwanz beißt.

Auf der Straße Richtung Strand kommt man am Denkmal für 800 gefallene dänische Matrosen vorbei. Am Utah Beach landeten Truppen der Alliierten zur Befreiung des von den Deutschen besetzten Frankreichs. Ein Dünenstück wurde von der Gemeinde Ste-Marie-du-Mont gestiftet und ist heute amerikanisches Territorium. Darauf erhebt sich eine Stele zu Ehren der gefallenen Soldaten. Im **Musée du Débarquement** sind Waffen, Ausrüstungsgegenstände und ein Dokumentarfilm über die Landung zu sehen.

Sehenswertes

Musée du Débarquement, Utah Beach, Tel. +33 (0)2 33715335, www.utah-beach.com, Öffnungszeiten: Okt.–Mai 10–18 Uhr, Juni–Sept. 9.30–19 Uhr, 8/4 €

Parken

Utah Beach (N49.41764° W1.17751°), von 21 bis 8 Uhr Parkverbot

Strandspaziergang ins Vogelschutzgebiet

Man kann einen sehr schönen Spaziergang am einsamen Strand und in den Dünen mit beliebiger Dauer unternehmen. Vom Musée du Débarquement (s. links) geht man dazu auf dem wunderschönen, weitläufigen Dünengelände nach rechts in südlicher Richtung. Außerhalb der Hauptsaison wird man hier nur selten einem Menschen begegnen. Nach einiger Zeit stößt man auf Schilder, die darauf hinweisen, dass man sich in einem Vogelschutzgebiet (La réserve naturelle de Beauguillot) befindet. Hierher kommen Gänse und Enten zum Überwintern. Viele Vogelarten nutzen das Gebiet als Stopp bei ihrem Zug in den Süden. Für den Rückweg spaziert man am Strand entlang und kann bei Ebbe den Austernfischern mit ihren Traktoren bei der „Ernte" zusehen.

64 Camping car parc, Utah Beach (s. S. 176)

⌂ *Die typischen Normannenrinder erkennt man an ihrem dunklen Augenfleck, auch „Brille" genannt*

Immer an der Küste entlang fährt man auf der D421 in nördlicher Richtung. Unterwegs kommt man am Denkmal für Général Leclerc vorbei, der hier am 1. August 1944 mit seinen Truppen landete.

In Ravenoville-Plage geht es auf der D15 landeinwärts Richtung Sainte-Mère-Église.

⓺⓹ Camping Le Cormoran, Ravenoville (s. S. 176)

SAINTE-MÈRE-ÉGLISE

(33 km – km 45)

In der Nacht vom 5. auf den 6. Juni 1944 landete in Sainte-Mère-Église die amerikanische **82nd Airborne Division,** die die Zugänge zum Utah Beach freikämpfen sollte. **John Steele,** einer dieser Fallschirmspringer, blieb jedoch mit seinem Fallschirm am Kirchturm hängen. Er musste durch einen Granatsplitter verletzt mehrere Stunden tatenlos den Kämpfen zu seinen Füßen zusehen, bis er endlich – vom Deutschen Rudolf May – aus seiner misslichen Lage befreit wurde. Der deutschen Gefangenschaft konnte er nach wenigen Tagen entfliehen. Sainte-Mère-Église blieb er bis zu seinem Tode freundschaftlich verbunden. Heute hängt zur Erinnerung an John Steele eine Puppe mit Fallschirm am Kirchturm.

Ein Glasfenster an der Giebelseite der Kirche behandelt ebenfalls die Befreiung der Stadt durch Fallschirmjäger. Auch das **Musée Airborne,** dessen Dachkonstruktion einem Fallschirm gleicht, nimmt sich dieser schicksalsreichen Ereignisse an. Ziemlich unpassend im Hinblick auf diesen so verlustreichen Krieg wirken die in Militariahandlungen im Ort ausgestellten Kinderuniformen. Wie ein kleiner Soldat, einschließlich Stahlhelm und Gewehr, kann der Sprössling hier eingekleidet werden.

Vor dem Rathaus der Stadt beginnt mit dem **Borne 0 de la Voie de la Liberté** (Markierungsstein des Weges der Freiheit), der mit vielen 1,20 m hohen und 435 kg schweren Steinen gekennzeichnete Weg von General Patton, der mit der 3. US-Armee von hier über Metz bis nach Sainte-Ode in der Nähe von Bastogne in Belgien marschierte und das Gebiet von den Nazis befreite. Auf dem Beauvais-Bauernhof **(Ferme-Musée du Cotentin)** aus dem 17. Jh. wurde alles zusammengetragen, was es an bäuerlichem Inventar aus vergangenen Zeiten gibt. Landwirtschaftliche

Maschinen, Möbel, Haushaltsgegenstände sowie eine Molkerei aus dem letzten Jahrhundert geben einen umfassenden Einblick in das Leben auf einem normannischen Bauernhof. Auf dem Hofgelände tummeln sich Hühner, Gänse, Enten, Esel, Hasen und Schafe.

Information

Office de Tourisme, 50480 Sainte-Mère-Église, Rue Eisenhower 6, Tel. +33 (0)2 33210033, www.sainte-mere-eglise.info, Öffnungszeiten: Okt.–März Mo–Fr 9.30–12.30 und 13.30–17 Uhr, Apr.–Juni/Sept. Mo–Sa 9–13 und 14–18 Uhr, So 9.30–13.30, Juli/Aug. Mo–Sa 9–18.30, So 10–16 Uhr

Sehenswertes

Musée Airborne, 50480 Sainte-Mère-Église, Rue Eisenhower 14, Tel. +33 (0)2 33414135, www.airborne-museum.org, Öffnungszeiten: Mai–Aug. 9–19 Uhr, Apr./Sept. 9.30–18.30 Uhr, Okt.–März 10–18 Uhr, Eintritt: 8,50/5 €

Ferme-Musée du Cotentin, 50480 Sainte-Mère-Église, Chemin de Beauvais, Tel. +33 (0)2 33954020, Öffnungszeiten: April–Juni/Sept. So–Fr 14–18 Uhr, Juli/Aug. tägl. 11–19 Uhr, Eintritt: 5 €

Essen

Le John Steele, 50480 Sainte-Mère-Église, Rue du Cap de Laine, Tel. +33 (0)2 33414116. Einfallsreiche Gerichte wie Austern mit Äpfeln und Ingwer, Mo und Sonntagabend geschlossen.

Ver- und Entsorgung

N49.41024° W1.31043°, beim Campingplatz, 1 €/10 Min. Wasser oder 60 Min. Strom, oder bei Super U in der Zone Commerciale (N49.40464° W1.32286°)

66 Aire de Camping Cars, Sainte-Mère-Église (s. S. 176)

67 Camping Municipal, Sainte-Mère-Église (s. S. 177)

◁ *In welch unangenehmer Lage sich der Soldat John Steele befand, wird an dieser Puppe deutlich*

ABSTECHER ZUR BATTERIE D'AZEVILLE (insgesamt 14 km)

Nicht nur wer sich für die deutschen Batterien interessiert, sollte diesen Abstecher machen, denn schon die Fahrt durch die schöne Sumpflandschaft des Marais de Cotentin lohnt den Umweg. Entwässerungskanäle durchziehen die fetten Wiesen und überall grasen die „glücklichen" Marais-Kühe.

Zunächst fährt man auf der D15, derselben Straße wie bei der Hinfahrt, zurück. Nach 3 km nimmt man die D115 und später die D269 nach Azeville. In dem kleinen Dorf kann man eine deutsche Batterie **(Batterie d'Azeville)** bestehend aus vier mächtigen Bunkern, 350 m unterirdischen Verbindungsgängen, einem Aufenthaltsraum und Ruheräumen mit deutschsprachigem Audioguide besichtigen. Sie war eine der ersten Stellungen, die Hitler an der normannischen Atlantikküste errichten ließ. Die Alliierten brauchten drei Tage, bis sie sie eingenommen hatten.

Sehenswertes

Batterie d'Azeville, 50310 Azeville, La Rue, N49.46042° W1.30606°, Tel. +33 (0)2 33406305, Öffnungszeiten: Apr./Okt. 14–18 Uhr, Mai/Sept. 11–18 Uhr, Juni–Aug. 10–19 Uhr, Eintritt: 6,50/3/19 €

Musée de la Batterie de Crisbecq, 50310 Saint-Marcouf-de-L'Isle, Route des Manoirs, Tel. +33 (0)6 68410904, Öffnungszeiten: Apr./Okt./Nov. 11–18 Uhr, Mai/Juni/Sept. 10–18 Uhr, Juli/Aug. 10–19 Uhr, Eintritt: 8/4,50 €

68 Sportplatz, Montebourg (s. S. 177)

Über Crisbecq, wo man auch noch eine deutsche Batterie besichtigen kann, kommt man bei Les Gougins wieder ans Meer auf die D421.

Wer diesen Abstecher nicht machen möchte, fährt auf der D15 bis Ravenoville-Plage und dann in nördlicher Richtung weiter bis Quinéville.

QUINÉVILLE (16 km – km 61)

Ein ruhiges, beschauliches Städtchen am Meer hat für Schleckermäuler eine ganz ausgezeichnete **Biscuiterie Artisanale** (ländliche Keksfabrikation) zu bieten. In der kleinen Produktion werden Kekse nach alten Rezepten und nur mit den besten Zutaten von Hand gefertigt. Es werden keinerlei chemische Zusätze verwendet, nur regionale Produkte und frische Butter kommen in den Teig. Vom Laden aus kann man einen Blick in die kleine Backstube werfen. Wer gleich probieren will, setzt sich in den *salon de thé.* Außer den Keksen gibt es auch verschiedene Kuchen wie **Tarte Cotentine** (Apfelkuchen mit Mandelguss) oder die regionale Spezialität le **Mouchoir aux Pommes** (Äpfel mit Calvados auf Blätterteig mit Buchweizenstreuseln).

Auch in Quinéville hat der Zweite Weltkrieg seine Spuren in Form eines Museums **(Mémorial de la Liberté Retrouvée)** hinterlassen. Diesmal ist jedoch nicht die Befreiung das Thema, sondern die Zeit der Besetzung von 1940 bis 1944. Anschaulich werden auf 1000 m² Ausstellungsfläche und auf Schautafeln die Lebensumstände der Bevölkerung gezeigt.

Einkaufen

Biscuiterie Artisanale, 50310 Quinéville, Rue du Port Sinope 6, Tel. +33 (0)2 33406851, Öffnungszeiten: Di–So 9–12.45 und 14–19 Uhr, Juli/Aug. täglich

◁ *Gemütliche Pause in der Biscuiterie Artisanale*

Sehenswertes

Mémorial de la Liberté Retrouvée, 50310 Quinéville, Avenue de la Plage 18, Tel. +33 (0)2 33959595, Öffnungszeiten: Apr.–Sept. 10–19 Uhr, Eintritt: 7/5,50 €

Auf der D421 verlässt man Quinéville und biegt dann nach rechts auf die D14 ab. Zunächst geht es durch das Landesinnere und später direkt am Meer bis nach Quettehou.

69 Strand, Quinéville (s. S. 177)

70 Camping Le Rivage, Quettehou (s. S. 177)

ABSTECHER IN DAS TAL DER SAIRE (Rundfahrt 15 km)

Eine beschauliche Rundfahrt zu den kleinen Dörfchen, hügeligen Weiden und schattigen Wäldchen im Tal der Saire ist eine nette Abwechslung zur Küste. Die von Hecken gesäumten Straßen und die dunklen Steindörfer versetzen einen gedanklich nach Irland. Man verlässt Quettehou auf der D26 und fährt ins 6 km entfernte **Le Vast.** In diesem romantisch an den Ufern der Saire gelegene Dorf steht ein ehemals prachtvolles Herrenhaus, das in einem großen Park auf seine Renovierung wartet. Links neben dem *manoir* rauscht die Saire über einen kleinen Wasserfall, bevor sie wieder sanft plätschernd unter einer alten Steinbrücke hindurchfließt. Man folgt dem Lauf der Saire (D25) weiter bis nach **Valcanville,** von wo es durch liebliche Landschaft (D125) zurück nach Quettehou geht. Dort fährt man nun auf die D1 nach St-Vaast-la-Hougue.

Wanderungen in der Region

www.val-de-saire.com/tourisme/nos-sentiers-de-randonnees

ST-VAAST-LA-HOUGUE
(13 km – km 74)

St-Vaast-la-Hougue liegt malerisch an einer weiten Bucht, die auf der einen Seite vom **Fort de la Hougue** und auf der anderen Seite von der **Insel Tatihou** mit dem **Fort Vauban** bewacht wird. Das reizende Städtchen ist wegen seines milden Klimas und wegen seiner Austernzucht in ganz Frankreich berühmt. In der geschützten Bucht gedeiht eine besonders feine, jodhaltige Austernart mit leicht nussigem Geschmack.

Auf einer Landzunge kann man die 1,5 km bis zum **Fort de la Hougue** spazieren. Eine Besichtigung der von einem Wassergraben umgebenen Festung ist allerdings nicht möglich, da sie militärisches Sperrgebiet ist.

Die 29 ha große Insel mit dem alten Wikingernamen **Île de Tatihou,** was frei übersetzt so viel wie „vom Wasser umgebener Hügel" bedeutet, liegt nur einen Katzensprung entfernt vor St-Vaast-la-Hougue. Mit einem skurrilen Amphibienfahrzeug, einem Boot auf Rädern, schwimmt man bei Flut bzw. fährt man bei Ebbe hinaus auf das Inselchen. Dort erwartet den Besucher das **Musée mariti-**

Spaziergang am einsamen Strand von Quinéville

Wenn man vom Stellplatz **69** *in nördlicher Richtung am Strand entlang geht, kommt man zum Fluss Sinope. Dem Flusslauf folgend und über eine Brücke auf die andere Seite wechselnd, kann man nun beinahe endlos auf einem Dünenweg wandern, immer mit herrlicher Sicht auf die Burg von St-Vaast (Wegmarkierung: rot-weißer Strich). Für den Rückweg bietet sich bei Ebbe der breite Strand an. Hier findet man eine unglaubliche Anzahl verschiedener Muscheln – eine Versuchung für jeden Sammler.*

me mit seinen zahlreichen Tauchfunden aus Schiffswracks der französischen Kriegsflotte, die 1692 in der Seeschlacht von La Hougue von den Engländern versenkt wurden. Rund um das Museum kann man durch einen großen, schön angelegten Park schlendern, an den sich noch ein 20 ha großes Reservat für Seevögel anschließt. Das ehemalige Fort Vau-

⌂ *Im schönen Tal der Saire*

ban mit dem 21 m hohen Turm gehört seit 2008 zum Weltkulturerbe. Da täglich nur maximal 500 Personen die Insel besuchen dürfen, sollte man sich in der Hauptsaison besser vorher telefonisch anmelden.

Information

Office de Tourisme, 50550 St-Vaast-la-Hougue, Place du Général de Gaulle 1, Tel. +33 (0)2 33719971, www.tourisme-saintvaast.com, Öffnungszeiten: Juli/Aug. Mo–Sa 9.30–12.30 und 14–18 Uhr, So 9.30–13 und 14–17.30 Uhr, Sept.–Juni Mo–Sa 10–12.30 und 14–17.30 Uhr, So 10–12.30 Uhr

Sehenswertes

Île de Tatihou, 50550 St-Vaast-la-Hougue, Quai Vauban, Tel. +33 (0)2 33231992, Kartenverkauf: Apr.–Okt. 9–12.30 und 13.15–17.30 Uhr, Fahrt: 10,50/4,50 € inkl. Museumsbesuch, ohne Museum 8/4 €. Hunde sind auf der Insel nicht erlaubt.

Essen

La Bisquine, 50550 St-Vaast-la-Hougue,Quai Vauban 33, Tel +33 (0)2 33239582, gutes Preis-Leistungs-Verhältnis, freundlicher Service, gut besucht, geschl. Mi/Do

Einkaufen

Maison Gosselin, 50550 St-Vaast-la-Hougue, Rue de Verrue 27, Tel. +33 (0)2 33544006. Hier gibt es von Feinkostleckereien über Tischdecken, Seifen, Souvenirs und Blechspielzeug bis zu Kaffee, Tee und Spirituosen einfach alles. Auch nur zum Schauen interessant.

71 Aire Camping Cars, St-Vaast-la-Hougue (s. S. 177)

72 Camping La Gallouette, Saint-Vaast-la-Hougue (s. S. 177)

Auf der Küstenstraße (D1) mit schöner Aussicht auf das Meer erreicht man nach 3 km Réville. Noch vor dem Dorf, gleich hinter der Brücke, zweigt die Straße zum **Pointe de Saire** ab. Von dieser Landspitze aus hat man einen weiten Blick zurück bis Saint-Vaast und die Insel Tatihou.

73 Camping de Jonville, Réville (s. S. 177)

74 Camping-Cars à la Ferme, Réville (s. S. 178)

251mm Abb.: gg

086rm Abb.: gg

Wieder auf der D1 kommt man nach 3,5 km zur Bucht von Montfarville. Von hier sind es noch 3 km landeinwärts ins kleine, reizende Städtchen **Montfarville** mit seiner interessanten Granitkirche. Das dunkle Äußere der *église* wird durch farbenprächtige Deckengemälde im Innern aufgelockert. 18 wunderschöne Bilder erzählen vom Leben Jesu. Nachdem er die Sixtinische Kapelle in Rom besichtigt hatte, gab Abt Goutière Guillaume Fouace von Réville den Auftrag, die Decke auszumalen. Interessant sind auch der prächtige Triumphbogen und die in leuchtenden Farben gehaltenen Glasfenster.

Sehenswertes
L'Église de Montfarville, April–Sept 9.30–18.30, Okt.–März 9.30–17 Uhr, Beleuchtung 1 €/10 Min.

Parken Montfarville
N49.65307° W1.26817°

Picknick-Badeplatz in Montfarville
N49.64723° W1.24305°. An einer kleinen Bucht mit Picknickbänken

Von hier sind es noch 2 km auf der D155 und Barfleur ist erreicht.

BARFLEUR (13 km – km 87)

Barfleur gilt als eines der reizendsten Städtchen des Landes und wirklich: Der **Hafen** mit seinen Fischerbooten und die **trutzige Kirche am Meer** sind außerordentlich malerisch. Im Mittelalter war Barfleur einer der wichtigsten Häfen in der Normandie. Von hier brach vermutlich **Wilhelm der Eroberer** mit seinem Schiff Mora nach England auf, eine Medaille auf einem Felsen an der Hafeneinfahrt erinnert daran.

Die Häuser aus dunklem Granit, aufgelockert durch bunte Schilder und Blumen, stehen dicht an dicht an der Hauptgeschäftsstraße. Die Kirche **St-Nicolas** wurde zwischen dem 17. Jh. und 19. Jh. ebenfalls aus Granitsteinen erbaut. Der Kirchturm hat keine Spitze, sondern eine Plattform mit Balustrade.

⌃ Ruhig schaukeln die Boote im Hafen von Barfleur

◁ Blick auf die Île de Tatihou

Im rechten Querschiff findet man eine Pieta aus geschnitztem Eichenholz aus dem 16. Jh. Im Chor hängt hinter dem Triumphbalken ein Holzschiff zu Ehren der Fischer des Dorfes.

Information
Office de Tourisme, 50760 Barfleur, Rond Point le Conquérant 2 (unterhalb der Kirche), Tel. +33 (0)2 33540248, www.ville-barfleur.fr, Öffnungszeiten: 16. Sept.–März Di-Sa 10-12.30 und 14-17 Uhr, Apr.–Juni, 1.–15. Sept. Mo-Sa 10-12.30 und 14-18.30 Uhr, Juli/Aug. auch So 10-12 und 14.30-17.30 Uhr

Sehenswertes
Église St-Nicolas, Öffnungszeiten: Mai–Sept. 8.30–19, Okt.–Apr. 8.30-17.30 Uhr

Essen
Chez Buck, 50760 Barfleur, Rue St.-Thomas 1, Tel.+33 (0)2 33540216. Viele Galettevariationen und Muscheln.

Parken
N49.67423° W1.26501°, Rue de la Masse, kostenlos

⑮ Camping la Blanche Nef, Barfleur (s. S. 178)

Immer an der Küste entlang fährt man auf der D116 von Barfleur nach **Gatteville,** einem richtig schmucken Dorf mit beeindruckend großem Dorfplatz. Der Anfang des 19. Jh. errichtete Leuchtturm *(phare)* am Pointe de

Barfleur hat einige Besonderheiten: Er ist mit 74,85 m der zweithöchste Frankreichs, außerdem hat er so viele Stufen, wie es Tage, und so viele Fenster, wie es Wochen im Jahr gibt.

Sehenswertes
Phare Gatteville, N49.69513° W1.26781°, Öffnungszeiten: Feb.–Dez. 10-12, Feb./Nov./Dez. auch 14-16, März/Okt. auch 14-17, Apr./Sept. auch 14-18, Mai–Aug. auch 14-19 Uhr, Eintritt: 3/1 €, Kinder bis 5 Jahre frei

Picknickplatz
N49.69519° W1.27061°. Am Leuchtturm bei Gatteville

Picknickplatz
N49.69367° W1.27932°, Picknickbänke am Hafen. Parkverbot 22-7 Uhr

⑯ Camping La Ferme du Bord de Mer, Gatteville-Phare (s. S. 178)

Zurück in Gatteville nimmt man wieder die D116 und fährt auf ihr 6 km bis zum Hinweisschild **„Moulin de Marie Ravenel".** Auf einer schmalen, unbefestigten Straße gelangt man bis zum Parkplatz 150 m vor der Müh-

▷ *Häufig werden zur Befestigung von Reetdächern Schwertlilien gepflanzt*

le (N49.68993° W1.36481°). Die idyllisch gelegene, mit Stroh gedeckte Wassermühle wurde im 18. Jh. gebaut und war bis 1935 in Betrieb. 1811 erblickte die Poetin Marie Ravenel hier das Licht der Welt. Bereits mit 15 Jahren begann sie Gedichte zu schreiben und nach ihrem Tod hinterließ sie 79 veröffentlichte Werke.

Sehenswertes

Moulin de Marie Ravenel, Öffnungszeiten: Apr.–Juni/Sept. Mi/Sa/So 14–17.30 Uhr, Juli/Aug. tägl. 14–18.30 Uhr, Eintritt: 4/1,50 €

Weiter geht die Route auf der D116 bis zur Touristeninformation mit großem Parkplatz kurz vor Fermanville. Dort kann man sich mit Infomaterial eindecken und das Wohnmobil parken, um zu einem Spaziergang durchs Tal der Mühlen aufzubrechen.

Information

Office de Tourisme, 50840 Fermanville, Place Marie Ravenel, N49.68240° W1.44740°, Tel. +33 (0)2 33231213, www.tourismecotentinvaldesaire.fr, Öffnungszeiten: Apr.–Juni/Sept. Di–Fr 10–12 Uhr, Juli/Aug. tägl. 9–12 und 14–18 Uhr, Okt. Mi/Fr 10–12 Uhr

Wer zum Cap Lévi mit dem Leuchtturm fahren will, muss zunächst durch Tôt le Haut – ein Ortsteil von Fermanville – hindurch. Eine schmale Passage mit nur 2,50 m Breite erfordert etwas Vorsicht. Dafür hat man anschließend die Qual der Wahl zwischen zwei Stellplätzen: dem privaten oder dem freien direkt an der traumhaften Felsenküste.

Wer die Engstelle in Tôt le Haut vermeiden will, muss noch 1 km weiter auf der D116 fahren und beim Hinweisschild „capelle la lorette" rechts abbiegen. An der Einmündung geht es rechts zu den Stellplätzen **77** und **78** und links zum alten Fort (N49.68978° W1.47466°) und zum Stellplatz Hafen **79**.

77 Cap Lévi, Fermanville (s. S. 178)

78 Phare, Fermanville (s. S. 178)

79 Hafen Cap Levi, Fermanville (s. S. 178)

Das **Fort du Cap Lévi** wurde von 1801 bis 1803 auf Betreiben Napoleons errichtet. Es diente der Verteidigung der Küste gegen englische Angriffe. Heute ist es ein Hotel. Man

Spaziergang durch das Tal der Mühlen und zum Eisenbahnviadukt

Vom Ende des Parkplatzes am Office de Tourisme geht es immer geradeaus. Auf dem kleinen Sträßchen kommt man an zwei ehemaligen Mühlen vorbei, die allerdings zu luxuriösen Häusern umgebaut wurden und nicht besichtigt werden können. Der Anblick der Mühlen am idyllischen Bachlauf ist aber auch so lohnenswert. Das Tal wird von einem 242 m langen und 32 m hohen Viadukt überspannt. Er ist Teil der 1904 eröffneten Eisenbahnstrecke Cherbourg – St.-Vaast-la-Hougue. Da der Zug immer wieder mit Kühen zusammenstieß, hieß er im Volksmund „Tue-Vagues" (Kuhtöter). Wenn man unter dem Viadukt hindurchgeht und dem nächsten Waldweg nach links bergan folgt, kommt man zum Wanderweg auf der ehemaligen Eisenbahnstrecke. Nachdem man den Blick hinunter ins Tal genossen hat, geht man auf demselben Weg zurück zum Parkplatz (Dauer ca. 40 Minuten).

kann den Innenhof aber trotzdem besichtigen und den schönen Ausblick auf Cherbourg und die Küste von der Festungsmauer aus genießen. Anschließend sollte man unbedingt auf dem schmalen Küstenpfad bis zum Phare gehen. Peitschende Gischt umspült die Felsen, leuchtend violett und gelb blühende Blumen säumen im Frühling den Weg. Wer am Phare parkt, macht das Ganze in die andere Richtung.

Immer weiter auf der D116 geht es auf landschaftlich schöner Strecke direkt an der Felsenküste entlang Richtung Cherbourg.

Ver- und Entsorgung

Beim Camping Collignon (N49.65424° W1.56604°), 2 €/100 l Wasser.

⑧⓪ Camping Collignon, Tourlaville (s. S. 179)

☑ *Die blühende Küste beim Phare Sémaphore*

088mm Abb.: gg

Um zum Château des Ravalet zu kommen, fährt man bei der ersten Abfahrt „Tourlaville" von der Ausfallstraße nach Cherbourg ab und folgt durch Tourlaville den Hinweisschildern.

PARC DU CHÂTEAU
DES RAVALET (36 km – km 123)

Ein richtiges Märchenschloss ist das Renaissance-Château des Ravalet und man wäre nicht überrascht, wenn sich an einem der Fenster Dornröschen zeigen würde.

Das Schloss selbst kann man zwar nur von außen besichtigen, aber auch das ist lohnenswert. Umgeben ist das Schloss von einem wunderschönen Park mit zwei Seen, auf denen Schwäne ihre Kreise ziehen. Im Mai und Juni blühen die Rhododendren üppig in Farben von gelb bis violett. Sogar Palmen und seltene Baumfarne gedeihen hier dank des Golfstromes und ein altes Gewächshaus mit Bananenstauden erstrahlt nach einer Renovierung im neuen Glanz.

Sehenswertes

Château des Ravalet, 50110 Tourlaville, N49.62851° W1.56667°, Tel. +33 (0)2 33878898, Öffnungszeiten: Ostern–Aug. 8–20 Uhr, Sept. 8–19 Uhr, Okt.–Ostern 8–18.30 Uhr, Eintritt: frei, Hundeverbot

CHERBOURG-OCTEVILLE
(5 km – km 128)

Mit 90.000 Einwohnern ist Cherbourg keine Großstadt und trotzdem kann sie mit einer Superlative aufwarten: ihrem **Hafen.** Sie ist mit 3,7 km Länge und 1500 ha Fläche eine der größten künstlich geschaffenen Hafenanlagen der Welt, die einen Militär-, einen Fischerei-, einen Jacht- sowie einen Handelshafen umfasst. Von hier verkehren Fähren nach Rosslare in Irland und Portsmouth in England. Schon unter Ludwig XIV. wurden Pläne für einen großen Atlantikhafen geschmiedet,

☑ *Das Château des Ravalet gleicht einem Dornröschenschloss*

doch erst 1783 konnte mit den Arbeiten für das gigantische Hafenaußenwerk begonnen werden. Fast ein Dreivierteljahrhundert zogen sich die Arbeiten für die Reede hin. 1853 war das Außenwerk vollendet und 1858 wurde der Hafen von Napoleon III. eingeweiht. Im ausgehenden 19. Jh. begann die Ära der legendären Ozeanriesen, die im Linienverkehr Cherbourg mit Amerika verbanden. Die stolzesten Schiffe der Weltmeere wie die Queen Mary, die Queen Elisabeth, die Titanic und zuletzt die Queen Elisabeth II. gingen hier vor Anker.

An die großen Zeiten der transatlantischen Personenschifffahrt erinnert der riesige, ehemalige transatlantische Bahnhof. Heute ist in ihm die **Cité de la Mer** untergebracht, ein Besuchermagnet ersten Grades. In einem riesigen Aquarium mit 350.000 l Wasser werden zahlreiche bunte Fische auf eindrucksvolle Weise präsentiert. Man erfährt alles über Unterwasserfahrzeuge und den Tauchsport. Nach dem spielerischen Absolvieren eines Eignungskurses wird in einem Simulator eine Unterwasserfahrt täuschend echt nachempfunden. Anschließend ist der Besucher Hauptdarsteller in einem Abenteuerfilm. Da auch in Cherbourg Passagiere zur Jungfernfahrt der Titanic zustiegen, erinnert eine informative Ausstellung an ihren Untergang. Das erste atomgetriebene Unterseeboot der französischen Marine, „Le Redoutable", besichtigt man mit deutschsprachigen Audioguides.

Der **Stadtrundgang** beginnt gleich hinter der Hafenbrücke in der Rue de Maréchal Foch. Nach wenigen Schritten steht man auf dem **Place Général de Gaulle** mit dem reich verzierten Theater von Cherbourg. Über die Rue de Château und die Rue de Commerce, zwei verkehrsberuhigte Einkaufsstraßen, bummelt man geradeaus. Unterwegs sollte man noch einen Blick nach rechts in die Grand Rue und die Rue au Blé werfen. Diese zwei Straßen sind noch weitgehend in dem Zustand erhalten, in dem sie vor dem Zweiten Weltkrieg waren. Am Place de la Fontaine bietet sich die **Confiserie Chocolatier Yvard** für eine kleine Pause an. Über die Rue F. la Vieille kommt man zum **Place de la République,** an dessen meerwärts gerichteten Seite Napoleon als Reiterstandbild den Weg

⌂ *Innerhalb der mit 1500 Hektar größten künstlichen Reede Europas liegt der Jachthafen*

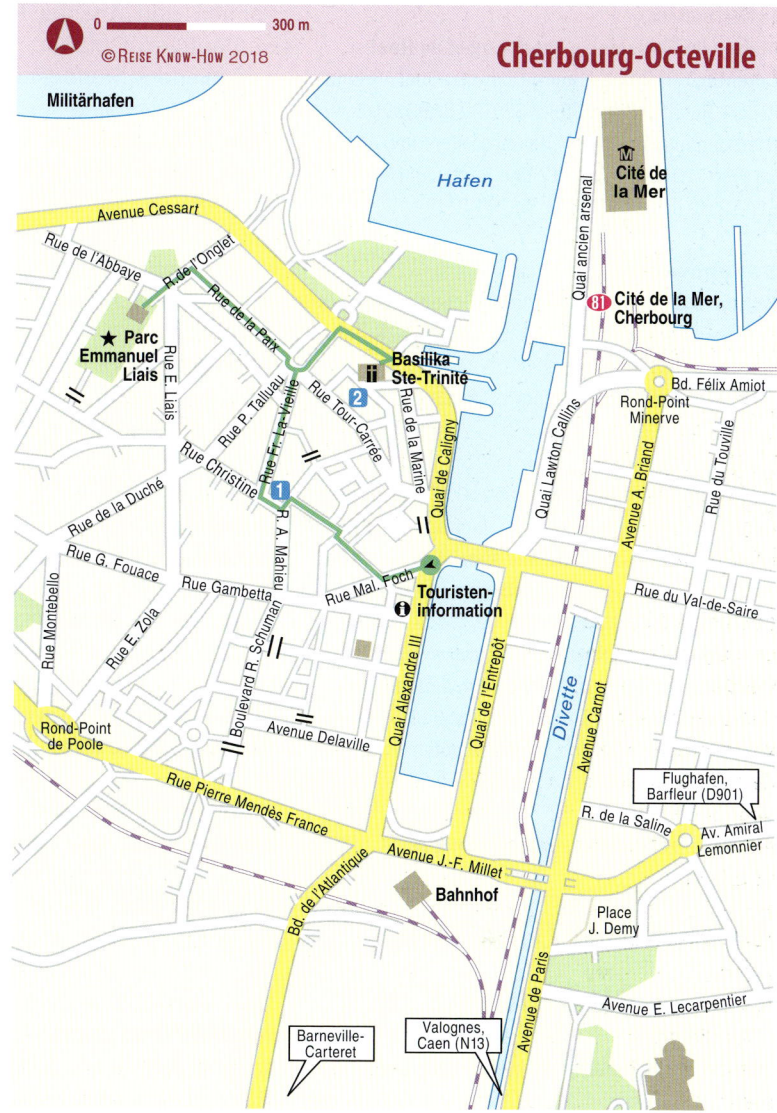

0 ▬▬▬ 300 m
© REISE KNOW-HOW 2018

Militärhafen

Hafen

Cité de la Mer

Avenue Cessart

Rue de l'Abbaye

R. de l'Onglet

Rue de la Paix

Quai ancien arsenal

Cité de la Mer, Cherbourg

★ Parc Emmanuel Liais

Rue E. Liais

Rue P. Talluau

Rue Fr. La Vieille

Rue Tour-Carrée

Rue de la Marine

Basilika Ste-Trinité

Quai de Caligny

Bd. Félix Amiot

Rond-Point Minerve

Quai Lawton Callins

Avenue A. Briand

Rue du Touville

Rue Christine

R. A. Mahieu

Rue de la Duché

Rue G. Fouace

Rue Gambetta

Rue Mal. Foch

Touristen-information

Rue du Val-de-Saire

Rue Montebello

Rue E. Zola

Boulevard R. Schuman

Quai Alexandre III

Quai de l'Entrepôt

Divette

Avenue Carnot

Rond-Point de Poole

Avenue Delaville

Rue Pierre Mendès France

Flughafen, Barfleur (D901)

R. de la Saline

Av. Amiral Lemonnier

Bd. de l'Atlantique

Avenue J.-F. Millet

Bahnhof

Place J. Demy

Avenue de Paris

Barneville-Carteret

Valognes, Caen (N13)

Avenue E. Lecarpentier

■ Essen und Trinken
1 Confiserie Chocolatier Yvard
2 Le Faitout

— Stadtspaziergang
► Start

weist. Das nächste Ziel des Stadtrundganges ist die **Basilika Ste-Trinité.** Sie wurde im 14. und 15. Jh. im Flamboyantstil erbaut, inzwischen sind leider deutlich Beschädigungen durch Umwelteinflüsse zu sehen.

Den Place de la République verlässt man nach rechts über die Rue de la Paix. Auf ihr kommt man durch das alte Hafenviertel mit seinen niedrigen Häusern. Wo früher die Matrosen Abwechslung fanden, reiht sich heute ein Kebab-Imbiss an den anderen. Geradeaus über die Rue de l'Union gelangt man zum, allerdings etwas versteckten, schmalen Eingang des **Parc Emmanuel Liais.** Er wurde um 1900 vom damaligen Bürgermeister Emmanuel Liais mit vielen exotischen Pflanzen und einem Wasserbecken als grüne Oase angelegt. Im Gewächshaus gedeihen seltene Orchideen, Farne und Kakteen. Besonders im Mai sollte man die Rhododendron-Blüte nicht versäumen. In gelb, rosa, rot, violett und orange bilden sie wahre Blütenkaskaden.

Route 5: Durch das Cotentin

Information

Maison du Tourisme de Cherbourg et du Haut-Cotentin, 50100 Cherbourg-Octeville, Quai Alexandre III Ecke Rue J. B. Briard, Tel. +33 (0)2 33935202, www.cherbourgtourisme.com, Öffnungszeiten: Juli/Aug Mo–Sa 9.30–19 Uhr, So 10–17 Uhr, Sept.–Juni Mo–Sa 10–12.30 und 14–18 Uhr, So 10–13 Uhr

Sehenswertes

Cité de la Mer, 50100 Cherbourg-Octeville, Gare Maritime Transatlantique, Tel. +33 (0)2 33202626, Febr.–Juni 9.30–18 Uhr, Juli/Aug. 9.30–19 Uhr, Okt.–Dez. 10–18 Uhr, Jan. geschl., Eintritt: 18/13 €

Essen

Confiserie Chocolatier Yvard, 50100 Cherbourg-Octeville, Place de la Fontaine 5. Einfallsreiche leckere Kuchen und Gebäckstücke, die man im kleinen Café auch direkt genießen kann. Auch vorzügliche Schokoladekreationen.

Le Faitout, 50100 Cherbourg-Octeville, Rue Tour Carrée 25, Tel. +33 (0)2 33042504, montag- und dienstagmittags und So geschlossen. Beliebtes Lokal mit freundlichem Service, Menü mit gutem Preis-Leistungs-Verhältnis.

81 Cité de la Mer, Cherbourg (s. S. 179)

ABSTECHER ZUM PARC FLORAL DU CHÂTEAU DE MARTINVAST (hin und zurück 16 km)

Zunächst auf der D650 und ab **Le Pont** auf der D900 kommt man zum **Parc Floral du Château de Martinvast.** Der im englischen Stil angelegte Landschaftsgarten breitet sich um das neugotische Schloss von Martinvast aus. Magnolien, Rhododendren, Koniferen, Hortensien, Kamelien, Teiche, Wäldchen, Alleen und Wiesen – alles wurde zu einem ausgewogenen Gesamtbild zusammengefügt. 200 verschiedene, zum Teil exotische Baumarten findet man im Park, jedoch auch Gewächshäuser mit Bananen, Orchideen, Palmen und Ananas kann man auf dem weitläufigen Gelände bewundern. Sieben verschiedene Rundgänge zwischen 20 und 30 Min. Dauer sind ausgeschildert.

Das erste **Château de Martinvast** wurde im Hundertjährigen Krieg zerstört und 1579 bis 1581 von Bertholde du Moncel mit Festungstürmen wieder aufgebaut. 1867 kaufte es Baron Arthur de Schickler, ein preußischer Bankier. Er baute das Schloss im neugotischen Stil um. Der Urenkel des Barons Schickler empfängt die Besucher heute am Kassenhäuschen im besten Deutsch und freut sich besonders über Gäste aus der alten Heimat seines Urgroßvaters.

Sehenswertes

Parc Floral du Château de Martinvast, 50690 Martinvast, Domaine de Beaurepaire, N49.59084° W1.65970°, Tel. +33 (0)2 33872080, Öffnungszeiten: tägl. 10–12 und 13.30–18 Uhr, Eintritt: 6/4 €

82 Camping à la Ferme, Sideville (s. S. 179)

Zurück in Cherbourg führt die weitere Route über die D901 und später die D45 auf landschaftlich sehr schöner Strecke über die Route de Caps. Immer wieder hat man eine herrliche Aussicht auf das Meer.

Ver- und Entsorgung

N49.65518° W1.65133°, Équeurdreville-Hainneville, 3 €/6 Min. Wasser oder 50 Min. Strom. Hier kann man auch offiziell übernachten, wegen der Straße ist es jedoch laut.

In Querqueville biegt man von der D45 ins Zentrum ab und folgt den Hinweisschildern zur Chapelle St-Germain (N49.66385° W1.69956°). **Querqueville** hat an seiner Peripherie zwar gesichtslose Neubauten, im Zentrum wartet es aber mit schönen Steinhäusern auf. Das eigentlich Sehenswerte ist jedoch die Aussicht von der Kapelle St-Germain auf den Hafen von Cherbourg und bei klarer Sicht bis zum Cap Lévi. Vom Kirchplatz

252mm Abb.: gg

aus sind die gesamten Ausmaße der Hafenanlage zu ermessen. Aber auch die kleine
Kapelle St-Germain ist sehenswert. Erbaut
im 10. Jh. ist sie wahrscheinlich die älteste
Kirche der Normandie.

Nach kurzer Fahrt auf der D45 taucht
schon das Hinweisschild zum **Château de
Nacqueville** auf. Das Schloss aus Granitstein
(16. Jh.) mit seinem imposanten Torhaus wird
von einem wunderschönen Landschaftspark
mit Teich, Wasserfall und vielen blühenden
Azaleen, Rhodrodendren, Palmen und weiteren Pflanzen umgeben. Kurz vor Landemer
fällt auf der linken Straßenseite das **Manoir
de Dure-Écu** mit seinen Türmen auf. Wer will,
kann einen Blick in den Hof werfen, das Haus
selbst kann nicht besichtigt werden. Etwas
weiter auf der D45 reizt das sehr gute Restaurant Le Landemer zu einer Einkehr.

Sehenswertes

Château de Nacqueville, 50460 Urville-Nacqueville,
N49.66684° W1.71497°, Tel. +33 (0)2 33032112,
Öffnungszeiten: Mai–Sept. Do, Fr, So 14–18 Uhr,
Eintritt: 7/3 €

Essen

Le Landemer, 50460 Urville-Nacqueville, Rue des
Douanes 2, Tel. +33 (0)2 33034300. Restaurant mit
150-jähriger Familientradition, direkt am Meer mit
schöner verglaster Terrasse und sehr gutem Essen.

83 Camping des Dunes, Urville-Nacqueville (s. S. 179)

Auf der weiteren Strecke sollte man dann
nach rechts hinunter (ausgeschildert)
zum Aussichtpunkt von Landemer fahren
(N49.67967° W1.76944°). Von der Aussichtsterrasse bietet sich ein weiter Blick auf
die wilde Küste. Wer will, kann von hier aus
entlang der, auf Befehl Napoleons angelegten, Küstenpatrouillenpfade wandern.

Die D45 verlässt jetzt die Küste und führt
landeinwärts nach **Gréville-Hague.** Das kleine Granitsteindorf wartet mit einer Wohnmo-
bilver- und -entsorgung und einem Stellplatz
bei der Mehrzweckhalle auf.

◻ *Das einsame Cotentin*

❽ Salle communale, Gréville-Hague (s. S. 180)

Weiter auf der D45 kommt man nach **Omon-ville-la-Rogue** und zum **Manoir du Tourp,** einem über Jahrhunderte gewachsenen Anwesen, dessen Gebäude sich beinahe ringförmig um einen großen Innenhof gruppieren. In einem Gebäude wird ein Film über die Halbinsel La Hague gezeigt. In weiteren Gebäudeteilen finden wechselnde Kunstausstellungen statt, auch ein Kino für anspruchsvolle Filme und ein Restaurant sind vorhanden.

Sehenswertes
Manoir du Tourp, N49.68954° W1.83853°, Feb.–Mitte Dez. 14–18, Juli/Aug. 10.30–19 Uhr, Eintritt: frei

❽ Camping du Hâble, Omonville-la-Rogue (s. S. 180)

☑ *Der ehemalige Gutshof Manoir du Tourp dient heute als Museum*

Die Fahrt geht durch die Bocage-Landschaft, deren Felder von Hecken und Steinmauern gesäumt werden, die die Feldfrüchte vor dem starken Wind schützen, der hier auf der zum Atlantik offenen Halbinsel häufig weht.

Von der D45 zweigt eine Straße zum malerischen kleinen Hafen **Port Le Hâble** ab. Er bietet auch heute noch neben Touristenbooten sechs Berufsfischern Schutz vor den Unbilden der See.

Picknickplatz
Le Cauban, N49.71038° W1.86841°, Platz direkt am Meer mit Picknickbänken und herrlicher Aussicht auf die Küste.

Auf der D45 erreicht man **Port-Racine,** Frankreichs kleinsten Hafen. Seinen Namen hat er von einem Kapitän namens Racine, der hier unter Napoleon I. einen Militärstützpunkt errichtete.

Auf der D45, vorbei an St-Germain-des-Vaux und Auderville, geht es weiter zum Cap de la Hague.

277nm Abb.- gg

CAP DE LA HAGUE

(34 km – km 162)

Im äußersten Nordwesten der Cotentin-Halbinsel liegt das wildromantische Cap de la Hague. In der Landschaft des Kaps wechseln sich **zerklüftete Steilküsten** wie die Nez de Jobourg mit **einsamen Sandstränden** wie die Baie d'Écalgrain ab.

Winzig kleine Häfen wie Port Le Hâble oder Goury quetschen sich dazwischen. Besonders schön ist es hier im Frühjahr, wenn die **Ginsterbüsche** das Land mit einem gelben Teppich überziehen. Ruhe herrscht am Cap de la Hague.

Es gibt kein organisiertes Strandleben, nur kleine Hotels und idyllische Granitsteindörfer mit schiefergedeckten Häuschen – eines schöner als das andere – und weite, heckengesäumte Viehweiden. Großartige Spaziergänge und Wanderungen lassen sich entlang der Küstenlinie unternehmen (ausgeschildert mit „Sentier littoral").

Aus wirtschaftlichen Gründen wurde ausgerechnet diese schöne Landschaft als Standort für die nukleare Wiederaufbereitungsanlage bei Beaumont-Hague ausgewählt. Nur hin und wieder fällt der Blick auf das riesige eingezäunte Gelände, was einen aber nicht von einem Besuch der Region abhalten sollte.

Gleich hinter Auderville zweigt die D401E zur **Baie d'Écalgrain** ab. Eine der landschaftlich schönsten Strecken am Kap geht entlang dieser weiten, wildromantischen Bucht mit ihrem herrlichen Kies- und Sandstrand. An klaren Tagen sieht man von hier die Kanalinseln Guernsey und Sark.

Wanderung um das Cap de la Hague

Vom Stellplatz **86** *wandert man auf dem Fußweg hinunter bis zum Hafen Goury. Der 48 m hohe Leuchtturm warnt den Schiffsverkehr vor der starken Gezeitenströmung „Raz Blanchard", die manchem Schiff gefährlich geworden ist. Deshalb ist auch im markanten achteckigen Bau der SNSM (société nationale de sauvetage en mer, frz. Seenotrettung) ein Bergungskahn stationiert. Zur Wanderung wendet man sich vor dem Hafen nach links landeinwärts nach La Valette (Markierung: rot-weißer Strich). Dort nimmt man die erste Straße nach links bis Auderville. Unterwegs hat man eine schöne Sicht auf den Hafen Goury und den Leuchtturm. Auf der wenig befahrenen D45 geht die Route ca. 700 m nach St-Germain-des-Vaux. Man folgt der D45 immer weiter durch den Ort, bis im Ortsteil Les Bizeaux ein Hinweisschild („L'église") nach rechts weist. Durch hügeliges Agrarland erreicht man die Abzweigung hinauf zur Kirche. Der Aufstieg lohnt sich wegen der Aussicht auf das Meer – allerdings schaut man auch auf die Wiederaufbereitungsanlage von La Hague. Wieder unten geht man weiter geradeaus und biegt an der darauffolgenden Querstraße nach rechts und gleich wieder nach links Richtung St-Quen ab. Bald taucht das Hinweisschild zum „Jardin en Hommage à Jaques Prévert" auf. Ihm nach links folgend geht es an einem Bächlein entlang durch das liebliche Tal bis zum Eingang des Gartens. J. Prévert war Dichter und Drehbuchautor und lebte bis 1977 in Omonville-la-Petite. Der sehr idyllisch und romantisch angelegte Garten ist von Ostern bis Oktober Samstag bis Donnerstag von 14 bis 19 Uhr, im Juli und August täglich von 11 bis 19 Uhr geöffnet. Der Eintritt kostet 5/2 €. Nun hält man sich weiter geradeaus, bis man in Port Racine auf die D45 stößt. An ihr geht es entlang nach links, bis kurz hinter einem Hotel der Küstenweg nach rechts abzweigt. Immer auf dem rot-weiß markierten Pfad an einigen schönen Buchten vorbei umwandert man das Cap de la Hague. Nach ca. 1:30 Std. (ab Port Racine) ist man wieder am Hafen von Goury angelangt. Das letzte Wegstück ist, da es über einen Damm aus losen Kieselsteinen führt, etwas mühevoll. Dauer ca. 3 Std.*

Essen

La Malle aux Epices, 50440 Auderville, Rue de L'Eglise 71, Tel. +33 (0)2 33527744. Hervorragende Gerichte zu moderaten Preisen.

🅱️ Parkplatz Goury, Auderville (s. S. 180)

Wanderung zur Nez de Jobourg

Von der Aussichtsterrasse an der Nez de Voidries steigt man auf dem mit einer weiß-roten Markierung bezeichneten Weg hinab. Der Küstenwanderweg ist oft schmal und hin und wieder leicht ausgesetzt. Die Wanderung führt in südöstliche Richtung hoch über der Anse („Bucht") de Senival zur Nez de Jobourg mit ihren einzigartigen Felsformationen. Hier steht man 120 m über dem Meeresspiegel und der Blick reicht weit auf das Meer hinaus. An grasigen Hängen mit Grasnelken und Gins-terbüschen zieht sich der Küstenwanderweg weiter – vorbei an der Anse de Pivette bis zum Taleinschnitt Ruisseau de Moncaneval. Nach nun gut einer Stunde Gehzeit wandert man auf demselben Weg zurück. Diese Wanderung zu den höchsten Klippen des Cotentins erfor-dert Trittsicherheit und Schwindelfreiheit und dauert ca. 2 Std.

253nrm Abb.: gg

In Dannery nimmt man die D202 und folgt den Hinweisschildern zum Parkplatz der **Nez de Jobourg,** einer Felsnase, die weit ins Meer ragt. Von hier aus (N49.67751° W1.93835°) kommt man zunächst zur Nez de Voidries, von deren Aussichtsplattform man einen grandiosen Ausblick auf die Nez de Jobourg hat. Hier herrscht meist sehr viel Wind und die Wellen schlagen wild gegen die zerklüfte-ten Felsen, in denen zahlreiche Möwenarten brüten.

Wieder zurück auf der D901 rollt man an der riesigen nuklearen Wiederaufbereitungs-anlage von La Hague mit ihren kilometerlan-gen Sicherheitszäunen vorbei. Nach 1,8 km rechts ab über die D403 nach Herqueville (Treize Vents). Die Straße ist sehr schmal und hat bis zum Strand hinunter ein 18-prozen-tiges Gefälle und danach eine Steigung von 18 % bis man wieder oben auf der D901 ist. Wer das seinem Wohnmobil nicht zutraut, bleibt auf der D901 bis Beaumont-Hague. Man versäumt dadurch allerdings eine sehr schöne Strecke mit einer traumhaften Bucht **(Baie du Houguet).** Auf Meeresniveau an-gekommen, kann man auf einem großen Parkplatz (N49.65845° W1.87209°) sein Fahrzeug abstellen und zu Fuß an den wun-derschönen weiten Strand mit kristallklarem Wasser gehen.

Nach der Badepause fährt man die Straße steil nach oben, bis man wieder auf der D901 ist.

Zur Weiterfahrt verlässt man die Küste und kommt auf der D901 nach **Beaumont-Hague.** In der Stadt, die von der Wiederauf-bereitungsanlage lebt, gibt es Läden und die Touristeninformation der Region.

Information

Office de Tourisme de la Hague, 50440 Beaumont-Hague, Place de la Madeleine 1, Tel. +33 (0)2 33527494, Öffnungszeiten: Mo–Fr 9.30–12.30 und 14–17 Uhr, Mai–Aug. auch Sa bis 16 Uhr

Ver- und Entsorgung Beaumont

N49.66135° W1.83531°, Super U, 1 €/Wasser

Wiederaufbereitung und Atomkraft im Cotentin

In Beaumont-Hague steht die größte europäische Wiederaufbereitungsanlage für nukleare Kernbrennstoffe. Hier erfolgt in sogenannten „heißen Zellen" die Zerlegung der abgebrannten Brennelemente in ihre Bestandteile. Der Inhalt wird chemisch gelöst, um das Uran und das Plutonium zurückzugewinnen und daraus neue Brennstäbe herzustellen. Die flüssigen Bestandteile werden eingedampft und verglast, d.h. bei bis zu 1200° Grad in Glas eingeschmolzen. Die festen Rückstände werden je nach Stärke der Radioaktivität einbetoniert oder mit Hochdruck gepresst.

Ausländische Endprodukte warten nach einer Zwischenlagerung auf den Rücktransport ins Herkunftsland. Französische Rückstände verbleiben in La Hague, da in Frankreich noch kein Endlager bereitsteht.

Ein Druckwasserreaktor zur Gewinnung von Atomstrom steht ganz in der Nähe in Flamanville. Er liefert mit ca. 18 Milliarden Kilowatt ungefähr 3 % des französischen Stromverbrauchs. Der erste Reaktorblock ging 1985 ans Netz, der zweite 1986 und zurzeit ist der dritte Block im Bau. Besichtigungen Juli–Sept. Mo–Sa 10–17.30 Uhr, Okt.–Juni Di–Fr 13.30–17.30, Mi auch 8.30–12.30 Uhr.

In Beaumont-Hague geht es wieder meerwärts (D318) bis nach **Vauville.** Dieses pittoreske Dorf mit seinen Natursteinhäusern, den blühenden Vorgärten, dem plätschernden Bach und dem Château mit seinem Park muss man besuchen. Vier Hektar groß und mit über 600 Arten bepflanzt sind die Gärten des Herrenhauses **(Jardin Botanique de Château de Vauville).** Sogar tropische Pflanzen gedeihen dank des Golfstromes hier im herben Klima des nördlichen Cotentins. In der gut gewählten Anordnung der Pflanzen liegt das Geheimnis dieser Pracht. Witterungsresistente Pflanzen außen schützen die empfindlicheren in der Mitte des Gartens.

◹ Dorfidylle im schmucken Vauville

Wanderung in den Dünen von Biville

Man lässt sein Fahrzeug auf dem großen Parkplatz (siehe Parken) stehen und geht an der Kirche vorbei geradeaus auf dem ausgeschilderten Feldweg zum Calvaire des Dunes. Vom großen Platz mit dem steinernen Kreuz hat man eine traumhafte Sicht auf die Dünen und das Meer. Noch vor dem Kreuz nimmt man rechts den schmalen Pfad (gelb N74), der sich an dornigen Sträuchern vorbei zunächst leicht, später steil ins Val Tollé hinabsenkt. Auf einer Holzbrücke überquert man den Tollé und wendet sich, wenn man auf ein Sträßchen stößt, nach links am Zaun entlang (gelb N73). Nun immer dem Zaun folgen bis zum Eingang ins Réserve naturelle de Vauville. Das Gebiet rund um die Sümpfe und Seen wurde zum Naturschutzgebiet erklärt. Es bietet vielen Tieren wie Dachsen, Füchsen, Nutrias (Biberratten) und Enten einen ungestörten Lebensraum. Hunde dürfen das Gebiet nicht betreten, deshalb wandern Herrchen und Hund sofort und alle anderen Wanderer erst nachdem sie ausgiebig die einzigartige Natur mit sumpfigen Wiesen, kleinen Seen und hohen Dünen durchstreift haben, nach links. Immer geradeaus auf schmalen, gewundenen Wegen spaziert man die hohen Dünen zur Rechten, bis man an einen blau gestrichenen Pfahl kommt. Nun sieht man deutlich links oben das Kreuz des Kalvarienberges. Sich an diesem orientierend, klettert man auf sandigen Wegen steil bergan bis zum Kreuz und weiter zum Parkplatz. Gehzeit ca. 1:30 Std.

Sehenswertes

Jardin Botanique de Château de Vauville, 50440 Vauville, N49.63413° W1.84600°, Tel. +33 (0)2 33100000, www.jardin-vauville.fr, Öffnungszeiten: Ostern–Sept. täglich 14–18 Uhr, Okt. nur Sa, So, Eintritt: 7 €, Kinder bis 18 Jahre frei

Badeplatz Anse de Vauville

N49.63482° W1.85080°, 10 km Sand-/Kiesstrand

Das nächste Ziel erreicht man nach 3 km über die D318: Das kleine **Biville** ist Wallfahrtsstätte für Thomas Hélye, einen Missionar und Priester, der hier geboren und auch bestattet wurde. Vom Parkplatz empfiehlt sich ein 15-minütiger Spaziergang zum Kalvarienberg (Calvaire des Dunes). Von der Terrasse beim Kreuz hat man einen grandiosen Blick auf die Küste und ihre Dünen (längere Wanderung, s. o.). Auch mit dem Wohnmobil kann man diese unglaublich schöne Dünenlandschaft befahren. Hinweisschilder bringen einen zum großen Parkplatz inmitten der unter Naturschutz stehenden Dünenlandschaft. Für die weitere Route muss man in Biville auf der D318 wieder landeinwärts bis zur D37 fahren. Auf ihr bleibt man nur 3,4 km, bis in Vasteville die D64 nach rechts abzweigt. Auf dieser fährt man meerwärts nach **Siouville-Hague** mit einem wunderschönen, breiten Sandstrand.

Parken

beim Rathaus Biville (N49.61341° W1.82176°)

Picknicklatz

N49.60972° W1.84144°, Picknickplatz in herrlicher Dünenlandschaft

87 D64, Siouville-Hague (s. S. 180)

An der Küste entlang kommt man nach **Dielette,** dem einzigen geschützten Hafen in dieser Region. Dort zweigt die D4 nach **Flamanville** ab. Im 17. Jh. erbaute die Familie Bazan das **Château de Flamanville** – flankiert von Rundtürmen, einem großen Ehrenhof und umgeben von einem breiten Wassergraben. 1986 ging es in den Besitz der Stadt über und konnte mit Spenden der Atomindustrie renoviert werden. Der umgebende Park im Stil eines englischen Landschaftsgartens mit großflächigen Teichanlagen, Blumenrabatten, Wiesen, Wäldchen, Palmen und einem großzügigen, im Herbst in allen Farben erstrahlenden Dahliengarten ist für die Öffentlichkeit frei zugänglich.

279nmr Abb.: gg

Sehenswertes

Château de Flamanville, 50340 Flamanville, Rue de Château, Tel. +33 (0)2 33876666, der Garten ist frei zugänglich

88 Camping à la Ferme, Tréauville (s. S. 180)

Weiter geht die Fahrt auf der D4 in Richtung Les Pieux. Wer jetzt einen schönen strandnahen Stellplatz sucht, fährt nach 700 m nach rechts in Richtung Sciotot rechts ab.

Ver- und Entsorgung

N49.51671° W1.79837°, Intermarché, Les Pieux, Wasser 2 €, auf einem Teil des Parkplatzes kann man offiziell übernachten

89 Strand, Sciotot (s. S. 181)

☐ *Das Château de Flamanville, ein Prachtbau aus dem 17. Jahrhundert*

ABSTECHER INS CLOS COTENTIN (insgesamt 65 km)

Durch Les Pieux hindurch kommt man auf die D23. Nach ca. 10,5 km wechselt man auf die D900, die nach Bricquebec führt. Unterwegs kann man in Grosville übernachten oder über die D62 zum schönen Stellplatz von Rauville-la-Bigot fahren.

90 Aire Privée de la Calad'J0, Grosville (s. S. 181)

91 D900, Rauville-la-Bigot (s. S. 181)

BRICQUEBEC

Ein charmantes Städtchen inmitten der Bocage-Landschaft blieb zum Glück von den Bomben des Zweiten Weltkriegs verschont und konnte so sein ursprüngliches Aussehen bewahren. Die Hauptgeschäftsstraße wird von niedrigen, proper hergerichteten Steinhäusern flankiert. Die massige Burg aus dem 14. und 15. Jh. dominiert die Altstadt. Der weite Burghof ist von einer hohen Mauer mit ehemals acht Türmen umschlossen und drei Tore öffnen sich zur Stadt hin. Ein gutes Beispiel der mittelalterlichen Baukunst ist der elfeckige Bergfried. Auf dem großen Platz vor der Burg findet jeden Montag der **größte und bestsortierte Markt der Region** statt.

Information
Office de Tourisme, 50260 Briquebec, Place Ste-Anne 13, Tel. +33 (0)2 33522165, Öffnungszeiten: Apr./Mai Mo 9.30–12.30, Mi–Sa 14–17.30 Uhr, Juni–Sept. Mo–Sa 9.30–12.30 und 14–17.30 Uhr

Essen
Le Donjon, 50260 Briquebec, Place Ste-Anne 2–4, Tel. +33 (0)2 33522315. Gutbürgerliche Küche zu günstigen Preisen.

Parken
N49.47098° W1.63185°. Beim Château auf dem Place Ste-Anne

⑨ Etang de Pêche, Bricquebec (s. S. 181)

VALOGNES

Auf der D902 erreicht man rasch **Valognes,** das auch den hochtrabenden Beinamen „kleines normannisches Versailles" trägt. Im Laufe des 17. und 18. Jh. blühte der Hauptort des Clos du Cotentin auf. Großbürgertum und Adel zeigten ihren Wohlstand und bauten prächtige Herrenhäuser. Ein Prunkstück ist das **L'Hôtel de Beaumont.** Über die riesige Ehrentreppe schreitet man in die mit exklusivem Mobiliar ausgestatteten Salons – ein faszinierender Einblick ins Leben der Aristokratie des 18. Jh. Das **Musée Régional du Cidre** in einem ehemaligen Färberhaus von 1480 zeigt alles über fünf Jahrhunderte Apfelmostherstellung und die Entwicklung der dazu notwendigen Gerätschaften.

Das **Musée de l'Eau-de-Vie et des Vieux Métiers,** das Museum des Calvados und der alten Handwerksberufe, ist im Hôtel de Thieuville (17. Jh.) beheimatet. Es veranschaulicht unter anderem 18 Handwerksberufe aus dem 11. bis 20. Jh., des Weiteren weiht es in die Geheimnisse der Calvadosdestillation ein.

Die **Kirche St. Malo,** 1944 ein Opfer der Bombardierung, wurde mit modernen Elementen versehen wieder aufgebaut.

Information
Office de Tourisme, 50700 Valognes, Rue de L'Église 25, Tel. +33 (0)2 33401155, Öffnungszeiten: Mai–Juni, Sept. Di–Sa 10–12.30 und 15–18 Uhr, Juli/Aug. tägl. 10–12.30 und 13.30–19 Uhr.

Sehenswertes
L'Hôtel de Beaumont, 50700 Valognes, Rue Barbey d'Aurévilly, Tel. +33 (0)2 33401230, Öffnungszeiten: Juli–Sept. 10.30–12 und 14.30–18.30 Uhr, Eintritt: 8/4 €
Musée Régional du Cidre, 50700 Valognes, Rue du Petit Versailles, Tel. +33 (0)2 33402273, Öffnungszeiten: Apr.–Juni/Sept. Mi–So 14–18.15 Uhr, Juli/Aug. 11–18.15 Uhr, Eintritt: 4,50/2,50 € (inklusive Musée de l'Eau-de-Vie et des Vieux Métiers)
Musée de l'Eau-de-Vie et des Vieux Métiers, 50700 Valognes, Rue Pelouze, Tel. +33 (0)2 33402625, Öffnungszeiten/Eintritt: siehe Musée Régional du Cidre

Essen
L'Agriculture, 50700 Valognes, Rue L. Delisle 16–18, Tel. +33 (0)2 33950202. Gehobene Küche, angenehmer Service.

Einkaufen
Freitags findet ein Markt statt.

⑨ Camping Municipal Le Bocage, Valognes (s. S. 181)

⑨ Boulevard Félix-Buhot, Valognes (s. S. 181)

⑨ Eléphant Blue, Valognes (s. S. 181)

ST-SAUVEUR-LE-VICOMTE

St-Sauveur-le-Vicomte ist ein netter kleiner Marktflecken mit einer sehr imposanten Burgruine an den Ufern der Douve. Bis ins 10. Jh. reicht deren Geschichte zurück. Damals noch aus Holz und Lehm erbaut, erhielt sie ihr heutiges Erscheinungsbild mit zwei mächtigen Türmen und einem imposanten Donjon im 14. Jh. Sie gilt als ein bedeutendes Zeugnis des Hundertjährigen Krieges.

Etwas außerhalb liegt die **Abbaye-de-Saint-Sauveur-le-Vicomte** (N49.38172° W1.52713°, Öffnungszeiten: 9–12.30 und 14–17.30 Uhr). Sie wurde im 10. Jh. durch Mönche der Abtei Jumièges erbaut. Während des Hundertjährigen Krieges und der Französischen Revolution zweimal zerstört, kaufte Maria Magdalena Postel 1832 die Ruinen, um darin ihrer Glaubensgemeinschaft, dem Orden der Barmherzigen Schwestern, eine Heimat zu geben. Die Reliquien der 1846 verstorbenen und 1925 heiliggesprochenen Mutter Maria Magdalena findet man in der linken Seitenkapelle der Kirche. Sehenswert sind der holzgeschnitzte Altar aus dem 15. Jh. und die Kanzel links neben dem Eingang.

Information

Office de Tourisme, 50390 Saint-Saveur-le-Vicomte, im Château, Tel. +33 (0)2 33215044, Öffnungszeiten: Di–Fr 10–12.30 und 14.30–17.30 Uhr, Juli/Aug. Mo–Fr 10–12.30 und 14–18.30 Uhr, Sa bis 17.30 Uhr, So 10–13 Uhr, WLAN gratis

In **Rauville-la-Place** kann man auf einer Ziegen- und Angorafarm sehr ruhig übernachten. Im Hofladen gibt es außer Wolle auch Käse, Wurstwaren, Eiscreme und sogar Bonbons, alles hausgemacht aus der Milch von 60 Ziegen. Außerdem tummeln sich hier Lamas, ein Känguru, Esel, Schweine und wollig weiche Angorahasen, nicht nur für Kinder ein kleines Paradies!

Einkaufen

Chèvrerie des Poitevines, Adresse s. Stellplatz **96**, Alles vom Schaf und Angorawolle: Mo–Sa 16–18 Uhr, in den Schulferien 14.30–18 Uhr

☑ *Sehr beeindruckend steht die Burgruine mit wuchtigem Donjon im Zentrum von St-Sauveur-le-Vicomte*

254-nrm Abb.: gg

Ver- und Entsorgung
N49.38674° W1.52902°, Hôtel de Ville, evtl. kann man hier auch übernachten, jedoch laut

96 Chèvrerie des Poitevines, Rauville-la-Place (s. S. 182)

Die weitere Strecke führt auf der D115 und dann kurz hinter St-Sauveur-le-Vicomte auf der D130 bis Fierville-les-Mines. Im Ort weist ein braunes Schild nach links zum nächsten Ziel dieser Rundfahrt. Noch drei Kilometer auf schmaler Straße und man hat **Le Moulin à Vent du Cotentin,** eine Windmühle, die heute noch in Betrieb ist, erreicht. Der freundliche Müller zeigt gern sein Schmuckstück und erklärt ausführlich die Funktion. Im angeschlossenen Laden gibt es Mehl, Marmelade, Cidre und vieles mehr zu kaufen.

Sehenswertes
Le Moulin à Vent du Cotentin, N49.40434° W1.67353°, Tel. +33 (0)2 33533804, Öffnungszeiten: Feb.–Apr./Okt. Sa, So 14–18 Uhr, Mai, Juni, Sept. Di–So 14–18.30 Uhr, Juli/Aug. täglich 11–12.30 und 13.30–19 Uhr, Führung: 4,40/1,60 €

☐ *An der Westküste des Cotentin findet man kilometerlange Dünenstrände*

Den Abstecher beendet man, indem man über die D502 und die D650 nach Barneville-Carteret fährt, wo man wieder auf die eigentliche Route stößt.

Wer den Abstecher ins Landesinnere nicht gemacht hat, fährt auf der D650 gen Süden bis nach Barneville-Carteret. Unterwegs gibt es in Surtainville Gelegenheit zu einem Badestopp am beinahe endlos wirkenden Dünenstrand oder einer Übernachtung in Strandnähe **97**.

97 Dünenstrand, Surtainville (s. S. 182)

Auch die Fahrt zu den **Dünen von Hatainville** ist auf jeden Fall lohnenswert. Dazu verlässt man die D650 bei der Abzweigung nach Hatainville und fährt von dort zum kilometerlangen und bei Ebbe auch sehr breiten einsamen Dünenstrand – ein empfindliches Ökosystem, das man unbedingt schonend behandeln sollte. Unterwegs verlockt ein **Picknickplatz** mit Aussicht auf die Dünen und das Meer zu einer Rast.

Badeplatz
Dünenstrand Hatainville N49.39967° W1.82102°

98 Aire naturelle de Camping les Ronds Duvall, Hatainville (s. S. 182)

Wanderung um die Bucht von Portbail

Von der Kirche aus geht man an der Bucht entlang in Richtung der Olonde-Flussmündung. Man wandert zuerst auf dem Fußweg entlang der Straße, bis diese eine Linkskurve macht und das Ufer verlässt, dann geht es auf einem geschotterten Feldweg weiter, an einigen Steinhäusern vorbei bis zu einem Steg, auf dem man die Olonde überquert. Auf der anderen Seite angekommen, zunächst geradeaus durch die Salzwiesen und bei der zweiten Gabelung nach rechts zum Dünenstrand spazieren (Markierung weiß-rot). Nach einer Holzbrücke folgt man den vielen, sich immer wieder verzweigenden Fußpfaden entlang der Bucht zur Landspitze. Unterwegs genießt man die wunderbare Dünenlandschaft und den weiten Sandstrand. Für den Rückweg am besten denselben Weg wählen (Dauer der Wanderung ca. 2 Std.).

BARNEVILLE-CARTERET
(70 km – km 232)

Auf der D201 sind es 3 km bis nach **Barneville-Carteret,** wo auch der Abstecher ins Landesinnere endet. Der Ort besteht aus den beiden früher selbstständigen Städten Barneville und Carteret. Man kommt zuerst nach Carteret, einem beliebten Seebad am Cap de Carteret. Der ehemalige Zöllnerpfad führt über das Cap zu den Überresten einer Artilleriestellung aus dem österreichischen Erbfolgekrieg von 1745. Von oben schweift der Blick bei guter Sicht bis zu den Kanalinseln. Bereits seit Anfang des 19. Jh. ist Carteret als Badeort beliebt und ab und zu findet man im Stadtbild noch typische Belle-Époque-Villen. Barneville liegt etwas mehr im Landesinnern. Von hier verkehrt im Juli und August eine Museumsbahn nach Portbail (Di/ Do/So).

⌃ *Ein wunderschönes Fleckchen Natur: die Bucht von Portbail*

Information

Office de Tourisme, 50270 Barneville, Rue G. Le Conquérant 15, Tel. +33 (0)2 33049058, Öffnungszeiten: Nov.–März Mo 9.30–13.30, Mi/Fr/Sa 9.30–12.30 und 14–17 Uhr, Apr.–Juni/Sept. Mo–Sa 9.30–12.30 und 14–18 Uhr, So 9.30–13.30 Uhr, Juli/Aug. Mo–Sa 9.30–13 und 14–19 Uhr, So 9.30–13 Uhr

Picknickplatz

N49.40043° W1.80963°, etwas abschüssig, Picknickbänke

Ver- und Entsorgung

N49.38566° W1.75257°. In Barneville beim Carrefour-Supermarkt, Wasser 2 €

99 Fährhafen, Carteret (s. S. 182)

Nun geht es wieder ein kurzes Stück auf der D650 in südlicher Richtung bis zur Abzweigung nach **Portbail.** Das charmante kleine Seebad liegt malerisch an den Ufern der Bucht. Die frühromanische **Église Nôtre-Dame** ist heute säkularisiert und wird von April bis September für Kunstausstellungen

benutzt. Sehenswert sind die Bandmotive und Tierfiguren an den Kapitellen der romanischen Säulen. Spannend ist eine kleine Wanderung entlang der Bucht (s. S. 167).

⑩ P Camping cars, Portbail (s. S. 182)

Von Portbail fährt man auf der D15 in Richtung St-Saveur und biegt nach 3 km auf die D903 ein, die man bei der Abzweigung nach **Canville-La-Rocque** wieder verlässt. In der Kirche des verträumten Dorfes fand man 1983 gut erhaltene Fresken, die zwischen 1540 und 1560 entstanden sind. Sie zeigen die Legende des abgehenkten Gehenkten. Ein deutsches Ehepaar mit Sohn pilgerte im 11. Jh. nach Santiago de Compostela. Unterwegs wurde der Sohn zum Tod durch Erhängen verurteilt, weil er ein junges Mädchen zu sehr bedrängt haben soll. Der heilige Jakob persönlich stützte ihn jedoch an den Füßen und hängt ihn wieder ab.

In der typisch französischen Kleinstadt **La Haye-du-Puits** steht der 20 m hohe Bergfried aus dem 11. Jh. als Wahrzeichen der Gemeinde (N49.29308° E1.54351°). Kostenlos Wasser tanken kann man hier auch noch.

LESSAY (29 km – km 261)

Umgeben von rauer, schöner Heidelandschaft liegt das kleine Lessay mit seinen knapp 1800 Einwohnern. Einmal im Jahr, am zweiten Septemberwochenende, platzt der Ort aber aus allen Nähten, denn dann findet hier ein riesiger Jahrmarkt, der **Voire de Saint-Croix,** statt, dessen Ursprünge angeblich auf das 11. Jh. zurückgehen. Bis zu 500.000 Besucher strömen zum Jahrmarkt mit mehr als 1500 Ausstellern und einem Tiermarkt mit Eseln, Pferden und Geflügel. 7 km sind es von einem Ende zum anderen.

Generell sehenswert ist die Abteikirche der Stadt **(L'Abbaye Bénédictine Sainte-Trinité**

⌂ *L'Abbatiale de Lessay*

de Lessay) aus dem 11. Jh. Die kreuzförmige, dreischiffige Basilika ist eines der ersten Bauwerke in der Normandie mit einem vollständigen Kreuzrippengewölbe. Weite Arkaden durchziehen das Hauptschiff. Dank der mächtigen Säulen und dem Kreuzrippengewölbe des Daches strahlt das Kirchenschiff trotz schlichter Einrichtung eine erhabene Schönheit und Harmonie aus. Im Laufe der Jahre wurde die Kirche mehrfach zerstört und wieder aufgebaut. Nach den alliierten Luftangriffen 1944 dauerte der Wiederaufbau mit Originalmaterial von 1946 bis 1958.

Information
Office de Tourisme, 50430 Lessay, Place Saint-Cloud 11, Tel. +33 (0)2 33451434, Öffnungszeiten: Sept.– Juni Mo–Fr 9–12.15 und 14–17.30 Uhr, Juli, Aug. Mo–Sa bis 18 Uhr, So 10.30–13 Uhr

Sehenswertes
L'Abbaye Bénédictine Sainte-Trinité de Lessay, Öffnungszeiten: 9–18.30 Uhr

Ver- und Entsorgung
N49.19909° W1.56733°. In Créances beim Carrefour, 2 €. Hier gibt es auch Waschmaschinen und Trockner.

⑩ Place Saint-Cloud, Lessay (s. S. 182)

Das nächste Ziel ist das **Château Fort de Pirou** aus dem 12. Jh. Errichtet auf einer Felseninsel mit künstlich angelegtem Wassergraben, wird es von fünf Verteidigungstoren gesichert. Die Legende sagt, dass die Burg im Mittelalter belagert wurde. Doch als die Angreifer die Burg stürmten, war sie leer. Die Bewohner hatten sich durch einen Zauberspruch in Gänse verwandelt und waren davon geflogen. In den Flammen, die die Angreifer legten, verbrannte auch das Zauberbuch. Die Gänse kommen nun jedes Jahr nach Pirou und hoffen, die Zauberformel zur Rückverwandlung zu finden. Zu besichtigen gibt es eine Bäckerei, eine Kelter, eine Kapelle und den Gerichtssaal. In Letzterem

wird der wertvolle Gobelin, der die Eroberung Süditaliens und Siziliens durch die Normannen zum Thema hat, von Mai bis September gezeigt. Er wurde von 1976 bis 1992 im Stil der Tapisserie von Bayeux gefertigt.

Sehenswertes
Château Fort de Pirou, 50770 Pirou, N49.16301° W1.57312°, Tel. +33 (0)2 33463471, Apr.–Sept. Mi–Mo 10–12, 14–18.30 Uhr, Okt. bis 17 Uhr, Eintritt: 6/3,50/19 €

Ver- und Entsorung Pirou-Plage
N49.16545° W1.58954°, 3 €, Kartenzahlung, 10 Stellplätze vorhanden, laut durch Straße

⑩② Camping Le Clos Marin, Pirou (s. S. 182)

⑩③ Camping La Morinière, Pirou (s. S. 182)

Badeplatz
Anneville N49.13230° W1.59209°

Auf der D650 geht es entlang der Cote des Havres, dem wichtigsten Muschelzuchtgebiet Frankreichs. Die Muscheln sind sehr jodhaltig und gelten als besonders schmackhaft. Vorbei an **Gouville-sur-Mer** mit seinem weiten Sandstrand wechselt man auf die D651 und kommt nach 6 km nach **Agon-Coutainville.** Der acht Kilometer lange Sandstrand und das freundliche Zentrum mit den bunten Häusern machen die kleine Stadt zu einem gern besuchten Seebad. Auf der weiteren Route verlässt man nun das Meer und nimmt die D44 nach Coutances.

⑩④ Dünenstrand, Gouville-sur-Mer (s. S. 183)

⑩⑤ Aire naturelle le Casrouge, Agon-Coutainville (s. S. 183)

⑩⑥ Manoir de la Vallée, Tourville-sur-Sienne (s. S. 183)

ABSTECHER NACH GRATOT
(hin und zurück 5 km)

Für den lohnenden Abstecher zu einem Château und einer Ermitage muss man von der D44 kurz vor Coutances auf die D244 nach Gratot abfahren. Umgeben von einem breiten Wassergraben liegen die Ruinen des **Château de Gratot** in schöner ländlicher Umgebung (N49.06676° W1.49105°). Die vier Türme, darunter der Tour à la Fée („Feenturm"), und die Außenmauern der Schlossfassade üben eine mystische Faszination auf den Betrachter aus. Der Sage nach soll die Fee Andaine hier auf dem Schloss gewohnt haben. Und auch wenn es sich nur um eine

Geschichte handelt, könnte man sie gut und gerne glauben, denn sie passt zur Atmosphäre der romantischen Schlossruine. Freiwillige Helfer haben in den 1960er-Jahren die Burgruine renoviert. Seinen Obulus von 3 € zum Erhalt der Burg darf man nicht vergessen zu entrichten. Zugänglich ist das Areal täglich von 10 bis 19 Uhr. Um zur zweiten Sehenswürdigkeit von Gratot zu kommen, fährt man durch das Dorf hindurch und folgt dann den Hinweisschildern zur **Ermitage St-Gerbold** (N49.06942° W1.47383°). Vom kleinen Parkplatz sind es nur wenige Schritte zur frei und uneingeschränkt zugänglichen Ermitage. Erbaut im 15. Jh. auf Wunsch der Herren von Cratot war die Ermitage St-Gerbold zuerst ei-

209mm Abb.: BE

ne Kapelle, die dem Bischof von Bayeux gewidmet war. Später gehörte sie ausschließlich zum Schloss von Gratot und war für seine Besucher ein Ort des stillen Gebetes, dieser besonderen Atmosphäre kann man sich auch heute nicht verschließen.

◁ *Ein geheimnisvoller Zauber liegt auf dem Château de Gratot*

COUTANCES (26 km – km 287)

Hauptsehenswürdigkeit der Bischofsstadt Coutance ist ihre **Cathédrale Nôtre-Dame.** Mit dem ursprünglich romanischen Bau wurde im 11. Jh. begonnen. 1210 leitete der damalige Bischof Hugoes de Morville den Umbau zur gotischen Kathedrale ein. Die romanischen Säulen und Türme wurden mit einer gotischen Verkleidung versehen und der Chor völlig erneuert. Der Bau steht beispielhaft für die nüchterne Schönheit normannischer Gotik. Dank des Laternenturms im Schnittpunkt von Haupt- und Querschiff wird das Gotteshaus von Licht durchflutet. Der imposante Sakralbau überstand sowohl die Verwüstun-

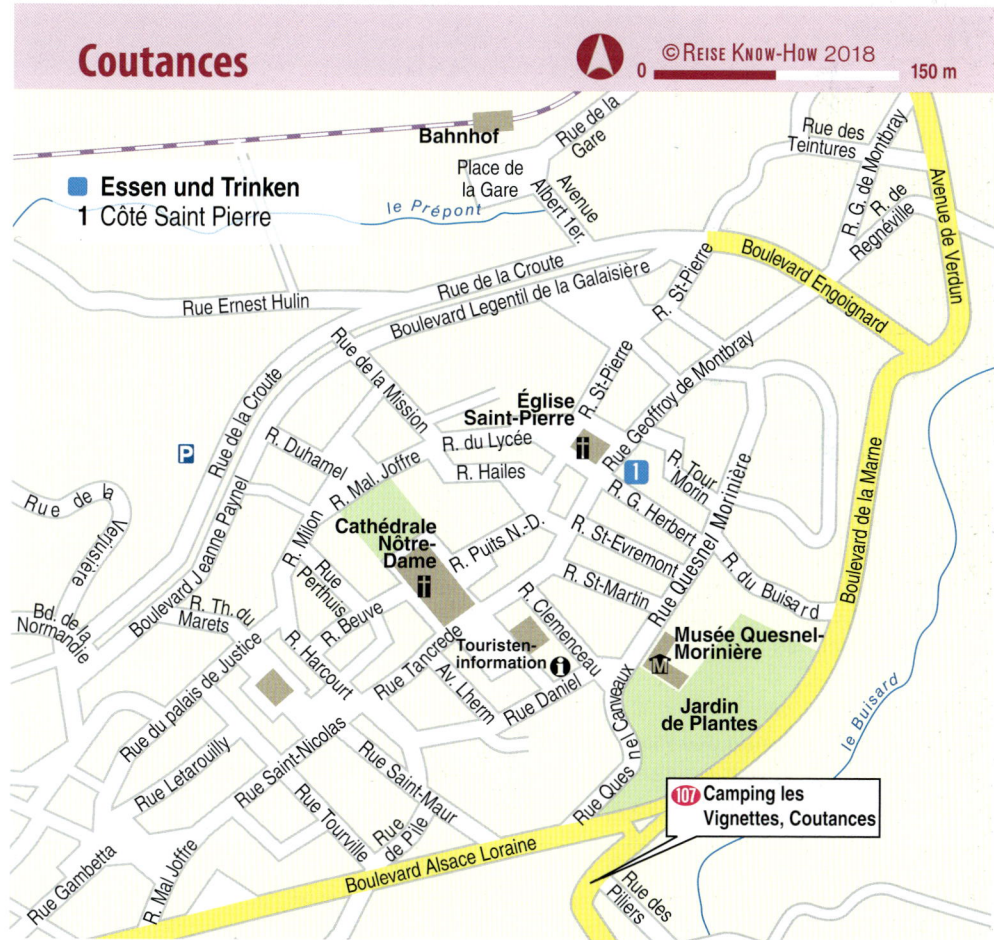

Coutances

© REISE KNOW-HOW 2018   0   150 m

Essen und Trinken
1 Côté Saint Pierre

Bahnhof, Place de la Gare, le Prépont, Rue de la Gare, Rue des Teintures, Avenue Albert 1er, Avenue de Verdun, Rue Ernest Hulin, Rue de la Croute, Boulevard Legentil de la Galaisière, R. St-Pierre, Boulevard Engoignard, R. G. de Montbray, R. de Regnéville, Rue de la Mission, Église Saint-Pierre, R. du Lycée, R. Hailes, Rue Geoffroy de Montbray, R. Tour Morin, R. G. Herbert, Rue Quesnel Morinière, R. du Buisard, Boulevard de la Marne, Cathédrale Nôtre-Dame, R. Puits N.-D., R. St-Evremont, R. St-Martin, Rue Quesnel, Musée Quesnel-Morinière, R. Clemenceau, Touristen-information, Av. Lherm, Rue Daniel, Rue les Canveaux, Jardin de Plantes, le Buisard, Camping les Vignettes, Coutances, Rue du palais de Justice, Rue Harcourt, Rue Tancrede, Rue Letarouilly, Rue Saint-Nicolas, Rue Saint-Maur, Rue Tourville, Rue de Pile, Rue Gambetta, R. Mal. Joffre, Boulevard Alsace Loraine, Rue des Pillers, Rue Ques., Bd. de la Normandie, Boulevard Jeanne Paynel, R. Th. du Marets, Rue Perthuis, Rue Beuve, R. Milon, R. Mal. Joffre, R. Duhamel, Rue de la Croute, Rue de la Venuisiere

Route 5: Durch das Cotentin

Routenatlas S. 312

ne Kapelle, die dem Bischof von Bayeux gewidmet war. Später gehörte sie ausschließlich zum Schloss von Gratot und war für seine Besucher ein Ort des stillen Gebetes, dieser besonderen Atmosphäre kann man sich auch heute nicht verschließen.

◁ *Ein geheimnisvoller Zauber liegt auf dem Château de Gratot*

COUTANCES (26 km – km 287)

Hauptsehenswürdigkeit der Bischofsstadt Coutance ist ihre **Cathédrale Nôtre-Dame.** Mit dem ursprünglich romanischen Bau wurde im 11. Jh. begonnen. 1210 leitete der damalige Bischof Hugoes de Morville den Umbau zur gotischen Kathedrale ein. Die romanischen Säulen und Türme wurden mit einer gotischen Verkleidung versehen und der Chor völlig erneuert. Der Bau steht beispielhaft für die nüchterne Schönheit normannischer Gotik. Dank des Laternenturms im Schnittpunkt von Haupt- und Querschiff wird das Gotteshaus von Licht durchflutet. Der imposante Sakralbau überstand sowohl die Verwüstun-

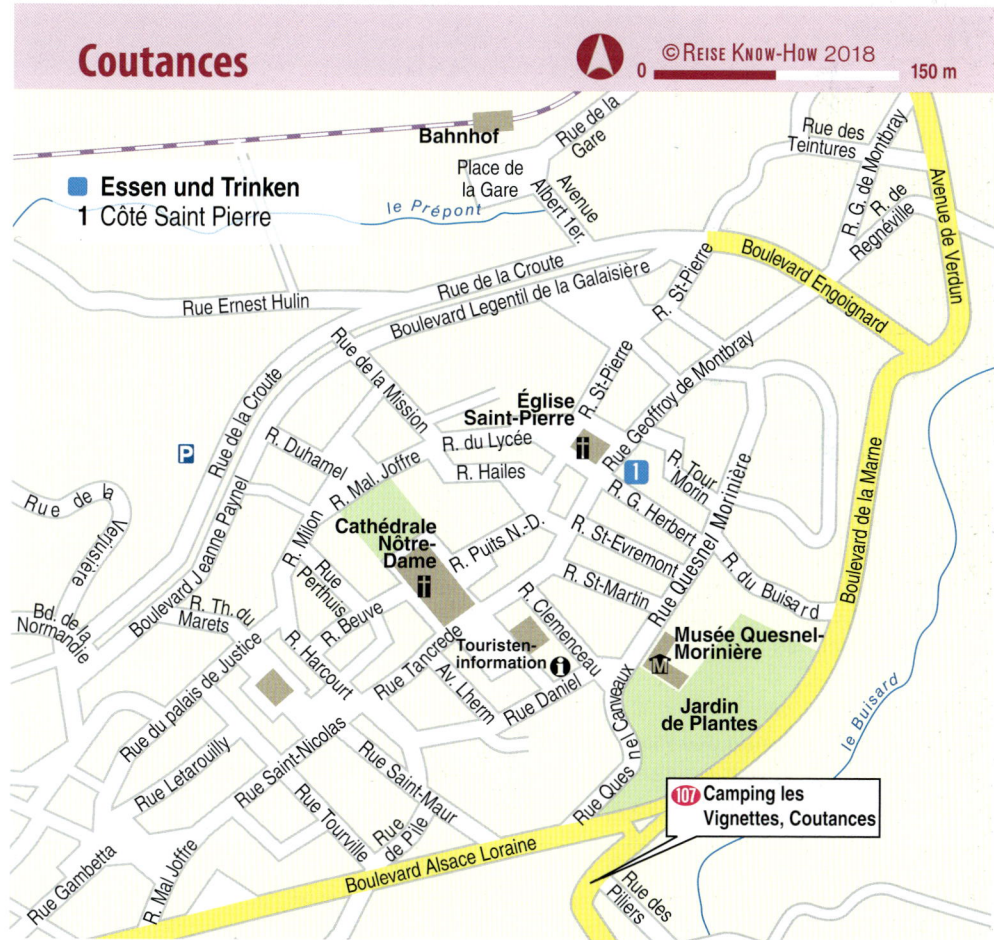

Coutances — © REISE KNOW-HOW 2018 — 0 — 150 m

Essen und Trinken
1 Côté Saint Pierre

Route 5: Durch das Cotentin

gen der Französischen Revolution als auch die Bombardements des Zweiten Weltkrieges. Die jahrhundertealten Buntglasfenster sind heute noch in ihrem ursprünglichen Zustand. Das riesige Glasfenster im nördlichen Querschiff datiert aus den Jahren 1235 bis 1240 und zeigt u. a. Szenen aus dem Leben des heiligen Thomas Becket. Die große Orgel mit ihrem einzigartigen voluminösen Klang stammt aus dem Jahre 1720.

Die **Église Saint-Pierre** ist eine Mischung aus Gotik und Renaissance. Die erste Kirche aus dem 11. Jh. wurde im Hundertjährigen Krieg zerstört und Anfang des 16. Jh. im spätgotischen Stil neu erbaut. Mitte des 16. Jh. erfolgte die meisterlicher Vollendung mit der Laternenkuppel des Vierungsturms im Stile der Renaissance.

Nach so viel sakraler Kunst sollte man sich einige Minuten im **Jardin des Plantes** (Stadtpark) gönnen. Die Stadt Coutances bekam das Herrenhaus und den Park im Jahr 1859 vom reichen Mitbürger Quesnel de la Morinière geschenkt, mit der Auflage, ein Heimatmuseum (Musée Quesnel-Morinière) und einen botanischen Garten für die Bevölkerung

einzurichten. Entstanden ist ein sorgfältig gepflegter Park mit einem italienischen und einem englischen Teil, einem Labyrinth und Wasserspielen.

Information

Office de Tourisme, 50200 Coutances, Place Georges Leclerc, www.tourisme-coutances.fr, Tel. +33 (0)2 33190810, Öffnungszeiten: Mo/Mi/Fr 9.30–12.30 und 14–18 Uhr, Di/Do –17 Uhr, Sa 10–12.30 und 14–17 Uhr, Juli/Aug. Mo–Fr 9.30–18.30 Uhr, Sa 10–12.30 und 14–18 Uhr, So 10–14 Uhr

Sehenswertes

Cathédrale Nôtre-Dame, 50200 Coutances, Rue Tancrède, Öffnungszeiten: 9–18.30 Uhr
Église Saint-Pierre, 50200 Coutances, Rue Saint-Pierre, Öffnungszeiten: 9–18 Uhr
Jardin des Plantes, 50200 Coutances, Rue Quesnel-Morinière, Öffnungszeiten: Okt.–März 9–17 Uhr, Apr.–Sept. 9–20 Uhr, Juli, Aug. bis 23 Uhr, Eintritt: frei, Hundeverbot
Musée Quesnel-Morinière, 50200 Coutances, Rue Quesnel-Morinière 2, Tel. +33 (0)2 33070788, Öffnungszeiten: Mo/Mi–Sa 10–12 und 14–17 Uhr, So 14–17 Uhr, Eintritt: 2,50 €

Essen

Côté Saint Pierre, 50200 Coutances, Rue Geoffroy-de-Montbray 55, Tel. +33 (0)2 33479478. Hier wird man gut verköstigt, ab 25 € für das Menü.

Parken

Parkplatz la Coûte II (N49.04905° W1.44122°, zentrumsnah).

📍 Camping les Vignettes, Coutances (s. S. 183)

Auf der D7 folgt man 2 km hinter Coutances kurz vor Saussey den Hinweistafeln „Les Jardins d'Argences". Das **Manoir d'Argences,** etwas außerhalb von Saussey in einem Tal gelegen, ist von neun verschiedenen Themengärten umgeben. Ein symmetrisch angelegter französischer Garten, ein englischer Garten, ein Rosengarten, ein Wassergarten mit Springbrunnen und Teichen, ein Blumengarten, Gärten mit Bäumen und Sträuchern und schließlich ein Gemüsegarten können besichtigt werden. Die derzeitigen Besitzer haben im Lauf der letzten Jahre einige hochrangige Preise für ihre Gartengestaltung verliehen bekommen.

◁ *Die Cathedrale Nôtre-Dame in Coutances*

▽ *Klösterliche Abgeschiedenheit in der Abbaye de Hambye*

An der D7 findet man Hinweisschilder zum **Musée du Manoir de Saussey.** In dem Herrenhaus aus dem 17. Jh. warten eine wertvolle Glassammlung und eine großartige Kollektion französischer und italienischer Krippenfiguren auf die Besucher. Außer dem Manoir kann auch der zauberhaft angelegte Garten besucht werden. Durch das schmale Tor zum Parkplatz passen keine Wohnmobile, man muss deshalb entlang der Straße oder etwas entfernt im Ort Saussey parken.

Sehenswertes

Les Jardins d'Argences, 50200 Saussey, N49.01889° W1.44643°, Tel. +33 (0)2 33079204, Öffnungszeiten: Mai–Mitte Okt. 14–18 Uhr, Eintritt: 5,50 €

Musée du Manoir de Saussey, 50200 Saussey, N49.01050° W1.43075°, Tel. +33 (0)2 33451965, Öffnungszeiten: Ostern–Sept. 14–18.30 Uhr, Eintritt: 6/1,50 €, Hunde im Park erlaubt

Die D7 zieht sich durch hügelige, landwirtschaftlich genutzte Flächen bis zur hübschen Kleinstadt **Gavray.**

Zum nächsten Ziel, der Abtei von Hambye, fährt man kurz auf der D9, zweigt dann auf die D198 und dann auf die D51 ab. Die **Abbaye de Hambye** liegt im Herzen des Valée de la Sienne (Sienne-Tal). Ihre Gründung erfolgte 1145 durch Benediktinermönche in der friedvollen Abgeschiedenheit, umgeben

103mm Abb.: gg

von Hügeln und Wäldern. Man betritt die Abtei durch das monumentale Torhaus. Obwohl von der Klosterkirche nur noch Ruinen erhalten sind, ist sie ein prachtvolles Zeugnis normannischer Baukunst der Romanik und Gotik. In der Form eines lateinischen Kreuzes erbaut, sind heute noch das schmale Hauptschiff, das Querschiff und der weite Chor zu sehen.

Bei einer geführten Besichtigung kann man außerdem die Klosterküche, das Refektorium, den Totensaal, den Kapitelsaal und die landwirtschaftlichen Gebäude, die alle in Privatbesitz sind, besuchen.

Sehenswertes

Abbaye de Hambye, 50450 Hambye, Route de l'Abbaye (N48.92369° W1.26710°), Tel. +33 (0)2 33617692, Öffnungszeiten: April–Juni/September Mi–Mo 10–12 und 14–18 Uhr, Juli/August täglich 10–18 Uhr, Eintritt: 5,50/2,50/16 €

Hinter der Abtei fährt man zunächst auf der D51 durch das Sienne-Tal und dann auf der D9 bis nach Villedieu-les-Poêles.

VILLEDIEU-LES-POÊLES
(38 km – km 325)

Die 4000 Einwohner des Städtchens leben von der **Kupferpfannen- und der Glockenherstellung** sowie vom Tourismus. Der Zusatz „Poêles" im Stadtnamen bedeutet „Bratpfannen".

Es ist nicht verwunderlich, dass es jährlich, besonders in den Sommermonaten, viele Touristen in das reizende Städtchen zieht. Vor allem die Fußgängerzone Rue du Docteur Havard und der Place de la République sind sehr schön. Sie werden von hübsch herausgeputzen Häusern mit Restaurants und Läden mit Kupfergegenständen im Angebot flankiert.

Immer wieder bieten sich Einblicke in die malerischen Innenhöfe. In der Rue Général Huard kann man im **Atelier du Cuivre,** einer der ältesten Kupferwerkstätten der Stadt, den Meistern bei der Arbeit zusehen. Au-

⌂ In der Glockengießerei hat sich seit 200 Jahren wenig verändert

ßerdem erfährt man – auch mittels eines Videofilms – viel über die Geschichte dieses Handwerkszweigs vom Mittelalter bis in die heutige Zeit. Natürlich kann man anschließend Kupferpfannen, Töpfe, Kannen und vieles mehr im dazugehörenden Laden kaufen.

Schräg gegenüber des Ateliers sind gleich zwei Museen in einem Gebäude: das **Museum für Klöppelspitzen** und das **Museum für das Kupferhandwerk (Musée de la Poeslerie et Maison de la Dentellière).** In einer restaurierten Kupferwerkstatt wird die Kupferbearbeitung erklärt. Im Haus der Spitzenklöpplerin sind zarte Spitzen, Klöppel und Rahmen ausgestellt. 150 Möbelstücke aus der Zeit des 15. Jh. bis Mitte des 19. Jh. gibt es im **Musée du Meuble Normand** in der Rue du Reculé zu sehen.

Auf keinen Fall versäumen sollte man einen Besuch der **Fonderie de Cloches** (Glockengießerei), die seit über 200 Jahren besteht und bis zum heutigen Tag ihr Aussehen nicht verändert hat. Keine Angst, auch wer die französische Sprache nicht beherrscht, wird die Arbeitsabläufe bei der Herstellung einer Glocke verstehen. Die knapp 30-minütige Führung versetzt den Besucher in die Anfänge des Industriezeitalters zurück. In dem Ziegelbau der Gießerei mit seinem alles überragenden Schornstein sieht man gleich beim Eingang die Gruben für den Glockenguss. Darin werden die Formen mit Ziegeln gemauert, darauf kommt eine Tonschicht, der Pferdemist und Ziegenhaare beigemengt sind. Über die Rohform wird der sogenannte Mantel gestülpt – praktisch die Außenhülle der späteren Glocke. In zwei Brennöfen werden die Metalllegierungen mithilfe von Holzkohle bei 1180° Celsius geschmolzen. Das flüssige Metall wird anschließend zwischen Mantel und Form gegossen und die Glocke kühlt dann, ganz mit Erde bedeckt, je nach Größe zwei bis acht Tage aus. Die Gießerei stellt heute noch Kirchen- und Schiffsglocken für Abnehmer in ganz Europa her – die größten wiegen sechs Tonnen. Im angeschlossenen Laden kann sich jeder seine eigene Glocke kaufen.

Information

Office de Tourisme, 50800 Villedieu-les-Poêles, Place de la Costils 8, Tel. +33 (0)2 33610569, www.tourisme-villedieu.com, Okt.–März Mo–Sa 9.30–12 u. 14–17.30 Uhr, Apr.–Sept. tägl. 10–13 u. 14–18 Uhr

Sehenswertes

Musée de la Poeslerie et Maison de la Dentellière, 50800 Villedieu-les-Poêles, Rue du Général Huard 25, Tel. +33 (0)2 33611178, Öffnungszeiten: April–Oktober Mo–Sa 10–12.30 und 14–17.30 Uhr, Juli/August Mo–Sa 10–18 Uhr, So 14–18 Uhr, Eintritt: 5/2 €

Fonderie de Cloches, 50800 Villedieu-les-Poêles, Rue du Pont Chignon 10, Tel. +33 (0)2 33617729, Öffnungszeiten: Mitte Feb.–Mitte Nov. Di–Sa 10–12.30 u. 14–17.30 Uhr, Juli–Aug. tägl. 9.30–18.30 Uhr, geführte Touren: 8/7 €

Le Musée du Meuble Normand, Rue du Reculé 9, Öffnungszeiten: Mai–Sept. Mo–Sa 14–18 Uhr, Eintritt: 5 €, Kombi mit Musée de la Poeslerie 7 €

Essen

Le Pussoir, 50800 Villedieu-Les-Poêles, Place du Pussoir Fidèle 2, Tel. +33 (0)2 33519458. In der liebevoll eingerichteten Brasserie sitzt man gemütlich und genießt schnörkellose Gerichte. So Ruhetag

Einkaufen

Atelier du Cuivre, 50800 Villedieu-les-Poêles, Rue du Général Huard 54, www.atelierducuivre.fr, Öffnungszeiten: Mo–Fr 9–12 und 13.30–18 Uhr, Sa 9–12 und 14–17.30 Uhr. Führung durch die Werkstatt 6/5 €

La Cour du Paradis, 50800 Villedieu-les-Poêles, Rue du Docteur Havard 40–44, Tel. +33 (0)2 33505466, Do–Di 9.30–19.30 Uhr, So 10–13.30 u. 14.30–19 Uhr. Allerlei Dinge, die die Normandie zum Essen, Trinken und Dekorieren zu bieten hat

Ver- und Entsorgung

N48.84175° W1.22281°. Von Gavray kommend vor dem Zentrum nach links in Richtung Krankenhaus fahren. Hier kann man auch parken, zum Übernachten eignet sich der Stellplatz allerdings besser. 4 €/10 Min. Wasser oder 55 Min. Strom

⑩⑧ Parc de la Commanderie, Villedieu-les-Poêles (s. S. 183)

256rm Abb.: gg

STELL- UND CAMPINGPLÄTZE ENTLANG DER ROUTE

63 Aire Camping car le Port, Carentan
N49.30909° W1.23910°

Separate Plätze vor dem Campingplatz in befriedigender und ruhiger Lage. Bezahlung mit Kreditkarte und einmaliger Kauf eines Etappenpasses (4 €), dieser kann bei weiteren Stationen dieses Typs verwendet werden. **Lage/Anfahrt:** In der Stadt ausgeschildert; **Platzanzahl:** 20; **Untergrund:** Schotter; **Ver-/Entsorgung:** Strom, Trinkwasser, Abwasser, Chemie-WC; **Preise:** 9,60 €/Fahrz. inkl. Strom und VE. Menüführung auf Deutsch; **Geöffnet:** ganzjährig; **Adresse/Kontakt:** 50500 Carentan, Chemin du Grand Bas Pays

64 Camping car park, Utah Beach
N49.41778° W1.18656°

Plätze beim Campingplatz in schöner und ruhiger Lage. Kartenzahlung und Etappenpass siehe Platz 63. **Lage/Anfahrt:** ausgeschildert; **Platzanzahl:** 30; **Untergrund:** Schotter; **Ver-/Entsorgung:** Strom, Trinkwasser, Abwasser, Chemie-WC; **Preise:** 9,60 € inkl. Strom und VE; **Geöffnet:** ganzjährig; **Adresse/Kontakt:** 50480 Sainte-Marie-du-Mont, La Madeleine

⌂ *In Quinéville steht man direkt am breiten Sandstrand*

65 Camping Le Cormoran, Ravenoville
N49.46614° W1.23622°

Platz mit guter Sanitärausstattung, vom breiten Sandstrand durch die Küstenstraße getrennt. Mini-Markt, WLAN, Autovermietung, beheiztes Frei- und Hallenbad, Sauna. **Lage/Anfahrt:** Direkt an der D421, ausgeschildert; **Platzanzahl:** 256; **Untergrund:** Wiese; **Ver-/Entsorgung:** Strom, Trinkwasser, Abwasser, Chemie-WC; **Sicherheit:** umzäunt, beleuchtet, bewacht; **Preise:** 27–54 €/Fahrz. je nach Größe des Platzes inkl. 2 Pers. u. Strom, Tier 3,10–3,30 €, Taxe 0,50 €, Camper-Stop zwischen 18 und 10 Uhr, Pauschale inkl. Pers. und Strom 17–19 €, ohne Strom 12–15 €; **Geöffnet:** April–September; **Adresse/Kontakt:** 50480 Ravenoville, Ravenoville-Plage, Tel. +33 (0)2 33413394, www.lecormoran.com

66 Aire de Camping Cars, Sainte-Mère-Église
N49.40808° W1.31174°

Offizieller Platz am Ortsrand, Lage schön und relativ ruhig (Busparkplatz angrenzend). **Lage/Anfahrt:** Im Ort ausgeschildert; **Platzanzahl:** 30; **Untergrund:** Schotterrasen; **Ver-/Entsorgung:** beim Campingplatz; **Preise:** 10 €/24 Std.; **Geöffnet:** ganzjährig; **Adresse/Kontakt:** 50480 Sainte-Mère-Église, Rue de la Liberté

⑰ Camping Municipal, Sainte-Mère-Église
N49.41025° W1.31045°

Campingplatz mit befriedigender Ausstattung bei den Sportplätzen, zentrumsnah. **Lage/Anfahrt:** ausgeschildert; **Platzanzahl:** 30; **Untergrund:** Wiese; **Preise:** 12–17 €/Fahrz. inkl. Pers., Strom 3 €, Hund 1,50 €, Taxe 0,50 €/Pers.; **Geöffnet:** Apr.–Okt.; **Adresse/Kontakt:** 50480 Sainte-Mère-Église, Rue 505E Airborne 6

⑱ Sportplatz, Montebourg
N49.48499° W1.37477°

Offizielle Plätze beim Sportplatz (Stade). Lage schön und ruhig, abschüssig, Picknickbänke, Grill. **Lage/Anfahrt:** Von der N13 kurz vor dem Ortsschild rechts abbiegen, ausgeschildert; **Platzanzahl:** 10; **Untergrund:** Schotter; **Ver-/Entsorgung:** Trinkwasser, Abwasser, Chemie-WC; **Preise:** kostenlos; **Geöffnet:** frei zugänglich; **Adresse/Kontakt:** 50310 Saint-Floxel, Le Stade

⑲ Strand, Quinéville
N49.51589° W1.28672°

Plätze auf holpriger Wiese in schöner und ruhiger Lage, WC. Damit hier nicht bald ein Verbotsschild steht, bitte respektieren: Stühle rausstellen verboten! **Lage/Anfahrt:** In Quinéville zum Mémorial Museum fahren, dort nach links zum Parkplatz abbiegen; **Platzanzahl:** 3; **Max. Stand:** 1 Nacht; **Preise:** kostenlos; **Geöffnet:** frei zugänglich; **Adresse/Kontakt:** 50310 Quinéville, Boulevard maritime. Der ganz in der Nähe liegende **städtische Campingplatz** kostet 13,50–15 €/Fahrz. inkl. 2 Pers. und Strom, Hund 0,30 €, Taxe 0,20 €, geöffnet Apr.–Okt.; **Adresse/Kontakt:** 50310 Quinéville, Rue du Port Sinope 10, www.camping-quineville.fr.

⑳ Camping Le Rivage, Quettehou
N49.57943° W1.30756°

Platz mit befriedigenden Sanitäreinrichtungen, beheiztem Schwimmbad, Laden, Bar und Waschmaschinen. 400 m zum Meer. Die Lage ist befriedigend und ruhig. **Lage/Anfahrt:** Von der D14 abbiegen, ausgeschildert; **Platzanzahl:** 140; **Untergrund:** Wiese; **Ver-/Entsorgung:** Strom, Trinkwasser, Abwasser, Chemie-WC; **Sicherheit:** umzäunt, beleuchtet, bewacht; **Preise:** 16,50–22,90 €/Fahrz. inkl. 2 Pers., Strom 4,50 €, Hund 2 €, Taxe 0,39 €/Pers., bei Ankunft nach 18 Uhr und Abfahrt vor 10 Uhr pauschal 15,50–17 € (inkl. 2 Pers. und Strom); **Geöffnet:** April–September; **Adresse/Kontakt:** 50630 Quettehou, Rue Sainte-Marie 75, Tel. +33 (0)2 33541376, www.camping-lerivage.fr

㉑ Aire Camping Cars, St-Vaast-la-Hougue
N49.58402° W1.26720°

Privater Platz direkt neben dem Campingplatz La Gallouette. Die Lage befriedigend und relativ ruhig. **Lage/Anfahrt:** Im Ort ausgeschildert; **Platzanzahl:** 25; **Untergrund:** Asphalt; **Ver-/Entsorgung:** Trinkwasser, Abwasser, Chemie-WC; **Sicherheit:** umzäunt, beleuchtet; **Preise:** 8 €/Fahrz., 2 €/10 Min. Wasser; **Geöffnet:** ganzjährig; **Adresse/Kontakt:** 50550 St-Vaast-la-Hougue, Rue de la Gallouette

㉒ Camping La Gallouette, Saint-Vaast-la-Hougue
N49.58465° W1.26872°

Platz mit befriedigender Sanitärausstattung, beheiztem Schwimmbad, Laden und Bar. Lage gut und ruhig. **Lage/Anfahrt:** Im Ort ausgeschildert; **Platzanzahl:** 120; **Untergrund:** Wiese; **Ver-/Entsorgung:** Strom, Trinkwasser, Abwasser, Chemie-WC; **Sicherheit:** umzäunt, beleuchtet, bewacht; **Preise:** 16,75–20,90 €/Fahrz. inkl. 2 Pers. und Strom, Hund 2,10 €, Taxe 0,50 €, bei Ankunft nach 18 Uhr und Abfahrt vor 10 Uhr pauschal 13,60–15,70 €/Fahrz. inkl. 2 Personen und Strom; **Geöffnet:** April–September; **Adresse/Kontakt:** 50550 St-Vaast-la-Hougue, Tel. +33 (0)2 33542057, www. camping-lagallouette.fr

㉓ Camping de Jonville, Réville
N49.60699° W1.23148°

Platz in sehr schöner, ruhiger Lage am Point de Saire mit ausreichender Sanitärausstattung, Waschmaschinen. **Lage/Anfahrt:** Vor Réville nach rechts zum Pointe de Saire abbiegen, ausgeschildert; **Platzanzahl:** 100; **Untergrund:** Wiese; **Ver-/Entsorgung:** Strom, Trinkwasser, Chemie-WC; **Sicherheit:** umzäunt, beleuchtet, bewacht; **Preise:** 6,40–8,70 €/Fahrz., 3,40–3,90/Pers., Strom 4,70 €, Tier 2,30–2,50 €, Taxe 0,20 €, von 15–12 Uhr Pauschale 10–11,50 €; **Geöffnet:** April–September; **Adresse/Kontakt:** 50760 Réville, Jonville, Tel. +33 (0)2 33544841, www.camping-jonville.fr

76 Camping La Ferme du Bord de Mer, Gatteville-Phare
N49.68021° W1.27350°

Eine naturbelassene Wiese mit einfacher Sanitäraus-stattung in schöner Lage bei einem Bauernhaus, über eine Anliegerstraße kommt man zur Meeresbucht. WLAN inkl. **Lage/Anfahrt:** Von Barfleur aus vor dem Ort Gatteville kurz nach der Windmühle nach rechts zum Platz fahren. Er ist ausgeschildert; **Platzanzahl:** 25; **Untergrund:** Wiese; **Ver-/Entsorgung:** Strom, Trinkwasser, Chemie-WC; **Sicherheit:** umzäunt, be-leuchtet, bewacht; **Preise:** 12–14,30 €/Fahrz. inkl. 2 Personen, Strom 3,30 €, Tier 1,90 €, Taxe 0,22 €, Pauschale 18–10 Uhr 13 € inkl. Pers. und Strom; **Geöffnet:** ganzjährig; **Adresse/Kontakt:** 50760 Gatteville-Phare, Rue du Val de Saire 43, Tel. +33 (0)2 33540177, www.camping-gatteville.fr

74 Camping-Cars à la Ferme, Réville
N49.62573° W1.25320°

Gepflegtes, ruhiges Wiesengelände bei einem Bau-ernhof mit Direktverkauf von Gemüse, sehr freundliche Aufnahme der Gäste. Nach Réville ist es 1 km. **Lage/Anfahrt:** Auf der D1 durch Réville Richtung Barfleur fahren. 700 m nach dem Ortsschild rechts in Richtung La Froide Rue abbiegen, ab hier 600 m bis zum Stell-platz, ausgeschildert; **Platzanzahl:** 20; **Untergrund:** Wiese; **Ver-/Entsorgung:** Strom, Trinkwasser, Abwas-ser, Chemie-WC; **Sicherheit:** umzäunt, beleuchtet, **Preise:** 7 €/Fahrz. inkl. Strom und VE; **Geöffnet:** ganz-jährig; **Adresse/Kontakt:** Françoise et Michel Latirre, 50760 Reville, La Froide Rue, Tel. +33 (0)2 33545405

75 Camping la Blanche Nef, Barfleur
N49.67571° W1.26758°

Platz am Ortsrand mit befriedigender Sanitärausstat-tung und WLAN. Lage gut und ruhig. **Lage/Anfahrt:** Im Ort ausgeschildert; **Platzanzahl:** 54; **Untergrund:** Wiese, Sand; **Ver-/Entsorgung:** Strom, Trinkwasser, Abwasser, Chemie-WC; **Sicherheit:** umzäunt, beleuch-tet, bewacht; **Preise:** 12–16 €/Fahrz. inkl. 2 Pers., Strom 4,50–5 €, Tier 2,10 €, Taxe 0,44 €/Pers.; **Geöffnet:** Mitte Feb.–Mitte Nov.; **Adresse/Kontakt:** 50760 Barfleur, Chemin de la Masse, Tel. +33 (0)2 33231540, www.camping-barfleur.fr

⌂ *Entsorgungsstation auf dem Bauernhof Camping-Cars à la Ferme* 74

77 Cap Lévi, Fermanville
N49.68991° W1.46735°

Privater Platz auf einer abschüssigen, holprigen Wiese, ohne Ver- und Entsorgung oder Sanitäranlagen, dafür mit schönem Blick auf die Bucht. Lage sehr gut und ruhig. **Lage/Anfahrt:** Durch Tôt le Haut (Vorsicht enge Durchfahrt von 2,50 m) hindurch in Richtung „Phare Sémaphore" (Leuchtturm) fahren, dann nach 1,6 km links zum Platz, auf das Schild „Aire de Stationnement pour Campingcars" achten; **Platzanzahl:** 15; **Unter-grund:** Wiese; **Preise:** 5 €/Fahrz., jeder weitere Tag 3 €; **Geöffnet:** ganzjährig; **Adresse/Kontakt:** 50840 Fer-manville, Village la Bordette, Tel.+33 (0)624283266

78 Phare, Fermanville
N49.69670° W1.47288°

Offizieller Stellplatz beim Leuchtturm in Traumlage di-rekt am Meer. Kein Campingbetrieb erlaubt! Unbedingt beachten! **Lage/Anfahrt:** Wie Platz 77, dann weiter am Phare vorbei; **Platzanzahl:** 3; **Untergrund:** Schot-ter; **Preise:** kostenlos; **Max. Stand:** 1 Nacht

79 Hafen Cap Levi, Fermanville
N49.68728° W1.47237°

Freie Stellplätze im Hafen in schöner Lage. Kein Cam-pingbetrieb erlaubt! Unbedingt beachten! **Lage/Anfahrt:** Anfahrt Cap Levi (s. S. 151) bis zum Hafen folgen; **Platzanzahl:** 3; **Untergrund:** Schotter; **Preise:** kostenlos; **Max. Stand:** 1 Nacht

80 Camping Collignon, Tourlaville
N49.65424° W1.56604°

Platz mit befriedigender Ausstattung direkt am Meer, öffentliches Hallenbad angrenzend, Lage gut und ruhig. **Lage/Anfahrt:** Wenn die D116 in die vierspurige Zufahrtsstraße nach Cherbourg übergeht, rechts abbiegen, ausgeschildert; **Platzanzahl:** 62; **Untergrund:** Wiese; **Ver-/Entsorgung:** Strom, Trinkwasser, Abwasser, Chemie-WC; **Sicherheit:** umzäunt, beleuchtet, bewacht; **Preise:** 6,75–7 €/Fahrz., 4,70–5 €/Pers., Strom 4 €, Hund 4 €, Taxe 0,55 €; **Geöffnet:** Mai–September; **Adresse/Kontakt:** 50110 Tourlaville, Espace Loisirs de Collignon, Rue des Algues, Tel. +33 (0)2 33418570, www.camping-collignon.fr

81 Cité de la Mer, Cherbourg
N49.64258° W1.61750°

Offizieller Platz beim Museum Cité de la Mer in nicht sehr ansprechender und lauter Lage (Straßen- und Hafenlärm). **Lage/Anfahrt:** Von der Zufahrtsstraße nach Cherbourg den Hinweisschildern „Cité de la Mer" folgen; **Platzanzahl:** 30; **Untergrund:** Asphalt; **Ver-/Entsorgung:** Trinkwasser, Abwasser, Chemie-WC; **Sicherheit:** beleuchtet; **Preise:** kostenlos; **Max. Stand:** 1 Nacht; **Geöffnet:** frei zugänglich; **Adresse/Kontakt:** 50100 Cherbourg, Allèe du Prèsident Menut

82 Camping à la Ferme, Sideville
N49.58803° W1.69147°

Gepflegte Wiese hinter einem Bauernhof mit Hofladen (Mo–Sa), keine Sanitärräume. Lage sehr gut und ruhig.

Lage/Anfahrt: Auf der D650 an Sideville vorbei und auf den ersten Feldweg nach rechts abbiegen, Hinweisschild mit Womopiktogramm; **Platzanzahl:** 6; **Untergrund:** Wiese; **Ver-/Entsorgung:** Strom, Trinkwasser, Abwasser, Chemie-WC; **Sicherheit:** beleuchtet, bewacht; **Preise:** 7 €/Fahrz. inkl. Strom, Ver-/Entsorgung 3 €; **Geöffnet:** ganzjährig; **Adresse/Kontakt:** Philippe und Véronique Vautier, 50690 Sideville, 1 Ferme de l'Orimier, Tel. +33 (0)2 33520259, www.lorimier.fr

83 Camping des Dunes, Urville-Nacqueville
N49.67801° W1.72307°

Netter Platz mit guter Sanitärausstattung, schöne ruhige Lage, vom Dünenstrand durch Anliegerstraße getrennt. **Lage/Anfahrt:** Von der D45 meerwärts, ausgeschildert; **Platzanzahl:** 100; **Untergrund:** Wiese, Sand; **Ver-/Entsorgung:** Strom, Trinkwasser, Abwasser, Chemie-WC; **Sicherheit:** umzäunt, beleuchtet, bewacht; **Preise:** Pauschale 23–40 € inkl. 2 Pers. und Strom, Hund 1,75–2,50 €, Taxe 0,61 €/Pers.; **Geöffnet:** April–Okt.; **Adresse/Kontakt:** 50460 Urville-Nacqueville, Route du Fort 426, Tel. +33 (0)2 33035673

⌖ Einfach, aber dafür in sehr schöner Lage – der Stellplatz Cap Lévi 17

84 Salle communale, Gréville-Hague
N49.67513° W1.80111°

Offizieller Stellplatz bei den Sportplätzen, Lage gut und ruhig (außer bei Fußballspielen). **Lage/Anfahrt:** Im Ort ausgeschildert; **Platzanzahl:** 5; **Untergrund:** Asphalt; **Ver-/Entsorgung:** Strom, Trinkwasser, Abwasser, Chemie-WC; **Sicherheit:** beleuchtet; **Preise:** 2 €/10 Min. Wasser oder 55 Min. Strom; **Geöffnet:** frei zugänglich; **Adresse/Kontakt:** 50440 Gréville-Hague, D 237

85 Camping du Hâble, Omonville-la-Rogue
N49.70446° W1.84070°

Platz mit einfacher Ausstattung, Lage gut und relativ ruhig. **Lage/Anfahrt:** Von der D45 rechts ab zum Platz, ausgeschildert; **Platzanzahl:** 66; **Untergrund:** Wiese; **Ver-/Entsorgung:** Strom, Trinkwasser, Abwasser, Chemie-WC, für Externe 2 €; **Sicherheit:** umzäunt, beleuchtet, bewacht; **Preise:** 4,50 €/Fahrz., 2,85 €/Pers., Strom 3,41–5,71 €, Tier 1,17 €, Dusche 1,25 €, Taxe 0,22 €/Pers.; **Geöffnet:** April–September; **Adresse/Kontakt:** 50440 Omonville-la-Rogue, Route de la Hague 4, Tel. +33 (0)2 33528615

86 Parkplatz Goury, Auderville
N49.71402° W1.93458°

Offizielle Stellplätze, sehr uneben, ca. 400 m bis zum Leuchtturm. Lage sehr schön und ruhig. **Lage/Anfahrt:** Durch Auderville hindurch Richtung Cap la Hague und Goury fahren, dann zum ausgeschilderten Parkplatz links abbiegen; **Platzanzahl:** 20; **Untergrund:** Schotterrasen; **Preise:** kostenlos; **Geöffnet:** frei zugänglich; **Adresse/Kontakt:** 50440 Auderville, D901

87 D64, Siouville-Hague
N49.56330° W1.84468°

Offizielle Stellplätze auf einem Wiesengelände am Ortsrand. Lage gut und relativ ruhig. **Lage/Anfahrt:** Durch Siouville auf der D64 Richtung Dielette fahren, dann auf den mit „P" ausgeschilderten Wiesenparkplatz abbiegen; **Platzanzahl:** 30; **Untergrund:** Wiese; **Ver-/Entsorgung:** Strom (1 Anschluss), Trinkwasser, Abwasser, Chemie-WC; **Sicherheit:** umzäunt; **Preise:** 2 €/10 Min. Wasser oder 55 Min. Strom; **Geöffnet:** frei zugänglich; **Adresse/Kontakt:** 50340 Siouville-Hague, Avenue des Peupliers

88 Camping à la Ferme, Tréauville
N49.54437° W1.83512°

Plätze in schöner und ruhiger Lage von Wiesen umgeben. **Lage/Anfahrt:** Von Dielette auf der D231 für 8 km Richtung Tréauville fahren, dann auf die D65 nach la Chaussée abbiegen, 600 m zum Platz, ausgeschildert; **Platzanzahl:** 10; **Untergrund:** Wiese; **Ver-/Entsorgung:** Strom, Trinkwasser, Abwasser, Chemie-WC; **Preise:** 8 €/Fahrz. alles inkl.; **Adresse/Kontakt:** M. Louis Levallois, 50340 Tréauville, la Chaussée 1, Tel. +33 (0)6 68445185

258rrm Abb.: 86

89 Strand, Sciotot

N49.50724° W1.84744°

Der hintere Teil eines abschüssigen Parkplatzes ist für Wohnmobile reserviert. Lage sehr gut und mit Sicht aufs Meer, relativ ruhig. **Lage/Anfahrt:** In Sciotot den Hinweisschildern nach links zum Parkplatz folgen; **Platzanzahl:** 10; **Untergrund:** Wiese; **Preise:** kostenlos; **Max. Stand:** 1 Nacht; **Geöffnet:** frei zugänglich; **Adresse/Kontakt:** 50340 Les Pieux, Plage de Sciotot

90 Aire Privée de la Calad'JO, Grosville

N49.50660° W1.74257°

Privater Platz hinter einer Bar mit Lebensmittelverkauf, durch niedrige Hecken abgeteilt, Lage befriedigend, aber laut (D62). **Lage/Anfahrt:** An der Ecke D23 und D62 in Grosville; **Patzanzahl:** 9; **Untergrund:** Schotter; **Ver-/Entsorgung:** Strom, Trinkwasser, Abwasser, Chemie-WC; **Preise:** 7 € alles inkl.; **Geöffnet:** ganzjährig; **Adresse/Kontakt:** 50340 Grosville, Rue des Touzes 17

91 D900, Rauville-la-Bigot

N49.51628° W1.68345°

Offizielle Stellplätze auf nett angelegtem, zentrumsnahem Platz mit Picknicktischen, WC mit Waschbecken, Lage gut, aber laut (D 900). **Lage/Anfahrt:** Durch Rauville-la-Bigot in Richtung Bricquebec hindurch, vor dem Neubaugebiet rechts zum Platz, ausgeschildert; **Platzanzahl:** 9; **Untergrund:** Asphalt; **Ver-/Entsorgung:** Trinkwasser, Abwasser, Chemie-WC; **Preise:** kostenlos; **Geöffnet:** frei zugänglich; **Adresse/Kontakt:** 50260 Rauville-la-Bigot, D900

92 Etang de Pêche, Bricquebec

N49.47353° W1.64645°

Offizieller Stellplatz an einem kleinen See mit Picknicktischen, WC. 600 m ins Zentrum, Lage gut und relativ

◁ *Beim Stellplatz* 86 *steht man in fußläufiger Entfernung zum Leuchtturm vom Cap de la Hague*

ruhig (D900). **Lage/Anfahrt:** Von der D900 gleich am Ortsanfang nach rechts zum Parkplatz fahren, ausgeschildert; **Platzanzahl:** 10; **Untergrund:** Schotter; **Ver-/Entsorgung:** Strom (2 Anschlüsse), Trinkwasser, Abwasser, Chemie-WC; **Sicherheit:** beleuchtet; **Preise:** kostenlos, 5 € Strom (60 Min.) oder Wasser; **Max. Stand:** 72 Std.; **Geöffnet:** frei zugänglich; **Adresse/Kontakt:** 50260 Bricquebec, D900

93 Camping Municipal Le Bocage, Valognes

N49.51166° W1.47522°

Platz mit einfacher Ausstattung, Lage gut und relativ ruhig. **Lage/Anfahrt:** In Richtung Cherbourg fahren und vor dem Lidl-Supermarkt rechts zum Platz, ausgeschildert; **Platzanzahl:** 20; **Untergrund:** Wiese; **Ver-/Entsorgung:** Strom, Trinkwasser, Abwasser, Chemie-WC; **Sicherheit:** umzäunt, beleuchtet; **Preise:** 4,50 €/Fahrz., 3,20 €/Pers., Strom 3,90 €, Tier 0,80 €; **Geöffnet:** April–Mitte Oktober; **Adresse/Kontakt:** 50700 Valognes, Rue Neuve (Einfahrt Allee des Jardins), +33 (0)2 33958203

94 Boulevard Félix-Buhot, Valognes

N49.51073° W1.47767°

Plätze beim Busbahnhof und Pkw-Parkplatz, 500 m bis ins Zentrum, Lage ausreichend und laut. **Lage/Anfahrt:** Durch Valognes in Richtung Cherbourg fahren, dann kurz vor dem Lidl-Supermarkt nach links, ausgeschildert; **Platzanzahl:** 2; **Untergrund:** Asphalt; **Ver-/Entsorgung:** Strom (2 Anschlüsse), Trinkwasser, Abwasser, Chemie-WC; **Sicherheit:** beleuchtet; **Preise:** 2 €/10 Min. Wasser oder 60 Min. Strom; **Geöffnet:** frei zugänglich; **Adresse/Kontakt:** 50700 Valognes, Boulevard Félix-Buhot

95 Eléphant Blue, Valognes

N49.51435° W1.50055°

Private Stellplätze hinter einer Waschstraße. Nett angelegt, Picknickplätze. Lage befriedigend, nachts ruhig. **Lage/Anfahrt:** Von der N13 auf die D62 oder im Ort Richtung Déchetterie fahren; **Platzanzahl:** 4; **Untergrund:** Asphalt; **Ver-/Entsorgung:** Strom, Trinkwasser, Abwasser, Chemie-WC; **Preise:** 5 €/Fahrz., 2 € VE und Strom; **Geöffnet:** frei zugänglich; **Adresse/Kontakt:** 50700 Valognes, Rue de la Brique, Tel. +33 (0)2 33406201

⑯ Chèvrerie des Poitevines, Rauville-la-Place

N49.38513° W1.51642°

Plätze bei einer Ziegen- und Angorafarm mit Hofverkauf, Hund bitte anleinen. Sehr freundlicher Empfang, für Kinder ein Paradies. **Lage/Anfahrt:** Von der D2 kurz vor St-Sauveur auf die D15 und gleich rechts auf die D326E nach Rauville-la-Place Bourg abbiegen, dann ausgeschildert; **Platzanzahl:** 5; **Untergrund:** Schotter; **Preise:** kostenlos; **Geöffnet:** ganzjährig; **Adresse/Kontakt:** 50390 Rauville-la-Place, Village Cartot, Tel. +33 (0)2 33413090, www.chevreriedespoitevines.fr

⑰ Dünenstrand, Surtainville

N49.46403° W1.82771°

Offizielle Plätze beim ganzjährig geöffneten Campingplatz, in Strandnähe. Lage gut und ruhig. **Lage/Anfahrt:** Von der D650 nach Surtainville meerwärts abbiegen, dann ausgeschildert; **Platzanzahl:** 10; **Untergrund:** Asphalt; **Ver-/Entsorgung:** Strom (2 Anschlüsse), Trinkwasser, Abwasser, Chemie-WC; **Sicherheit:** beleuchtet; **Preise:** 4 €/10 Min. Wasser oder 55 Min. Strom; **Max. Stand:** 1 Nacht; **Geöffnet:** frei zugänglich; **Adresse/Kontakt:** 11655 Surtainville, Route du Pou

⑱ Aire naturelle de Camping les Ronds Duvall, Hatainville

N49.40231° W1.80606°

Privater Platz in sehr schöner und ruhiger Lage, in der ersten Reihe herrliche Sicht auf die Dünen, Dusche, WC. **Lage/Anfahrt:** In Hatainville meerwärts, ausgeschildert; **Platzanzahl:** 80; **Untergrund:** Wiese **Ver-/Entsorgung:** Strom, Trinkwasser, Abwasser, Chemie-WC; **Preise:** 5,50–7,50 €/Fahrz. 4,50–5 €, Strom inkl.; **Geöffnet:** Apr.–Sept.; **Adresse/Kontakt:** 50270 Les Moitiers-d'Allone, Impasse des Ronds Duval 10, Tel. +33 0661497061

⑲ Fährhafen, Carteret

N49.37286° W1.78987°

Offizielle Plätze am Hafen in schöner und relativ ruhiger Lage, WC. **Lage/Anfahrt:** Durch Carteret in Richtung Port (Hafen) fahren, dort links zum Platz; **Platzanzahl:** 20; **Untergrund:** Asphalt; **Preise:** kostenlos; **Geöffnet:** frei zugänglich; **Adresse/Kontakt:** 50270 Carteret, Quai Vaimy

⑳ P Camping Cars, Portbail

N49.33699° W1.70085°

Offizielle Stellplätze direkt an der Bucht in sehr schöner und relativ ruhiger Lage, zentrumsnah. **Lage/Anfahrt:** Stellplatz vor dem Ort rechts, VE von dort ausgeschildert; **Platzanzahl:** 25; **Ver-/Entsorgung:** Trinkwasser, Abwasser, Chemie-WC; **Preise:** Platz kostenlos, VE 2 €/10 Min. Wasser (nur Visa- oder Mastercard); **Geöffnet:** frei zugänglich; **Adresse/Kontakt:** 50580 Portbail, Rue Lechevalier

㉑ Place Saint-Cloud, Lessay

N49.21861° W1.53537°

Offizielle Plätze auf schmalem Areal, zentrumsnah, Lage befriedigend und relativ ruhig. **Lage/Anfahrt:** Im Ort ausgeschildert; **Platzanzahl:** 4; **Untergrund:** Asphalt; **Ver-/Entsorgung:** Mo–Fr 9–12 und 15–17.30 Uhr, Sa 9–12 Uhr, nach telefonischer Anmeldung (Tel. +33 (0)2 33765880); **Preise:** kostenlos, auch Strom; **Geöffnet:** frei zugänglich; **Adresse/Kontakt:** 50430 Lessay, Place Saint-Cloud

㉒ Camping Le Clos Marin, Pirou

N49.15921° W1.59599°

Platz am weiten Dünenstrand mit befriedigender Sanitärausstattung und Schwimmbad. Lage sehr gut und ruhig (einige Plätze mit Meerblick). **Lage/Anfahrt:** Von der D650 Richtung Pirou-Plage fahren, dann ausgeschildert; **Platzanzahl:** 100; **Untergrund:** Wiese; **Ver-/Entsorgung:** Strom, Trinkwasser, Chemie-WC; **Sicherheit:** umzäunt, beleuchtet, bewacht; **Preise:** 5–6,35 €/Fahrz., 4,37–5,28 €/Pers., Strom 4,20–4,40 €, Hund 1,65–2,15 €, April–Juni/September/Oktober Pauschale inkl. 2 Pers. 12,70 €, Strom extra; **Geöffnet:** April–Oktober; **Adresse/Kontakt:** 50770 Pirou, Rue des Bergeronettes 43, Tel. +33 (0)2 33463036

㉓ Camping La Morinière, Pirou

N49.14370° W1.58228°

Privater Platz bei einem Bauernhof mit einfacher Sanitärausstattung. Lage gut und ruhig, ca. 400 m bis zum Strand. **Lage/Anfahrt:** Von der D650 hinter Pirou beim Hinweisschild „Camping" nach links abbiegen; **Platzanzahl:** 15; **Untergrund:** Wiese; **Ver-/Entsorgung:** Trinkwasser, Abwasser, Chemie-WC; **Sicherheit:** umzäunt, beleuchtet; **Preise:** 5,20 €/Fahrz., 4,10 €/

Pers., Strom 3,60 €, Hund 1,90 €, Taxe 0,21 €/Pers.; **Geöffnet:** Ostern–Mitte Sept.; **Adresse/Kontakt:** Mme. Massu, 50770 Pirou, La Morinière 1, Tel. +33 (0)2 33078715, Mobil +33 (0)6 84414292

104 Dünenstrand, Gouville-sur-Mer
N49.10128° W1.60882°

Offizieller Stellplatz direkt am Dünenstrand, Lage schön und relativ ruhig. WC. **Lage/Anfahrt:** Von der D650 auf die D268 nach Gouville-Plage fahren, am Strand nach rechts abbiegen; **Platzanzahl:** 40; **Untergrund:** Schotter; **Ver-/Entsorgung:** Strom (4 Anschlüsse), Trinkwasser, Abwasser, Chemie-WC; **Preise:** 5 € 19–10 Uhr inkl. Wasser (Kartenzahlung); **Geöffnet:** frei zugänglich; **Adresse/Kontakt:** 50560 Gouville-sur-Mer, La Plage

105 Aire naturelle le Casrouge, Agon-Coutainville
N49.05282° W1.56715°

Wiesenplatz mit Bäumen in schöner ruhiger Lage bei einem Bauernhof. Man kann Bioprodukte einkaufen. **Lage/Anfahrt:** Von der D650 rechts auf die D272 abbiegen, ausgeschildert mit „Camping"; **Platzanzahl:** 15; **Untergrund:** Wiese; **Ver-/Entsorgung:** Strom, Trinkwasser, Abwasser, Chemie-WC; **Sicherheit:** umzäunt, beleuchtet; **Preise:** 18,10–24,80 €/Fahrz., Strom 3,20 €, Hund 2,20 €; **Geöffnet:** Apr.–Okt.; **Adresse/Kontakt:** Christine Dulong, 50230 Agon-Courtainville, le Casrouge 77, Tel. +33 (0)2 33468470

106 Manoir de la Vallée, Tourville-sur-Sienne
N49.05376° W1.52085°

Wiese von Hecken umgeben bei einem Milchviehhof. Lage schön und relativ ruhig. Stallbesuch erlaubt! **Lage/Anfahrt:** Von der D44 hinter Tourville links zum Platz abbiegen, ausgeschildert; **Platzanzahl:** 10; **Untergrund:** Wiese; **Ver-/Entsorgung:** Strom, Trinkwasser, Abwasser, Chemie-WC; **Sicherheit:** umzäunt; **Preise:** 3 €/Fahrz., Strom 1 €, VE 3 €; **Geöffnet:** ganzjährig; **Adresse/Kontakt:** Pierre Sevestre, 50200 Tourville-sur-Seine, Manoir de la Vallée 2, Tel. +33 (0)2 33471145, Handy 0665726506

▷ *In Gouville-sur-Mer findet man den Stellplatz* 104 *direkt am Dünenstrand*

107 Camping les Vignettes, Coutances
N49.05154° W1.45919°

Platz in schöner und relativ ruhiger Lage bei den Sportplätzen, 1,5 km ins Zentrum. **Lage/Anfahrt:** An der D44 Richtung Saint Malo; **Platzanzahl:** 80; **Untergrund:** Wiese; **Ver-/Entsorgung:** Strom, Trinkwasser, Abwasser, Chemie-WC; **Sicherheit:** umzäunt, beleuchtet; **Preise:** 3,96 €/Fahrz., 3,85 €/Pers., Strom 3,85–6,60 €, Hund 1,65 €; **Geöffnet:** ganzjährig; **Adresse/Kontakt:** 50200 Coutances, Route de Saint Malo, Tel. +33 (0)2 33454313

108 Parc de la Commanderie, Villedieu-les-Poêles
N48.83701° W1.22444°

Offizielle Stellplätze an einem kleinen Park, Parkplatz auch von Pkws genutzt, zentrumsnah. Lage befriedigend und relativ ruhig. **Lage/Anfahrt:** In Villedieu Richtung Zentrum fahren und dort den Hinweisschildern nach rechts zum Stellplatz folgen; **Platzanzahl:** 10; **Untergrund:** Asphalt; **Sicherheit:** beleuchtet; **Preise:** kostenlos; **Geöffnet:** frei zugänglich; **Adresse/Kontakt:** 50800 Villedieu-les-Poêles, Parc de la Commanderie

213/rrm Abb.: gg

DER MAJESTÄTISCHE ABTEIBERG UND BESCHAULICHE STÄDTE IM HINTERLAND

Entlang der Bucht des Mont-Saint-Michel wird die Vorfreude auf die Hauptsehenswürdigkeit der Normandie noch gesteigert, taucht die imposante Silhouette dieses „Wunders des Abendlandes" auf der Fahrt oder bei Küstenwanderungen doch immer wieder auf. Ob im strahlenden Sonnenschein, von Nebelschwaden umgeben oder abends im Scheinwerferlicht, der Anblick des Mont-Saint-Michel lässt niemand kalt. Kein Wunder, dass die Besucherströme hier nie abreißen, sogar bis tief in der Nacht fährt der Shuttlebus vom Parkplatz zum UNESCO-Welterbe. Apfelbäume, Pferde, Kühe, Steinmauern, Hecken, hübsche Steindörfer und interessante kleine Museen, das sind die Merkmale der Bocage Normand im Hinterland der Küste. Um die Region richtig kennenzulernen, schnürt man am besten seine Wanderschuhe. Für Wohnmobilfahrer sind viele Übernachtungsplätze eingerichtet: Ob auf einem kostengünstigen Camping Municipal oder auf einem Stellplatz, immer gibt es ausgezeichnete Möglichkeiten, sein Haupt zur Ruhe zu betten.

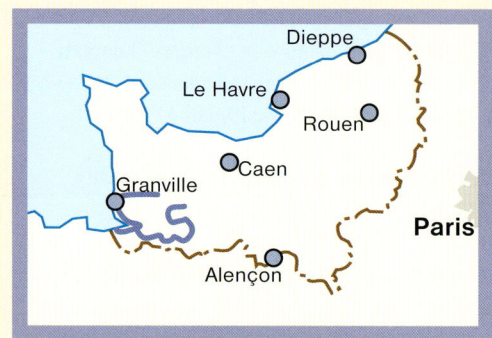

▷ *Futuristische Brückenkonstruktion vor dem mittelalterlichen Mont-Saint-Michel*

280mm Abb.: gg

ROUTE 6

BAIE DU MONT-SAINT-MICHEL UND BOCAGE NORMAND

STRECKENVERLAUF

Strecke: Villedieu-les-Poêles – Granville (29 km) – Avranches (37 km) – Le Mont-Saint-Michel (24 km) – Ducey (21 km) – Mortain (43 km) – Vire (25 km)
Streckenvariante: durch das abgeschiedene Hinterland von Mortain nach Vire (82 km)

Streckenlänge: 179 km
mit Variante: 236 km

Von Villedieu-les-Poêles erreicht man nach 29 km auf der D924 entlang landwirtschaftlich genutzter Flächen Granville.

GRANVILLE (29 km – km 29)

Granville teilt sich in zwei Teile: in die Basse-Ville unten am Hafen und die Haute-Ville oben auf dem Felsplateau. Die **Basse-Ville** ist lebhaft und bunt, mit vielen Geschäften, Restaurants und dem schmalen Strand unterhalb der Schieferklippen.

Am Ende des Strandes in der Villa Les Rhumbs ist das **Musée et Jardin Christian Dior** ansässig. Die Villa, in der der Modeschöpfer Christian Dior seine Kindheit verbrachte, steht in einem parkähnlichen Garten hoch über dem Meer. Heute finden darin jährlich wechselnde Ausstellungen über die Haute Couture aus dem Hause Dior statt. Dem Kundenstamm Diors gehören bzw. gehörten so berühmte Persönlichkeiten wie das Fürstenhaus von Monaco, Jackie Kennedy, Prinzessin Soraya und Sophia Loren an.

Die **Haute-Ville** hat sich ihr mittelalterliches Aussehen mit einer Stadtmauer und einem Stadttor **(Grand' Porte)** bewahrt. Vom Stellplatz **109** sind es, am **Le Roc des Harmonies** vorbei, nur 300 m zum Aussichtspunkt **Pointe du Roc.** Der Roc des Harmonies ist ein interessantes Aquarium, in dem man auch einiges über Mineralien, Insekten und Schmetterlinge erfährt.

Man umrundet den Pointe du Roc auf einem Fußweg, immer mit schöner Aussicht auf das Meer und die Insel Chausey. Über Treppen kommt man wieder hinauf zur Straße und an die Stadtmauer. Ihr folgt man nach rechts und hat einen wunderschönen Blick auf die Hafenanlage von Granville. Durch die Grand'Porte, das Stadttor mit Zugbrücke, gelangt man in die Altstadt. Hier befindet sich auch gleich das **Musée D'Art et D'Histoire,** das Heimatmuseum der Stadt. Hausrat sowie Möbel aus dem alten Granville werden im Erdgeschoss gezeigt. Im ersten Stock sieht man normannische Trachten und bunte Motivvorhänge von Alkovenbetten aus dem Kloster Hambye.

Nach dem Museumsbesuch spaziert man immer an der Mauer entlang bis zum Place de l'Isthme mit dem **Musée d'Art Moderne Richard Anacréon.** Es präsentiert Werke des 20. Jh., gestiftet wurde es in den 1980er-Jahren von Richard Anacréon, einem Sohn Granvilles.

Vom Platz vor dem Museum kann man auf Treppen über den Burggraben hinunter zur Basse-Ville gehen.

Mit schöner Aussicht auf das Meer und auf die Insel Jersey geht der Spaziergang um die Stadtmauer der Haute-Ville weiter bis die Straße nach links biegt. Auf ihr kommt man zur **Église Nôtre-Dame,** die ursprünglich aus dem 15. Jh. stammt. Das Kirchenschiff und die mit Säulen verzierte Westfassade aus Granit wurden im 17. und 18. Jh. erbaut. Die Marienstatue Nôtre-Dame du Cap Lihou in der nördlichen Seitenkapelle wird bei der Bußprozession der Seeleute besonders verehrt. Immer Richtung Pointe du Roc kommt man wieder zurück zum Stellplatz.

▷ *Der Blick von der Haute-Ville auf die Basse-Ville von Granville*

Information

Office de Tourisme, 50406 Granville, Cours Jonville 4, Tel. +33 (0)2 33913003, www.ville-granville.fr, Öffnungszeiten: Apr.–Juni/Sept./Okt. Mo–Sa 9.30–12.30 und 14–18 Uhr, Juli, Aug. Mo–Sa 9.30–18.30, So 10–13 und 14–17 Uhr, Nov.–März Mo–Sa 9.30–12.30 und 14–17.30 Uhr

Sehenswertes

Musée d'Art Moderne Richard Anacréon, 50400 Granville, Place de l'Isthme, Tel. +33 (0)2 33510294, Öffnungszeiten: Febr.–Mai Fr–So 14–18 Uhr, Juni–Sept. 11–18 Uhr, Eintritt: 4–5 € je nach aktueller Ausstellung
Le Roc des Harmonies, 50400 Granville, Pointe du Roc, Tel. +33 (0)2 33501983, Öffnungszeiten: Okt.–März 10–12.30 und 14–18.30 Uhr, Apr.–Sept. 10–19 Uhr, Eintritt: 9/6 €
Musée D'Art et D'Histoire, 50400 Granville, Rue Lecarpentier 2, Tel. +33 (0)2 33504410. Wegen statischer Probleme **auf unbestimmte Zeit geschlossen.**
Musée et Jardin Christian Dior, 50400 Granville, Villa Les Rhumbs, Tel. +33 (0)2 33614821, Öffnungszeiten: Apr.–Sept. 10–18.30 Uhr, 8 €, Kinder bis 12 J. frei

Essen

Crêperie L'Échauguette, 50400 Granville, Rue St-Jean 22, Tel. +33 (0)2 33505187. Sehr gute salzige Galettes und süße Crêpes

Parken

Granville Basse N48.83897° W1.58922°. Hier sind auch sechs kostenlose Stellplätze ausgewiesen.

109 Haute-Ville, Granville (s. S. 204)

Hinter Granville gehen auf der weiteren Route bis Carolles die Strandbäder entlang der D911 mehr oder weniger nahtlos ineinander über. Nichtsdestotrotz sieht man immer wieder reizende kleine Spitzgiebelhäuser zwischen den modernen Bauten hervorragen, die einen Blick wert sind. Von der D911 fährt man die kurze Stichstraße hinunter nach **Carolles-Plage** mit seinem breiten feinen Sandstrand. Von hier aus kann man eine sehr schöne und abwechslungsreiche Wanderung (s. S. 190) starten.

110mm Abb.: gg

Essen und Trinken
1 Crêperie L'Échauguette

— Stadtspaziergang
▶ Start

Strand

Promenade du Plat Gousset

Avenue de la Libération

Musée d'Art Moderne
Richard-Anacréon

HAUTE VILLE

Rue des Juifs

Cours Jonville

Rue Saint Jean

Rue Lecampion

Touristen-
information

Musée D'Art et
D'Histoire

Zugbrücke der
Grand'Porte

Église
Nôtre-Dame

Rue du Port

Boulevard des amiraux Granvillais

R. C. Desmaisons

Rue Saint-Paul

Haute-Ville,
Granville

Rue du Roc

Boulevard Vaufleury

Rue du Port

Quai Sud

Rue des Îles

Boulevard des

Pointe du Roc

Le Roc des
Harmonies

Rue du Cap Lihou

Hafen

Quai Sud

Jersey, Chausey

---

⑪⓪ Tennisplatz, St-Pair-sur-Mer (s. S. 204)

⑪⑪ Camping Les Pins, Jullouville (s. S. 204)

⑪⑫ Strandparkplatz, Carolles-Plage (s. S. 204)

⑪⑬ Camping Municipal La Guériniére, Carolles (s. S. 205)

Ebenfalls an der D911 liegt das kleine **St-Jean-le-Thomas.**

Auf der Fahrt dorthin taucht immer wieder in der Ferne die imposante Silhouette des Mont-Saint-Michel auf.

Tipp

In dieser Region gibt es tolle Möglichkeiten, einmal auf den **Pferderücken** umzusteigen. Gut begleitet wird man bei Gérald Collard, 50530 Saint-Jean-le-Thomas, Tel. +33 (0)2 33488419

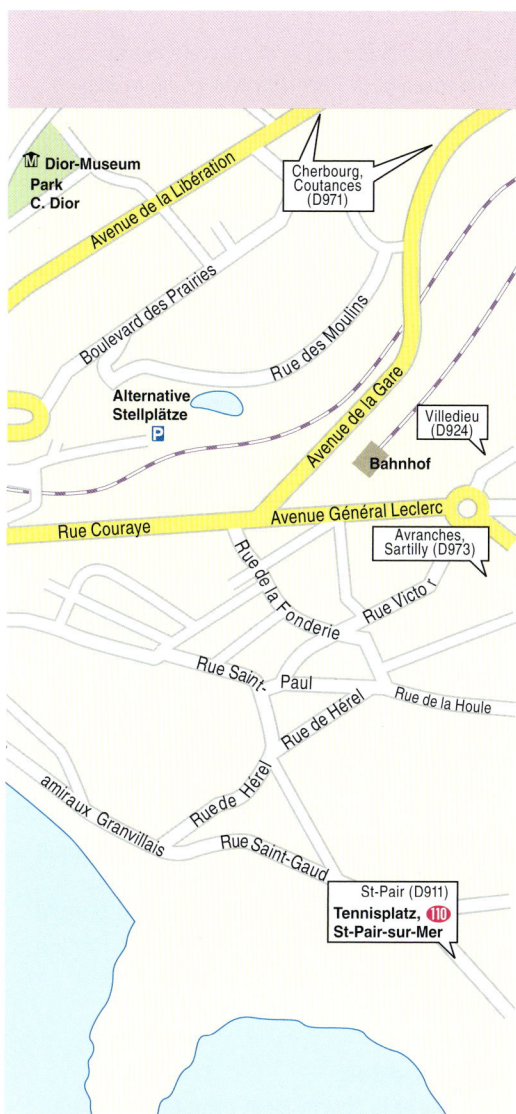

**Dior-Museum
Park
C. Dior**

Avenue de la Libération

Cherbourg,
Coutances
(D971)

Boulevard des Prairies

Rue des Moulins

**Alternative
Stellplätze**

Avenue de la Gare

Villedieu
(D924)

Bahnhof

Rue Couraye

Avenue Général Leclerc

Avranches,
Sartilly (D973)

Rue de la Fonderie

Rue Victo r

Rue Saint- Paul

Rue de la Houle

Rue de Hérel

amiraux Granvillais

Rue de Hérel

Rue Saint-Gaud

St-Pair (D911)
**Tennisplatz, ⑩
St-Pair-sur-Mer**

**⑭ Aire Camping Cars,
St-Jean-le-Thomas (s. S. 205)**

⑮ Plage, Dragey (s. S. 205)

Vom Stellplatz ⑭ fährt man nur kurz zurück und dann gleich nach rechts auf die nur mit einem „C" gekennzeichnete Straße (Route de la Baie). Sie führt direkt an der Küste entlang und man hat unterwegs immer wieder eine traumhafte Aussicht auf den berühm-

ten Mont-Saint-Michel. Die Straße ist schmal und man muss bei Gegenverkehr schon mal anhalten. Wer es bequemer haben will, fährt auf der D911 bis Gênets.

Weiter auf der küstennahen Straße „C" ist die Küste jetzt flacher und die Straße verläuft durch Salzwiesen. Am gebührenpflichtigen Parkplatz vom **Bec d'Andaine** (N48.68841° W1.49758°) sollte man auf jeden Fall einmal anhalten. Über einen Bohlenweg kommt man hier zum weiten Sandstrand der Bucht des Mont-Saint-Michel und hat bei klarem Wetter eine wirklich grandiose Aussicht auf den berühmten Klosterberg.

Beim Parkplatz starten auch die verschiedenen **geführten Wanderungen** durch das Watt zur Insel Saint-Michel. Eine Wattwanderung zum Mont (ohne Rückweg) mit Begleitung, allerdings ohne Erläuterungen während der Tour, kostet 7,60/5,10 € pro Person. Es gibt auch Touren, bei denen man eine Strecke zu Fuß geht und den Rückweg mit dem Bus macht (13,10/10,60 €), dieselbe Tour mit Erläuterung kostet 17,50/11,90 € (bei mehr als 11 Pers. sinkt der Preis). Wer möchte, kann den Inselberg auch mit der Kutsche oder auf dem Pferderücken erreichen. Der Beginn der jeweiligen Unternehmung ist immer von den Gezeiten abhängig. Weitere Informationen zu Touren und Anfangszeiten gibt es direkt im der Billeterie Chemins de la Baie (Tel. +33 (0)2 33898088) oder im Internet auf der Website www.cheminsdelabaie.com.

Tipp
Ein sehr guter deutschsprachiger Führer ist Domaine Clerval, Tel. +33 (0)2 33489338, www.montsaintmi chel-clerval.com.

Auf der D35E kommt man in das nette Städtchen **Genêts** mit der Granitkirche Nôtre-Dame aus dem 12. bis 14. Jh. Auch in Genêts gibt es eine Touristeninformation, wo man von den sehr freundlichen und hilfsbereiten Helfern Auskunft über Unternehmungen an der Bucht und eine Liste der ortsansässigen offiziellen Wattwanderführer erhält.

Wanderung von Carolles-Plage zum Cabane Vauban

Diese (mittelschwere) Wanderung von etwa 1:45 Std. Dauer führt zwar über etwas zugewachsene, unebene Wege und hat zwei kräftige Steigungen, dafür genießt man aber den weiten, umfassenden Ausblick entlang der Steilküste. Unterwegs durchquert man ein grünes Tal mit einem plätschernden Bach und kann vom Cabane Vauban einen ersten Blick auf den Mont-Saint-Michel erhaschen.

Am linken südlichen Ende des Strandes Carolles-Plage steigt man steil über Treppen hinauf bis zu einer Aussichtsplattform mit Orientierungstafel. Ab hier folgt man dem mit gelben und rot-weißen Strichen bezeichneten Weg zunächst oberhalb der Felsenküste (Falaise de Champeaux) und steigt später steil in das idyllische Vallée du Lude hinab. Hier kann man kurz den Wanderweg verlassen und in 5 Min. zu einer einsamen Kiesbucht spazieren. Wieder zurück steigt man jetzt auf der anderen Seite des Tals hinauf bis zum Rocher du Sard, einem imposanten Fel-

sen. Immer weiter auf dem rot-weiß markierten Wanderweg hoch über dem Meer kommt man zum Cabane Vauban, einem ehemaligen Beobachtungsposten aus dem 17. Jh. Hier wird man sicherlich den traumhaften Ausblick auf den Mont-Saint-Michel ausgiebig genießen. Für den Rückweg nimmt man bis zur Orientierungstafel über Carolles-Plage denselben Weg. Ab dort folgt man dann allerdings dem rot-weiß markierten Fernwanderweg, der zunächst oberhalb von Carolles-Plage einen Bogen beschreibt und dann hinunter bis zur Hauptstraße D911 leitet.

Wer will, macht hier noch einen Abstecher von ca. 15 Min. ins Vallée des Peintres, einem – wie es der Name schon sagt – „malerischen Tal" mit Bachlauf und bemoosten Felsen. Dazu überquert man die D911 und folgt dem Hinweisschild „Vallée des Peintres" ins Tal. Beim ehemaligen Eisenbahnviadukt, der heute Wanderweg ist, geht man auf demselben Weg zurück.

Ob mit oder ohne Abstecher, ab der D911 geht man auf der Zufahrtsstraße das kurze Stück bis zum Parkplatz in Carolles-Plage.

Information

Office de tourisme, 50530 Genêts, Place des Halles 4, Tel. +33 (0)2 33896400, N48.68221° W1.47608°, Öffnungszeiten: Apr.–Okt. Mo–Sa 9.45–12.45 und 14–18 Uhr, Juli/Aug. auch So 10–13 und 14–18 Uhr

Bei den letzten Häusern von Genêts fährt man nun rechts auf der schmalen Straße C9 nach **St-Léonard.** Hier befindet sich, etwas außerhalb direkt an die Salzwiesen und die Bucht angrenzend, das **Ecomusée de la Baie du Mont-Saint-Michel.** Im Hauptgebäude wurde ein modernes, multimediales Museum eingerichtet, in dem man auf sehr unterhaltsame Weise alles über die Flora und die Fauna der Bucht im Wandel der Jahreszeiten erfährt. Auch der Fischfang, die Austernzucht und die Landwirtschaft rund um die *baie* („Bucht") werden erklärt. Alle Videos und Computeranimationen können übrigens

auch mit deutschen Erklärungen abgespielt werden. Im Untergeschoss des Museums und in einem separaten, nach altem Vorbild erbauten Gebäude, wird die Salzgewinnung erläutert. Ein Besuch dieses Museums ist auch für Kinder sehr spannend.

Sehenswertes

Ecomusée de la Baie du Mont-Saint-Michel, 50300 Vains-Saint-Léonard, Route du Grouin du Sud, N48.66501° W1.44604°, Tel. +33 (0)2 33890606, Öffnungszeiten: Apr.–Juni 14–18, Juli–Sept. 10–18, Eintritt: 5/2,50/15 €

Weiter auf der schmalen, nur mit „C" markierten Straße kommt man zu einem weiteren Aussichtspunkt, dem **Pointe du Grouin du Sud** (N48.65642° W1.44491°). Von hier scheint der Mont-Saint-Michel schon zum Greifen nahe. Über die D591 und die D911 erreicht man Avranches.

AVRANCHES (37 km – km 66)

Avranches ist eine der ältesten Städte der Normandie. Hier siedelten schon im 9. Jh. v. Chr. die Kelten und die Gallier hatten hier ihre Hauptstadt. Die Stadt thront auf einem Granitfelsen und so hat man von verschiedenen Aussichtspunkten eine weite Aussicht über die Salzwiesen und die Bucht des Mont-Saint-Michel.

Vorbei an den Resten einer **mittelalterlichen Burg,** von deren Zinnen man eine schöne Sicht über die Stadt und die Bucht hat, und dem Tour de L'Arsenal kommt man zu den *remparts* (Burgmauern), in denen das **Scriptorial d'Avranches Musée des Manuscrits du Mont-Saint-Michel** seinen Platz fand. Darin erfährt man anhand von Exponaten und Videos viel über Papierherstellung, Buchbindekunst, alte Druckverfahren, Buch-

gestaltung und Restauration wertvoller Bücher, aber auch über die Geschichte des Mont-Saint-Michel und von Avranches. Am Ende des informativen Rundganges kommt man in die Schatzkammer. In Vitrinen, nur von kleinen Spots angestrahlt, liegen hier die wertvollsten Schriften aus der Abtei des Mont-Saint-Michel. Für Menschen der heutigen Zeit ist die Schönheit der Schrift, das Gleichmaß der Gestaltung und der feine Strich der Bilder ein wahres Wunderwerk.

Über die Rue de Lille, vorbei an der mittelalterlichen Rue Engibault, spaziert man zum **Place Daniel Huet.** An dieser Stelle stand bis zu ihrem Einsturz im Jahre 1794 die Kathedrale von Avranches. Ein kleines, mit Ketten

◹ *Von den Zinnen der Burgmauer hat man eine umfassende Aussicht*

eingefasstes Areal erinnert hier an ein bedeutendes Ereignis aus dem Mittelalter. Genau an dieser Stelle befanden sich die Stufen der Kathedrale, auf denen im Jahre 1172 Heinrich II. Plantagenêt im Büßerhemd erschien, um um die Vergebung seiner Sünden zu bitten. Heinrich II., Herzog der Normandie und König von England, hatte jahrelang Streit mit Thomas Becket, dem Erzbischof von Canterbury, und soll durch eine unbedachte Äußerung dessen Tod verursacht haben, weshalb er vom Papst exkommuniziert wurde. Erst nach seinem Büßergang in Avranches wurde er wieder in die Kirche aufgenommen.

Ebenfalls am Place D. Huet steht das **Palais Épiscopal,** die ehemalige Residenz der Erzbischöfe von Avranches. Westlich der Touristeninformation ragt die **Basilique Saint-Gervais** (17. Jh.) empor. In ihrer Schatzkammer (*Trésor*) wird der prachtvolle Reliquienschrein aus Gold und Silber mit dem Schädel des heiligen Aubert aufbewahrt. Er gilt als der Gründer der ersten Kirche auf dem Mont-Saint-Michel. Wo sich heute der **Jardin des Plantes,** der Botanische Garten, befindet, stand bis zur Französi-

sischen Revolution ein Kapuzinerkloster. Von der Aussichtsterrasse des gepflegten Parks hat man ebenfalls einen schönen Ausblick auf den Mont-Saint-Michel.

Information

Office de Tourisme, 50302 Avranches, Rue du Général de Gaulle 2, Tel. +33 (0)2 33580022, www.cc-avranchesmontsaintmichel.fr, Öffnungszeiten: Mitte Sept.–Mitte Juni Mo–Fr 9.30–12.30 und 14–18 Uhr, Mitte Juni–Mitte Sept. Mo–Fr 9.30–18 Uhr, Juli/Aug. auch Sa., So. 10–17 Uhr

Sehenswertes

Scriptorial d'Avranches Musée des Manuscrits du Mont-Saint-Michel, 50300 Avranches, Place d'Estouteville, Tel. +33 (0)2 33795700, Öffnungszeiten: Okt.–März Di–Sa 14–18, Apr.–Juni/Sept. Di–So 10–13 u. 14–18, Juli/Aug. Di–So 10–13 u. 14–19 Uhr, 7 €, Kinder bis 10 J. frei, deutscher Audioguide 3 €
Jardin des Plantes, Öffnungszeiten: 8.30 Uhr bis Einbruch der Dunkelheit, Eintritt: frei
Basilique Saint-Gervais mit Trésor Saint-Gervais, 50300 Avranches, Place Saint-Gervais, Öffnungszeiten: 10–18 Uhr, Jan.–Apr. 10–17 Uhr

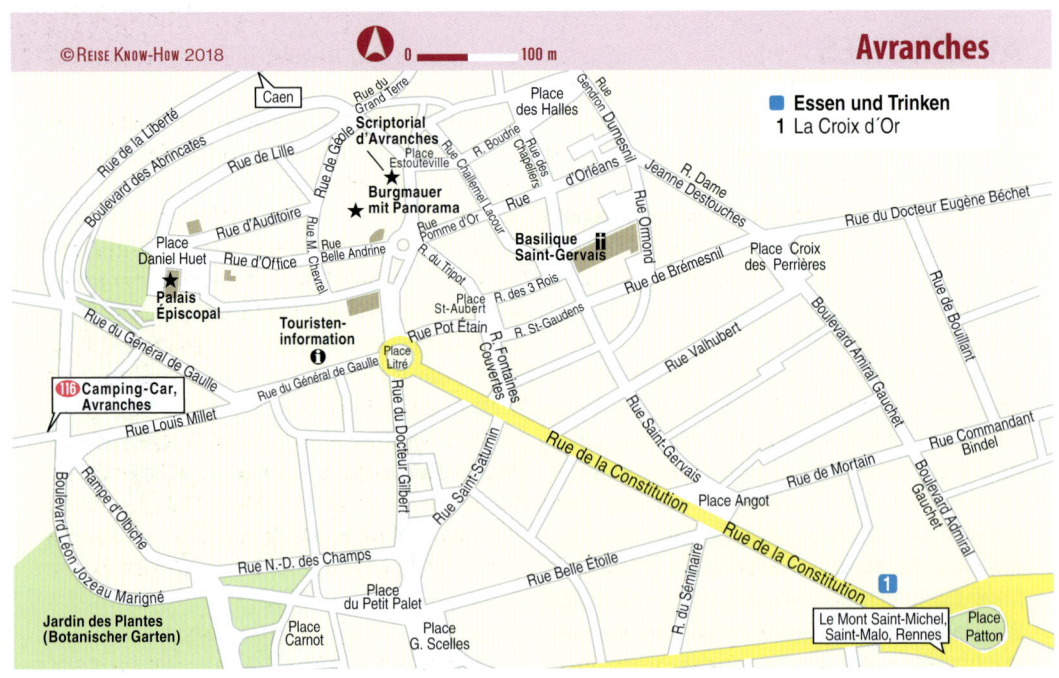

Essen

La Croix d'Or, 50300 Avranches, Rue de la Constitution 83, Tel. +33 (0)2 33580488. Bei Einheimischen sehr beliebt, vorzügliche Gerichte mit modernem Touch.

⑯ Camping-Car, Avranches (s. S. 205)

Von Avranches erreicht man über die N175, D43, D75 und D275 eine der Hauptsehenswürdigkeiten von Frankreich, den Mont-Saint-Michel. Unterwegs in Courtils rückt eine dunkle Zeit der deutschen Geschichte wieder in den Blickpunkt, ein Friedhof für 11.887 im Zweiten Weltkrieg gefallene deutsche Soldaten (N48.61570° W1.45287°).

LE MONT-SAINT-MICHEL
(24 km – km 90)

Majestätisch erhebt sich der Klosterberg Mont-Saint-Michel aus der Wattlandschaft. Man betritt ihn durch die einzige Öffnung in der Wehrmauer, die Porte de l'Avancée. Am dritten Tor, der Porte du Roy, sieht man noch das Fallgitter aus dem 15. Jh. Auf der links und rechts von Restaurants, Imbissstuben und Andenkenläden gesäumten **Grande Rue** sollte man nicht versäumen, den Blick auch mal nach oben auf die Fassaden der Häuser zu richten. Herauszuheben sind das Fachwerkhaus **Maison de l'Arcade** gleich rechts nach der Porte du Roy und das **Maison de la Sirène,** das Haus der Meerjungfrau aus dem 16. Jh.

Unterwegs hinauf zur Abtei kommt man zur **Église Saint-Pierre** (11. Jh.) mit der versilberten Figur des heiligen Michael und der lieblichen Madonnenfigur (15. Jh.) rechts neben dem Altar. Hier ist ein schöner Ort, um etwas zur Ruhe zu kommen. Wer mehr „Action" braucht, geht in die vier Museen auf der Klosterinsel. Das **Musée Historique** (Historisches Museum) zeigt die Geschichte des Monts mit Wachsfiguren, eine Licht- und Tonshow gibt es im **Archeoscope**, im **Musée de la Mer**

115mm Abb.: gg

(Meeres- und Naturkundehaus) erfährt man etwas zum Tidenhub und antikes Mobiliar findet man im **Logis Tiphaine.**

Die Grand Degré, die große Treppe, führt vom Ende der Grande Rue hinauf zur **Abbaye du Mont-Saint-Michel.** Im Salle des Gardes (Gardesaal) beginnt die Besichtigung. Auf einer weiteren, 90-stufigen Treppe steigt man hinauf zur Abteikirche. Das Hauptschiff im romanischen Stil ist dunkel und schwer, ganz im Gegensatz zum gotischen Chorraum, der mit seinen eleganten Säulen und Streben sowie den großen Fenstern auf den Betrachter hell und leicht wirkt. Durch eine Tür an der Nordwand des Hauptschiffes geht es in den

◿ *Über die Grande Rue bummelt man zur Abtei*

Le Mont-Saint-Michel

Malerisch erhebt sich die felsige Insel des Abtei-
berges aus dem Wattenmeer des Ärmelkanals –
umgeben von den hier typischen Salzwiesen, auf
denen Schafe genüsslich grasen.

Die Legende zur Gründung des Klosters erzählt,
dass um 708 der Erzengel Michael dem Bischof
Aubert von Avranches erschienen sein soll und
ihn zum Bau eines Heiligtums aufforderte. Doch
der Bischof folgte der mehrfach wiederholten
Bitte des Erzengels nicht, worauf ihm der En-
gel mit seinem Finger ein Loch in den Schädel
brannte. Nach so vehement vorgetragener Bitte
gab Aubert eine Kirche auf der 55.000 m² großen
und 46 m hohen Insel Mont-Saint-Michel, die
bei Flut vollständig vom Meer umspült war, in
Auftrag. Im Laufe der Jahre wurden eine größere
Kirche, ein Kloster und sogar ein Dorf auf der
Insel errichtet, denn das Heiligtum des heiligen
Michael zog die Pilgerströme an. In Folge der Re-
formation verlor die Abtei auf dem Mont-Saint-
Michel an Bedeutung. 1790 verließen die letzten
Benediktinermönche das Kloster. Während der
Französischen Revolution wurde die Abtei in
ein berüchtigtes Gefängnis umgewandelt, die
Klosterbauten und das Dorf wurden dem Verfall
preisgegeben. Um 1837 begann der Wiederaufbau
und die Restaurierung der Gebäude und Mitte
des 19. Jh. wurde das Gefängnis geschlossen.
Durch den Bau eines Damms 1879 gelang die
Verbindung des Mont-Saint-Michel mit dem
Festland. Von 1901 bis ca. 1939 verkehrte auf
dem Damm neben der Straße eine Schmalspur-
Dampfeisenbahn. Seit 2006 wird der zunehmen-
den Versandung der Bucht um den Mont-Saint-
Michel entgegengewirkt. An der Einmündung
des Flusses Couesnon wurde eine neue Schleuse
mit Rückhaltesystem gebaut. Bei steigender Flut
hält ein Staukammersystem das Wasser zurück.
Bei Ebbe fließt das Flutwasser wieder in die
Bucht und wirkt so wie eine gigantische Was-
serspülung. Die Aussichtsterrasse des Wehrs ist
ein beliebter Touristenspot. Der alte Damm zur
Insel ist seit 2015 durch einen kürzeren neuen
und eine 900 m lange Brücke auf Stelzen ersetzt
worden. So kann das Wasser ungehindert ab-
fließen. Ein Shuttlebus-Service (Hundeverbot)
bringt jetzt Touristen zur Insel. Schön ist auch
der Spaziergang bzw. die Fahrt mit dem Fahrrad
über die filigrane Brückenkonstruktion.

313rm Abb.: gg

wunderschönen Kreuzgang. Die doppelten Säulenreihen aus Granit tragen reich mit Steinmetzarbeiten verzierte Arkaden. Weiter geht es ins Refektorium, das den Eintretenden ob seiner Größe und Helligkeit überrascht. Wirken die langen Tisch- und Bankreihen nicht, als ob jeden Moment die Mönche zum Essen einträfen? Die gotischen Gebäude an der Nordseite tragen den Namen La Merveille, das Wunder. Die Gebäude wurden mit finanziellen Mitteln des französischen Königs Philippe Auguste im 13. Jh. errichtet. Am beeindruckendsten ist hier der **Salle des Chevaliers,** der Rittersaal mit seinen wuchtigen Säulen. Zwei riesige Kamine beherrschen die linke Wand des Saals. Dunkel wirkt die **Crypte des Gros Pilliers,** die Krypta der großen Pfeiler, die ihren Namen zu Recht trägt. Die zehn Pfeiler, die die Decke tragen, sind jeweils fünf Meter dick. Weitere zu besichtigende Räumlichkeiten sind der Almosensaal, der Gästesaal und die Vorratsräume. Ganz oben kann man das Grande Roue, das große Rad, bestaunen. Das riesige, senkrecht stehende Holzrad stammt aus der ersten Hälfte des 19. Jh., der Zeit, als der Mont-Saint-Michel ein Gefängnis war. Es diente zum Hinaufziehen von Vorräten. Oberhalb des Klostergartens erreicht man, am nördlichen Wachturm vorbei, den Endpunkt des Rundgangs durch die Abtei.

Für den Rückweg zum Shuttlebus ist unbedingt der Gang auf der Wehrmauer *(les remparts)* aus dem 13. bis 15. Jh. anzuraten. Die grandiose Aussicht auf die Bucht und hinunter auf die Grande Rue sollte man sich auf keinen Fall entgehen lassen.

116mm Abb.: gg

Information

Office de Tourisme, am Parkplatz, www.ot-montsaint michel.com, Tel. +33 (0)2 3360430, Öffnungszeiten: 10–19 Uhr. Vom Infozentrum fährt von 7.30 bis 24 Uhr (nachts) ein kostenloser Shuttlebus zum Mont-Saint-Michel. Hunde dürfen allerdings nicht an Bord. Fußweg ca. 35 Min., Fahrräder auf der Brücke erlaubt.

Sehenswertes

Abbaye du Mont-St-Michel, Tel. +33 (0)2 33898000, Öffnungszeiten: Sept.–April 9.30–18, Mai–Aug. 9–19 Uhr, Eintritt: 9 € (Kinder bis 18 J. frei), Audioguide 4,50 € **Musée Historique/Archéoscope/Logis Tiphaine/Musée de la Mer,** Öffnungszeiten: Mitte Feb.–Mitte Nov. 10.30–18 Uhr, Eintritt: 18 € (alle vier, einzeln je 9 €)

Parken/Stellplatz ⑲

N48.60826° W1.50771°. Die einzige Möglichkeit, direkt am Bustransferpunkt zu parken. 17,20 €/24 Std. kostet dieser Spaß, und zwar ab 30 Min. Standzeit!

Man verlässt den Mont-Saint-Michel und fährt zurück bis nach Pontaubault und wechselt hier auf die D976 nach Ducey.

⌃ *Der Kreuzgang war einst ein Ort der Ruhe, heute ist er ein Touristenmagnet*

◁ *Faszinierendes Spiel von Licht und Schatten am Mont-Saint-Michel*

DUCEY (21 km – km 111)

Ducey ist schon von alters her ein idyllischer Marktflecken im schönen Tal der Sélune. Früher führte hier die „Straße des Salzes und der Fische" hindurch, die zwischen Granville und Paris verlief. Das einzige Zeugnis dieses Handelsweges ist die Vieux Pont („alte Brücke"), eine der ältesten Brücken über die Sélune. Der Fluss Sélune ist 68 km lang und reich an Lachsen und Forellen. Die Stadtverwaltung bemüht sich sehr um Menschen mit Behinderungen und hat einen Weg für Angler im Rollstuhl angelegt. Die Hinweistafeln dazu sind auch in Blindenschrift.

Das **Château des Montgommery** wurde Anfang des 17. Jh. von Gabriel II. Montgommery erbaut. Nach jahrelanger Vernachlässigung erfolgte die aufwendige Renovierung in den 2010er-Jahren. Die Innenräume mit der schönen Freitreppe und den bemalten Decken kann man nur im Juli und August Di, Do und Sa um 15 Uhr (5 €, Kinder bis 12 Jahre frei) bewundern.

Information

Office de Tourisme, 50220 Ducey, Rue du Génie 4, Tel. +33 (0)2 33602153, Öffnungszeiten: Juni–Sept. Mo–Fr 9.30–12 und 14.30–18 Uhr, Sa 10–12 und 14–16 Uhr, Okt.–Mai Di/Do/Fr 9.30–12 und 14.30–17 Uhr, Mi 9.30–12 Uhr

Einkaufen

Dienstags findet ein Markt statt, auf dem sich die Einwohner treffen. Unbedingt probieren sollte man Crêpes oder Galettes mit den verschiedensten Belägen.

Parken in Ducey

N48.62105° W1.29481°. Hier ist auch eine Übernachtung erlaubt. WC.

◿ *Ducey an der Sélune*

Wanderung oder Mountainbiketour im Tal der Sélune

Für diese leichte Wanderung ohne Steigungen durch das Tal der Sélune und ein Waldgebiet benötigt man etwa 2 Std. Einen Streckenplan erhält man bei der Touristeninformation von Ducey.

Die Wanderung beginnt bei der alten Brücke. Man spaziert zunächst auf dem für Rollstuhlfahrer angelegten Weg den Fluss entlang. Nach dem zweiten Angelsteg geht der Weg in einen Trampelpfad über, folgt jedoch weiter dem Flusslauf. Nach ungefähr 50 Minuten Gehzeit entfernt er sich vom Fluss und führt in den Wald. An der nächsten Gabelung wandert man rechts bis zur Straße, überquert diese und geht dem blauen Pfeil nach, bis dieser Weg nach rechts abbiegt. Hier spaziert man geradeaus weiter, bis man an den Waldrand kommt (unterwegs blaue Pfeile gegen die Laufrichtung). Am Waldrand geht man ein kurzes Stück auf dem Trampelpfad nach links.

Vorsicht! Wenn der Pfad nach links abbiegt (mit einer „10" markierte Buche), wechselt man nach rechts aus dem Wald hinaus auf den zu beiden Seiten von Zäunen eingefassten Wiesenweg. Dieser mündet in einen breiten Feldweg, dem man nach links bis nach Mortrie folgt. Nach dem ersten Haus geht man nach links bis zur Straße und überquert sie. Gleich darauf zweigt rechts ein Asphaltsträßchen ab, dem man bis zur D78 folgt. Hier etwa 200 m nach links und dann wieder links auf die wenig befahrene Asphaltstraße einschwenken.

In Camp Failly wandert man nach rechts an der Straße entlang bis zur Kirche von Ducey.

Ver- und Entsorgung

N48.62500° W1.29384°, ausgeschildert, 400 m vom Zentrum. 2 €/10 Min. Wasser oder 55 Min. Strom. Der Platz ist als Übernachtungsplatz weniger geeignet, da hier auch Lkws parken. WC.

⑪⑦ La Bidonnière, Ardevon (s. S. 205)

⑪⑧ Camping du Mont St.-Michel (s. S. 206)

⑪⑨ Parkplatz, Mont-Saint-Michel (s. S. 206)

⑫⓪ Aire de Beauvoir, Beauvoir (s. S. 206)

⑫① Camping de la Sélune, Ducey (s. S. 207)

In Ducey gibt es zwei Varianten für die Weiterfahrt nach Saint-Hilaire-du-Harcouët. Entweder auf der verkehrsreichen D976 oder auf schmaler Nebenstraße an einem Stausee vorbei. Im Folgenden wird Letztere beschrieben.

In Ducey fährt man auf die D178 nach **St-Aubin-de-Terregatte,** einem kleinen Dorf umgeben von landwirtschaftlichen Flächen. Hier wechselt man nach links auf die D482 Richtung **St-Laurent-de-Terregatte.**

In dem netten, nur rund 600 Einwohner zählenden Dorf gibt es am großen Platz die Bar Le D'Artagnan (Tel. +33 (0)2 33584532). Hier kann man eine gemütliche Rast einlegen. Mit etwas Französischkenntnissen kommt man leicht mit den Einheimischen ins Gespräch.

St-Laurent-de-Terregatte verlässt man zunächst Richtung Ducey und biegt dann außerhalb rechts auf die D582 nach La Mazure ab.

Durch liebliche von Landwirtschaft geprägte Landschaft fährt man an die Sélune. Nach der alten Steinbrücke über den Fluss zweigt rechts die Straße nach **Vezins** und Les Biards ab. Auf ihr kommt man zum von grünen Wäldern umgebenen Stausee von Vezins (N48.57833° W1.23047°). Unterhalb der Wiesenfläche mit Grill und Picknickbänken kann man den See durch die Bäume schimmern sehen.

Picknickplatz

N48.58086° W1.21548°. Mit schöner Aussicht auf den Stausee von Vezins.

Weiter geht es nach Les Biards. Unterwegs hat man noch die Möglichkeit zur **Base de loisirs la Mazure,** einem See mit Freizeiteinrichtungen (N48.57269° W1.20628°), zu fahren, allerdings gibt es nur wenige, sehr steile Parkplätze. In Les Biards nimmt man zunächst die D85 und dann die D976, um nach **Saint-Hilaire-du-Harcouët** zu kommen.

Information

Office du Tourisme, 50600 St-Hilaire-du-Harcouët, Place du Bassin 25, Tel. +33 (0)2 33793888, www.st-hilaire.fr, Öffnungszeiten: Okt.–Mai Mo 13.30–17.30 Uhr, Di–Fr auch 9.30–12.30 Uhr, Sa 9.30–12.30 Uhr, Juni/Sept. auch Sa 13.30–17.30 Uhr, Juli/Aug. Mo–Sa 9.30–13 und 14–18.30 Uhr, So 10–12.30 Uhr

Ver- und Entsorgung

N48.57594° W1.09086°. 2 €/Wasser, hinter der Kirche, ausgeschildert. Auf den umliegenden Parkplätzen kann man evtl. auch übernachten.

Besonders schön ist die Stadtansicht von St-Hilaire-du-Harcouët vom Park mit Liegewiese, wenn sich die neugotische Kirche malerisch in den Seen spiegelt. Hier lässt sich gemütlich picknicken und spazieren. Lebhafter ist es in der Stadt vor allem am Markttag Mittwoch. Dann bieten Händler Käse, Fleisch, Wurst, Obst und Gemüse, aber auch Kleider, Handtaschen, Gürtel und Schuhe an. Sogar lebende Tiere wie Hühner, Hasen und Enten warten in engen Käfigen auf ihre neuen Besitzer. Auf der D977 ist man schnell in Mortain, dem nächsten Ziel.

☑ *Die malerische Stadtansicht von Saint-Hilaire-du-Harcouët*

MORTAIN (43 km – km 154)

Im Mittelalter war Mortain im Besitz des mächtigen Grafen Robert de Mortain, dem Halbbruder Wilhelms des Eroberers. Da der Ort strategisch günstig lag, wurde er Schauplatz vieler Schlachten und dadurch häufig zerstört. Die letzte fürchterliche Schlacht, die unter dem Namen „die Verteidigung der Höhe 314" bekannt wurde, fand hier im August 1944 statt. SS-Einheiten schlossen damals ein 950 Mann zählendes amerikanisches Bataillon sechs Tage lang ein. Nur 376 Amerikaner erlebten ihre Befreiung. Die **Petite Chapelle** (N48.64678° W0.93283°) und ein **Denkmal** im Südosten von Mortain (von der D977 am Ortseingang ausgeschildert) erinnert an dieses Grauen. Die Fahrt dorthin lohnt sich auch wegen der umfassenden Aussicht von der Terrasse bei der Kapelle. Die anderen Sehenswürdigkeiten von Mortain erkundet man am besten auf einer kleinen Wanderung (s. S. 200).

Information

Office de Tourisme, 50140 Mortain, Rue du Bourglopin, Tel. +33 (0)2 33591974, www.mortainais-tourisme.org, Öffnungszeiten: Okt.–März Mo 14.30–17.30 Uhr, Di–Fr 9.30–12.30 und 14.30–17.30 Uhr, Sa 9.30–12.30 Uhr, Apr.–Juni/Sept. Mo–Sa 9.30–12.30 und 14.30–17.30 Uhr, Juli/Aug. Mo–Sa 9.30–12.30 und 14–18.30 Uhr, So 10.30–13 Uhr, WLAN gratis, Wandervorschläge erhältlich

⑫ Place du Château, Mortain (s. S. 207)

Für die Weiterfahrt gibt es zwei Varianten: Für die schnelle fährt man 25 km auf der D977 nach Vire. Die langsame, auf schmalen, wenig befahrenen Straßen durch schöne Landschaft führende Variante wird nachfolgend beschrieben.

◁ *Abbaye Blanche in Mortain*

Wanderung zu den Sehenswürdigkeiten von Mortain

Vom Platz beim Château ⓬ geht man nach rechts ein kurzes Stück die Straße hinunter und dann auf dem ausgeschilderten Wanderweg ins Tal der Cançon. Auf Stufen und über kleine Brücken steigt der Pfad entlang der Petite Cascade

214nrm Abb.: gg

(kleiner Wasserfall) hinauf bis zum alten Waschhaus. Hier schwenkt man zunächst nach links. Nach ca. 150 m hat man einen schönen Gesamtüberblick über den Wasserfall. Wieder zurück am Waschhaus hält man sich nun geradeaus bis zur Straße und dann links durch das alte Dorf Le Neufbourg. Nun vorbei an der Kirche (12. Jh.) und hinter dem Haus Nr. 20 nach rechts zum Wald abbiegen (Markierung: rot-weißer Strich). Der Markierung folgt man durch wunderschönen Rhododendron- und Stechpalmenwald hinunter bis zur Grande Cascade, dem größten Wasserfall Westfrankreichs (siehe Bild). An ihm entlang klettert man nach oben zur stark befahrenen D977. Hier muss man 150 m nach links bis zur Abbaye Blanche gehen, die im 12. Jh. von der „Kongregation der armen Ordensbrüder" gegründet wurde. Sehr schön sind der einfache, nur mit schlichten Granitsäulen flankierte Kreuzgang und der mit Kastanienholzschindeln gedeckte Glockenturm. Das sich anschließende riesige ehemalige Klostergebäude aus dem 19. Jh. steht leer und verfällt langsam. Für den Rückweg wählt man den mit einem rot-weißen Strich markierten Weg, der vor der Klosterpforte nach links weist. Auf ihm am Tennisplatz und einem Neubaugebiet vorbei erreicht man dann über die Rue du Clos Neuf das Zentrum von Mortain. Hier sollte man die Stiftskirche (Collégiale St-Évroult), die 1082 von Robert Graf von Mortain gegründet wurde, besuchen. Der älteste Teil der Kirche ist das kleine Portal rechts mit den gezackten Dekorationselementen in reinster normannischer Romanik. Das Chorgestühl stammt aus dem 15. Jh. Interessant sind die Gesäßstützen für müde Mönche (Miserikordien), die mit den verschiedensten geschnizten Motiven versehen sind. Den Chrismale, ein wertvoller Hostienbehälter aus Buchenholz, kann man im Salle du Trésor, der Schatzkammer, bestaunen. Eine telefonische Anmeldung bei der Touristeninformation ist notwendig. Von der Kirche erreicht man über die Rue du Bassin wieder den Stellplatz. Für die gesamte Wanderung sollte man ca. 1:30 Std. einplanen.

STRECKENVARIANTE: DURCH DAS ABGESCHIEDENE HINTERLAND VON MORTAIN NACH VIRE (82 km – km 236)

Auf dieser Rundfahrt kommt man durch einsame, hügelige Agrarlandschaft und kleine Steindörfer, in die sich kaum ein Tourist verirrt. Bei einem Kaffee in der Bar oder beim Einkauf in der Bäckerei kommt man leicht mit den Einwohnern ins Gespräch. Auf der D907 sind es 9 km nach **Barenton.** Man durchfährt die Kleinstadt und wechselt nach dem Ortsende auf die D489. Ab hier folgt man für 2 km den Hinweisschildern „**Maison de la pomme et de la poire**" (N48.58776° W0.80681°). In einem Schaugarten sind 60 verschiedene Apfel- und 46 Birnensorten angepflanzt. Im neu gestalteten Museum erfährt man einiges über die Landschaft im Wandel des Jahrhunderts, über die Baumveredelung und das Abernten der 2,8 Millionen Obstbäume in der Basse-Normandie. Nach der Besichtigung geht es zurück zur D907 und auf dieser nach St-Georges-de-Rouelley. Von dort führt die D188 und später die D134 zum Fosse Arthour, einem Wandergebiet (Parkplatz: N48.62247° W0.75325°). In der wilden Landschaft mit Sandsteinfelsen, Heideland und Torfmooren kann man gut wandern. Wer sich nur kurz die Beine vertreten will, steigt auf den Kalvarienberg (gelbe Markierung).

Maison de la pomme et de la poire
Öffnungszeiten: Apr.–15. Okt. 10–12 und 14–18 Uhr, Juli, Aug. 10–12.30 und 14–18.30 Uhr, Eintritt: frei

Durch die ruhige, hügelige Landschaft führt die D134 bzw. D818 nach **Lonlay-l'Abbaye.** Die Hauptsehenswürdigkeit ist die **Abbaye Nôtre-Dame** aus dem Jahre 1120. Übrig geblieben sind die Abteikirche und ein Seitenflügel des Klosters. Auf der anderen Seite des Baches steht eine historische Scheune, in der eine Apfelmühle und -presse ausgestellt sind. Etwas außerhalb kauft man in der Biscuiterie knusprige Kekse direkt ab Werk. 9 km auf der D56 bzw. D82 sind es von hier

zum nächsten Ziel. Durch hügelige, teils bewaldete Landschaft erreicht man den Ort Ger. Doch das eigentliche Ziel, das **Musée régional de la Poterie,** liegt noch einmal 4 km weiter in Richtung Sourdeval an der D82. Auf dem zwei Hektar großen Gelände wird in zehn alten Gebäuden alles über das Töpferhandwerk der Region mit seinen unterschiedlichen Herstellungstechniken gezeigt. Im 19. Jh. war Ger ein Töpferzentrum, das mehr als 700 Menschen beschäftigte.

Sehenswertes
Musée régional de la Poterie, 50850 Ger, Le Placître, N48.68773° W0.83633°, Tel. +33 (0)2 33793536, Öffnungszeiten: Apr.–Juni Sa/So 14–18 Uhr, Juli/Aug. tägl. 10–18 Uhr, Eintritt: 5/2,50 €

Einkaufen
Biscuiterie de L'Abbaye, 61700 Lonlay L'Abbaye (N48.64255° W0.71396°), Mo–Fr 8.30–12 und 13.30–17 Uhr. Gute Kekse günstig direkt ab Fabrik

Auf der D60 bzw. D83 geht es durch saftig grüne Weiden und vorbei an grasenden Kühen zum mit 368 m höchsten Punkt der Manche nach **Chaulieu** (N48.73579° W0.86190°). Man parkt bei der Kirche und geht die wenigen Schritte bis zum acht Meter hohen Holzaussichtsturm. Von oben hat man eine Rundumsicht auf die Gegend, eine Tafel erleichtert die Orientierung.

Die D83 mündet in die D911, auf der man nach **Sourdeval** kommt. Das typisch französiche Kleinstädtchen hat ein breites Spektrum der verschiedensten Läden und einen netten, zentrumsnahen Stellplatz ⑫㉓ für Wohnmobile (inkl. kostenlosem Strom u. Ver-/Entsorgung).

⑫㉓ Stadtpark, Sourdeval (s. S. 207)

Die D911 führt ins Tal der Sée. Ihre Wasserkraft diente vielen Mühlen als Antrieb, heute

119mm Abb.: gg

Sehenswertes

Écomusée du Moulin de la Sée – Maison de l'Eau et de la Rivière, 50150 Brouains, Le Moulin de Brouains 2, N48.72384° W0.98187°, Tel. +33 (0)2 33592050, Öffnungszeiten: April–Juni/Okt. Sa/So 14–18 Uhr, Juli–Sept. Di–Fr 10–12 und 14–18 Uhr, Sa/So 14–18 Uhr, Eintritt: 3 €

Essen

Auberge du Moulin, 50150 Brouains, Le Moulin de Brouains 2, Tel. +33 (0)2 33595060. Sehr gute Menüs zwischen 21 und 35 €, an den Wochenenden gut besucht

Weiter geht die Fahrt durch das jetzt breitere Tal der Sée bis Chérence-le-Roussel. Dort fährt man auf der D33 in nördlicher Richtung nach St-Pois und wechselt auf die D39, die von schönen Bäumen gesäumt bis nach **St-Michel-de-Montjoie** führt. In diesem Ort ist alles aus Granit – von den Häusern über die Straßenschilder bis hin zu den Grabsteinen. Das **Musée du Granit** informiert über den Abbau und die Verwendung dieses Steins in der Region. Hübsch ist der Picknickplatz mit Grantitischen und -bänken in der Nähe.

sind jedoch bis auf eine alle Mühlen in Privatbesitz und nur noch die Namen erinnern an ihre ehemalige Funktion. Das **Écomusée du Moulin de la Sée – Maison de l'Eau et de la Rivière,** das in einer alten Mühle untergebracht ist, kann man aber besichtigen. Es informiert über die Lachse aus der Sée, vom Laich über ihre Reise durchs offene Meer bis nach Grönland und zurück. Desweiteren wird einem anhand von Wasserrädern, Dampfmaschinen und Turbinen die handwerkliche und industrielle Entwicklung der Gegend erklärt. Entlang des Flusses waren zu Beginn des 19. Jh. 130 Papiermühlen in Betrieb. Als diese unrentabel wurden, wendete man sich der Besteckherstellung zu. Eine Fertigungsanlage aus aus den 1920er-Jahren erzählt noch davon.

Vom Parkplatz aus kann man einen 15-minütigen Spaziergang entlang der Sée starten.

Sehenswertes

Musée du Granit, N48.76340° W1.02766°, Tel. +33 (0)2 3359022, Apr./Mai/Sept. So 14–18 Uhr, Juni Mi–Mo 14–18 Uhr, Juli/Aug. tägl. 14–18 Uhr, Eintritt: frei

Man verlässt St-Michel-de-Montjoie auf der D39 und fährt bis nach Gathemo. Hier nimmt man dann die D55 bzw. die D76, wie sie nach dem Wechsel von der Manche in das Calvados heißt, und macht sich auf den Weg nach Vire.

▱ *In St-Michel-de-Montjoie ist alles aus Granit*

▷ *Lebhafter Markttag um den Tour de l'Horloge*

VIRE (25 km – km179)

Vire hat sehr unter den Bomben des Zweiten Weltkrieges gelitten und so ist das Stadtbild heute von Nachkriegsarchitektur geprägt. Auch die im 13. Jahrhundert erbaute **Église Nôtre-Dame** wurde ein Opfer der Angriffe. Sie war ursprünglich die Kapelle für die damals am angrenzenden Place de Château stehende Burg, von der nur noch die Ruine des **Donjons** (Bergfrieds) erhalten ist.

Das Wahrzeichen von Vire ist der **Tour de l'Horloge,** der Uhrenturm. Das alte Stadttor stammt aus dem 13. Jahrhundert, der Uhrenturm wurde erst im 15. Jahrhundert hinzugefügt.

Für Feinschmecker ist aber wohl die **Andouille** das interessanteste an der Stadt Vire, eine Wurst hergestellt aus Magen, Dünn- und Dickdarm vom Schwein. Alles wird gereinigt, gesalzen und zerschnitten und dann mariniert – die Zutaten für die Marinade sind natürlich geheim. Dann wird die Masse in Därme gefüllt und mehrere Wochen über Buchenholz geräuchert und anschließend gekocht. Fertig ist die „véritable Andouille" (die einzig wahre Andouille). An dieser Wurst scheiden sich die Geister: Die einen wenden sich angewidert ab, die anderen lecken sich genüsslich die Lippen.

Information

Office de Tourisme du Bocage Normand, 14500 Vire, Square de la Résistance, Tel. +33 (0)2 31662850, www.bocage-normand.com, Öffnungszeiten: Nov.–Ostern Mo–Fr 9.30–12.30 und 13.30–18 Uhr, Ostern–Allerheiligen Mo–Sa 9.30–12.30 und 13.30–18 Uhr

Einkaufen

Paul Danjou, 14500 Vire, Rue André Halbout 5, Tel. +33 (0)2 31680400, www.paul-danjou.fr. Seit 1897 wird hier die echte Andouille hergestellt und verkauft. Freitags findet in Vire ein großer **Markt** statt.

124 Place du Champ de Foire, Vire (s. S. 207)

120mm Abb.: gg

STELL- UND CAMPINGPLÄTZE ENTLANG DER ROUTE

109 Haute-Ville, Granville
N48.83514° W1.60945°

Offizieller Stellplatz von Granville an der Altstadt. Er ist immer sehr gut besucht. Lage gut und relativ ruhig. **Lage/Anfahrt:** Man fährt am Hafen entlang Richtung Haute-Ville, dann ist der Platz ausgeschildert; **Platzanzahl:** 30; **Untergrund:** Asphalt; **Ver-/Entsorgung:** Strom, Trinkwasser, Abwasser, Chemie-WC; **Sicherheit:** beleuchtet; **Preise:** 9,10 €/Fahrz., 3 €/10 Min. Wasser oder 55 Min. Strom (Master- oder Visacard); **Geöffnet:** frei zugänglich; **Adresse/Kontakt:** 50406 Granville, Rue du Roc; kostenlose Alternativplätze bei N48.83897° W1.58922° in Basse-Ville

110 Tennisplatz, St-Pair-sur-Mer
N48.81737° W1.56956°

Offizieller Stellplatz zwischen Straße und Parkplätzen. Die Lage ist befriedigend und relativ ruhig. **Lage/Anfahrt:** Im ersten Kreisverkehr im Ort links und gleich wieder links zum Platz; **Platzanzahl:** 25; **Untergrund:** Asphalt; **Ver-/Entsorgung:** Strom (2 Anschlüsse), Trinkwasser, Abwasser, Chemie-WC; **Preise:** 8 €/Fahrz., 2 €/10 Min. Wasser oder 55 Min. Strom; **Geöffnet:** ganzjährig; **Adresse/Kontakt:** 50380 St-Pair-sur-Mer, Avenue J. Marigné

111 Camping Les Pins, Jullouville
N48.77728° W1.56638°

Platz mit befriedigender Ausstattung in befriedigender, relativ ruhiger Zentrumslage. 200 m zum Strand, 2018 soll ein beheizbarer Pool fertig sein. **Lage/Anfahrt:** ausgeschildert; **Platzanzahl:** 126; **Untergrund:** Wiese; **Ver-/Entsorgung:** Strom, Trinkwasser, Abwasser, Chemie-WC; **Sicherheit:** umzäunt, beleuchtet, bewacht; **Preise:** 15–25 €/Fahrz. inkl. 2 Pers., Strom 4 €, Hund 2 €, Taxe 0,22 €; **Geöffnet:** Apr.–Nov.; **Adresse/Kontakt:** 50610 Jullouville, Avenue du Docteur Lemonnier, Tel. +33 (0)2 33514260

112 Strandparkplatz, Carolles-Plage
N48.75924° W1.57045°

Offizieller Stellplatz in Carolles-Plage. Lage befriedigend und relativ ruhig. **Lage/Anfahrt:** Von der D911 nach Carolles-Plage abbiegen und zum Parkplatz fahren; **Platzanzahl:** 20; **Untergrund:** Schotter; **Ver-/Entsorgung:** Strom, Trinkwasser, Abwasser, Chemie-WC; **Preise:** 8 €/Fahrz., 3 € 10 Min./Wasser bzw. 55 Min./Strom; **Max. Stand:** 48 Std.; **Geöffnet:** frei zugänglich; **Adresse/Kontakt:** 50740 Carolles, Chemin des Pêcheurs

215mm Abb.: 88

⑬ Camping Municipal La Guériniére, Carolles

N48.74981° W1.55691°

Platz in ruhiger Lage im Zentrum, Ausstattung befriedigend. **Lage/Anfahrt:** In Carolles ausgeschildert; **Platzanzahl:** 50; **Untergrund:** Wiese; **Ver-/Entsorgung:** Strom, Trinkwasser, Abwasser, Chemie-WC; **Sicherheit:** umzäunt, beleuchtet, bewacht; **Preise:** 11–17 €/ Fahrz. inkl. Pers. und Strom, Taxe 0,22 €; **Geöffnet:** Apr.–Okt.; **Adresse/Kontakt:** 50740 Carolles, Rue des Jaunets beim Rathaus, Tel. +33 (0)2 33619375

⑭ Aire Camping-Car, St-Jean-le-Thomas

N48.72475° W1.52369°

Offizieller Stellplatz, hübsch angelegt und parzelliert. Beim Campingplatz und in Meernähe. Lage gut und ruhig. **Lage/Anfahrt:** In St-Jean-le-Thomas ausgeschildert; **Platzanzahl:** 10; **Untergrund:** Rasengitter; **Ver-/ Entsorgung:** Strom (2 Anschl.) Trinkwasser, Abwasser, Chemie-WC; **Sicherheit:** beleuchtet; **Preise:** 8 €, 2 €/10 Min. Wasser oder 55 Min. Strom (nur mit Kreditkarte), 15.Nov.–15.März kostenlos; **Geöffnet:** frei zugänglich; **Adresse/Kontakt:** 50530 Saint-Jean-le-Thomas, Boulevard Stanislas, Tel. +33 (0)233488609

⌐ Der Camping-Car in Avranches ⑯ – Stellplatz mit Aussicht

⊲ Ein wirklich gut angelegter Stellplatz ist der Aire Camping-Car in St-Jean-le-Thomas ⑭

⑮ Plage, Dragey

N48.71006° W1.51110°

Offizieller Stellplatz in schöner und ruhiger Lage, 400 m vom Strand entfernt. **Lage/Anfahrt:** Von der D911 oder von der Küstenstraße C Richtung Dragey-Plage fahren, dort ausgeschildert; **Platzanzahl:** 8; **Untergrund:** Schotter; **Preise:** kostenlos; **Max. Stand:** 24 Std.; **Geöffnet:** frei zugänglich; **Kontakt:** 50530 Dragey-Ronthon, Route de la Plage

⑯ Camping-Car, Avranches

N48.68654° W1.36805°

Offizieller Stellplatz, sehr schräg und leider häufig von Pkws zugeparkt. Lage gut und relativ ruhig (Flaschencontainer!). **Lage/Anfahrt:** In Avranches ausgeschildert (unterhalb des Jardins des Plantes); **Platzanzahl:** 8; **Untergrund:** Schotter; **Ver-/Entsorgung:** Trinkwasser, Abwasser, Chemie-WC; **Sicherheit:** beleuchtet; **Preise:** kostenlos, 3 € Wasser; **Geöffnet:** frei zugänglich; **Adresse/Kontakt:** 50300 Avranches, Chemin de la Boutonnière

⑰ La Bidonnière, Ardevon

N48.60357° W1.47681°

Privater Stellplatz in schöner, ruhiger Lage. WLAN, WC, Dusche, Verkauf von Brot und Agrarprodukten. Ca. 3 km zum Bustransfer Mont-Saint-Michel. **Lage/Anfahrt:** Ab der D275 ausgeschildert; **Platzanzahl:** 30; **Untergrund:** Wiese; **Ver-/Entsorgung:** Strom, Trinkwasser, Abwasser, Chemie-WC; **Sicherheit:** beleuchtet; **Preise:** 10,70 €, Strom, Dusche, Wasser je

3 €; **Geöffnet:** ganzjährig; **Adresse/Kontakt:** 50170 Ardevon, Route de la Rive 5, Tel. +33 (0)6 25553070, www.labidonniere.fr

118 Camping du Mont St.-Michel, Le Mont-Saint-Michel
N48.61497° W1.50888°

Gepflegter, parzellierter Platz in direkter Nähe zum Mont-Saint-Michel, gute Sanitärausstattung. WLAN nur bei der Rezeption. Da er im Sperrgebiet liegt, ist eine telefonische Anmeldung erforderlich. Mit dem so erhaltenen Zugangscode kann man einfahren. **Lage/Anfahrt:** Beschilderung zum Hotel Vert folgen, Codeeingabe an der Schranke; **Platzanzahl:** 94; **Untergrund:** Wiese; **Ver-/Entsorgung:** Strom, Trinkwasser, Abwasser, Chemie-WC; **Sicherheit:** beleuchtet; **Preise:** 20–24 € inkl. Strom, Dusche, VE, Taxe 0,22 €, Code 4 €; **Geöffnet:** Apr.–Okt.; **Adresse/Kontakt:** 50170 Le Mont-Saint-Michel, Route du Mont-Saint-Michel, Tel. +33 (0)2 33602210, www.camping-montsaintmichel.com

119 Parkplatz, Mont-Saint-Michel
N48.60826° W1.50771°

Offizieller Parkplatz P8 für Wohnmobile. Kostenloser Bustransfer zum Mont-Saint-Michel. **Lage/Anfahrt:** Über die Pkw-Einfahrt fahren, dann ausgeschildert; **Platzanzahl:** 100; **Untergrund:** Asphalt; **Sicherheit:** beleuchtet; **Preise:** 17,20 €/24 Std.; **Geöffnet:** ganzjährig

120 Aire de Beauvoir, Beauvoir
N48.59409° W1.51272°

Privater Stellplatz in schöner und relativ ruhiger Lage, Bustransfer oder Radfahrt zum Mont in 3 km Entfernung. WLAN. **Lage/Anfahrt:** ausgeschildert; **Platzanzahl:** 100; **Untergrund:** Schotter; **Ver-/Entsorgung:** Strom, Trinkwasser, Abwasser, Chemie-WC; **Sicherheit:** beleuchtet, umzäunt; **Preise:** 12,50–15,50 € inkl. Strom, VE, WLAN; **Geöffnet:** ganzjährig; **Adresse/Kontakt:** 50170 Beauvoir, Route du Mont St. Michel, Tel. +33 (0)6 83447015

◹ *Der Stellplatz von Beauvoir* 120 *ist großzügig und nett angelegt*

◺ *Der Camping de la Sélune in Ducey ist durch Hecken unterteilt*

218nm Abb._gg

⑫ Camping de la Sélune, Ducey
N48.61661° W1.29414°

Nett angelegter Platz mit hohen Hecken, befriedigende Sanitärausstattung, 400 m bis ins Zentrum. Lage gut und ruhig. WLAN. **Lage/Anfahrt:** In der Stadt ausgeschildert; **Platzanzahl:** 33; **Untergrund:** Wiese; **Ver-/Entsorgung:** Strom, Trinkwasser, Chemie-WC; **Sicherheit:** umzäunt, beleuchtet, bewacht; **Preise:** 2,40 €/Fahrz., 3,10 €/Pers., Strom 2,10 €, Taxe 0,22 €; **Geöffnet:** 15. April–15. Sept.; **Adresse/Kontakt:** 0220 Ducey, Rue de Boishue, Tel. +33 (0)2 33484649

⑫ Place du Château, Mortain
N48.64886° W0.94519°

Offizielle Stellplätze am Rand eines großen Parkplatzes vor dem Camping Municipal. Lage gut und ruhig. WC. **Lage/Anfahrt:** Im Ort ausgeschildert; **Platzanzahl:** 5; **Untergrund:** Asphalt; **Ver-/Entsorgung:** Trinkwasser, Abwasser, Chemie-WC; **Preise:** kostenlos; **Geöffnet:** frei zugänglich; **Adresse/Kontakt:** 50140 Mortain, Place du Château. Unter gleicher Adresse direkt angrenzend gibt es den kleinen Camping Municipal, auf dem man Ostern–Sept. für 7 € inkl. 2 Pers. (Strom 4 €) übernachten kann.

⑫ Stadtpark, Sourdeval
N48.72597° W0.92312°

Offizieller Stellplatz am Dorfrand an einem kleinen Park mit Picknicktischen. Die Lage ist gut und ruhig. **Lage/Anfahrt:** In Sourdeval ausgeschildert; **Platzanzahl:** 5; **Untergrund:** Schotter; **Ver-/Entsorgung:** Strom, Trinkwasser, Abwasser, Chemie-WC; **Sicherheit:** beleuchtet; **Preise:** kostenlos; **Geöffnet:** frei zugänglich; **Adresse/Kontakt:** 50150 Sourdeval, Rue Jean-Baptiste Janin

⑫ Place du Champ de Foire, Vire
N48.84078° W0.88858°

Plätze auf einem großen Parkplatz, der allerdings auch von Pkws und Bussen genutzt wird. Zentrumsnah. Freitags (Markt) sehr voll. **Lage/Anfahrt:** Durch Vire hindurch in Richtung Caen, immer den Hinweisschildern „P (360 Places)" folgen; **Platzanzahl:** 20; **Untergrund:** Asphalt; **Ver-/Entsorgung:** Trinkwasser, Abwasser, Chemie-WC; **Preise:** kostenlos; **Geöffnet:** frei zugänglich; **Adresse/Kontakt:** 14500 Vire, Place du Champ de Foire

MALERISCHE SCHLUCHTEN-LANDSCHAFT MIT HOCH AUFRAGENDEN FELSEN

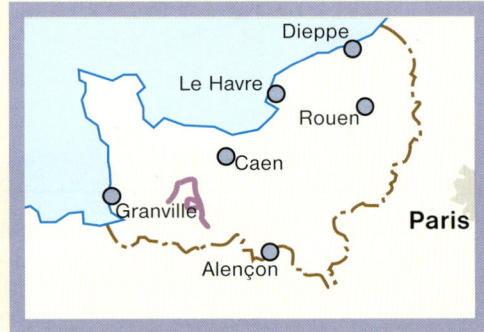

Die Normannische Schweiz verläuft links und rechts der Orne von Thury-Harcourt bis nach Putanges-Pont-Ecrepin. Die mäandernde Orne hat sich tief in das Hügelland eingegraben und malerische Schluchten mit hoch aufragender Felsenkulisse säumen den Flusslauf. Auf gut markierten Wegen geht der Wanderfreund – teilweise an steilen Abbrüchen und bizarren Felsformationen vorbei – durch diese herrliche, beinahe alpine Landschaft. Freeclimber, Drachen-flieger, Angler, Kanufahrer und Reiter finden hier hervorragende Möglich-keiten, um ihrem Hobby zu frönen. Die Normannische Schweiz ist auch bei den Franzosen sehr beliebt und im Sommer finden an den Wochen-enden vielerorts organisierte Wan-derungen statt. Viele der hübschen Städtchen entlang der Orne stellen einen Camping- oder einen Stellplatz für den Wohnmobilfahrer bereit und Modelleisenbahnfreunde werden vom Museum Chemin de fer miniature be-geistert sein.

▷ *Auf den Wanderungen in der Normannischen Schweiz bieten sich immer wieder traumhafte Ausblicke*

ROUTE 7

DIE NORMANNISCHE SCHWEIZ

STRECKENVERLAUF

Strecke: Vire – Thury-Harcourt (45 km) – Clécy (11 km) – Abstecher zum Château de Pontécoulant (hin und zurück 38 km) – Putanges-Pont-Ecrepin (22 km)

Streckenlänge: ohne Abstecher 78 km
mit Abstecher 116 km

Hinter Vire durchzieht die D577 schnurgerade in stetigem Auf und Ab die Landschaft bis man die Abzweigung nach **Le Bény-Bocage** erreicht. Der Mittelpunkt dieses kleinen schmucken Dorfes ist eine alte Markthalle mit offener Dachkonstruktion aus stabilen Holzbalken.

Für die Weiterfahrt nach Thury-Harcourt gibt es zwei Alternativen. Entweder fährt man auf der D577 bis zur Abzweigung der D54 nach Aunay-sur-Odon und hinter dem Ort weiter auf der D6. Oder man nimmt die im Folgenden beschriebene Strecke über schmale Straßen, die mitten durch die wellige, grüne Landschaft führt.

Für letztere Strecke verlässt man in Le Mesnil-Auzouf die D577 und nimmt im Dorf die D165 nach Le Plessis-Grimoult. Auf dieser sich durch die blühenden Wiesen und auffallend rostroten Ackerschollen schlängelnden Straße kommt man nicht sehr schnell vorwärts, denn immer wieder kommt einem ein Traktor entgegen und man muss die Geschwindigkeit verlangsamen. Doch der Weg ist bekanntlich das Ziel.

In Le Plessis-Grimoult angekommen überquert man die D54, um auf der D108 weiterzufahren. Nach 2,7 km geht es nach links auf die D36 und nach weiteren 1,8 km auf die D108, ab hier ist Thury-Harcourt ausgeschildert. Auf der folgenden Fahrstrecke bieten sich immer wieder wunderschöne, weite Aussichtsmöglichkeiten. Nach 1,4 km geht es auf der D6 die letzten Kilometer nach Thury-Harcourt.

125mm Abb.: gg

THURY-HARCOURT
(45 km – km 45)

Die Stadt nennt sich auch die Pforte zur Suisse Normande (Normannische Schweiz).
Ihre Lage oberhalb des Flusses Orne ist
sehr schön, leider belastet der starke Durch-
gangsverkehr die freundliche Stadt. Von der
im 11. Jh. erbauten Burg stehen nach dem
Bombardement im Zweiten Weltkrieg nur
noch die Fassade und zwei Pavillons am Eingangstor. Vom Flussufer kann man die Orne
mit dem **Kanu,** dem **Kajak** oder per **Stand
Up Paddeling (SUP)** befahren. Stundenwei-
se, Halbtags- oder Ganztagsfahrten werden
vom Kayak Club angeboten (Tel. +33 (0)2
31794059, www.kcth.fr).

Information

Office de Tourisme, 14220 Thury-Harcourt, Place
Saint-Sauveur 2, Tel. +33 (0)2 31797045, www.
suisse-normande-tourisme.com, Öffnungszeiten:
Mai/Juni/Sept. Di–Sa 10–12.30 und 14–18 Uhr, So
10–12.30 Uhr, Juli/Aug. auch Mo geöffnet, Okt.–April
Di–Fr 10–12.30 und 14.30–17 Uhr, Sa 10–12.30 Uhr

**125 Camping du Traspy, Thury-Harcourt
(s. S. 218)**

**126 B&B Pension, Caumont-sur-Orne
(s. S. 218)**

Auf der D562 fährt man immer an der Orne
entlang nach **St-Rémy.** In dem kleinen Ort
wurde bis 1967 Eisenerz abgebaut. Kurz hinter St-Rémy biegt man auf die D168 ab, die
auf einer Nebenstrecke nach Clécy führt.

CLÉCY (11 km – km 56)

Obwohl sich Clécy **Hauptstadt der Suisse
Normande** nennt, ist es in den Gassen und
auf den Plätzen eher ruhig.

Ganz anders geht es dagegen am **Ufer der
Orne** zu, hier tummeln sich die Urlauber und
Erlebnishungrigen.

Zwischen der Pont de Vey und dem Viadukt haben sich unzählige **Bootsverleiher,**
Eventveranstalter und Restaurants nieder-
gelassen. Hier kann man Elektro- oder Tret-
boote und die Ausrüstung für das *Stand up
Paddeling* ausleihen. Von den Kanuverlei-
hern wird man, je nachdem wie lange man
unterwegs sein will, ein Stück flussaufwärts
gebracht und man paddelt dann nach Clécy
zurück. Man kann auch Gleitschirmfliegen,
sich im Klettergarten an steiler Felswand
austoben oder mit der Sommerrodelbahn
den Berg runtersausen. Wer es etwas ruhiger
mag, geht ins **Chemin de fer miniature,** eine
310 m² große Modelleisenbahnlandschaft.
Hier sind einige der typischen französischen
Landschaften nachgebildet. Und auch einem
weiteren Vergnügen kann man in Clécy sehr
gut frönen: dem **Wandern!**

◹ *Der Viadukt überspannt die Orne bei Clécy*

◁ *Ländliche Idylle*

Information

Office de Tourisme, 14570 Clécy, Place du Tripot, Tel. +33 (0)2 31697995, Öffnungszeiten: in den Schulferien im April/Mai–Juni/September Di–Sa 10–12.30 und 14.30–18 Uhr, So 10–12.30 Uhr, Juli/August auch Mo geöffnet, Oktober–März geschlossen

Tipps

Beau Rivage, an der Orne, Tel. +33 (0)2 31697973, www.beau-rivage-clecy.fr. Kajaks, Tret- und Elektroboote

Luge dé été sur rail (Sommerrodelbahn), Apr.–Sept., Fahrt: 2,50–3,50 €

Sehenswertes

Chemin de fer miniature, 14570 Clécy, Rue d'Ermington (N48.917346° W0.477959°), Tel. +33 (0)2 31690713, www.chemin-fer-miniature-clecy.com, Öffnungszeiten: Apr.–Mitte Juli/Anfang–Mitte Sept. Di–So 10–12 u. 14–18, Fr. nur 14–18, Mitte Juli–Aug. tägl. 10.30–18.30, Mitte–Ende Sept. Di–So 14–17.30, Okt. So 14–17 Uhr, Eintritt: 8,50/6,50 €

Wanderung zur steilen Felskulisse

Für die im Folgenden beschriebene, landschaftlich sehr reizvolle Wanderung sollten ca. 3 Std. eingeplant werden. Die Strecke ist als mittelschwer einzustufen und hat einige ausgesetzte Stellen, die aber zum Teil umgangen werden können. Schwindelfreiheit und Trittsicherheit sind aber unbedingt notwendig.

Man parkt auf dem öffentlichen Parkplatz direkt unterhalb des Chemin de fer miniature. Von hier geht man hinab zur Orne und überquert sie auf der Pont du Vey. Immer auf der D133A durch das kleine Dorf Le Vey und nach der Eisenbahnunterführung links auf dem Chemin du Physicien wandert man kurz steil bergauf. Dann folgt man der rot-weißen Markierung nach links in einen schattigen Waldweg. Leicht aufwärts geht es nun durch den Wald bis zu einer Holztafel (Vorsicht, lag beim letzten Besuch auf dem Boden!), die zum Aussichtspunkt des „Pain du Sucre" (Zuckerhut) nach links weist. Der kurze, aber steile Anstieg wird mit einer herrlichen Aussicht auf das Tal der Orne und Clécy belohnt. Wieder zurück bei der Holztafel wandert man nun nach links und biegt kurz darauf rechts auf einen mit einem gelben Strich gekennzeichneten Weg ein. An einem kurzen steilen Aufstieg die Abzweigung nach rechts (weißer Strich) nicht versäumen! Dieser schmale Pfad führt mit wenigen steilen Passagen an senkrecht abbrechenden Felsen entlang. Hier ist Trittsicherheit und Schwindelfreiheit gefordert. Nachdem man wieder im Wald ist, hält man sich bei der ersten

Gabelung links und kommt zu einem Parkplatz beim Aussichtspunkt Rochers de la Houle. Wer es nicht so dramatisch haben will, folgt der gelben Markierung, die beim Parkplatz und dem Startplatz der Paragleiter mit dem eben beschriebenen Pfad zusammentrifft. Von den Rochers de la Houle bietet sich dem Wanderer ein atemberaubendes Panorama.

Man überquert den Parkplatz und geht auf einem Feldweg geradeaus, bis man auf eine Kreuzung trifft. Hier gleich hinter dem Stoppschild nach rechts auf den Feldweg wechseln (Markierung: 2 gelbe Punkte und ein Dreieck). Links kommen bald die Häuser von St-Omer (hier Einkehr im La Gavotine möglich) in Sicht. Ca. 2,5 km weiter, nachdem man eine Stromleitung unterquert hat, geht der weitere Wanderweg nach rechts ab (gelb-rote Markierung). Nach ca. 500 m ist die D133A erreicht, der man nach rechts folgt. Auf ihr kommt man nach wenigen Minuten in den kleinen Weiler Le Haut du Vey. Dort ist bereits das nächste Ziel, die Rochers du Parc, ausgeschildert (weiß-rote Markierung). Am oberen Rand der Felsen geht es nun eben an Ginsterbüschen vorbei und durch lichten Eichenwald mit einem herrlichen Panoramablick auf die Orne und den Viadukt von Clécy. Nach einigen Hundert Metern senkt sich der Weg hinab zum Fluss. Hinter einer Eisenbahnunterführung geht man nach rechts, passiert den Campingplatz **127** *und erreicht die D133A. Auf dem bekannten Weg wandert man zurück zum Wohnmobil.*

Essen

Restaurant Au Site Normand, 14570 Clécy, Rue des Chatelets 2, Tel. +33 (0)2 31697105, gut gekocht und stilvoll dekoriert, auch 5- und 7-Gänge-Menü für 55 bis 67 €

Einkaufen

Cave de la Loterie, 14570 Clecy, Lieu dit la Loterie, www.cavedelaloterie.fr. Cidre, Poiré, Saft, Essig, Calvados, Apfelgelee von sehr guter Bio-Qualität.

Parken an der Orne

GPS N48.90768° W0.47328° kostenlos

☑ *Auf der langsam fließenden Orne können auch unerfahrene Paddler einen Versuch wagen*

⑫⑦ Camping les Rochers des Parcs, Clécy (s. S. 218)

⑫⑧ Aire Camping Cars, Clécy (s. S. 218)

Eine interessante Fahrstrecke durch die typische Landschaft der Normannischen Schweiz führt auf der D168 kurz vor der Orne-Brücke nach rechts. Vorsicht: Das Teilstück entlang der Orne mit viel Ausflugsverkehr ist am Wochenende und an Feiertagen von 12 bis 18.30 Uhr für Wohnmobile gesperrt.

Durch kleine schmucke Weiler wie Loterie mit der sehr guten Biokellerei (ein Einkauf lohnt sich!) gelangt man schließlich zur D1, auf der man nun bis nach **Pont-d'Ouilly** fährt. Kurz vor dem Ortsschild bietet sich ein Abstecher nach rechts auf der D911/D511 an.

Wer am Wochenende zwischen 12 und 18.30 Uhr nach Pont-d'Ouilly fahren möchte, muss die D562 und die D1 nehmen.

ABSTECHER ZUM CHÂTEAU DE PONTÉCOULANT

(hin und zurück 38 km)

Die D911/D511 führt auf landschaftlich schöner Strecke immer den Fluss Noireau entlang. In Cahan findet man einen idyllischen Picknickplatz direkt am Fluss. In **Pont-Érambourg** gibt es etwas Besonderes zu erleben: eine Fahrt mit dem **Vélorail.** Dabei handelt es sich um Fahrräder für bis zu vier Personen, die auf Eisenbahnschienen laufen. Die Fahrt auf der eingleisigen Strecke ist in 1:45 Std. bequem zu bewältigen, bei Gegenverkehr muss man sich allerdings einigen, wer das 50 kg schwere Gefährt aus den Schienen hebt und den anderen vorbeilässt. Damit dies nicht allzu häufig geschieht, gibt es nur jede Stunde eine Abfahrt.

⌂ *Spaßgarantie auf dem Vélorail*

Picknickplatz Cahan
N48.86667° W0.43942°

Erlebenswertes
Gare de Pont-Érambourg, 61790 Saint-Pierre-du-Regard, N48.84962° W0.52445°, Tel. +33 (0)2 31693930, Öffnungszeiten: Apr.–Okt. Mi 14.30–15.30 Uhr, Sa, So 10.30–17.30 Uhr, Juli, Aug. täglich 10.30–17.30 Uhr. Ein Vélorail für 4 Personen kostet 20 € für 1:45 Std.

Ver- und Entsorgung
N48.85099° W0.55386°, von der D512 in Richtung „Mairie" fahren, 2,50 €/10 Min. Wasser, Jetons gibt es beim Hallenbad.

🔴129 Camping Municipal, Condé-sur-Noireau (s. S. 218)

Von Pont-Érambourg ist man rasch im 3 km entfernten **Condé-sur-Noireau.** Wenn das Wetter mal nicht für Aktivitäten im Freien geeignet ist, vergnügt man sich hier im schönen Hallenbad.

Man verlässt Condé-sur-Noireau auf der D36 und biegt am Ortsende auf die D105 in Richtung Château de Pontécoulant ab. Immer an der Druance entlang schlängelt sich die D105 (und später die D298) durch die wunderschöne Gegend bis zum **Château de Pontécoulant.** Das Schloss aus dem 16. Jh. liegt in traumhafter Landschaft in einem bewaldeten Tal an den Ufern der Druance. Das imposante Gebäude mit den beiden kuppelgekrönten Türmen wurde im 18. Jh. umgebaut und erweitert. Es ist heute im Besitz des Départements Calvados und zeigt mit den eleganten Stilmöbeln und allerlei persönlichen Gegenständen der früheren Besitzerfamilie Pontécoulant das feudale Leben im 19. Jh. Im weitläufigen englischen Garten mit Teich kann der Besucher flanieren.

Sehenswertes

Château de Pontécoulant, N48.89701° W0.58943°, Tel. +33 (0)2 31696254, Öffnungszeiten: 14. März–Apr./Okt.–Mitte Nov. 14.30–17.30 Uhr, Mai–Sept. 10–12 und 14.30–18 Uhr, Eintritt: 3,80 €

Nun geht es zunächst auf der D298 2 km zurück und dann links auf die D184 Richtung St-Pierre-la-Vieille. Bei der Einmündung in die D36 fährt man nach rechts und wechselt nach 2,8 km nach links auf die D256 (Saint-Denis-de-Méré). Nach 1,9 km zweigt man

nach rechts auf die D562 ab. Auf dieser rollt das Womo aber nur für 200 m und wechselt gleich wieder nach links auf die D256 (Hinweisschild „Pont Érambourg") bis Saint-Denis-de-Méré.

130 Camping Les Lilas de Morieux, Saint-Denis-de-Méré (s. S. 218)

Für die Weiterfahrt im Kreisverkehr in Saint-Denis-de-Méré weiter auf der D256 (Richtung Pont-Érambourg) fahren. Kurz darauf teilt sich die Straße – nach links geht es für Fahrzeuge bis 3,5 t auf schmaler, landschaftlich schöner Strecke, nach rechts für schwerere Fahrzeuge. Beide Straßen führen nach Pont-Érambourg. Die linke führt an einem Bergrücken entlang mit schöner Aussicht und später mit 10 % Gefälle bergab nach Pont-Érambourg. Von hier fährt man auf der schon bekannten Strecke zurück nach **Pont-d'Ouilly,** einem hübschen kleinen Ort an der Mündung des Flüsschens Le Noireau in die Orne mit einem großen Kajakzentrum. Man kann sich hier in den Geschäften mit dem Nötigsten eindecken und auf dem guten Stellplatz **132** oder dem schönen Campingplatz **131** ruhig übernachten. Pont-d'Ouilly eignet sich

☑ *Das breite Bett der Orne bei Pont-d'Ouilly*

Wanderung am Roche d'Oëtre

Durch das Infozentrum hindurch kommt man direkt zum Roche d'Oëtre. 120 m geht es hier beinahe senkrecht hinunter ins Tal der Rouvre! Das Auge schweift weit über die bewaldeten Hügel und die Felsformationen der Normannischen Schweiz.

Die gut markierte Tour orientiert sich im ersten Teil am „Circuit botanique" und im zweiten am „Sentier du granite". Sie startet zunächst nach rechts (Felsen im Rücken) auf dem „Circuit de corniches" und verläuft bis zu einem Klettergarten. Hier muss man auf die Straße wechseln und nimmt die erste Abzweigung nach links (Beschilderung „Les Bruyères" und „Circuit botanique"). Nach wenigen Schritten wandert man nach rechts (rot-weiße Markierung) hinauf auf die hügelige Hochfläche mit schöner Aussicht. Man orientiert sich immer an der Beschilderung „Circuit botanique" (Markierung: gelber Strich) und folgt dieser an einem Hof vorbei bis zur D229. Auf ihr geht man nach rechts bis nach Le Souquet. Immer dem gelben Strich bald nach rechts („La Bagottière") und kurz drauf links auf den schönen Waldweg folgen, bis dieser in die D229 mündet. Unterwegs kann man noch den kleinen Umweg zur Waldkirche von Blanc-Rocher machen (ausgeschildert). Der Künstler Xavier Gonzalez hat hier sein Werk Intrusion/Extrusion installiert. Auf der D229 wandert man bis zu einer Linkskurve. Hier verlässt man die Markierung (gelber Strich), um zwischen dem Schild „Gite Hamélis" und einem weißen Gartenzaun nach rechts weiterzugehen. Schon bald, auf Höhe eines zweiten Anwesens, wendet man sich nach rechts und geht nun wieder mit gelber Markierung („Sentier du granite") in den Wald hinein. Dieser immer folgend läuft man durch La Bagottière hindurch und dann etwas bergab. Man erreicht Oëtre und folgt dem gelben Strich auf einem Wiesenweg mit viel Farn und Ginster, bis man wieder auf die rot-weiße Markierung und den schon bekannten Weg trifft. Hier links und auf demselben Weg wie beim Hinweg zurück zum Wohnmobil. Für diese Wanderung sollte man ungefähr 2 Std. einplanen.

297nrm Abb.: gg

gut als Ausgangspunkt für Wander- und Fahrradtouren durch die Normannische Schweiz.

Essen

Pomme D'Ouilly, 14690 Pont-d'Ouilly, Grande Rue 16, Tel. +33 (0)2 31694426. Schnuckeliges Lokal, dessen künstlerisch angerichtete Teller eigentlich zu schade zum Essen sind, aber himmlisch schmecken.

⑬⓵ Camping Municipal, Pont-d'Ouilly (s. S. 218)

⑬⓶ Du Moulin Neuf, Pont-d'Ouilly (s. S. 219)

In Pont-d'Ouilly, sofort nach der Brücke über die Orne, biegt man rechts in Richtung Roche d'Oëtre (D167) ab. Immer an der Orne entlang kommt man auf idyllischer Strecke nach Le Pont-des-Vers. Hier fährt man rechts über die Orne-Brücke und folgt immer weiter den Hinweisschildern zum Roche d'Oëtre, einem beeindruckenden, zerklüfteten Felsen. In Rouvrou wendet man sich nach links auf die D301 und nun bergan bis zum Parkplatz beim Informationszentrum Roche d'Oëtre (N48.82994° W0.38160°). Hier ist auch offiziell eine einmalige Übernachtung erlaubt.

Information

Roche d'Oëtre, Öffnungszeiten: März/Okt. Di–Fr 14–17 Uhr, Apr.–Sept. 10–18 Uhr

Erlebenswertes

Orne Aventure, Parc Acrobatique en Hauteur de la Roche d'Oëtre, Tel. +33 (0)2 31698602. Klettergarten mit verschiedenen Parcours in unterschiedlichen Schwierigkeitsgraden

⑬⓷ Le Domaine de la Rouvre, Menil-Hubert-sur-Orne (s. S. 219)

Vom Roche d'Oëtre nimmt man die D301/D21 und fährt auf dieser Straße mit schöner Aussicht nach Menil-Hermei. Im Frühling sind die Straßenböschungen hier mit unzähligen wilden Narzissen übersät. In Menil-Hermei

wechselt man auf die D239 nach **Rabodanges.** Schon vor dem Ort kommt man am **Château de Rabodanges** aus dem 17. Jh. vorbei. Das reizende kleine Dorf hat allerdings noch eine weitere Attraktion: den Stausee **Lac de Rabodanges** in 2 km Entfernung (ausgeschildert, N48.78577° W0.28698°). Hier kann man es sich bei einer Bootsfahrt nach Putanges – Mai–September an den Wochenenden, Juli und August täglich – auf einem Ausflugsboot mit Gastronomiebetrieb gut gehen lassen. Zunächst auf der D239 und nach 4 km auf der D909 kommt man nach **Putanges-Pont-Ecrepin.**

Sehenswertes

Château de Rabodanges, Öffnungszeiten: Juli–Aug. Mo–Fr 9–12 und 14–17 Uhr, Eintritt: 7 €

PUTANGES-PONT-ECREPIN
(22 km – km 78)

Putanges-Pont-Ecrepin liegt am Rand der Normannischen Schweiz am Ufer der Orne. Die freundliche alte Stadt hat einen großen Hauptplatz, auf dem jeden Donnerstag ein Wochenmarkt stattfindet. Übernachtungsmöglichkeiten für Wohnmobile bestehen auf oder vor dem Campingplatz ⑬⓸ und auf einem ruhig gelegen Bauernhof ⑬⓹.

Information

Office de Tourisme, 61210 Putanges-Pont-Ecrepin, Grande Rue 1, Tel. +33 (0)2 33358657, www.office-tourisme-putanges.com, Öffnungszeiten: Sept.–Apr. Mo–Sa 9.30–12.30 und 14–18 Uhr, Mai–Aug. auch So 9–13 Uhr

Ver- und Entsorgung

N48.76072° W0.24549°, 3 €/Jeton

⑬⓸ Camping du Val d'Orne, Putanges-Pont-Ecrepin (s. S. 219)

⑬⓹ La Ferme du Bois de Putanges, Putanges-Pont-Ecrepin (s. S. 219)

STELL- UND CAMPINGPLÄTZE ENTLANG DER ROUTE

125 Camping du Traspy, Thury-Harcourt
N48.98885° W0.46906°

Platz mit befriedigenden Sanitäranlagen in schöner und ruhiger Lage, ins Zentrum 800 m, Schwimmbad, Restaurant. Separate Plätze vor dem Platz. **Lage/Anfahrt:** Im Ort ausgeschildert; **Platzanzahl:** 90; **Untergrund:** Wiese; **Ver-/Entsorgung:** Strom, Trinkwasser, Abwasser, Chemie-WC; **Sicherheit:** umzäunt, beleuchtet, bewacht; **Preise:** 6,80–8,50 €/Fahrz., 4–5,20 €/Pers., Strom 4,90 €, Hund 1,60 €, WLAN 3 €, Schwimmbad 1,50 €, Plätze ohne Strom vor der Schranke 10 €; **Geöffnet:** April–September; **Adresse/Kontakt:** 14220 Thury-Harcourt, Rue du Pont Benoît, Tel. +33 (0)2 31299086, campingdutraspy.com

126 B&B Pension, Caumont-sur-Orne
N48.95652° W0.48341°

Netter Platz mit ausreichender Sanitärausstattung direkt an der Orne, aber auch an der viel befahrenen D562. **Lage/Anfahrt:** An der D562 zwischen Thury-Harcourt und St-Rémy; **Platzanzahl:** 15; **Untergrund:** Wiese; **Ver-/Entsorgung:** Strom, Trinkwasser; **Sicherheit:** umzäunt, beleuchtet; **Preise:** 12 €/Fahrz. inkl. 2 Pers., Strom 3 €; **Geöffnet:** April–Oktober; **Adresse/Kontakt:** 14220 Caumont-sur-Orne, D562

127 Camping les Rochers des Parcs, Clécy
N48.91373° W0.47439°

Dieser Platz ist der schönste der Region. Er hat ein gutes und beheiztes Sanitärgebäude und befindet sich in sehr schöner und ruhiger Lage direkt an der Orne. 600 m ins Zentrum. Cidreverkostung, Imbiss, Waschmaschine. **Lage/Anfahrt:** In Clécy ausgeschildert; **Platzanzahl:** 90; **Untergrund:** Wiese; **Ver-/Entsorgung:** Strom, Trinkwasser, Abwasser, Chemie-WC; **Sicherheit:** umzäunt, beleuchtet, bewacht; **Preise:** Juli/Aug. 19 €/Fahrz. inkl. 2 Pers., übrige Zeit 10 % Rabatt. 11 € Pauschale auf separaten Plätzen vor dem Sanitärgebäude 18–10 Uhr inkl. 2 Pers., Strom immer zuzügl. 4 €, Hund 1,60 €; **Geöffnet:** April–Sept.; **Adresse/Kontakt:** 14570 Clécy/Le Vey, Tel. +33 (0)2 31697036, www.camping-normandie-clecy.fr

128 Aire Camping Cars, Clécy
N48.91885° W0.48106°

Offizieller Stellplatz bei den Sportplätzen, zentrumsnah, Lage gut und relativ ruhig. **Lage/Anfahrt:** In Clécy ausgeschildert; **Platzanzahl:** 5; **Untergrund:** Schotter; **Ver-/Entsorgung:** Trinkwasser, Abwasser, Chemie-WC; **Preise:** kostenlos, Wasser 2 €, Jetons im örtlichen Handel; **Geöffnet:** frei zugänglich; **Adresse/Kontakt:** 14570 Clécy, Rue du Stade

129 Camping Municipal, Condé-sur-Noireau
N48.85211° W0.55703°

Platz mit einfacher Sanitärausstattung in schöner und (sofern nicht gerade ein Fußballspiel stattfindet) ruhiger Lage. Hallen- und Freibad direkt am Platz. **Lage/Anfahrt:** Durch den Ort in Richtung „Vire" oder „Stade" fahren (D512), ausgeschildert; **Platzanzahl:** 30; **Untergrund:** Wiese; **Ver-/Entsorgung:** Strom, Trinkwasser, Chemie-WC; **Sicherheit:** umzäunt; **Preise:** 2,50 €/Fahrz., 3,70 €/Pers., Strom 3,50 €; **Geöffnet:** Mai–September; **Adresse/Kontakt:** 14110 Condé-sur-Noireau, Route de Vire, Tel. +33 (0)2 31690293, www.tourisme-conde-druance.fr

130 Camping Les Lilas de Morieux, Saint-Denis-de-Méré
N48.86507° W0.48189°

Gepflegtes Gelände des Camping Club de France in sehr schöner, einsamer und ruhiger Lage. Dusche. **Lage/Anfahrt:** In Saint-Denis-de-Méré im Kreisverkehr auf die D256A Richtung Berjou wechseln, dann gut ausgeschildert; **Platzanzahl:** 5; **Untergrund:** Wiese; **Ver-/Entsorgung:** Strom, Trinkwasser, Abwasser, Chemie-WC; **Sicherheit:** beleuchtet; **Preise:** 9,70 €/Fahrz. inkl. 2 Pers. und Strom; **Geöffnet:** April–Sept.; **Adresse/Kontakt:** 14110 Saint-Denis-de-Méré, Village de Morieux, Tel. +33 (0)2 32792123

131 Camping Municipal, Pont-d'Ouilly
N48.87132° W0.41132°

Platz mit einfacher Sanitärausstattung bei den Sportplätzen. Schöne und relativ ruhige Lage. **Lage/Anfahrt:** Im Ort ausgeschildert; **Platzanzahl:** 64; **Untergrund:** Wiese; **Ver-/Entsorgung:** Strom, Trink-

260mm Abb.: gg

wasser, Chemie-WC; **Sicherheit:** umzäunt, beleuchtet, bewacht; **Preise:** 10 €/Fahrz. inkl. 2 Pers., Strom 4 €, Taxe 0,20 €/Pers.; **Geöffnet:** Mitte April–Mitte September; **Adresse/Kontakt:** 14690 Pont-d'Ouilly, Stade René Vallée, Tel. +33 (0)2 31694612. Alternativ kann man für 10 € (ohne Strom) auf dem Camping-parkplatz übernachten. Diese Plätze sind allerdings häufig von Pkws zugeparkt.

🔴132 Du Moulin Neuf, Pont-d'Ouilly
N48.87792° W0.41254°

Plätze teilweise direkt an der Orne. Parzelliert, schöne und relativ ruhige Lage. **Lage/Anfahrt:** In Pont-d'Ouilly nach der Brücke links Richtung Moulin Neuf fahren, dann ausgeschildert; **Platzanzahl:** 30; **Untergrund:** Schotter; **Ver-/Entsorgung:** Strom, Trinkwasser, Chemie-WC; **Sicherheit:** umzäunt, beleuchtet; **Preise:** 9,50 €/16 Std., 12 €/24 Std./Fahrz. (15 €/48 Std.) inkl. Strom und VE, Bezahlung nur mit Karte; **Geöffnet:** ganzjährig; **Adresse/Kontakt:** 14690 Pont-d'Quilly, Rue de la Libération

🔴133 Le Domaine de la Rouvre, Menil-Hubert-sur-Orne
N48.84324° W0.39824°

Platz mit befriedigender Sanitärausstattung direkt an der Rouvre, viele Dauercamper. Sehr schöne, ruhige Lage. **Lage/Anfahrt:** In Rouvrou nach der Abzweigung auf die D301 nach 150 m links, ausgeschildert, schmale Zufahrt; **Platzanzahl:** 17; **Untergrund:** Wiese; **Ver-/Entsorgung:** Strom, Trinkwasser, Chemie-WC; **Sicherheit:** umzäunt, beleuchtet, bewacht; **Preise:** 15,75 €/Fahrz. inkl. 2 Pers., Strom 4,90 €, Hund

1,50 €; **Geöffnet:** April–Oktober; **Adresse/Kontakt:** 61430 Menil-Hubert-sur-Orne, Le bas de Rouvrou, Tel. +33 (0)2 33648240, www.larouvre.fr

🔴134 Camping du Val d'Orne, Putanges-Pont-Ecrepin
N48.76072° W0.24549°

Mit Hecken unterteilter Platz mit befriedigender Sanitärausstattung. Schöne und ruhige Lage. **Lage/Anfahrt:** ausgeschildert; **Platzanzahl:** 32; **Untergrund:** Wiese; **Sicherheit:** umzäunt, beleuchtet; **Preise:** 11,50 €/Fahrz. inkl. 2 Pers., Strom 3 €, Hund 1 €; vor dem Platz zwei kostenlose Stellplätze; **Geöffnet:** April–September; **Adresse/Kontakt:** 61210 Putanges-le-Lac, Chemin de Friche, Tel. +33 (0)2 33350025

🔴135 La Ferme du Bois de Putanges, Putanges-Pont-Ecrepin
N48.76166° W0.25950°

Platz mit einfacher Sanitärausstattung, bei einem Bauernhof in sehr schöner und ruhiger Lage, ins Zentrum 1,5 km. Fahrrad- und Kanuverleih; **Lage/Anfahrt:** Von der D909 auf die D15 und nach 200 m Richtung Cimetière und La Couture abbiegen, dann 900 m zum Platz, letzte 300 m holprig; **Platzanzahl:** 8; **Untergrund:** Wiese; **Ver-/Entsorgung:** Strom; **Preise:** 5 €/Fahrz. 2,50 € für Dusche/WC; **Geöffnet:** Apr.–Okt. nur Sa/So, Juli/Aug. tägl.; **Adresse/Kontakt:** 61210 Putanges-le-Lac, La Couture, Tel. +39 (0)2 33369673

◁ *Auf dem Camping Rochers des Parcs* 🔴127 *in Clécy steht das Wohnmobil direkt am Fluss*

DER PARC NATUREL RÉGIONAL NORMANDIE-MAINE

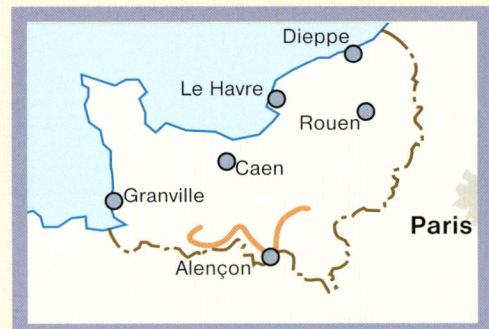

Tief im Süden der Normandie und des Départements Orne liegt der Naturpark Normandie-Maine, den man auf der im Folgenden beschriebenen Route von West nach Ost – von Domfront bis Sees – durchfährt. Dieser präsentiert sich sehr ursprünglich und empfängt seine Gäste als Freunde mit offenen Armen. Der Duft von würzigen Kräutern und Wiesenblumen, Pferden und Kühen, warmem, reifem Getreide und harzigen Wäldern durchzieht die Region. Am besten durchstreift man den Naturpark auf den vielen markierten Wegen zu Fuß, jedoch auch mit dem Wohnmobil auf schmalen Nebenstraßen kann man ihn genießen. Ein putziges Dorf, ein ehemals mondäner Thermalbadeort, ein Meisterwerk normannischer Gotik, ein malerisches Wasserschloss und Alençon, die Hauptstadt des Départements Orne – das sind die Eckpfeiler dieser Route. Ausgefüllt wird sie mit Wandermöglichkeiten, einer schönen Fahrstrecke, herrlichen Aussichten, idyllischen Picknickplätzen, Einkaufsmöglichkeiten regionaler Produkte und gutem Essen.

▷ *Die beeindruckende Ruine der Burg von Domfront*

132rm Abb.: 88

ROUTE 8

DIE WESTLICHE UND DIE SÜDLICHE ORNE

STRECKENVERLAUF

Strecke: Putanges-Pont-Ecrepin – Domfront
(41 km) – Bagnoles-de-l'Orne (20 km) – Alençon
(66 km) – Sées (29 km)

Streckenlänge: ohne Abstecher 156 km

Von Putanges-Pont-Ecrepin fährt man auf der
D909 bis zur Einmündung in die D924 und
auf dieser bis nach Briouze. Hier wechselt
man auf die D21 Richtung **Dompierre,** in dessen Region bis 1970 Eisenvorkommen abgebaut wurden. Bereits kurz vor dem Ort links
bei GPS N48.64286° W0.54023° stehen
noch die imponierenden Reste bzw. auch Re-
konstruktionen der ehemals neun *Fours de
la Butte Rouge* (Kalzinierungsöfen). Mitten
im malerischen Städtchen Dompierre erhält
man im **Maison du Fer** einen Überblick über
den Eisenabbau in der Orne Bocage. Wirklich
lohnenswert ist der Rundweg „le circuit du
fer" mit 17 bzw. 9 km Länge, auf dem man
die dazugehörigen Schauplätze erwandert.

Maison du Fer
N48.63256° W0.55127°, Öffnungszeiten: Mai/Juni/
Sept. Mo/Di/Do/Fr 9–12 und 14.30–18 Uhr, So
14.30–18 Uhr, Juli/Aug. auch Mi, Eintritt: frei

DOMFRONT (41 km – km 41)

Die malerische Altstadt von Domfront liegt er-
haben auf einem Felsplateau über der Varenne und ist zum Teil noch von einer Stadtmauer umgeben. Nur ein Turm von ehemals zwei
ist beim malerischen **Alençontor,** einem der
Stadttore, übrig geblieben. Immer geradeaus
auf der **Grande Rue** spaziert man an alten
Fachwerkhäusern vorbei bis zur **Kirche St-
Julien.** Nachdem die baufällige Vorgängerkir-
che abgerissen werden musste, entschloss
sich die Kirchengemeinde 1924 aus Platz-
gründen zu diesem außergewöhnlichen Bauwerk im byzantinischen Stil mit quadratischem
Grundriss. Auch das Material, Stahlbeton,
war zwar kostengünstig, 1933 aber einmalig
für einen Kirchenbau. Den pfeilerlosen, hellen Innenraum beherrschen Christus als Pan-
tokrator und viele andere byzantinisch inspirierte Mosaike des Pariser Künstlers Gaudin.
Über den schmucken Place St-Julien gelangt man zu den **Ruinen des Châteaus,** dessen Gründung auf Guillaume de Bellême um
1010 zurückgeht. Die Reste, die man heute
sieht, stammen von Anfang des 12. Jh., als
Henri I. Beauclerc hier eine mächtige Stein-
burg erbaute. Vom im 19. Jh. mit vielen Blumen gestalteten Park rings um die Ruinen
hat man eine faszinierende Aussicht.

◁ *Kirche St-Julien: außen Stahlbeton, innen
byzantinische Mosaike*

Im Ortsteil Nôtre-Dame, steht die Granitkirche **Nôtre-Dame-sur-l'Eau** aus dem 12. Jh. Sie besuchten schon Richard Löwenherz und Heinrich II. Ob es stimmt, dass Thomas Becket, Erzbischof von Canterbury, hier 1166 die Weihnachtmesse zelebriert hat, ist nicht gesichert.

Information

Office de Tourisme, 61700 Domfront, Place Pellier de la Roirie 12, Tel. +33 (0)2 33385397, Öffnungszeiten: Okt.–März Di–Sa 10–12.30 u. 14–18, Apr.–Juni/Sept. auch Mo, Juli/Aug. auch So 10–12 u. 14–17.30 Uhr

Sehenswertes

Nôtre-Dame-sur-l'Eau, 61700 Domfront, Rue du Mont-Saint-Michel, Öffnungszeiten: 10–18 Uhr
St-Julien, 61700 Domfront, Rue Saint-Julien, Öffnungszeiten: 9–19 Uhr

Essen

Le Grand Gousier, 61700 Domfront, Place de la Liberté 1, Tel. +33 (0)2 33383725, montags und sonntagabends geschlossen. Gehobene Küche

Einkaufen

L'Arts des Mets à Domfront en Poiraie, 61700 Domfront, Grande rue 9, Öffnungszeiten: Di–Sa 9.30–12.30 und 14.15–19.15 Uhr, So 10.30–12.30 Uhr. Kulinarische Genüsse aus der Region.

Parken in Domfront

N48.59252° W0.64366° oder **N48.59443° W0.65029°**. Offizielle Stellplätze auf dem Place de la Petite Bruyère und hinter dem Rathaus hat man einen schönen Panoramablick, ein WC und eine Chemie-WC-Entsorgung

Ver- und Entsorgung

N48.58853° W0.65119°, 1,50 €/Jeton, vor dem Campingplatz **136**

136 Camping Municipal, Domfront (s. S. 234)

137 Aire Camping Car, St Mars d'Egrenne (s. S. 234)

Auf der D976 sind es 12 km zum nächsten Ziel. **Juvigny-sous-Andaine** ist ein ruhiges Dorf etwas abseits der Touristenrouten – genau das Richtige, um auf dem einfachen Campingplatz **138** auszuruhen. Ein Bäcker, eine Metzgerei und ein kleiner Lebensmittelladen versorgen mit dem Nötigsten. Im hübschen Park kann man sich die Beine vertreten.

Essen

Au Bon Accueil, 61140 Juvigny-sous-Andaine, Place Saint-Michel, Tel. +33 (0)2 33381004. Gute Menüs mit traditionellen Elementen

Einkaufen

Earl des Martellières, 61140 Juvigny-sous-Andaine, Les Martellières, Tel. +33 (0)2 33383095, Öffnungszeiten: Mitte April–Mitte Oktober Mo/Di/Do/Fr 10–12 und 14–18 Uhr. Cidre, Poiré, Pommeau, Calvados.

138 Camping Municipal, Juvigny-sous-Andaine (s. S. 234)

Auf der weiteren Route verlässt man Juvigny-sous-Andaine auf der D235 Richtung **Tour de Bonvouloir.** Nach 1,7 km biegt man nach rechts ab und hat nach weiteren 700 m den Parkplatz erreicht (N48.56467° W0.49782°). Von einem im 15. Jh. erbauten Château stehen hier nur noch zwei romantische Türme in der malerischen Landschaft. Man erwartet beinahe, dass Rapunzel gleich ihr Haar herunterlässt! Ebenfalls noch erhalten sind ein turmähnliches Taubenhaus, ein 11 m tiefer Brunnen und die schlichte Kapelle von 1658.

Immer weiter auf der D235 kommt man nach Bagnoles-de-l'Orne.

Sehenswertes

La Michaudière, Tel. +33 (0)2 33382778, www.lamichaudiere.fr, N48.52829° W0.49801°, 4 km außerhalb von Juvigny-sous-Andaine Pferdeschau mit kräftigen Kaltblütern. Juli–August Mi, Do, Sa und So jeweils um 15.15 Uhr, Eintritt: 12/5 €

134mm Abb.: gg

BAGNOLES-DE-L'ORNE
(20 km – km 61)

Bagnoles-de-l'Orne bezeichnet sich selbst als bedeutendsten Kurort im Nordwesten Frankreichs. Seine **Thermalquellen** sollen vor allem bei Venenleiden eine lindernde Wirkung haben. Das 1000-Einwohner-Städtchen liegt in waldreicher Umgebung an den Ufern der Vée und scheint nur aus Villen, Hotels und Pensionen zu bestehen. Allerdings hat man das Gefühl, dass viele Bauten der Belle Époque vergangenen, besseren Zeiten nachtrauern. Das Kasino und das ehemalige Grandhotel liegen schön an einem kleinen See, der hier von der Vée gebildet wird. Im **Schloss** aus der Mitte des 19. Jahrhundert logiert heute die Stadtverwaltung. Durch den weitläufigen, mit 150 verschiedenen Bäumen bestandenen Stadtpark spaziert man in 20 Min. hinauf zum **Roc au Chien** (Hundefelsen), von dem man einen schönen Überblick über Bagnoles hat.

Information
Office de Tourisme, 61140 Bagnoles-de-l'Orne, Place du Marché, Tel. +33 (0)2 33378566, www. bagnolesdelorne.com, Öffnungszeiten: Nov.–März Di–Sa 10.30–12.30 und 14–17 Uhr, Apr./Mai/Sept/ Okt. Mo–Sa 9.30–13 und 14–18.30 Uhr, Juni–Aug. tägl. 9.30–13 und 14–18.30 Uhr

Tipp
Ab Bonvouloir 1,6 km langer markierter Spaziergang mit Erklärungen, die man per Smartphone aufrufen kann.

🅳🅣 **Parkplatz, Bagnoles-de-L'Orne (s. S. 235)**

🅳🅣 **Camping de la Vée, Bganoles-de-l'Orne (s. S. 235)**

Ein Wohnmobil auf Märchentour (Tour de Bonvouloir, s. S. 223)

Wanderung zu den Gorges de Villiers (Schlucht von Villier)

Die Wanderung beginnt mit der Straße im Rücken nach links auf dem breiten Forstweg. Immer geradeaus und an der ersten Kreuzung nach rechts (gelber Strich) führt der Weg hinunter zur idyllisch im Wald liegenden Kapelle St-Antoine (ursprünglich aus dem 17. Jh., rekonstruiert im 19. Jh.). Hier wendet man sich nach rechts (Markierung rot-weiß) und dann geradeaus zunächst leicht und später steiler hinab bis zu einer idyllisch mitten im Wald liegenden Kapelle St-Antoine.

Man lässt die Kapelle links liegen, wendet sich nach rechts (gelber Strich) und folgt dem Bachlauf der Gourbe. Immer an dieser entlang, schlängelt sich der Pfad durch das Tal der Gorges de Villiers mit seinen moosbedeckten Bäumen und Steinen, bis man zu einem Brückensteg über die Gourbe kommt. Man lässt ihn links liegen und wandert geradeaus weiter. Nach wenigen Schritten wendet man sich nach rechts und kommt zu einer warmen Quelle (Source de Chaude Fontaine). Zurück am Steg geht man nicht nach rechts darüber, sondern nach links bergan. Nach wenigen Metern wechselt man nach rechts auf den mit „22c" markierten Weg, der steil und steinig hinaufführt. Oben angekommen, geht man immer geradeaus durch hohen Farn, bis man auf einen breiten Forstweg stößt. Nach rechts weist ein Schild zur Chapelle St-Antoine, die Wanderung geht jedoch nach links weiter und dann immer geradeaus (rot-weiße Markierung) bis zu einer Kreuzung (markiert mit „57"). Hier folgt man nicht mehr der rot-weißen Markierung, sondern geht nach rechts auf dem mit gelbem Strich und „C" markierten Weg bis zum Parkplatz.

Für die leichte Wanderung durch den schattigen Bois de Magny und in die Gorges de Villiers mit einer kräftigen, kurzen Steigung muss man mit einer Gehzeit von 2 Std. rechnen.

△ *Die Chapelle St-Antoine ist nur zu Fuß zu erreichen*

⑭ Aire Parc, La Ferté-Macé (s. S. 235)

Zur Weiterfahrt nimmt man in Bagnoles-de-l'Orne die D235 nach Osten. Bei der Einmündung in die D916 fährt man nur ca. 350 m in Richtung La Ferté-Macé (hier gibt es einen schönen Stellplatz ⑭) und biegt dann nach rechts auf die D387 ab. Nach 3,4 km hat man die Kreuzung Carrefour du Grand Évier erreicht. Wer die folgende **Wanderung** machen möchte, überquert die Kreuzung geradeaus („Gorges de Villiers") und fährt 1,5 km bis zum Parkplatz bei der Kreuzung Carrefour de la Patte d'Oie (N48.54094° W0.33736°).

Wer nicht wandern will, fährt bei der Kreuzung Carrefour du Grand Évier nach links auf die D270. Auf ihr kommt man durch den Bois de Magny nach **Magny-le-Désert,** einem Dorf, dessen markante Steinhäuser sich rund um die Kirche gruppieren. Auf der D270 geht es weiter bis zur Einmündung in die D908. Hier fährt man nach rechts und dann 12 km lang an sattgrünen Viehweiden vorbei nach **Carrouges.**

Etwas außerhalb des kleinen Städtchens liegt das große, trutzige und von einem Wassergraben umgebene **Château de Carrouges.** Bei der Anfahrt zum Schloss fällt zunächst das elegante, von vier Rundtürmen flankierte Torhaus aus dem 16. Jh. ins Auge. Das Schloss selbst, dessen Ursprünge auf das 14. Jh. zurückgehen, ist ein vierflügliger, rechteckiger Bau mit einem schönen Innenhof. Gebaut wurde es aus Backstein, ein Baustoff, der in Nordfrankreich in der Renaissance seine Blütezeit erlebte. Die noch im Original erhaltenen Schmiedearbeiten aus der Mitte des 17. Jh. – wie das Ehrentor, das Südtor und die Geländer – stammen aus den Werkstätten der Stadt Carrouges. Den Park kann man kostenlos betreten. Im Rahmen einer geführten Besichtigung sind zuerst die Wirtschaftsräume im Erdgeschoss mit eingerichteter Küche zu sehen. In den Salons des ersten Stockwerks kann man wertvolles Mobiliar aus dem 14. bis 17. Jh. bestaunen – darunter ein Himmelbett, in dem König Ludwig XI. 1473 nächtigte.

Picknick
N48.56120° W0.15372°, Picknickplatz im Schlosspark mit freiem Zugang

Das **Maison du Parc Naturel Régional Normandie-Maine** liegt zwischen Stadt und Schloss. Im Museum werden Videoclips über Flora und Fauna, Cidre- und Poiréherstellung und das ländliche Leben in der Region gezeigt. Ein Verkauf von lokalen Produkten und Wanderkarten findet im angegliederten Laden statt. Hier kann man auch Elektrofahrräder mieten.

Sehenswertes
Château de Carrouges, 61320 Carrouges, Rue Saint-Martin (D3), N48.56120° W0.15372°, Tel. +33 (0)2 33272032, Öffnungszeiten: Sept.–Apr. 10–12.30 und 14–17 Uhr, Mai–Aug. 9.30–12 und 14–18.30 Uhr, Eintritt: 6 €
Maison du Parc Naturel Régional Normandie-Maine, 61320 Carrouges, Rue du Chapitre, Tel. +33 (0)2 33811333, Öffnungszeiten: Apr.–Okt. tägl. 10–13 und 14–18 Uhr, Eintritt: frei

Auf der D909 fährt man nun 11 km bis zur Einmündung in die N12, dort 200 m nach links und dann nach rechts auf die D536 (Champfrémont). Nach ca. 600 m zweigt rechts die schmale Straße zum Belvédère des Avaloirs ab. Zunächst schlängelt sie sich an einigen Bauernhöfen vorbei und erreicht dann durch den **Forêt de Multonne** an der rechten Seite den Parkplatz (N48.44996° W0.14452°). Mit 417 m ist der Mont des Avaloirs, der höchste Punkt Westfrankreichs. Vom futuristischen Turm (erbaut 1994) mit „Aussichtsschale" kann man das Auge weit über die bewaldeten Hügel der Alpes Mancelles und des Forêt de Multonne schweifen lassen.

Auf einer Strecke mit schöner Aussicht folgt man dem Hinweisschild nach Boulay-

◁ *Das von Rundtürmen flankierte Torhaus ziert den Eingang zum Château de Carrouges*

les-Ifs und fährt dann links auf der D144 über Saint-Pierre-des-Nids nach **St-Céneri-le-Gérei.** Das kleine Dorf in den Alpes Mancelles weist seine Gäste bereits am Ortsschild darauf hin, dass sie nun eines der schönsten Dörfer Frankreichs betreten. Diese Auszeichnung besteht sicherlich zu Recht, haben sich doch die rosen- und glyzinenumrankten Natursteinhäuser allesamt fein herausgeputzt. Der Ort geht auf eine Einsiedelei aus dem 7. Jh. zurück, als sich hier der aus Italien stammende Mönch Céneri niederließ. Heute ist es ein richtiges Künstlerdorf mit Malern und Bildhauern.

Über die Sarthe spannt sich eine dreibogige Steinbrücke, dahinter steht leicht erhöht die romanische Kirche aus rötlichem Granit. Im Chorraum sind restaurierte Fresken aus dem 12. und 14. Jh. und eine bemalte Holzdecke zu bewundern. Hinter der Kirche hat man einen wunderschönen Blick hinunter ins Tal. 200 m von der Kirche entfernt steht an eben der Stelle, an der der heilige Céneri seine Einsiedelei errichtete, eine einsame Kapelle aus dem 15. Jh.

Information

Info-Point St-Céneri-le-Cérei, Tel. +33 (0)2 33278447, Rue du Dessous, Öffnungszeiten: Apr.–Okt. Mi–So 10–13 und 14–17.30 Uhr

Wer noch mehr sehen möchte, besucht die **Jardins de la Mansonière,** einen liebevoll angelegten Schaugarten. Von Juni bis August finden jeweils an den letzten Samstagabenden des Monats im dann mit Kerzen illuminierten Garten klassische Konzerte statt. Zur weiteren Route 8 geht es wegen eines Durchfahrtverbots von Fahrzeugen über 2 m Breite zurück nach Saint-Pierre-des-Nids und von dort auf der D1 bzw. D112 nach Alençon.

Sehenswertes

Jardins de la Mansonière, 61250 St-Céneri-le-Gérei, Tel. +33 (0)2 33267324, Öffnungszeiten: 15. Apr.– Mai Fr/Sa/So 14.30–18.30 Uhr, Juni–Aug. Di–So 14.30–18.30 Uhr, 1.–15. Sept. Sa/So 14.30–18.30 Uhr, Eintritt: 6/3 €

Parken, St-Céneri-le-Gérei

N48.37970° W0.05443°. Hier kann man laut Touristeninformation auch einmal übernachten. Das Verbotsschild für Fahrzeuge mit mehr als 2 m Breite gilt für die Ortsdurchfahrt, nicht für die Zufahrt zum Parkplatz.

◹ *Weit schweift der Blick über den Forêt de Multonne*

261nrm Abb: gg

ALENÇON (66 km – km 127)

Das Hôtel de Ville am Place Foch ist ein typisches Rathaus im Stil Ludwigs XVI. Ebenfalls am Place Foch steht das **Château des Ducs.** Erbaut im 14. und 15. Jh. zeigt es sich von der Rue du Château aus von seiner schönsten Seite. Bis 2015 verbarg sich hinter den dicken Mauern eine Strafvollzugsanstalt, inzwischen wird restauriert.

Vom Place du Maréchal Foch erreicht man über die Rue du Collège und dann nach links über die Rue Lieutenant C. Violant das **Musée des Beaux-Arts et de la Dentelle** im ehemaligen Jesuitenkollegium. Neben Gemälden aus dem 15. bis 19. Jh. werden hier wertvolle Nadelspitzen aus Alençon gezeigt. Die Alençon-Spitze ist eine zarte Nadelspitze mit eleganten Mustern auf sechseckigem Netzgrund. Im 17. Jh. waren diese Spitzen so begehrt, dass die damals 8000 Spitzenstickerinnen nicht mit der Produktion nachkamen. Wenn man bedenkt, dass für 10 cm Spitze ein Arbeitsaufwand von 50 Stunden notwendig ist, ist das nicht verwunderlich.

Zurück bis zur Rue du Collège und dann geradeaus kommt man zur **Halle au Blé** (18. Jh). Dieses kreisrunde, ursprünglich als Getreidehalle erbaute Gebäude erhielt Anfang des 19. Jh. eine Glaskuppel. Tagsüber kann man einen neugierigen Blick in den Kuppelbau werfen.

Über die Fußgängerzone Rue aux Sieurs bummelt man vorbei an einigen hübschen Hausfassaden bis zu einer sternförmigen Kreuzung und wendet sich hier nach links in die Grande Rue, die einen zur **Église Nôtre-**

⌂ _St-Céneri-le-Gérei: ein normannisches Kleinod_

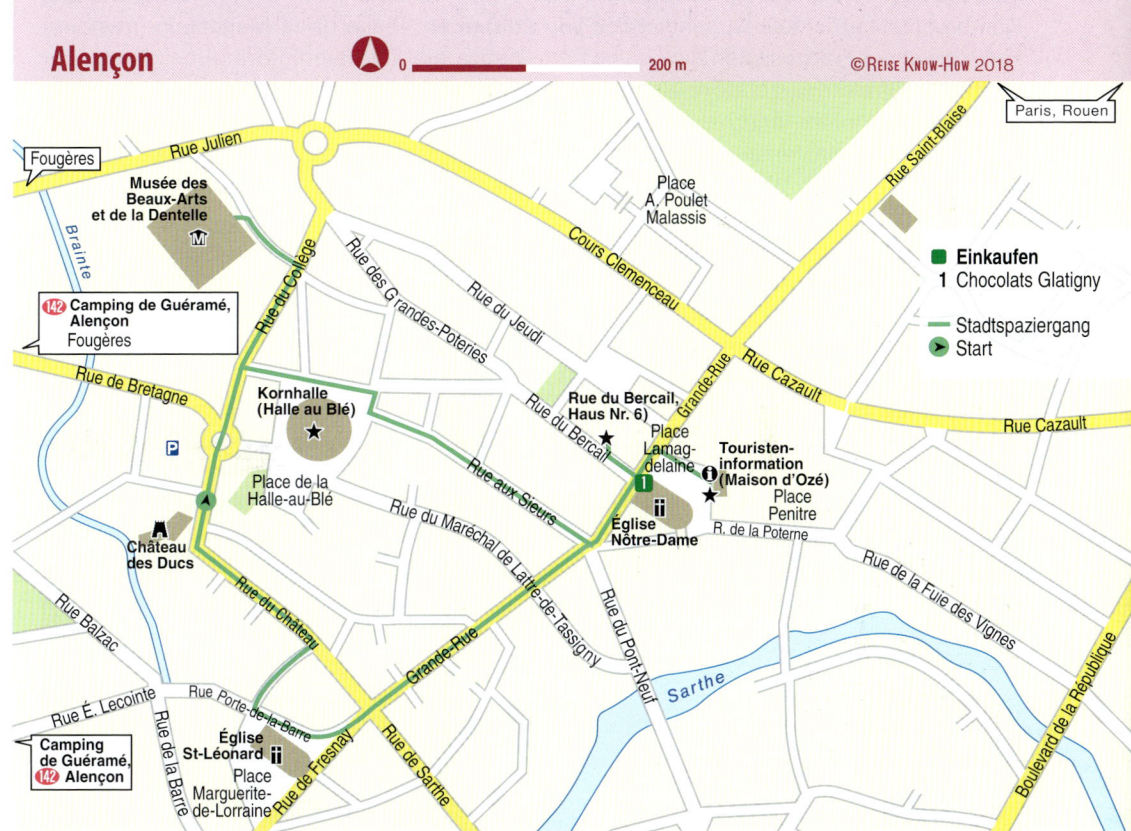

Das französische Café

Das typisch französische Café gibt es auch in der Normandie noch sehr häufig. Es gleicht mehr einer italienischen Bar als einem Wiener Kaffeehaus. Wer letzteres sucht, ist in einem Salon de Thé besser aufgehoben.

In einem Café in der Normandie nimmt man den „petit noir" (kleiner schwarzer Kaffee) oder den Café àu lait (orignal in einer Bol – einer großen henkellosen Tasse) mit einem knusprigen Croissant zum Frühstück zu sich. Hier trifft man sich zum Mittagessen, um den hungrigen Magen mit einer preisgünstigen „plat du jour" (Tagesgericht) zu sättigen und abends schlürft man hier nach getaner Arbeit seinen Aperitif. Den ganzen Tag über kann man im Café seinen Espresso oder Milchkaffee, ein Glas Wein oder ein kühles Bier
trinken *und dabei über Gott und die Welt plaudern. In Cafés, in denen keine Speisen serviert werden, ist es durchaus üblich, sich sein Gebäck aus einer nahe gelegenen Bäckerei mitzubringen und zu einer Tasse Kaffee zu verzehren.*

Das klassische französische Café beherbergt neben dem Gastronomiebetrieb auch meist noch einen Tabakwaren- und Zeitungsladen sowie eine Lotterieannahmestelle.

Tipps zur Kaffeeauswahl

Un café: *kleine Tasse mit starkem, schwarzem Kaffee, meist ein Espresso*
Un café double: *doppelte Portion von un café*
Un allongé of un américain: *Espresso mit heißem Wasser gestreckt, ähnelt einem deutschen Kaffee*

Dame bringt. Sofort fällt der Blick auf die im Flamboyantstil errichtete wunderschöne Vorhalle, die in der Französichen Revolution und im Zweiten Weltkrieg zerstört, aber wieder aufgebaut wurde. Im Innern sind besonders die Renaissanceglasfenster sehenswert. Sie konnten im Zweiten Weltkrieg noch rechtzeitig in Sicherheit gebracht werden, sodass man heute noch die Originale aus dem 16. Jh. bestaunen kann. In der ersten Seitenkapelle links wurde Thérèse Martin, bekannt als die **heilige Thérèse von Lisieux,** am 4. Januar 1873 getauft. Das Glasbild und ihr Taufkleid an der linken Seitenwand zeugen von diesem Ereignis.

Im mächtigen, 1449 errichteten **Maison d'Ozé** am Place de la Magdeleine residiert heute die Touristeninformation. Reste der Festungsanlagen findet man im Blumengarten.

Man geht nun zurück bis zur sternförmigen Kreuzung, sollte aber unterwegs in der **Rue de Bercail** einen Blick in den Hof von **Haus Nr. 6** werfen. Dieses Ensemble mit achteckigem Treppenturm stammt aus dem 15. und 16. Jh. und die Beschreibung seines Sitzungssaales findet man in Balzacs „Das Antiquitätenkabinett".

An der Kreuzung spaziert man geradeaus weiter auf der Grande Rue mit dem interes-

317mm Abb.: 88

santen Haus Nr. 123, einem Fachwerkhaus aus dem 15. Jh., dem **Café des Sept Colonnes,** dem vermutlich ältesten Fachwerkhaus der Stadt, und dem **Maison aux Piliers** aus dem 15. Jh. mit Spitzbogenarkaden. Vorbei an der Kirche St-Léonard (15. Jh.) kommt man über die Rue Bonette und die Rue du Château wieder zum Place Foch.

Information
Office de Tourisme d'Alençon, 61000 Alençon, Maison d'Ozé, Tel. +33 (0)2 33806633, www.visitalencon. com, Öffnungszeiten: Sept.–Juni Mo–Sa 9.30–12.30 und 14–18 Uhr, Juli/Aug. Mo–Sa 9.30–19 Uhr, WLAN kostenlos

Sehenswertes
Musée des Beaux-Arts et de la Dentelle, 61000 Alençon, Rue Charles Aveline, Cour Carrée de la Dentelle, www.museedentelle-alencon.fr, Tel. +33 (0)2 33324007, Öffnungszeiten: Di–So 10–12 und 14–18 Uhr, Juli, Aug. auch montags geöffnet, Eintritt: 4,10/3,05 €
Église Nôtre-Dame, 61000 Alençon, Place de la Magdeleine, Öffnungszeiten: 10–18 Uhr

Einkaufen
Chocolats Glatigny, 61000 Alençon, Grande Rue 44, Tel.+33 (0)2 33261823, www.chocolatsglatigny.fr. Kreative Schokoladen- und Pralinenideen

Parken
Am besten parkt man auf dem Parkplatz an der D438 Richtung Le Mans (N48.42715° E0.09342°), 600 m ins Zentrum zu Fuß oder per Shuttlebus.

Ver- und Entsorgung
N48.42531° E0.07377°. Beim Campingplatz, kostenlos

◁ Maison d'Ozé – hier befindet sich die Touristeninformation von Alençon

⑭② Camping de Guéramé, Alençon (s. S. 235)

Durch das etwa 14.000 ha große Waldgebiet des **Forêt d'Écouves** windet sich die D26 nach Sées. Schon kurz hinter dem Stadtgbiet von Alençon geht es auf zwar schmaler, aber gut zu befahrender Straße durch die schattigen Buchen-, Tannen-, Kiefern- und Eichenwälder.

Picknickplatz
Von der D26 nach ungefähr 5 km links auf einen Forstweg abbiegen (N48.51161° E0.06225°, ausgeschildert mit „Route Forestier des Gateys"). Nach 600 m fährt man nach rechts zu einem Picknickplatz mit Bänken und ausreichender Parkfläche (N48.51322° E0.05677°).

Weiter geradeaus auf der D26 kommt man 9 km hinter Alençon an die Kreuzung „La Croix de Medavy" (N48.55028° E0.04893°). Deutsche Soldaten griffen hier die Trupppen von Général Leclerc an, daran erinnert ein französischer Panzer. Ab hier kann man auf markierten Wanderwegen eine Tour starten. Von der Kreuzung führt die D226 und später dann die D908 nach Sées. Auf dieser 12 km lange Fahrt bietet sich eine wunderschöne Fernsicht.

SÉES (29 km – km 156)

Nach Sées fährt man wegen seiner **Kathedrale Nôtre-Dame.** Schon bei der Anfahrt grüßen ihre 70 m hohen Türme, die sich über den Häusern erheben. Besonders beeindruckend erstrahlt der gotische Sakralbau in den Abendstunden, wenn er durch Scheinwerfer ins rechte Licht rückt.

Nachdem der romanische Vorgängerbau zerstört wurde, sollte möglichst schnell eine gotische Kathedrale gebaut werden. Der im 13. und 14. Jahrhundert errichtete Bau neigte sich im 16. Jahrhundert durch nicht ausreichend stabilisierte Fundamente und

drohte einzustürzen. Rasch wurden massive Strebebögen eingesetzt und im 19. und 20. Jahrhundert konnte die gesamte Kathedrale von Grund auf stabilisiert werden. Im Innenraum der Kathedrale sind die Orgel, gebaut vom Meister Cavaillé-Coll, die herrlichen Glasfenster aus dem 13. Jahrhundert und die schöne Marienstatue aus dem 14.

Jahrhundert im rechten Querschiff sehenswert. Der barocke Bischofspalast **(Ancienne Évêché)** wurde im Jahre 1778 vom damaligen Bischof Argentré hinter der Kathedrale erbaut. Am Platz bei der Kathedrale steht das **Musée Départemental d'Art Religieux** mit sakralen Kunstwerken aus der Region. Dort, wo im 11. Jh. ein 11 m hoher Hügel mit

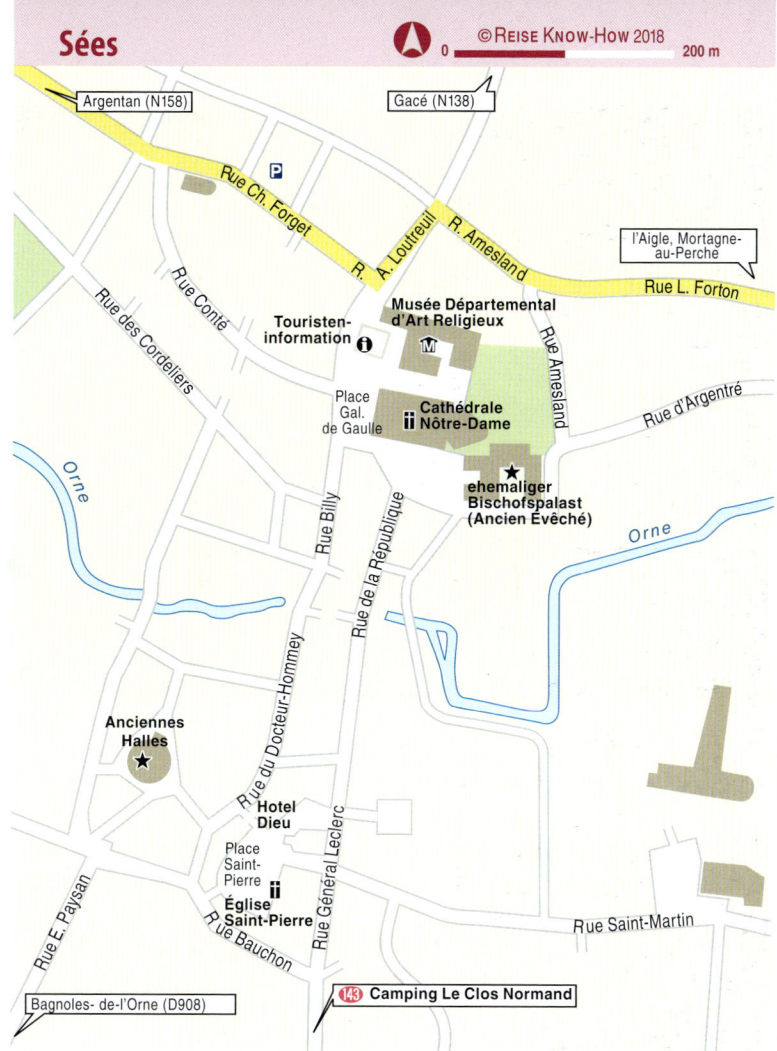

Argentan (N158)

Gacé (N138)

Rue Ch. Forget

R. A. Loutreuil

R. Amesland

l'Aigle, Mortagne-au-Perche

Rue L. Forton

Rue Conté

Rue des Cordeliers

Touristen-information

Musée Départemental d'Art Religieux

Rue Amesland

Rue d'Argentré

Place Gal. de Gaulle

Cathédrale Nôtre-Dame

Orne

ehemaliger Bischofspalast (Ancien Évêché)

Orne

Rue Billy

Rue de la République

Anciennes Halles

Rue du Docteur-Hommey

Hotel Dieu

Place Saint-Pierre

Église Saint-Pierre

Rue Général Leclerc

Rue E. Paysan

Rue Bauchon

Rue Saint-Martin

Bagnoles- de-l'Orne (D908)

143 Camping Le Clos Normand

Turm als Beobachtungspunkt aufgeschüttet wurde, stehen heute die malerischen **Ruinen der Kirche Saint Pierre.** Ihr gegenüber befindet sich das **Hotel Dieu,** das im 13. Jh. Zufluchtsort für Kranke, Arme und Alte war. Beachtenswert sind auch die **Anciennes Halles,** die ehemalige Markthalle, ein Rundbau mit hölzerner Dachkonstruktion.

Information

Office du Tourisme de Sées, 61500 Sées, Place du Général de Gaulle, Tel.+33 (0)2 33287479, www. tourisme-sees.fr, Öffnungszeiten: Okt.–März Di–Fr 9–12 und 14–17.30 Uhr, Sa 9–12, Apr.–Sept. Mo–Sa 9–12.30 und 14–18 Uhr, Juli/Aug. auch So 9.30– 12.30 Uhr

Sehenswertes

Cathédrale Nôtre-Dame, 61500 Sées, Place du Général de Gaulle, Öffnungszeiten: 8.30–19 Uhr
Musée Départemental d'Art religieux, 61500 Sées, Place du Général de Gaulle, Öffnungszeiten: Juli–September Mi–Mo 12–18 Uhr, Eintritt: 2 €

Parken

N48.60738° E0.17101°. Nach der Kathedrale nach links abbiegen, ausgeschildert mit „P" (90 Plätze).

143 **Camping Le Clos Normand, Sées (s. S. 235)**

◁ *Sées – eine kleine Stadt mit großer Kathedrale*

Route 8: Die westliche und die südliche Orne

STELL- UND CAMPINGPLÄTZE ENTLANG DER ROUTE

136 Camping Municipal, Domfront
N48.58891° W0.65056°

Nett angelegter Platz mit guter Sanitärausstattung, gute und relativ ruhige Lage (Straße und Sportplätze), kostenloses WLAN nur bei der Rezeption. **Lage/Anfahrt:** ausgeschildert; **Platzanzahl:** 34; **Untergrund:** Wiese; **Ver-/Entsorgung:** Strom, Trinkwasser, Chemie-WC, Ver- und Entsorgung vor dem Platz 1,50 €; **Sicherheit:** umzäunt, beleuchtet, bewacht; **Preise:** 9,50 €/Fahrz. inkl. 2 Pers. und Strom, Hund 1 €, VE 1,50 €; **Geöffnet:** April–September; **Adresse/Kontakt:** 61700 Domfront, Rue du Champ Passais, Tel. +33 (0)2 33373766, www.camping-municipal-domfront.jimdo.com

137 Aire Camping Car, St Mars d'Egrenne
N48.56123° W0.72915°

Offizieller Stellplatz in einer ruhigen Anliegerstraße. Lage befriedigend. **Lage/Anfahrt:** Von Domfront auf der D976 8 km nach St Mars d'Egrenne, dort ausgeschildert; **Platzanzahl:** 6; **Untergrund:** Asphalt; **Ver-/Entsorgung:** Strom (2 Anschlüsse), Trinkwasser, Abwasser, Chemie-WC; **Preise:** kostenlos; **Geöffnet:** frei zugänglich; **Kontakt:** 61350 St Mars d'Egrenne, Rue du Verger

138 Camping Municipal, Juvigny-sous-Andaine
N48.55279° W0.50341°

Platz mit einfacher, aber sauberer Sanitärausstattung, durch Hecken unterteiltes Gelände beim Sportplatz und einem kleinen Park. Lage gut und ruhig. **Lage/Anfahrt:** In Juvigny ausgeschildert; **Platzanzahl:** 10; **Untergrund:** Wiese; **Ver-/Entsorgung:** Strom, Trinkwasser, Chemie-WC; **Preise:** 4 €/Fahrz., 1,50 €/Pers., Strom 1,50–2,50 €; **Geöffnet:** Apr.–Okt.; **Adresse/Kontakt:** 61140 Juvigny-sous-Andaine, Route de Bagnoles, Tel. +33 (0)2 33381025

⌂ Der kleine Camping Municipal in Juvigny-sous-Andaine liegt schön an einem Park mit Arboretum

▷ Freundliche Begrüßung, neues Sanitärgebäude, Zentrumsnähe – mit diesen Vorzügen punktet der Campingplatz in Sées

⑬⑨ Parkplatz, Bagnoles-de-L'Orne
N48.55819° W0.41306°

Offizielle Plätze bei der Touristeninformation in befriedigender und relativ ruhiger Lage, zentrumsnah. **Lage/Anfahrt:** Den Hinweisschildern zur Touristeninformation folgen; **Platzanzahl:** 6; **Untergrund:** Schotter; **Preis:** kostenlos; **Geöffnet:** frei zugänglich; **Adresse/Kontakt:** 61140 Bagnoles-de-l'Orne, Place du Marché

⑭⓪ Camping de la Vée, Bganoles-de-l'Orne
N48.54777° W0.41982°

Platz mit befriedigender Sanitärausstattung. Lage gut und ruhig. **Lage/Anfahrt:** ausgeschildert; **Platzanzahl:** 75; **Untergrund:** Wiese; **Ver-/Entsorgung:** Strom, Trinkwasser, Chemie-WC; **Preise:** 7,70–8,60 €/Fahrz. inkl. 1 Pers., jede weitere Pers. 3,85–4,35 €, Strom 4,05 €, Hund 1,70 €, Taxe 0,50 €; **Geöffnet:** März– Mitte November; **Adresse/Kontakt:** 61140 Bagnoles-de-l'Orne, Avenue du Président Coty 5, Tel. +33 (0)2 33378745, www.campingbagnolesdelorne.com

⑭① Aire Parc, La Ferté-Macé
N48.58804° W0.37294°

Offizieller Stellplatz, etwas abschüssig, am Freizeitcenter mit See in schöner und ruhiger Lage. **Lage/Anfahrt:** auf der D908 Richtung Domfront am Ortsausgang rechts, ausgeschildert; **Platzanzahl:** 16; **Untergrund:** Schotter; **Ver-/Entsorgung:** Strom, Trinkwasser, Abwasser, Chemie-WC; **Preise:** 9 € alles inkl., nur Kartenzahlung; **Geöffnet:** ganzjährig; **Kontakt:** D908, 61600 La Ferté-Macé

⑭② Camping de Guéramé, Alençon
N48.42531° E0.07377°

Netter Platz mit einfachen, veralteten Sanitäranlagen, 1,2 km bis ins Zentrum. Lage gut und ruhig. WLAN gratis. **Lage/Anfahrt:** Von der D112 am Ortsrand rechts abbiegen, dann ausgeschildert; **Platzanzahl:** 40; **Untergrund:** Wiese; **Ver-/Entsorgung:** Strom, Trinkwasser, Abwasser, Chemie-WC; **Sicherheit:** umzäunt, beleuchtet, bewacht; **Preise:** 5,80 €/Fahrz., 2,85 €/Pers., Strom 3,45 €, Hund 2,25 €, Taxe 0,20 €/Pers.; **Geöffnet:** April–September; **Adresse/Kontakt:** 61000 Alençon, Rue de Guéremé 65, Tel. +33 (0)2 33263495. Vor dem Platz zwei kostenlose Stellplätze mit Strom.

⑭③ Camping Le Clos Normand, Sées
N48.59876° E0.17048°

Durch Hecken parzellierter Platz mit guter Sanitärausstattung, Lage zentrumsnah, relativ ruhig. Lebensmittelladen in der Nähe. **Lage/Anfahrt:** ausgeschildert; **Platzanzahl:** 44; **Untergrund:** Wiese; **Ver-/Entsorgung:** Strom, Trinkwasser, Abwasser, Chemie-WC; **Sicherheit:** umzäunt, beleuchtet; **Preise:** 11,50 €/Fahrz. inkl. 2 Pers., Strom 3 €, Tier 1,50 €; **Geöffnet:** Mitte April–September; **Adresse/Kontakt:** 61500 Sées, Route d'Alençon, Tel. +33 (0)2 33288737, www.camping-sees.fr

INTAKTE NATUR UND SAKRALE SOWIE PROFANE HIGHLIGHTS

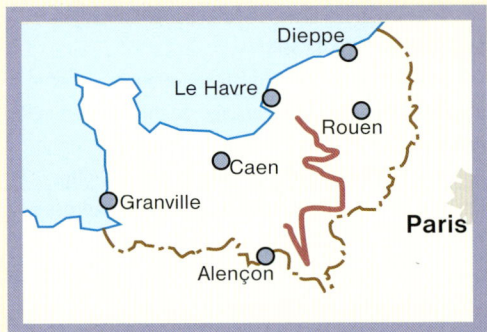

Auf der folgenden Route bereist man einen ruhigen und beschaulichen Teil der Nomandie, der aber auch reizende Städte wie Verneuil-sur-Avre, Bernay und Pont-Audemer zu bieten hat. Pittoreske Plätze und Gassen, gesäumt von prächtigen Fachwerkhäusern, und die Lage an einem Flusslauf haben die drei Ortschaften gemeinsam und nicht zu vergessen den Wochenmarkt, der ein fester Bestandteil im Lebensrhythmus der Bewohner ist. Weitere Höhepunkte der Route sind die Abteien von St-Evroult und Le Bec-Hellouin. Während erstere nur noch eine malerische Ruine ist, ist die zweite auch heute noch von Mönchen besiedelt. In diesem Teil des Départements Eure scheint es aufgrund der Nähe zu Paris auch schon dem französischen Adel sehr gut gefallen zu haben, davon zeugen prachtvolle Schlösser wie Beaumesnil, Château du Champ de Bataille und Château d'Harcourt mit ihren sehenswerten Parkanlagen. Besonders hervorzuheben sind die vielen von den Gemeinden angelegten kostenlosen Stellplätze für Wohnmobile. Man wird hier richtig verwöhnt und ganz herzlich von den Einwohnern willkommen geheißen. Alles Gründe, um diese Region einmal zu besuchen.

▷ *Auf einer Terrasse über der Stadt Beaumont-le-Roger thront die Prieuré de la Sainte-Trinité*

143mm Abb.: gg

ROUTE 9

DIE DÉPARTEMENTS ORNE UND EURE

STRECKENVERLAUF

Strecke: Sées – Bellême (45 km) – Mortagne-au-Perche (17 km) – L'Aigle (31 km) – Verneuil-sur-Avre (60 km) – Conches-en-Ouche (29 km) – Bernay (34 km) – Abstecher nach Broglie und Orbec (hin und zurück 24 km) – Le Bec-Hellouin (54 km) – Pont-Audemer (23 km)

Streckenlänge: ohne Abstecher 293 km mit Abstecher 317 km

Die Fahrt geht zunächst von Sées auf der D42 über Essay nach Le Mêle-sur-Sarthe. Auf der D7 und später auf der D938 geht es durch hügeliges Agrarland mit hohen Hecken nach Bellême im Perche, der südlichsten Region der Normandie. Das Perche, einst ein abgeschiedener Landstrich mit einsamen Wäldern, ist heute nur noch bei den Touristen aus dem Ausland ein echter Tipp. Die Pariser haben diese Region bereits für sich entdeckt und so manches Schlösschen und Herrenhaus dient heute als Wochenendresidenz für betuchte Städter. Etwa 3 km vor Bellême lockt der **Étang de la Herse,** ein idyllischer Waldsee mit Picknickbänken, zu einer Rast oder einem Spaziergang im Buchen- und Eichenwald (N48.40436° E0.54999°).

BELLÊME (45 km – km 45)

Bellême war einst ganz von einer wehrhaften Mauer umgeben, heute sieht man nur noch das **alte Stadtor** (15. Jh.) mit seinen Türmen und anstelle der Burg bauten Bürger im 17. und 18. Jh. prachtvolle Herrenhäuser entlang der Rue de la Ville Close. Auffallend sind die hübschen Balkone mit schmiedeeisernen Geländern an den klassizistischen Residenzen. Durch die imposante Porte Saint Saveur gelangt man zum Hauptplatz mit der **Kirche St-Saveur** vom Ende des 17. Jh. Sie wurde auf dem Gelände eines in den Religionskriegen zerstören Gotteshauses errichtet. Das Innere ist prächtig im französischen Barock gestaltet. Besonders eindrucksvoll wirken der prunkvolle Hochaltar und die sechs farbenfrohen Glasfenster im Chorraum, die das Leben Jesu thematisieren.

Die Stadt ist umgeben vom 2400 ha großen **Forêt de Bellême.** Wer die Gegend zu Fuß erkunden will, kann bei der Touristeninformation zu zwei verschiedenen Touren von 7 und 9,5 km Länge starten.

☑ *Das verträumte Bellême ist von einem wunderschönen Waldgebiet umgeben*

Information

Office de Tourisme, 61130 Bellême, Boulevard
Bansard des Bois, Tel. +33 (0)2 33730969, www.
cdcpaysbellemois.fr, Öffnungszeiten: Nov./Dez. Sa
10–12.30 und 14–17.30 Uhr, März/Okt. Do 10–
12.30 Uhr, Fr 14–17 Uhr, Sa 10–12.30 u. 14–17 Uhr,
Apr.–Juni/Sept. Di 14–18 Uhr, Mi–So 10–12.30 und
14–18 Uhr, Juli/Aug. tägl. 10–12.30 u. 14–19 Uhr

Essen

A la Dinette Gourmande, 61130 Bellême, Place
du Genéral Leclerc, Tel. +33 (0)2 33259932, www.
aladinettegourmande.fr. Die Menüs mit regionalen
Zutaten sind ein Hochgenuss.

Einkaufen

La Savonniere de la Chapelle, Place de Blé, Öffnungszeiten: Di/Mi/Fr 10–13 und 15–19 Uhr, Do/Sa
10–19 Uhr. Edle Naturseifen und Kosmetik aus eigener
Produktion.

**144 Camping Domaine du Perche
Bellêmois, Bellême (s. S. 251)**

Man verlässt Bellême wieder auf der D938 in
Richtung Mortagne-au-Perche.

◸ *Der im französischen Stil angelegte Jardin
beim Hôtel de Ville in Mortagne-au-Perche*

MORTAGNE-AU-PERCHE
(17 km – km 62)

Mortagne-au-Perche liegt malerisch auf einem Hügel am Rande des Naturparks Perche. Über Frankreichs Grenzen hinaus ist die
5000-Seelen-Stadt berühmt für ihre **Boudin,**
eine schwarze Blutwurst. Jährlich findet am
dritten Märzwochenende die Blutwurstmesse
statt, während der 4 bis 5 km (!) Boudin verkauft werden. Die Chevalier du Goûte Boudin,
ein Verein, der sich der Blutwurst verschrie-
ben hat, organisiert einen Wettbewerb um
die beste Wurst. Mitglied des Vereins kann
werden, wer schwört, einmal wöchentlich
Blutwurst zu essen.

Viele Jahrhunderte lang war Mortagne die
Hauptstadt des Perche. Davon zeugen noch
viele herrschaftliche Bauten, der mittelalterliche **Place du Palais,** das **Stadttor St-Denis**
(12. Jh) sowie die **Kirche Nôtre-Dame** (erbaut 1494–1535) mit ihren sehenswerten
Buntglasfenstern. Der 1620 errichtete Kup-
pelturm von Nôtre-Dame brannte 1887 ab,
wurde wieder aufgebaut und stürzte wegen
Baufehlern 1890 ein. Das erklärt das etwas
unproportionale Aussehen der Kirche.

Zwei weitere Sehenswürdigkeiten verstecken sich am Rand des Zentrums. Zum einen die reizvolle **Crypte St. André** aus dem

13. Jahrhundert unter dem Justizgebäude in der Rue du Fort. Sie ist das letzte Überbleibsel der Kapelle von Toussaint. Zum anderen das **Kloster Saint Francois,** das auf dem Gelände des Krankenhauses liegt. Vom 1505 durch Klarissen gegründeten Komplex stehen noch die Kapelle mit Holzvertäfelungen aus dem 17. Jahrhundert und der einzig noch in der Orne erhaltene Kreuzgang mit Tonnengewölbe. Ein typisches Beispiel eines französischen Jardin findet man hinter dem Rathaus aus dem 18. Jahrhundert.

Information

Office de Tourisme, 61400 Mortagne-au-Perche, Place Général de Gaulle, Tel. +33 (0)2 33833437, www.ot-mortagneauperche.fr, Öffnungszeiten: Okt.– Juni Di–Sa 10–12 und 14–17 Uhr, Juli–Sept. Mo–Sa 10–18 Uhr, So 10–13 Uhr

Essen

Le pied en l'eau, beim Stellplatz, Tel. +33 (0)2 33253144, Mi–So geöffnet. Für die schmackhaften Gerichte werden nur frische Zutaten aus der Region verwendet.

Parken

Der Stellplatz von Mortagne liegt ca. 1,5 km außerhalb. Wer zentrumsnah parken will, fährt im Zentrum Richtung Le Mans. Der Parkplatz (Rue Montcacune) liegt hinter dem Rathaus beim Jardin public (N48.51960° E0.54412°).

(145) Étang de la Folle Entreprise, Mortagne-Au-Perche (s. S. 251)

31 km lang ist die Fahrstrecke auf der D930 durch den Forêt du Perche nach L'Aigle. Im kuriosen **Musée de l'Inzolite** in Lignerolles zeigt Pierre Marzorati ein Sammelsurium von Gegenständen aus vergangenen Tagen. Mitten im Forêt du Perche liegt einsam die **Abtei de la Trappe** (N48.63569° E0.57425°). Benediktinermönche verkaufen im Klosterladen neben Devotionalien auch regionale Produkte. Aus dem Brunnen davor sprudelt vorzügliches Wasser.

Sehenswertes

Musée de l'Inzolite, 61190 Lignerolles, D930, GPS N48.59080° E0.58302°, Öffnungszeiten: Ostern–Allerheiligen Sa/So 14–18 Uhr, Juli/Aug. Di–So 14–18 Uhr

Ver- und Entsorgung

N48.61692° E0.54397°, Soligny-la-Trape, beim Viehmarkt kann man auch offiziell übernachten.

(146) Aire Camping Car, Tourouvre-au-Perche (s. S. 252)

(147) Place de l'Iton, Les Aspres (s. S. 252)

L'AIGLE (31 km – km 93)

Im **Schloss** aus dem 17. Jh. residiert heute der Bürgermeister und in einem Nebengebäude die Touristeninformation. Etwas unterhalb, am Place St-Martin, steht die dem heiligen Martin geweihte **Stadtkirche.** Interessant sind die beiden gegensätzlichen Türme. Der reich verzierte **gotische Turm** stammt aus dem 15. Jh. Seine zwei Tonnen schwere Glocke ist die älteste der Normandie. Der **romanische Uhrenturm** wurde im 12. Jh. aus Grison erbaut, einem eisenhaltigen und deshalb dunkelroten Sandstein. Um die Kirche herum kann man in den Gassen einige schöne alte Häuser entdecken.

Information

Office du Tourisme, 61300 L'Aigle, Place Fulbert de Beina, Tel. +33 (0)2 33241240, www.ouche-normandie.fr, Öffnungszeiten: Mo–Sa 9–12 u. 14–18 Uhr

Parken

N48.76458° E0.62963°. Beim Château, tägl. außer dienstags, da ist Markt.

▷ *Der Marktflecken L'Aigle liegt am Oberlauf der Risle*

142/mm Abb.: gg

148 **Place de la Liberté, Rugles**
(s. S. 252)

Zu einer kleinen Rundfahrt ins interessante Umland verlässt man L'Aigle in westlicher Richtung auf der D926. In kurzer Zeit ist **Aube** erreicht. Ab 1500 wurde hier an den Ufern der Risle Eisen bearbeitet. Die große Schmiede **(La Grosse Forge)** aus dem 17. Jahrhundert ist beinahe unverändert erhalten und kann im Rahmen einer Führung besichtigt werden.

Sehenswertes
La Grosse Forge, Öffnungszeiten: Mitte Juni – Mitte Sept. Mi – Mo 14 – 18 Uhr stündlich, Eintritt: 4 €

149 **Route de Paris, Aube (s. S. 252)**

Wer es gerne ruhig hat, fährt über die schmale D252 nach **St-Évroult-Nôtre-Dame-du-Bois.** Romantisch liegen die Ruinenreste der gleichnamigen Abtei aus dem 11. und 12. Jh. eingebettet in Wiesen am Rande des kleinen Sees. Die imponierende Größe der Abtei von 95 m Länge und 25 m Breite lässt sich auch anhand der Ruinen erahnen.

150 **Camping des Saints-Pères, Saint-Evroult-Nôtre-Dame-Du-Bois (s. S. 252)**

151 **Place de l'Église, Chandai (s. S. 252)**

152 **Centre Bourg, Saint-Quen-sur-Iton (s. S. 252)**

Zurück in L'Aigle fährt man nun auf der D926 die 24 km nach Verneuil-sur-Avre.

VERNEUIL-SUR-AVRE
(60 km – km 153)

Man beginnt den Stadtspaziergang bei der **Église de la Madeleine** am gleichnamigen Platz. Der viergeschossige Uhrenturm ist 56 m hoch und an den Seiten mit 35 Steinfiguren aus dem Neuen und Alten Testament und nach oben hin filigran mit spätgotischem Maßwerk geschmückt. Ein hölzernes Tonnengewölbe trägt im Hauptschiff das Dach, die Wände sind mit Ornamenten bemalt. Erwähnenswert sind besonders die ausdrucksstarken Glasfenster aus dem 15. und 16. Jh. und die Orgel aus dem 18. Jh.

Vom Kirchenvorplatz geht links die schmale Rue des Moulettes ab. Auf ihr erreicht man nach wenigen Schritten an der Ecke zur Rue de la Madeleine das schöne, mit Ziegelsteinen ausgefachte **Holzständerhaus** Nr. 466 (heute eine Apotheke). Auf der Rue Saint Michel geradeaus bis zur Rue Tanneries und auf diese nach links schwenkend steht man bald vor dem Haus Nr. 136. Auffällig sind an diesem Renaissancebau seine geschnitzten Holzstatuen und die aufwendig gearbeitete Eingangstür. Nun nach rechts zurück und gleich links über die Rue du Pont aux Chèvres spaziert man zum **Stadtpalais** aus dem 16. Jh. mit Schachbrettfassade und kunstvoll verziertem Erkerturm. Hier geht man rechts auf der Rue Nôtre-Dame bis zur nächsten Kreuzung und dort links über die Rue Pavée bis zur **Église Nôtre-Dame.** Im Innern wartet die Kirche mit Heiligenstatuen aus dem 13. bis 20. Jh. und einem Taufbecken aus dem 11. Jh. auf. Weiter geht es auf der Rue du Pont Fort. An deren Ende nach links und gleich wieder rechts auf die Rue Nôtre-Dame gehend, kommt man zu den Resten der Stadtbefestigung. Der wuchtige runde **Tour Grise** (13. Jh.) aus rotem Grisonstein und einige Mauerreste sind noch erhalten. Man geht kurz zurück und dann rechts die Rue du Canon hinauf. An der Ecke zur Rue de la Madeleine steht noch ein interessantes Gebäude aus dem 15. Jh. mit schachbrettartiger Fassade und einem reizenden Ecktürmchen. Über die Rue du Nouveau Monde erreicht man wieder die Église de la Madeleine.

Information

Office de Tourisme, 27130 Verneuil-sur-Avre, Place de la Madeleine 129, Tel. +33 (0)2 32321717, Öffnungszeiten: Mai–Sept. Mo–Sa 9.30–13 und 14–18 Uhr, Okt.–Apr. Mo–Sa 9.30–13 und 14–17 Uhr

▷ *Das Château Beaumesnil, ein prächtiges Schloss im tiefsten Pays d'Ouche*

Sehenswertes

Église de la Madeleine, 27130 Verneuil-sur-Avre, Place de la Madeleine, Öffnungszeiten: 8–18 Uhr
Église Nôtre-Dame, 27130 Verneuil-sur-Avre, Rue Nôtre-Dame, Öffnungszeiten: 8–18.30 Uhr

Essen

La Patate Gourmande, 27130 Verneuil-sur-Avre, Place de la Madeleine 15, Tel. +33 (0)2 32385853. Charmantes kleines Restaurant mit angenehmem Service. Spezialität: Kartoffeln in vielen Variationen.

Einkaufen

Am Samstag findet im Zentrum ein **Markt** statt.

⑮₃ Salle des fêtes, Verneuil-sur-Avre (s. S. 253)

Über die D840 nach Norden kommt man nach 11 km in **Breteuil,** einem Marktflecken (mittwochs) mit freundlichem Hauptplatz, an.

⑮₄ Camping Les Berges de L'Iton, Breteuil (s. S. 253)

Auf der D840 sind es 14 km bis zum nächsten Ziel, Conches-en-Ouche.

CONCHES-EN-OUCHE
(29 km – km 182)

Gleich gegenüber der Touristeninformation stehen die malerischen Reste der Burganlage aus dem 12. Jh. Noch gut erhalten ist der **Donjon** mit den zwei Rundtürmen. Durch das alte Burgtor kommt man auf die Hauptgeschäftsstraße **Rue Sainte-Foy** mit der Stadtkirche gleichen Namens. Man sollte unbedingt durch die kleine Tür in die Kirche hineinschlüpfen, denn die leuchtend bunten Glasfenster sind sehenswert. Anfang des 16. Jh. wurden sie von Romain Buron, auch Meister von Gisors genannt, erschaffen. 10,50 m hoch sind die Fenster im Chor, die im oberen Bereich Szenen aus dem Leben Jesu darstellen. Entlang der Rue Sainte-Foy und am Place

Carnot findet man einige schöne Fachwerkhäuser und immer weiter geradeaus stößt man auf das am Stadtrand liegende **Musée du Pays de Conches.** In drei Fachwerkhäusern werden altes bäuerliches Handwerkszeug, Kleidung, Geräte zur Cidreherstellung und ein Backhaus präsentiert. Der das Museem umgebende Park ist täglich von 8.30 bis 18 Uhr geöffnet (kostenlos).

Information

Office de Tourisme, 27190 Conches-en-Ouche, Place A. Briand, Tel. +33 (0)2 32307642, www.conches-enouche.fr, Öffnungszeiten: März–Okt. Di–Fr 14–17.30 Uhr, Sa 9.30–12.30 und 14–17.30 Uhr, Juli/Aug. Di–Sa 9.30–12.30 und 14–17.30 Uhr, Nov.–Feb. Mo–Fr 14–17.30 Uhr

Sehenswertes

Musée du Pays de Conches, 27190 Conches-en-Ouche, Rue Paul Guilbaud, N48.96782° E0.94348°, Tel. +33 (2) 32309041, Öffnungszeiten: Juni–Sept. Mi–So 14–18 Uhr, Eintritt: 3 €

Parken

N48.96078° E0.94296°. Bei der Touristeninformation und dem Donjon

Über die D140 macht man sich auf den Weg nach Bernay. Unterwegs findet man aber noch zwei Stellplätze, ein entzückendes Dorf und eine schönes Barockschloss.

155 Aire naturelle pour Camping Cars La Godinière, Le Noyer-en-Ouche (s. S. 253)

Wie man schon an der Silbe „Fer" (Eisen) im Namen erkennt, lebte das Dorf **La Ferrière-sur-Risle** einst von der Eisenbearbeitung in Schmieden. Wer es heute besucht, wird von den vielen, liebevoll mit Blumen geschmückten Fachwerk- und Ziegelhäusern begeistert sein, die sich um den lang gezogenen Hauptplatz gruppieren. In der Mitte befinden sich die Dorfkirche und eine alte Markthalle aus dem 14. Jh., die jeden Sonntagvormittag

140nm Abb. gg

wieder ihrer ursprünglichen Aufgabe gerecht wird.

Auf der D140 sind es 8,2 km zum nächsten Ziel der Route. Mitten im Pays d'Ouche ließ Jacques le Conte, Marquis de Nonant, für seine Frau Marie Dauvet Desmaret von 1633 bis 1640 das prächtige **Schloss von Beaumesnil (Château de Beaumesnil)** erbauen. Seit 1939 gehört es dem Hause Fürstenberg. Umgeben ist es von einem Wassergraben, an den sich eine 60 ha große **Gartenanlage** mit Wasserbecken, einem nach historischen Vorlagen angelegten Pflanzenlabyrinth und einem Barockgarten mit schönen Ornamenten aus Buchsbaum anschließt. Im Schloss ist neben der repräsentativen Inneneinrichtung die **Bibliothek** mit Büchern aus dem 17. und 18. Jh. sehenswert. 1001 Gemüsesorten werden im **Potager de Beaumesnil** angeblich angebaut. Für Gartenliebhaber ist der Besuch sicherlich ein wahrer Genuss!

Sehenswertes

Château de Beaumesnil, N49.01371° E0.70874°, Öffnungszeiten: Mai Sa/So 11–18 Uhr, Juni–August 10–18 Uhr, September Di–So 14–19 Uhr, Eintritt: Park und Schloss 13/8 €, nur Park 8,50/5,50 €
Potager de Beaumesnil, Öffnungszeiten: Mitte Mai–Sept. Sa/So 14–18 Uhr, Juli/Aug. Mi–So 14–18 Uhr, Eintritt: 4/3 €

🔴 **Espace Aimé Lamiot, Gisay-la-Coudre (s. S. 253)**

Nach weiteren 13 km auf der D140 ist dann Bernay erreicht.

BERNAY (34 km – km 216)

Besonders am Samstag, dem **Markttag,** pulsiert das Leben im Zentrum der pittoresken Altstadt rund um ihre **Hauptachsen** Rue Général de Gaulle und Rue Thiers. Viele Geschäfte und einladende Lokale finden Platz in den Fachwerkhäusern, deren gewaltige Balken im Laufe der Jahrhunderte schief geworden sind. Die Entstehung der Stadt steht in engem Zusammenhang mit der Gründung der Benediktinerabtei im Jahre 1010 – eine Stiftung von Judith de Bretagne, der Großmutter von Wilhelm dem Eroberer und damaligen Herzogin der Normandie.

Die **Abteikirche Nôtre Dame,** das heutige Rathaus und der Haupttrakt der Abtei, heute **Musée des Beaux Arts,** sind die Reste des einst mächtigen Klosterkomplexes. Das

▽ *Malerische Häuserfront in Bernay*

Kunstmuseum hat durch seine aus 1000 Einzelstücken bestehende Fayencensammlung große Bedeutung erlangt. Nôtre Dame ist der erste Bau im romanischen Stil in der Normandie. Besonders erwähnenswert sind die verschiedenartig gestalteten Kapitelle im Innern.

Die beiden **Flüsse Charentonne und Cosnier** spielten für die Stadt immer eine bedeutende Rolle. Bei einem Spaziergang entlang der Ufer sieht man heute noch viele alte Waschplätze. Einen Plan für einen Rundgang in deutscher Sprache gibt es in der Touristeninformation.

Information

Office de Tourisme, 27300 Bernay, Rue Thiers 29, Tel. +33 (0)2 32433208, www.bernaytourisme.fr, Öffnungszeiten: 16. Sept.–15. Juni Mo–Sa 9.30–12.30 u. 14–17.30 Uhr, 16. Juni–15. Sept. Mo–Sa 9.30–18 Uhr, So 10–13 Uhr

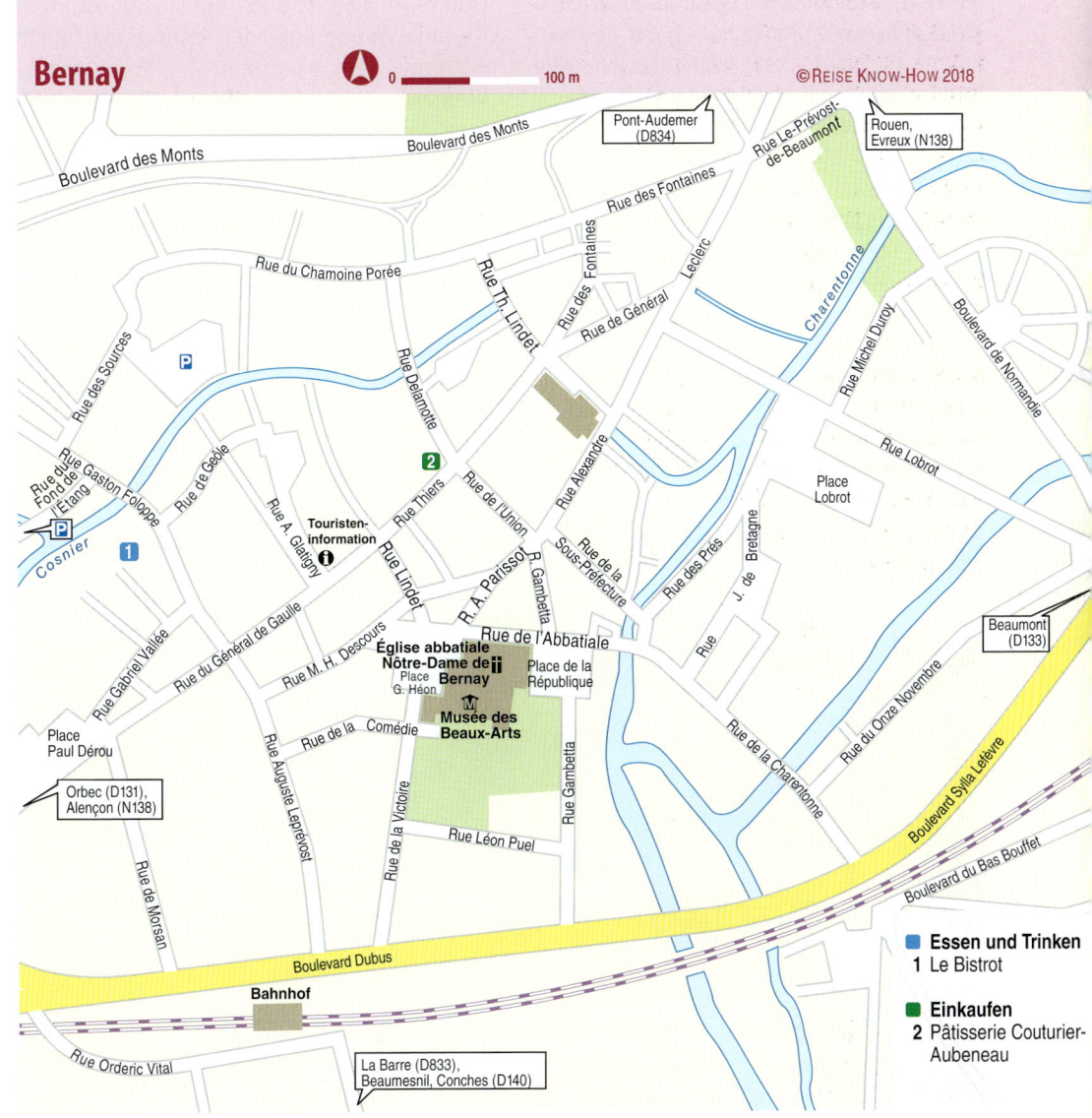

Essen und Trinken
1 Le Bistrot

Einkaufen
2 Pâtisserie Couturier-Aubeneau

Essen

Le Bistrot, 27300 Bernay, Rue Gaston Fallope 21, Tel. +33 (0)2 32462360. Hier wird im Innenhof oder am Kamin sehr schmackhafte traditionelle Küche serviert.

Einkaufen

Pâtisserie Aubeneau, 27300 Bernay, Rue A. Thiers 61, Tel. +33 (0)2 32430074. Torten, Kuchen, Pralinen. Eine Sünde wert!

Sehenswertes

Musée des Beaux-Arts und Église abbatiale Nôtre-Dame de Bernay, 27300 Bernay, Place G. de Volpiano, Tel. +33 (0)2 32466323, Öffnungszeiten: Mitte Sept.–Mai Di–So 14–17.30 Uhr, Juni–Mitte Sept. Di–So 11–18 Uhr, Eintritt: 4 €

Parken

N49.08856° E0.59026°, Place de la Tremblaye

Tipp

Wer sich die Parkplatzsuche ersparen will, kann auch 12 km weiter bis nach Broglie (s. rechts) fahren und von dort aus mit dem Fahrrad Bernay erkunden.

157 Camping Municipal, Bernay
(s. S. 254)

ABSTECHER NACH BROGLIE UND ORBEC (hin und zurück 24 km)

Von Bernay kommt man auf der landschaftlich schönen Strecke über die D33 immer an der Charentonne entlang nach **Broglie.**

Broglie ist einem auf Anhieb sympathisch. Es verwöhnt die Wohnmobiltouristen mit einem sehr ansprechend angelegten und großzügigen Stellplatz **158** am ehemaligen Bahnhof. Hier ist auch der Ausgangspunkt für eine Wanderung oder Radtour ins 12 km entfernte Bernay auf dem Voie Verte (grüner Weg), der ehemaligen Eisenbahntrasse entlang dem Fluss Charentonne.

Das beschauliche Zentrum mit ansehnlichen Häusern befindet sich zwischen dem Rathaus und der **Église Saint-Martin** aus dem 11. und 12. Jh. Die Kirche besteht aus Grison, einem in dieser Gegend vorkommenden, eisenhaltigen Sandstein. Durch Oxidation des Eisens erhält der Stein interessante rötlich-braune Farbnuancen. Eine Fußgängerbrücke, die **Pont Martelet,** spannt sich hinter der Kirche über die Charentonne. Über sie kommt man in den **Jardin aquatique,** einen

kleinen hübsch angelegten Park mit einigen Wasserläufen und Seen.

Information
Office de Tourisme, 27270 Broglie, Voie Verte D33, Tel. +33 (0)2 32462752, www.cc-cantondebroglie. fr, Öffnungszeiten: Apr.–Juni, Sept.–Okt. Di–Fr 14.30–17.30 Uhr, Sa 10–12 und 14.30–17.30 Uhr, So 10–12 Uhr, Juli/Aug. Mi–Fr 14.30–17.30 Uhr, Sa 10–12 und 14.30–17.30 Uhr, So 10–12 und 15–18 Uhr, Nov.–März Di–Sa 14.30–17.30 Uhr

158 Alter Bahnhof, Broglie (s. S. 254)

Nochmals 8 km auf der D49 bzw. D131 und dann 4 km auf der D4 und **Orbec** im Département Calvados ist erreicht.

Ganz reizend, authentisch und liebenswürdig, so bietet sich die Stadt dem Besucher dar. Im detailreich mit Schnitzereien verzierten Vieux Manoir (16. Jh.) wurde ein kleines Heimatmuseum, das **Musée Municipal,** untergebracht. Alte Handwerksberufe, Bilder örtlicher Maler sowie Kleidung und Hauben aus verschiedenen Jahrhunderten werden hier liebevoll präsentiert. Bummeln Sie einfach die Rue Grande entlang und entdecken Sie die vielen fotogenen **Fachwerkhäuser,** teilweise mit morbidem Charme, und die **Église Nôtre-Dame** mit ihrem imposanten Turm mit Renaissancespitze und den wertvollen Fensterbildern.

Orbec bemüht sich sehr um Wohnmobilreisende. Drei Stellplätze, davon einer mit Ver- und Entsorgung, wurden neu angelegt. Zentrumsnah steht man am Stadtpark 159; 5 km nördlich in St-Cry-du-Ronceray 161 und 4 km entfernt im idyllischen Tal der L'Orbiquet gibt es weitere Plätze 160. Angetrieben vom L'Orbiquet arbeiteten hier früher 20 Getreide-, Papier- und Leinenmühlen. An einem Plätzchen mit Tischen und einer frischen Quelle kann man nun sein Wohnmobil parken.

◁ *Vom Jardin aquatique in Broglie bietet sich eine fotogene Stadtkulisse*

Information
Office de Tourisme, 14290 Orbec, Rue Grande 6, Tel. +33 (0)2 31325668, Öffnungszeiten: Mo–Sa 9.30–12.30 und 14–17.30 Uhr, Juli/Aug. Mo–Sa 9.30–12.30 und 14–18.30 Uhr, So 9.30–13 Uhr

Sehenswertes
Musée Municipal, 14290 Orbec, Rue Grande 107, Tel. +33 (0)2 31325889, Öffnungszeiten: Ostern– Sept. Mi–So 10–12.30 und 15–18 Uhr, Eintritt: 2 €

Ver- und Entsorgung
an der D4 (N49.02739° E0.42229°) 2 € (Jetons bei der Touristinfo Orbec)

159 Parc Loisirs, Orbec (s. S. 254)

160 Im Tal der L'Orbiquet, La Folletière-Abenon (s. S. 254)

161 Centre, Saint-Cry-du-Ronceray (s. S. 255)

Auf der D4 verlässt man das Calvados und kommt über die D131 wieder nach Bernay.

Durch das sanfte Tal der Charentonne fährt man auf der D133 nach Serquigny und weiter nach Beaumont-le-Roger. Hier sieht man schon von Weitem die idyllischen Ruinen der ehemaligen **Prieuré de la Sainte-Trinité** oberhalb der Stadt. 1080 wurde sie von Roger von Beaumont, einem Berater Wilhelms des Eroberers, erbaut. Ab 1141 gehörte sie zur Abtei von Le Bec und wurde während der Französischen Revolution zerstört.

Das nächste Ziel, **Le Neubourg,** erreicht man nach 13 km über die D133. Am lang gezogenen, adretten Hauptplatz gibt es viele Bars und Cafés. Wie wäre es jetzt mit einer Pause?

Schon in der Stadt Le Neubourg ist das **Château du Champ de Bataille** (17 Jh.), das nächste Ziel der Route 9, an der D39 ausgeschildert. Harmonisch in die Landschaft eingebettet liegt das aus Ziegel- und Natursteinen erbaute Schloss da. Zwei separate Gebäude wurden durch Säulenreihen zu einem

Ehrenhof zusammengefügt. Im Gebäude sind der Empfangsraum, die Bibliothek, das Schlafzimmer, der Marmorsaal und die Kapelle nur einige der Höhepunkte des prunkvoll ausgestatteten Château. Durch geschickte perspektivische Gestaltung gelang eine faszinierende Gartenarchitektur mit Buchsbaumornamenten, Wasserbecken, Treppen, Freiflächen und Hecken.

Sehenswertes

Château de Champ du Bataille,
27110 St. Oppertune du Bosc, Route du Chateau 8, www.lechateauduchampdebataille.com, Öffnungszeiten: Schloss Apr.–Juni/Sept.–Okt. Sa/So 14–18 Uhr, Juli, Aug. täglich 14–18 Uhr, Gärten Ostern–Allerheiligen Mi–So 11–18 Uhr, Eintritt: Gärten und Schloss 25/15 €, nur Gärten 15/8 €

⌂ Ein repräsentativer Zugang führt in den Innenhof des Schlosses Champ de Bataille

Auf schmaler Straße fährt man durch die reizvolle Landschaft immer den Hinweisschildern nach bis **Harcourt.** Durch das Dorf mit einer Markthalle aus dem 13. Jh. hindurch und dann nach rechts (D25) geht es bis zum **Château d'Harcourt.** Die Anfänge des Schlosses liegen über 1000 Jahre zurück. Sein heutiges Aussehen erhielt es vom 13. bis 15. Jh. Innerhalb der weitläufigen Festungsmauern, die heute nur noch fragmentarisch vorhanden sind, befanden sich im Mittelalter ein kleines Dorf und Soldatenunterkünfte. 1804 erwarb Louis-Gervais de Lamarre aus Paris das Schloss und begann mit der Aufforstung des Geländes. Seine Erbin, die landwirtschaftliche Akademie, machte daraus ein Arboretum mit über 500 Baumarten, darunter Exemplare aus Osteuropa, Nordamerika und Asien.

Sehenswertes

Château d'Harcourt, 27800 Harcourt, Tel. +33 (0)2 32462970, Öffnungszeiten: März–15. Juni und 15. Sept.–15. Nov. Mi–Mo 14–18 Uhr, 16. Juni–14. Sept. 10.30–18.30 Uhr, Eintritt: 4/1,50 €

Die D137 und anschließend die D26 führen weiter nach **Brionne,** das von einem wuchtigen viereckigen Donjon aus dem 11. Jh. überragt wird, den man zu Fuß in 5 Min. erreicht. Touristen zieht es an heißen Tagen zum Base de Loisirs (Freizeitgelände) am See mit Bootsverleih. Der Campingplatz La Vallèe (N49.20236° E0.71526°) ist von Mai bis September geöffnet.

Information

Office de Tourisme, Rue du G. de Gaulle 1, Brionne, Tel. +33 (0)2 32457051, Öffnungszeiten: Juni–Mitte Sept. Sa–Do 10–17 Uhr, So 10–12.30 Uhr, Mitte Sept.–Mai Di–Sa 10.30–16 Uhr

Von Brionne sind es am rechten Ufer der Risle entlang 6 km nach Pont-Authou. Noch vor dem Ort zweigt rechts die Straße zur Abbaye du Bec Hellouin ab.

⑯ Camping Les Marronniers, Pont-Authou (s. S. 255)

☑ *Von imponierenden Ausmaßen ist die neue Klosterkirche im ehemaligen Refektorium*

LE BEC-HELLOUIN
(54 km – km 270)

Sehr malerisch liegt die Abtei von Bec-Hellouin in einem weiten Tal. Zu Zeiten ihrer Gründung war sie sicherlich abgeschieden, heute zieht sie zusammen mit den reizenden Fachwerkhäusern des Dorfes an den Wochenenden Scharen von Touristen an.

1034 weihte der Ritter Herluin sein Leben Gott und gründete die Abtei. 1042 trat der italienische Gelehrte **Lanfranc** ins Klosterleben ein und wurde bald Leiter der hiesigen Klosterschule. Als Wilhelm (später der Eroberer) von 1047 bis 1050 Brionne belagerte, lernte er Lanfranc kennen, der fortan in seinem Leben eine wichtige Rolle spielte. Lanfranc erreichte die Aufhebung des Kirchenbannes, erbaute die Abbaye-aux-Hommes in Caen und wurde deren Abt und nach der Eroberung Englands durch Wilhelm sogar Erzbischof von Canterbury.

Im großen Klostergelände sieht man noch die wenigen Reste der 1809 abgerissenen alten Klosterkirche. Ihre Ausmaße waren riesig: Sie übertraf sogar die Kirche Nôtre-Dame in Paris in der Länge um zwei Meter.

147/rrm Abb.: gg

148mm Abb.: gg

Die neue Kirche wurde im ehemaligen Refektorium untergebracht, ihre Proportionen sind deshalb für ein Gotteshaus ungewöhnlich. Sehenswert sind die Statue der Jungfrau Maria (14. Jh.) und der im Rahmen einer Führung zu besichtigende Kreuzgang und das monumentale Treppenhaus (17. Jh.).

Sehenswertes

L'Abbaye du Bec-Hellouin, www.bec-hellouin.fr, Öffnungszeiten: 8–18 Uhr, Führungen: Juni–Sept. Mo–Fr 10.30, 15, 16 und 17 Uhr, So 12, 15 und 16 Uhr, Okt.–Mai Mo–Fr 10.30, 15, 16 Uhr, So 12, 15 und 16 Uhr, Eintritt: 6/5 €

163 Camping Saint-Nicolas, Bec-Hellouin (s. S. 255)

Nach der Klosterbesichtigung sollte man es sich nicht nehmen lassen, durch das malerische Dorf Bec-Hellouin zu bummeln.

Wieder zurück bis zur Abzweigung bei Pont-Authou, geht es ab hier auf der D130 durch das Tal der Risle nach Montfort-sur-Risle. Nach weiteren 14 km (D130) wechselt man auf die D675 und erreicht rasch Pont-Audemer.

164 Place de la Pelouse, Campigny (s. S. 255)

PONT-AUDEMER (23 km – km 293)

Pont-Audemer mit seinen schmucken Fachwerkhäusern an der idyllischen Risle ist ein kleines Juwel und der Endpunkt dieser Route. Man beginnt den Stadtspaziergang an der **Rue de la République.** Pittoreske Fachwerkhäuser, viele Straßencafés und die **Église St-Quen** säumen die platzähnlich breite Straße. Hier und in den angrenzenden Straßen findet am Montag- und Freitagvormittag der **Markt** statt. Die Stadtkirche, eine Mischung von Romantik bis Renaissance, sollte man wegen der bunten Glasfenster (16. Jh.) in den Kapellen besuchen. Ebenfalls reizvoll ist die schmale Sackgasse **Impasse St-Quen** links neben der Kirche mit einigen schönen Fachwerkbauten.

Geradeaus spaziert man auf der **Rue Thiers** zu einem Seitenkanal der Risle. Links und rechts spiegeln sich die ehemaligen Gerberhäuser mit ihrer Schieferverkleidung malerisch im Wasser. Noch weiter geradeaus kommt man zum **Place V. Hugo** mit einem modernen Springbrunnen in der Mitte. Hier wendet man sich nach rechts zum **Place L.**

▱ *Oldtimerausflug ins pittoreske Bec-Hellouin*

Gillain, von dessen Holzterrasse man nochmals einen fotogenen Blick auf die Häuser an der Risle hat. Auf der anderen Platzseite fällt ein Haus mit Ecktürmchen und schachbrettartiger Steinfassade auf. Nach rechts in die Rue Carnot und gleich wieder rechts in die Rue Place de la Ville abbiegend, kommt man an einigen historischen Fachwerkhäusern vorbei. Über einen schmalen, blumengesäumten Kanal zurück zur Rue de la République beendet man den Stadtrundgang.

Information
Office de Tourisme, 27500 Pont-Audemer, Place de Verdun, Tel. +33 (0)2 32410821, http://tourisme.ville-pont-audemer.fr, Öffnungszeiten: Mo–Sa 9.30–12.30 und 14–17.30 Uhr, Juli/Aug. auch So 10–12 Uhr

Essen
Le Petit Coq aux Champs, 27500 Campigny, Pommeraie, N49.32119° E0.54613°, Tel. +33 (0)2 32410419, vom Stellplatz den Hinweisschildern folgen (1,5 km). Das Essen, das Haus, die Terrasse, das Interieur – das Restaurant ist ein Traum. Der hat allerdings seinen Preis: Menüs 38 bis 76 €.

Parken
N49.35830° E0.50952°. Von der D675 Richtung „Centre Ville" über die Risle und sofort rechts. Parkflächen entlang dem Quai Faure für kurze und weiter hinten, parallel zur Straße, für lange Womos.

STELL- UND CAMPINGPLÄTZE ENTLANG DER ROUTE

⓴ Camping Domaine du Perche Bellêmois, Bellême
N48.37430° E0.55389°

Platz mit befriedigender Sanitärausstattung in sehr schöner und ruhiger Lage. WLAN gratis. Geheiztes Freibad angrenzend, ca. 500 m bis ins Zentrum. **Lage/Anfahrt:** ausgeschildert; **Platzanzahl:** 34; **Untergrund:** Wiese; **Ver-/Entsorgung:** Strom, Trinkwasser, Chemie-WC; **Sicherheit:** umzäunt, beleuchtet; **Preise:** 14,50 €/Fahrz. inkl. 2 Pers., Strom 5 €, Tier 3 €, Pauschale 1 Nacht 11 € ohne Strom; **Geöffnet:** Mitte März–Oktober; **Adresse/Kontakt:** 61130 Bellême, Le Val, Tel. +33 (0)2 33253077, www.campingduperche bellemois.com

⓵⓵ Étang de la Folle Entreprise, Mortagne-Au-Perche
N48.51852° E0.52959°

Offizieller Stellplatz von Mortagne-au-Perche oberhalb eines Fischteichs und einem gutem Restaurant. Durch Hecken parzelliert, 1,5 km bis ins Zentrum, Lage

☑ *Die ehemaligen Gerberhäuser an einem Seitenkanal der Risle wurden liebevoll renoviert*

149nrm Abb.: gg

schön und ruhig. **Lage/Anfahrt:** Im Ort Richtung Caen (D912) fahren, gleich nach dem Ortsausgangsschild links, ausgeschildert; **Platzanzahl:** 5; **Untergrund:** Schotter; **Ver-/Entsorgung:** Strom (2 Anschlüsse bei der VE), Trinkwasser, Abwasser, Chemie-WC; **Sicherheit:** beleuchtet; **Preise:** kostenlos, 2 €/100 l Wasser oder 60 Min. Strom; **Geöffnet:** frei zugänglich; **Adresse/Kontakt:** 61400 Mortagne-au-Perche, Chemin de la Folle Entreprise

⑭⑥ Aire Camping Car, Tourouvre-au-Perche
N48.59212° E0.64467°

Kreisförmig angelegter hübscher Platz, parzelliert, sehr schöne und ruhige Lage, 500 m ins Zentrum (Läden, Schulmuseum, Info-Point). **Lage/Anfahrt:** Von der D930 auf die D32 wechseln und bis zum Platz fahren; **Platzanzahl:** 10; **Untergrund:** Schotter; **Ver-/Entsorgung:** Strom, Trinkwasser, Abwasser, Chemie-WC; **Sicherheit:** beleuchtet, umzäunt; **Preise:** 7 €/24 Std. inkl. VE, Strom 3 €/24 Std. 4 Anschlüsse an der VE, Kartenzahlung; **Geöffnet:** ganzjährig; **Adresse/Kontakt:** 61190 Tourouvre-au-Perche, Rue de Saint Gilles

⑭⑦ Place de l'Iton, Les Aspres
N48.68938° E0.60153°

Offizieller Stellplatz bei einem Park an der Iton in sehr schöner, ruhiger Lage am Ortsrand, WC, 3 Wanderwege 6/7,4/8,8 km Länge ab Platz. **Lage/Anfahrt:** D930 bis Les Aspres fahren; **Platzanzahl:** 4; **Untergrund:** Asphalt; **Ver-/Entsorgung:** Trinkwasser, Abwasser, Chemie-WC; **Sicherheit:** beleuchtet; **Preise:** kostenlos; **Geöffnet:** frei zugänglich; **Adresse/Kontakt:** 61270 Les Aspres, Place de l'Iton

⑭⑧ Place de la Liberté, Rugles
N48.82335° E0.71068°

Offizieller Stellplatz auf einem Parkplatz für Pkws direkt an der Risle (Place de la Liberté) und einem zweiten separaten Platz in Sichtweite. Lage gut und relativ ruhig. **Lage/Anfahrt:** 11 km nördlich von L'Aigle, im Ort ausgeschildert mit Womopiktogramm; **Platzanzahl:** 12; **Untergrund:** Asphalt; **Ver-/Entsorgung:** Strom (6 Anschlüsse), Trinkwasser, Abwasser, Chemie-WC; **Sicherheit:** beleuchtet; **Preise:** kostenlos (auch Strom); **Geöffnet:** frei zugänglich; **Adresse/Kontakt:** 27250 Rugles, Rue Notre Dame

⑭⑨ Route de Paris, Aube
N48.74156° E0.55146°

Offizieller Stellplatz auf einem großen Parkplatz auch für Pkws und Busse. Kleiner See angrenzend. Lage befriedigend und relativ ruhig. **Lage/Anfahrt:** An der Hauptstraße im Ort nach rechts, ausgeschildert; **Platzanzahl:** 5; **Untergrund:** Schotter; **Ver-/Entsorgung:** Trinkwasser, Abwasser, Chemie-WC; **Sicherheit:** beleuchtet; **Preise:** kostenlos; **Geöffnet:** frei zugänglich; **Adresse/Kontakt:** 61270 Aube, Vielle Forge

⑮⓪ Camping des Saints-Pères, Saint-Evroult-Nôtre-Dame-Du-Bois
N48.78872° E0.46608°

Platz mit befriedigender Sanitärausstattung, direkt am See. Lage schön und sehr ruhig. **Lage/Anfahrt:** Am Ortsanfang links zum See, ausgeschildert; **Platzanzahl:** 30; **Untergrund:** Wiese; **Ver-/Entsorgung:** Strom, Trinkwasser, Chemie-WC; **Sicherheit:** umzäunt, beleuchtet, bewacht; **Preise:** 9 €/Fahrz. inkl. 2 Pers., Strom 2,50 €, VE 2 €, Hund 0,50 €; **Geöffnet:** April–September; **Adresse/Kontakt:** 61550 Saint-Evroult-Nôtre-Dame-Du-Bois, Tel. +33 (0)6 78330494

⑮① Place de l'Église, Chandai
N48.75400° E0.73758°

Offizieller Platz am Ortsrand mit Picknickbänken. Lage gut und ruhig. **Lage/Anfahrt:** Von der D926 in Chandai rechts abbiegen, ausgeschildert; **Platzanzahl:** 10; **Untergrund:** Schotter; **Ver-/Entsorgung:** Trinkwasser, Abwasser, Chemie-WC; **Preise:** kostenlos; **Sicherheit:** beleuchtet; **Geöffnet:** frei zugänglich; **Adresse/Kontakt:** 61300 Chandai, Place de l'Église

⑮② Centre Bourg, Saint-Quen-sur-Iton
N48.73519° E0.69602°

Offizieller Stellplatz in schöner und ruhiger Lage, Bäcker, Metzger. Netter Ort mit beachtenswerten „gedrehten" Kaminen. **Lage/Anfahrt:** Von der D293 kurz vor Chandai (links zweigt D664 ab) nach rechts auf die C2 Richtung La Viganerie abbiegen, in St. Quen ausgeschildert; **Platzanzahl:** 4; **Untergrund:** Schotter; **Ver-/Entsorgung:** Trinkwasser, Abwasser, Chemie-WC; **Preise:** kostenlos; **Geöffnet:** frei zugänglich; **Adresse/Kontakt:** 61300 Saint-Quen-sur-Iton, Rue du Clos de l'Iton

153 Salle des fêtes, Verneuil-sur-Avre

N48.73969° E0.93105°

Offizieller Platz beim Festsaal, zentrumsnah. Lage befriedigend und relativ ruhig. Samstag 5–15 Uhr ist hier Markt. **Lage/Anfahrt:** Richtung Rouen fahren und vor den Gleisen nach rechts zum Bahnhof abbiegen, dann ausgeschildert; **Platzanzahl:** 3; **Untergrund:** Asphalt; **Ver-/Entsorgung:** Trinkwasser, Abwasser, Chemie-WC; **Preise:** kostenlos; **Sicherheit:** beleuchtet; **Geöffnet:** frei zugänglich; **Adresse/Kontakt:** 27130 Verneuil-sur-Avre, Avenue Foch

154 Camping Les Berges de L'Iton, Breteuil

N48.83187° E0.91291°

Platz an einem See mit befriedigender Sanitärausstattung, kleines Schwimmbad, 400 m bis ins Zentrum. Lage befriedigend und relativ ruhig. **Lage/Anfahrt:** Von der D840 am Ortsanfang nach links, ausgeschildert; **Platzanzahl:** 61; **Untergrund:** Wiese; **Ver-/Entsorgung:** Strom, Trinkwasser, Abwasser, Chemie-WC; **Sicherheit:** umzäunt, beleuchtet, bewacht; **Preise:** 15,30–17,80 €/Fahrzeug inkl. 2 Personen und VE, Strom 4 €, Hund 1,70 €, Taxe 0,50 €/Pers.; **Geöffnet:** April–September; **Adresse/Kontakt:** 27160 Breteuil, Rue du Fourneau 53, Tel. +33 (0)2 32627035, www.campinglesbergesdeliton.com

155 Aire naturelle pour Camping Cars La Godinière, Le Noyer-en-Ouche

N49.01012° E0.72468°

Private Stellplätze bei einem Bauernhaus. Lage schön und sehr ruhig, Cidre- und Calvadosverkauf. **Lage/Anfahrt:** Von der D140 5 km hinter La Ferrière nach rechts abbiegen (Beschilderung „La Godinière"), 400 m bis zur Farm; **Platzanzahl:** 4; **Untergrund:** fest, auf einer Betonplatte; **Ver-/Entsorgung:** Strom, Trinkwasser; **Sicherheit:** beleuchtet; **Preise:** 7,50 €/Fahrz., Strom/Wasser 3 €; **Geöffnet:** ganzjährig; **Adresse/Kontakt:** 27410 Le Noyer-en-Quche, Lieu-dit-La-Godinière, Tel. +33 (0)2 32444671

156 Espace Aimé Lamiot, Gisay-la-Coudre

N48.94924° E0.63326°

Offizieller Platz an einem kleinen Fischteich mit Picknicktischen. Lage sehr gut und ruhig. Jetons im Restaurant La Tortue (700 m), keine Einkaufsmöglichkeiten im Ort. **Lage/Anfahrt:** Von Beaumesnil über die D25 und D49 nach La Barre, ab hier ausgeschildert; **Platzanzahl:** 5; **Ver-/Entsorgung:** Strom

◻ *Sehr bemüht um seine Wohnmobilgäste: das kleine Saint-Quen-sur-Iton* 152

(ein Anschluss), Trinkwasser, Abwasser, Chemie-WC; **Preise:** 2 €/10 Min. Wasser (läuft sehr langsam) oder 55 Min. Strom (Jetons); **Sicherheit:** umzäunt, beleuchtet; **Geöffnet:** ganzjährig; **Adresse/Kontakt:** 27330 Gisay-la-Coudre, Route de la Barre D159

157 Camping Municipal, Bernay
N49.08018° E0.58718°

Platz mit befriedigender Sanitärausstattung in befriedigender und relativ ruhiger Lage am Ortsrand. **Lage/Anfahrt:** ausgeschildert; **Platzanzahl:** 20; **Untergrund:** Wiese; **Ver-/Entsorgung:** Strom, Trinkwasser, Abwasser, Chemie-WC; **Sicherheit:** umzäunt, beleuchtet; **Preise:** 20 €/Fahrz. inkl. 2 Pers., Taxe und Strom; **Geöffnet:** Mai–September; **Adresse/Kontakt:** 27300 Bernay, Rue A. Briand, Tel. +33 (0)2 32433047, www.ville-bernay27.fr

158 Alter Bahnhof, Broglie
N49.00537° E0.52976°

Nett angelegter großzügiger Platz beim alten Bahnhof, WC, 300 m bis ins Zentrum. Lage sehr schön und relativ ruhig (Straße). **Lage/Anfahrt:** Auf der D49 am Ortsanfang rechts fahren, ausgeschildert; **Platzanzahl:** 10; **Untergrund:** Schotter, Wiese; **Ver-/Entsorgung:** Strom (zwei Anschlüsse an der VE), Trinkwasser, Abwasser, Chemie-WC; **Sicherheit:** umzäunt, beleuchtet; **Preise:** 5 €/Fahrz., 2,50 €/10 Min. Wasser oder 60 Min. Strom (Jetons); **Geöffnet:** ganzjährig; **Adresse/Kontakt:** 27270 Broglie, Rue du Vert Buisson 14, Tel. +33 (0)2 32462752

159 Parc Loisirs, Orbec
N49.01754° E0.40501°

Offizieller Platz am Stadtpark, schöne und relativ ruhige Lage (D519), zentrumsnah; **Lage/Anfahrt:** Auf der D519 Richtung L'Aigle, dann ausgeschildert; **Platzanzahl:** 4; **Untergrund:** Schotter; **Preise:** kostenlos; **Geöffnet:** ganzjährig; **Adresse/Kontakt:** 14290 Orbec, D519

160 Im Tal der L'Orbiquet, La Folletière-Abenon
N48.98193° E0.42431°

Offizieller Stellplatz in sehr schöner Umgebung, ruhig. **Lage/Anfahrt:** Auf der D130 Orbec Richtung Le Sap verlassen, nach 4,5 km im Ort Richtung Kirche fahren; **Platzanzahl:** 4; **Untergrund:** Schotter; **Preise:** kostenlos; **Sicherheit:** beleuchtet; **Geöffnet:** ganzjährig; **Adresse/Kontakt:** 14290 Orbec, Lieu-dit-La Folletière-Abenon

△ Ein Paradebeispiel für einen guten Stellplatz gibt es in Broglie

▷ Der kostenlose Stellplatz im kleinen Campigny ist ein idealer Ausgangspunkt zur Besichtigung von Pont-Audemer

Ⓚ Centre, Saint-Cry-du-Ronceray

N49.05505° E0.29674°

Offizieller, separater Platz im Zentrum des kleinen Ortes. Lage gut und ruhig, Grill, Bäcker, Laden. **Lage/Anfahrt:** D519 Richtung Lisieux, in La Chapelle-Yvon links, im Ort ausgeschildert; **Platzanzahl:** 6; **Untergrund:** Asphalt; **Ver-/Entsorgung:** Strom (ein Anschluss an der VE), Trinkwasser, Abwasser, Chemie-WC; **Sicherheit:** beleuchtet; **Preise:** kostenlos (auch VE und Strom); **Geöffnet:** frei zugänglich; **Adresse/Kontakt:** 14290 Saint-Cry-du-Ronceray, Rue de Copplestone

Ⓛ Camping Les Marronniers, Pont-Authou

N49.24103° E0.70228°

Platz mit ausreichender Sanitärausstattung an der Risle, viele Dauercamper, separater Platzteil für Wohnmobile. Lage gut und ruhig. **Lage/Anfahrt:** Von der D130 links zum Platz, ausgeschildert; **Platzanzahl:** 64; **Untergrund:** Wiese; **Ver-/Entsorgung:** Strom, Trinkwasser, Abwasser, Chemie-WC; **Sicherheit:** umzäunt, beleuchtet, bewacht; **Preise:** 4,80 €/Fahrz., 3,60 €/Pers., Strom 2,50–3,60 €, Tier 1,55 €, Taxe 0,20 €; **Geöffnet:** ganzjährig; **Adresse/Kontakt:** 27290 Pont-Authou, Rue Louise Givon, Tel. +33 (0)2 32427506

Ⓜ Camping Saint-Nicolas, Bec-Hellouin

N49.23461° E0.72501°

Platz mit befriedigender Sanitärausstattung, beheiztes Hallenbad (April–Sept.). Lage gut und ruhig. **Lage/Anfahrt:** Ab Ortsende ausgeschildert; **Platzanzahl:** 90; **Untergrund:** Wiese; **Ver-/Entsorgung:** Strom, Trinkwasser, Abwasser, Chemie-WC; **Sicherheit:** umzäunt, beleuchtet; **Preise:** 14–16,30 €/Fahrz. inkl. 2 Pers., Strom 3,90 €, Ver-/Entsorgung 5 €, Hund 1,60 €, Taxe 0,40 €; **Geöffnet:** 15. März–15. Oktober; **Adresse/Kontakt:** 27800 Le Bec Hellouin, Rue St. Nicolas 15, Tel. +33 (0)2 32448355, www.campingsaintnicolas.fr

Ⓝ Place de la Pelouse, Campigny

N49.31142° E0.55172°

Offizieller Stellplatz bei einem kleinen Park. Lage gut und relativ ruhig (Straße angrenzend). **Lage/Anfahrt:** Pont-Audemer Richtung Bernay verlassen. 400 m nach dem Ortschild von St-Germain nach links auf die D294 km nach Campigny fahren. Nach der Kirche links und nochmal links zum Platz; **Platzanzahl:** 6; **Untergrund:** Wiese; **Ver-/Entsorgung:** Trinkwasser, Abwasser, Chemie-WC; **Sicherheit:** umzäunt; **Preise:** kostenlos; **Geöffnet:** frei zugänglich; **Adresse/Kontakt:** Campigny, Place de la Pelouse

CÔTE D'ALBÂTRE, PAYS DE CAUX UND PAYS DE BRAY

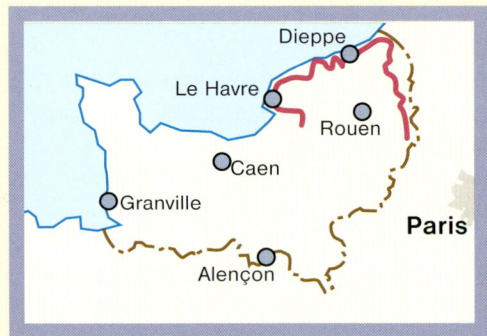

Für viele sind die weißen Kalkfelsen an der Alabasterküste der Inbegriff der Normandie. Strahlend weiße Felsbögen erheben sich aus dem türkisfarbenen Meer und bieten Fotomotive ohne Ende. Typisch für die Strände sind das durch die Wellen verursachte Klackern und die skurrilen Formen der Kieselsteine. Malerische Städte und kleine Dörfer entlang der Küste warten mit einer guten Infrastruktur auf den Besuch von Wohnmobilreisenden. Doch wäre es ein großes Versäumnis, wenn man das Hinterland dabei vergessen würde. Das Pays de Caux ist ruhig und beschaulich. Hier wird Flachs angebaut, der, zu Leinenstoffen verarbeitet, bei den Pariser Couturiers begehrt ist. Man bemüht sich sehr um Wohnmobilreisende und Wanderer mit Stellplatzangeboten und markierten Wanderwegen. Auf den satten Wiesen rund um Neufchâtel-en-Bray grasen Kühe, die Milch für den vorzüglichen Käse gleichen Namens liefern. Das Pays de Bray, eine breite Senke mit fruchtbaren Lehmböden, lebt von und mit der Landwirtschaft. Gisors am Ende der Route hat noch seinen mittelalterlichen Charme bewahrt.

▷ *Die fantastischen Kreideklippen der Alabasterküste bei Étretat*

ROUTE 10

DIE ALABASTERKÜSTE
UND IHR HINTERLAND

STRECKENVERLAUF

Strecke: Pont-Audemer – Montivilliers (43 km) – Étretat (24 km) – Yport (12 km) – Fécamp (6 km) – St-Valery-en-Caux (55 km) – Abstecher ins Landesinnere (Rundfahrt 44 km) – Veules-les-Roses (8 km) – Dieppe (30 km) – Abstecher Château und Jardin Potager de Miromesnil (hin und zurück 21 km) – Le Tréport (30 km) – Eu (4 km) – Neufchâtel-en-Bray (58 km) – Forges-les-Eaux (18 km) – Gisors (46 km)

Streckenlänge: ohne Abstecher 334 km
mit Abstecher 399 km

Von Pont-Audemer rollt man über die Pont de Tancarville (3,20 € Gebühr) und dann auf der Schnellstraße A131 Richtung Le Havre. In Gonfreville-l'Orcher verlässt man sie und fährt zunächst auf der D6015 und dann auf der D489 nach Montivilliers. Das gut ausgeschilderte **Château d'Orcher** hat zwar eine schöne Porzellan-Sammlung und prunkvolle Rokokovertäfelungen, die Salons sind aber nur vom 1. Juli bis 15. Aug. zwischen 14 und 18 Uhr geöffnet (Eintritt: 6 €).

MONTIVILLIERS (43 km – km 43)

Montivilliers wird von der **Abbaye de Montivilliers** beherrscht, die mitten im Zentrum liegt. Ihre Geschichte geht zurück bis ins 7. Jh., als der heilige Philibert (Gründer von Jumièges) hier ein Nonnenkloster errichtete. Nach dessen Zerstörung durch die Wikinger wurde im 11. Jh. an derselben Stelle ein Männerkloster erbaut. Nach wechselvoller Geschichte erfolgte 1792 die Säkularisierung. Fortan diente es als Bürogebäude, als Gefängnis, als Garnison und als Einkaufszentrum. Von 1989 bis 2000 wurde der gesamte Klosterkomplex vollständig restauriert. Die im Wesentlichen romanische Abteikirche weist im Kirchenschiff auch gotische Elemente auf. Mittels Audioguide und moderner audiovisueller Technik wird der Besucher in das Klosterleben des 16. Jh. zurückversetzt. Für Kinder gibt es spezielle Audioguides.

Sehenswertes
Abbaye de Montivilliers, 76290 Montivilliers, Jardin de l'Abbaye, Tel. +33 (0)2 35309666, Öffnungszeiten: Kirche 10–18 Uhr kostenlos, „Parcours spectacle" Okt.–März Di–Fr 10–17 Uhr, Sa/So 14–17 Uhr, Apr.–Sept. Mo–Fr 10–18 Uhr, Sa/So 14–18 Uhr, Eintritt (inkl. Audioguide): 5/2,50/14 €, nur Abtei 2/1/5 €

Auf der D111 kommt man auf schmaler Straße nach 13 km an die Küste bei **St-Jouin-Bruneval.** Breiter, aber auch 6 km länger, ist die Strecke über Criquetot-l'Esneval (D32 und D79) und dann über die D139.

Badeplatz
N49.65168 E0.15430°. Unten am Kiesstrand beim Ölhafen kann man auch übernachten

Kleiner Spaziergang vom Stellplatz ⑯⑤
Links von der Wiese durch das Holztor und an der Steilküste entlang bis zum „Belvédère" mit Infotafeln zum darunterliegenden zweitgrößten Ölhafen Frankreichs. Am Restaurant vorbei wandert man oberhalb der Steilküste und hat die Möglichkeit, auf einem Pfad hinunter an den Strand zu gelangen. Oben geht der Weg bald nach links und man kommt auf die Straße, der man nach links zurück zum Stellplatz folgt.

⑯⑤ Aire Étappe Camping car, St-Jouin-Plage (s. S. 280)

Über die D940 erreicht man rasch eines der beeindruckendsten Ziele an der Küste: Étretat. Unterwegs gibt es im kleinen La-Poterie Cap-d'Antifer beim Leuchtturm einen Stellplatz ⑯⑥ in schöner Lage.

⑯⑥ Phare, La-Poterie Cap-d'Antifer (s. S. 280)

▷ *Wenn die Kreide vom Meer weggespült ist, bleibt der interessant geformte Feuerstein zurück*

ÉTRETAT (43 km – km 67)

Schon Claude Monet liebte die bleichen Steilklippen mit ihren von Wind und Meer ausgewaschenen majestätischen Bögen und verewigte sie in seinem Bild „Bateaux de pêche, Étretat" von 1885. Seitdem scheinen die Besucherströme nicht abzureißen. Ob aus Japan, Russland oder Amerika – von überall her kommen die Touristen nach Étretat, um die **Falaise d'Aval** und die **Falaise d'Amont** zu bestaunen. Das grandiose Felsentor **Porte d'Aval,** das auch als „trinkender Elefant" bezeichnet wird, die 40 m hohe Felsnadel der **Aiguille** und dahinter **la Manneport,** ebenfalls ein Felsbogen, können bei der beschriebenen Wanderung entlang der Küste von beinahe allen Seiten fotografiert werden. Auf der anderen Seite der herrlichen Kiesbucht von Étretat thront die kleine Kirche **Nôtre-Dame de la Garde** über den Falaises d'Amont. Hinauf kommt man über 180 Treppenstufen und die Aussicht ist atemberaubend.

Trotz der beeindruckenden Küste sollte man das kleine Städtchen Étretat jedoch nicht vergessen. In der Rue Réne-Coty lassen einige bezaubernde Fachwerkhäuser und die wuchtige Holzständerkonstruktion der Markthalle vergangene Tage wieder aufleben. Heute sind in der Markthalle Läden und in den Fachwerkhäusern Restaurants und Hotels beheimatet. Ein besonders schönes Restaurant ist das Le Galion mit seiner sehenswerten geschnitzten Balkendecke. Da man in ein Lokal natürlich des Essens wegen kommt, hier noch der Hinweis: Die Küche ist hervor-

Die Kiesstrände der Alabasterküste

Durch abfließendes Niederschlagswasser, Frost und Tauwetter bilden sich Risse im Kreidegestein der Alabasterküste. Von unten werden vom Meer Steine gegen die Felsen geschleudert, dadurch entsteht eine starke Erosion, die hin und wieder zum Einstürzen der Steilwände führt. Durchschnittlich weicht die Steilküste dadurch jährlich um einige Zentimeter zurück. Die in den Felsen enthaltene Kreide löst sich relativ rasch auf, der Feuerstein wird im Laufe der Zeit vom Meer zu Kieselsteinen geformt.

Bis in die Mitte der 1970er-Jahre wurde der Kies gesammelt und industriell verarbeitet. Die Steine, die aus Siliziumdioxid bestehen, fanden in der Bauindustrie Verwendung und zerkleinert und gemahlen auch bei der Herstellung von Porzellan und Kosmetika. Ab 1974 verbot ein Erlass die intensive Ausbeutung der Kiesstrände. Auffallend sind die vielen Häuser und Kirchen in der Region, die aus Feuer-, Sand- und Ziegelsteinen erbaut sind. Der Feuerstein wurde so behauen, dass er eine rechteckige Fläche bildete. Durch die verschiedenfarbigen Steine entstanden an den hier typischen Gebäuden interessante Muster, Fensterumrandungen und Streifen.

154rm Abb.: 8g

ragend. Ein besonderer Spaß für die ganze Familie ist die Fahrt mit dem Vélorail (Fahrrad ähnlich einer Draisine) auf den Bahngleisen. Start für die 5,2 km lange Strecke ist entweder am Bahnhof Ètretat oder in Les Loges. Für die Fahrt mit dem Vélorail ist die Strecke Les Loges – Ètretat zu bevorzugen, da diese immer leicht bergab führt. Für die Hin- oder Rückfahrt nimmt man dann den „Train touristique". Mehr zu den Abfahrtszeiten unter www.lafrancevuedurail.fr.

Information

Office du Tourisme d'Ètretat, 76790 Étretat, Place Maurice Guillard, Tel. +33 (0)2 35270521, www.etretat.net, Öffnungszeiten: Nov.–März Mo–Sa 10–12 und 14–18 Uhr, Apr.–Juni/Sept. auch So 10–12 und 14–17 Uhr, Okt. auch So 10–12 Uhr, Juli/Aug. Mo–Sa 9.30–18.30 Uhr, So 10–13 und 14–18 Uhr

Erlebenswertes

Train touristique, Bahnhof Ètretat oder Les Loges (N49.70198° E0.28377°), Tel. +33 (0)2 35294961, www.lafrancevuedurail.fr, telefonische Reservierung obligatorisch, März–Nov. Mi/Sa/So, Juli–Aug. tägl., Kombination Vélorail und Zug, zwei Personen 27 €

Essen

Le Galion, 76790 Étretat, Rue Réne-Coty, Tel. +33 (0)2 35294874. Im historischen Gemäuer speist man gut.

Einkaufen

Le Valaine, vom Parkplatz an der D940 den Hinweisschildern den Berg hoch folgen, Tel. +33 (0)2 35271402, www.levalaine.com, Öffnungszeiten Laden: 9–12.30 und 14.30–19 Uhr, Führungen Ostern–Allerheiligen So 11 Uhr, Juli–Aug. Sa–Mi 11 Uhr, Preis 7/5 €. Ziegenfarm bei einem Herrenhaus mit besonderen Kreationen wie Schokolade und Eis aus Ziegenmilch. Natürlich gibt es auch „normalen" Ziegenkäse.

Parken

Verbotsschilder und Schranken machen das Parken für Womos außer auf den Stellplätzen unmöglich. Tipp: Mit dem Bus von Yport oder Fécamp herfahren.

⊡ *Eingezwängt zwischen weißen Klippen liegt Étretat*

155mm Abb.: gg

Wanderung zu den Falaises d'Aval von Étretat

Von der Uferpromenade nimmt man links die Treppen, die hinauf zur Plattform über der Porte d'Aval führen. Von oben ist der Blick auf die Küste und auf Étretat einfach grandios. Man folgt dem Weg entlang der Steilküste und findet immer wieder lohnende Fotomotive von den bizarr geformten Kreidefelsen, den ausgehöhlten Klippen und der hohen Felsnadel. Man geht bis zum Ende des Golfplatzes und hier kann man entweder weiter entlang der Küstenlinie bis zum schon sichtbaren Leuchtturm vom Cap Antifer wandern (1 Std., Markierung: gelber Strich) oder nach links abbiegen (Markierung rot-weiß)

und auf der Hochfläche immer entlang des Golfplatzzaunes bis in den Wald hinein, dann hinunter zur D940 und zu einem Parkplatz gehen (45 Min.). Wer bis zum Leuchtturm geht, sollte trittsicher und schwindelfrei sein, da der Weg teilweise nahe an den Klippen entlangführt. Wenn der Weg vom Meer wegführt, lohnt der Abstieg über steile Treppen hinunter zu einer traumhaften Bucht. Zurück muss man auf demselben Weg gehen, biegt dann vor dem Golfplatz nach rechts ab und geht wie oben beschrieben. Die Wanderung belohnt einen mit grandioser Aussicht. Für die kurze Variante sollte man 1:30 Std., für die lange bis zum Leuchtturm 2½ Std. einplanen.

Ⓐ Aire stationnement Maupassant, Étretat (s. S. 280)

Ⓑ Bahnhof, Étretat (s. S. 280)

Zunächst auf der D11 und später auf der D211 fährt man auf schöner Strecke vorbei an üppig und in vielen Farben blühenden Hortensienbüschen, Häusern aus verschiedenfarbigen Natur- und Backsteinen sowie Villen im Zuckerbäckerstil nach Yport. Schon vor dem Ort gibt es einen Campingplatz Ⓒ in herrlicher Aussichtslage auf die Kreidefelsen bei Yport. Auf seiner Aussichtsterrasse mit Bar lässt es sich wunderbar relaxen.

Ⓒ Camping Le Rivage, Yport (s. S. 280)

YPORT (12 km – km 79)

Yport liegt ganz idyllisch in einem *valleuse* (Taleinschnitt) an der schönen Steilküste. Mit einem intakten Ortsbild, gepflegtem Kiesstrand, einer schönen Wanderung und guten Übernachtungsmöglichkeiten zeigt sich der kleine Ort für Wohnmobilfreunde von seiner besten Seite. Entlang einer weiten Hochfläche fährt man auf der D940 nach Fécamp.

Information

Office de Tourisme, 76111 Yport, Rue Alfred Nunès, Tel. +33 (0)2 35297731, Öffnungszeiten: April–Juni Mo–Sa 9.30–12.30 und 14–18 Uhr, Juli/August täglich 9.30–12.30 und 14.30–18.30 Uhr, September/Oktober Di–Sa 9–12.30 und 14–17.30 Uhr, November–März Di 14–17.30 Uhr, Mi–Sa 9–12.30 und 14–17.30 Uhr

Parken

N49.73725° E0.31472° Nur für kleinere Fahrzeuge (bis 6 m), da häufig mit Pkws zugeparkt.

Ⓓ Camping La Chênaie, Yport (s. S. 281)

FÉCAMP (6 km – km 85)

Der Name Fécamp soll folgendermaßen entstanden sein: Der Legende nach spülte das Meer einen Feigenstamm, der in seinem Inneren ein Gefäß mit einigen Tropfen des Blutes Jesu Christi verbarg, hier an Land. Diese kostbare Reliquie wird heute in der Abbatiale de la Trinité aufbewahrt. Angeblich schlug der Feigenbaum sogar Wurzeln und aus *Ficicampus* (Feld des Feigenbaumes) leitete sich im Laufe der Jahre Fécamp ab.

Wanderung bei Yport

Von der Kirche in Yport wandert man über die Rue de Gaulle stadtauswärts und dann nach rechts auf dem „Sente des Houx" bergan. Bei dessen Einmündung geht man nach links (gelber Pfeil) und dann auf dem „Chemin des Sapins" am Campingplatz ⑰⓪ *vorbei. Der Weg wird schmaler und führt zunächst an einem Zaun und dann am Talgrund entlang. Wenn er in einen breiteren Weg einmündet, geht man rechts und immer dem Hohlweg folgend stetig bergan. Oben tritt man auf die Hochfläche hinaus. An einigen Bauernhöfen von Les Hogues wandert man geradeaus vorbei, bis die Straße eine 90°-Rechtskurve macht (Hinweisschilder „Clos de Ferrières"). Hier folgt man geradeaus dem Wiesenweg bergab (gelber Strich) bis zur Gabelung und dann nach rechts bis zum Naturfreundehaus (Amis de la Nature). Hier links geht es hinauf zur Hochfläche und kurz vor den Stromleitungen nach rechts (gelber Strich) über einen Wiesenweg. Die erste Asphaltstraße überqueren und bei der zwei-ten nach rechts bis zur Kirche von Vattetot-sur-Mer spazieren. Immer weiter der gelben Markierung folgend, geht es nun rechts um die Kirche herum und in den „Chemin d'Etigue". Zunächst nach rechts über die freie Hochfläche und dann geradeaus hinunter erreicht man die Straße. Ihr folgt man ein kurzes Stück nach links und schon bald kann man auf einen Waldweg wechseln. Wenn dieser wieder auf eine Straße stößt, folgt man der Markierung mit einem gelben und rot-weißen Strich in den Wald hinein. Man stößt bald wieder auf die Straße, geht kurz nach links und überquert sie, um in Richtung „Les Maret-tes" zu wandern. Es geht immer geradeaus, bis man rechts den Campingplatz „La Rivage"* ⑯⑨ *und links zwei Bunker ausmachen kann. Von hier sollte man die atemberaubende Aussicht auf Yport und die Küste bis Fécamp genießen. Nachdem sicherlich einige Fotos geschossen wurden, geht man auf schmalem Weg und dann über Treppen hinunter zum Strand von Yport. Dauer: 3 Std.*

Die 21.000 Einwohner zählende Stadt am höchsten Felsen der Alabasterküste lebt mit, von und rund um ihren Hafen. Bis in die 1970er-Jahre war hier der Haupthafen der Neufundlandfischer. Monatelang segelten die großen Schoner in den eisigen Gewässern vor Neufundlands Küste, um mit 20.000 t Kabeljau pro Schiff wieder in den heimatlichen Hafen zurückzukehren. Heute schaukeln am Quai de Bassin Freycinet neben wenigen Fischerbooten unzählige große und kleine Freizeitjachten.

Nicht nur mit dem Fischfang hat sich Fécamp einen Namen gemacht, sondern auch mit dem **Likör Bénédictine.** Der Überlieferung nach hatte im Jahr 1510 ein Mönch namens Dom Bernardo Vincelli ein Lebenselixier aus 27 verschiedenen Kräutern kreiert. Der Kaufmann Alexandre le Grand nahm 1863 die Rezeptur als Grundlage für seine Likörproduktion. Mit dem **Palais Bénédictine** schuf er dem edlen Getränk eine würdige Produktionsstätte. Der riesige Palast weist Stilelemente der Neogotik und Neorenaissance auf. Heute beherbergt der prunkvolle Gebäudekomplex neben der Likörbrennerei ein Museum mit einer bedeutenden Sammlung von Kunstschmiedearbeiten, Elfenbein, Alabaster und Handschriften aus der Abtei Fécamp. Außerdem gibt es eine Pinakothek mit Gemälden aus dem 14. bis 18. Jh. Im zweiten Teil des Rundganges erfährt man anhand eines Videos und allerlei Kräutern und Heilpflanzen, die zu der wohlbehüteten Rezeptur des Likörs gehören, beinahe alles über den Bénédictine. Die Likördestillerie und die Keller, in denen das exzellente Getränk in Eichenfässern reift, können ebenfalls besucht werden. Selbstverständlich rundet eine Likörverkostung den Besuch des Palais Bénédictine geschmackvoll ab.

▷ *Das „hochprozentige" Palais Bénédictine*

Im ältesten Viertel der Stadt steht die **Abbatiale de la Trinité** (Dreifaltigkeitskirche). In den ehemaligen Klostergebäuden an der Nordseite der Kirche hat heute die Stadtverwaltung ihren Sitz. Das Gotteshaus hat eine beeindruckende Länge von 127 m, der quadratische Vierungsturm bringt es auf eine Höhe von 60 m. Die romanisch-gotische Kirche musste im Laufe der Jahrhunderte zahlreiche Veränderungen erfahren. Das Hauptschiff mit seinen grandiosen Dimensionen endet in der Vierung, über der sich der Turm 37 m über dem Kirchendach erhebt. Im rechten Seitenschiff steht die eindrucksvolle Figurengruppe „Marientod" aus dem 15. Jh. Daneben findet man, von Figuren flankiert, den Fussabdruck eines Engels, der 943 hier erschienen sein soll und befohlen hatte, man möge die Kirche der heiligen Dreifaltigkeit weihen. Erschaffen wurde dieses Kleinod von Alexandre Berneval im Jahre 1420. Wer den Fussabdruck berührt, hat einen Wunsch frei! Die größte Kostbarkeit der Kirche ist allerdings die Heilig-Blut-Reliquie, die in einem weißen Marmorschrein aufbewahrt wird.

Gegenüber dem Haupteingang der Kirche sieht man die spärlichen Ruinen des ehemaligen herzoglichen Schlosses.

Ein **Panoramaweg** beginnt am Quai de Maupassant und führt hinauf zur Kapelle Nôtre-Dame-de-Salut und zum Cap Fagnet. Man schlüpft durch einen Durchgang und erklimmt auf der Sente aux Matelots die Steilküste. Der herrlicher Ausblick auf die Uferlinie belohnt die Mühe. In der **Kapelle Nôtre-Dame-de-Salut** beteten die Neufundlandfahrer für eine glückliche Heimkehr und auslaufende Schiffe grüßten mit drei Sirenentönen.

Auf die Spuren der Deutschen im Zweiten Weltkrieg trifft man bei einem **Rundgang zum Cap Fagnet,** auf dem sich weite Rundblicke bieten. Womos bis 3,5 t können über die D925 und die D79 hinauf zum Parkplatz (GPS N49.76621° E0.37382°) fahren.

Information

Office de Tourisme, 76400 Fécamp, Quai Sadi Carnot, Tel. +33 (0)2 35285101, www.fécamptourisme.com, Öffnungszeiten: Okt.–März Mo–Sa 9–12.30 und 14–17.30 Uhr, Apr.–Juni/Sept. tägl. 9–18 Uhr, Juli/Aug. 9–18.30 Uhr. Bei der Touristeninformation gibt es kostenlose Wanderkarten für die Region Étretat, Fécamp und das Hinterland. Wanderungen unterschiedlicher Länge und Schwierigkeit sind auf der Karte und im Wandergebiet farbig gekennzeichnet.

264 mm Abb.: gg

Sehenswertes

Palais Bénédictine, 76400 Fécamp, Rue le Grand, Tel. +33 (0)2 35102610, www.benedictinedom.com, Öffnungszeiten: Mitte Feb.–März/Dez. 10.30–12.30 und 14.30–17.30 Uhr, Apr.–Juni/Sept./Okt. 10–13 und 14–18.30 Uhr, Juli/Aug. 10–18.45 Uhr, Nov. 14.30–17 Uhr, Eintritt: 12/7 €, geführte Touren 18/10 €/Erw.

Essen

Chez Nounoute, 76400 Fécamp, Place N. Selle 3, Tel. +33 (0)2 35293808. Ehemann Fischer, Ehefrau Köchin: die beste Kombination für ein besonders gutes Fischlokal. Gut besucht!
Le Daniel's, 76400 Fécamp, Place Nicolas Selle 5, Tel. +33 (0)2 76399568. Im Lokal mit modernem Flair wird kreative Küche schön präsentiert.

⑰ De la Mâture, Fécamp (s. S. 281)

⑱ Quai Sardi Carnot, Fécamp (s. S. 281)

Man verlässt Fécamp zunächst auf der D925 in Richtung A29, dann geht es auf der D150 durch ein reizvolles Tal nach **Valmont.** Das schnuckelige kleine Städtchen liegt im Herzen des Pays de Caux und wird von einem bewehrten Schloss mit mächtigem **Donjon** gekrönt (keine Besichtigung). Äußerst interessant ist die von den Schlossherren gestiftete **Benediktiner-Abtei (Abbaye Nôtre-Dame-du-Pré).** Ihre Entstehung geht auf das 12. Jh. zurück. Im Laufe der Jahrhunderte musste das Kloster einige Zerstörungen hinnehmen. So fiel es im 14. Jh. einem Brand zum Opfer, im 19. Jh. zerstörte ein Tornado das Dach der Kirche und im Zweiten Weltkrieg kam es nochmals zu Schaden. Die Renovierungsarbeiten aus den 1980er-Jahren bilden eine harmonische Verbindung der romanischen und gotischen Bauteile mit einer modernen Dachkonstruktion. Heute leben hier noch 30 Nonnen.

Sehenswertes

Abbaye Nôtre-Dame-du-Pré, Parkplatz: Fahrzeuge bis 6 m bei N49.74433° E0.51320°, größere bei N49.74437° E0.51231°, 8–18 Uhr

Auf der D17 fährt man dann durch das grüne Pays de Caux nach **Sassetot-le-Mauconduit,** einem Marktflecken mit Château aus dem 18. Jh. Hier quartierte sich 1875 Königin Elisabeth von Österreich, besser bekannt als Sissi, mit ihrer an einer schweren Bronchitis

erkrankten Tochter ein. Die gute Luft und das Bad im Meer bei den Petites Dalles sollen der Kleinen Linderung verschafft haben. Heute ist das Schloss ein Hotel und man kann nur vom Picknickplatz aus auf die historischen Mauern blicken.

Wanderung auf den Spuren von Sissi
N49.80350° E0.53245°, Länge 11,5 km, Markierung blauer Punkt

Picknickplatz
Gegenüber des Châteaus von Sassetot kann man auf einer großen Wiese oder auf Bänken unter schattigen Bäumen picknicken (N49.80494° E0.53118°).

🔴173 Camping L'Oiseau blanc, Sassetot-le-Mauconduit (s. S. 281)

Die wahrhaft gigantische Felsenkulisse der **Grandes Dalles** erlebt man vom Parkplatz (N49.81900° E0.51162°). Bei den nicht minder atemberaubenden **Petites Dalles** (N49.82559° E0.52509°) erlaubt das Parkverbot nur einen kurzen Fotostopp. Wer länger bleiben will, parkt am Ortsrand auf dem kleinen, unebenen Camping-car-Platz (N49.81337° E0.53267°). Eine weitere Alternative ist eine herrliche Wanderung zu den Klippen vom Ort Sassetot aus.

Weiter rollt man auf der Küstenstraße über St-Martin-aux-Buneaux nach Veulettes-sur-Mer.

🔴174 Camping Les Mouettes, Saint-Martin-aux-Buneaux (s. S. 281)

In idyllischer Lage an einem breiten Kiesstrand, eingerahmt von Felsklippen, liegt das kleine **Veulettes-sur-Mer.** Da es keinen Hafen gibt, müssen die Fischer ihre Boote (*do-*

ries) mit Traktoren bis ins Wasser schleppen. Die *dories* sind spezielle Fischerboote mit flachem Rumpf, mit denen das ganze Jahr über Fischfang betrieben wird.

Einige Restaurants, ein Kasino mit Spielautomaten und der längste Deich mit Strandpromenade an der Alabasterküste (1,5 km) sind die Stichworte, die einem zum Dorf einfallen. Nicht zu vergessen der Rundweg ab dem Stellplatz 🔴175. Von Infotafeln zu Flora und Fauna begleitet, geht es mit dem Fahrrad oder zu Fuß 7 km durch das breite Tal der Durdent, das letzte Drittel der Strecke auf separatem Weg an der Straße entlang.

Information
Office de Tourisme, 76450 Veulettes-sur-Mer, Chemin des courses 1, Tel. +33 (0)2 35975133, www.ville-veulettes-sur-mer.fr, Öffnungszeiten: Ostern–Sept. Sa/So 9.30–12.30 und 14–18 Uhr, Juli/Aug. tägl.

Picknickplatz an der Durdent bei Paluel
N49.83475° E0.62640°

🔴175 Plage, Veulettes-sur-Mer (s. S. 281)

Zur Weiterfahrt gibt es zwei Möglichkeiten: Die erste Variante führt auf der D79 die Küste entlang in 9 km nach St-Valery-en-Caux. Die zweite Variante (21 km) schwenkt ins Landesinnere. Die D10 leitet 9 km durch das grüne Tal der Durdent nach **Cany-Barville.** Im 20. Jh. dominierte hier eine florierende Textilindustrie. Heute ist es ein lebhafter Einkaufsort mit einem schönen Platz, auf dem montags ein großer Markt stattfindet. Von hier kommt man schließlich nach 12 km auf der D925 ebenfalls nach St-Valery-en-Caux.

Lac de Caniel in Vittefleur
N49.80074° E0.63095°, viele Freizeiteinrichtungen wie Wakeboard, SUP, Aquapark u. v. m., Öffnungszeiten: Apr.–Juni/Sept. Sa/So 14–18 Uhr, Juli/Aug. tägl. 11–19 Uhr

🔴176 Camping Le Clos de Charmilles, Cany-Barville (s. S. 281)

◁ Im lieblichen Tal der Durdent

ST-VALERY-EN-CAUX
(55 km – km 140)

Das betriebsame Hafenstädtchen wirkt auf Wohnmobilisten das ganze Jahr über wie ein Magnet. Kein Wunder, denn es bietet einen außerordentlich schön gelegenen Stellplatz **177** direkt am Meer. Sehenswert ist das **Maison Henri IV.** Eigentlich war es zwar Heinrich II., der hier nächtigte, aber der falsche Name hat sich inzwischen festgesetzt. Das Fachwerkhaus aus dem Jahr 1540 mit reich verziertem Gebälk beherbergt heute ein Museum über die Geschichte der Stadt, die Fischerei und den Zweiten Weltkrieg.

Viel ist nach dem Zweiten Weltkrieg vom alten St-Valery nicht übrig geblieben. Einen Rundgang wert ist allerdings das alte Fischerviertel mit malerischen Straßen und Gassen rund um die Rue Saint-Léger (hinter dem Maison Henri IV.). Beherrscht wird das Stadtbild vom großen Hafenbecken, das weit in den Ort hineinragt. Über 600 Boote schaukeln auf dem für St-Valery typischen grünen Wasser.

Information

Office de Tourisme, 76460 St-Valery-en-Caux, Quai d'Amont 1, Tel. +33 (0)2 35970063, Öffnungszeiten: Okt.–März Mo/Fr/Sa 9.30–12.30 und 14–18 Uhr, Apr.–Sept. Mo–Sa 9.30–12.30 und 14–18.30 Uhr, WLAN gratis

Sehenswertes

Maison Henri IV, Öffnungszeiten: Okt.–März Mi–So 10.15–12.30 und 14–16.45 Uhr, Apr.–Sept. Mi–So 10.15–12.30 und 14–18.15 Uhr, Juli/Aug. tägl., Jan. geschl., Eintritt: 2 €

Essen

La Boussole, 76460 St-Valery-en-Caux, Rue Max Léclerc 1, Tel. +33 (0)2 35571628, Öffnungszeiten: Mi–So. Günstige Menüs bei freundlichem Service.

Einkaufen

Pecheurs d'Islande, Quai du Havre 6, geöffnet: Mo–Sa 9–12.30 und 14.30–19 Uhr, Fischspezialitäten

⊡ An der grandiosen Alabasterküste mit ihren Falaise

177 Plage, Saint-Valery-en-Caux
(s. S. 282)

220nrm Abb.: gg

ABSTECHER INS LANDESINNERE (Rundfahrt 44 km)

Für Pflanzenliebhaber, an Flachs und Leinen Interessierte, Leckermäuler oder jene, die das ruhigere Hinterland zu schätzen wissen, ist dieser Abstecher zu empfehlen. Die D20 führt zunächst über eine schöne Pappelallee und dann an Feldern vorbei, auf denen überwiegend Flachs angebaut wird, ins 17 km entfernte **Doudeville.**

Genießer werden sicherlich vorher einen Abstecher über die D50 nach **Saint-Vaast-Dieppedalle** nicht versäumen. Auf der Ferme d'Emouville wird man ganz familiär zum Essen empfangen. Freitags- und samstagabends und sonntagmittags kocht Sylvie Follet ein Menü und serviert es im gemütlichen Nebengebäude ihres Bauernhofs, anschließende Womo-Übernachtung auf dem Parkplatz inklusive. Ganz in der Nähe lockt Hélène Follet mit ihren 40 verschiedenen Bauernhofeissorten.

Doudeville gilt als Stadt des Flachsanbaus. Der **Carrefour du Lin** zeigt zwei Filme (auch auf Deutsch): „Vom Anbau bis zur Haute Couture", der den Weg von der Pflanze über die Verarbeitung bis hin zum fertigen Kleidungsstück beschreibt und den sehr interessanten „Verbundwerkstoffe aus Leinen". Beide machen deutlich, welch ein vielfältig einsetzbares Material Leinen ist. In Schaukästen stellen örtliche Produzenten eine Auswahl ihrer Leinenproduktion (Kleidung, Schmuck, Taschen u. v. m.) aus. Vieles kann man hier direkt käuflich erwerben.

Sehenswertes/Information

Carrefour du Lin, 76560 Doudeville, Kreuzung D20 und D149, Öffnungszeiten: Apr.–Juni/Sept. Di–Sa 9–12.30 und 14–18 Uhr, Juli/Aug. auch Mo

Essen

Ferme d'Emouville, 76450 Saint-Vaast-Dieppedalle, Route d'Ouville 630 (N49.77215° E0.71431°), Tel. +33 (0)2 35566030, Reservierung empfohlen
Le P'tit Gourmet, Doudeville, Rue Carnot 4, Tel. +33 (0)2 35965056. Traditionelle, geschl. Mo/Mi/So-Abend; gutes Preis-Leistungs-Verhältnis

Einkaufen

Ferme d'Artemare Glaces de la ferme, 76450 St-Vaast-Dieppedalle, Impasse d'artemare 240, geöffnet:

Flachs und Leinen

Das Pays de Caux ist das französische Hauptan-baugebiet für Flachs, einer anspruchsvollen und mannigfaltig verwertbaren Pflanze. Mitte März bis Mitte April wird ausgesät, im Juni blüht der Flachs nur wenige Tage in leuchtendem Blau. Die Blüte verkapselt sich. Der darin enthaltene Samen, die Leinsaat, enthält Omega-3-Fettsäu-ren und schützt den menschlichen Organismus vor Herz- und Gefäßkrankheiten. Die 80 bis 100 cm hohen Pflanzen werden im Juli gerupft,

nicht geschnitten, und auf dem Ackerboden in Schwaden abgelegt. Nun dauert die „Tauchrot-te", d. h. die Einwirkung von Pilzen und Bakte-rien mithilfe der Sonne, bis Anfang September. Die Langfasern werden für die Leinenweberei verwendet, die sogenannten Kurzfasern für Seile und grobe Stoffe. Der holzige Teil wird zu Form-platten gepresst, aus dem Samen erhält man Leinöl, das u. a. für Kosmetika verwendet wird. Neue Forschungen sehen die Leinfaser auch als Ersatz von Fiberglas.

Do/Fr 14–19 Uhr, Sa 10–12 und 14–18 Uhr, Juli/Aug. auch Mi 14–19 Uhr
Charcuterie Bolinguer, 76560 Doudeville, Rue de l'Hôtel de Ville 8. Spezialität des Hauses: Pâté au Lin (Pastete mit Leinsamen)

⓴ Altes Schulhaus, Gonzeville (s. S. 282)

⓱ Parking du Mont Criquet, Doudeville (s. S. 282)

Man fährt nun zunächst auf der D20 zurück bis nach Ste-Colombe und biegt hier nach rechts auf die D75 nach Le Mesnil-Durdent (2 km) ab, dann folgt man den Hinweisschil-dern zum **Jardin des Amouhoques** (Parkplatz N49.81750° E0.77133°). Im gepflegten Schaugarten beim Fachwerkrathaus des Dor-fes **Le Mesnil-Durdent** sind viele verschiede-ne Wildkräuter des Pays de Caux angepflanzt. Kleine Tafeln mit ihren französischen, engli-schen und lateinischen Namen bringen sie dem Besucher näher.

Mountainbikestrecke ab Jardin des Amouhoques

Länge 16 km, Markierung blauer Punkt

Auffallend sind die traditionellen Bauernhö-fe, die **Clos-masures,** von Le Mesnil-Durdent. Inzwischen sind die meisten private Wohn-häuser, aber man sieht doch noch gut die

Erdwälle mit den obenauf gepflanzten hohen Bäumen. Diese umgeben das Bauerngehöft, um es vor dem Wind zu schützen. Innerhalb dieses Rechtecks stehen das Wohnhaus, die Scheune und die Stallungen. Im dazugehö-renden Garten werden Gemüse und Obst angebaut. Die Hausdächer sind teilweise auch heute noch mit Stroh gedeckt und am First entlang wachsen Schwertlilien auf ei-ner Lehmschicht, die dem Dachfirst Halt und konstante Feuchtigkeit geben.

Das nächste Ziel der Reise ist das **Château de Mesnil-Geoffroy,** das man nach etwa 2,5 km in südlicher Richtung über die D75 und die D70 erreicht. Es stammt aus dem 17. und 18. Jahrhundert. Das eigentlich Se-henswerte ist der 9 ha große Park mit seinem herrlichen Rosengarten. 2500 verschiedene Sorten blühen hier und verströmen ihren sü-ßen Duft.

Sehenswertes

Château de Mesnil-Geoffroy, Öffnungszeiten: Mai–Sept. Park Mi–So, Schlossführungen Fr–So 14.30–18 Uhr, Eintritt: Park 7/4 €, Schloss und Park 9/6 €, keine Hunde

Weiter fährt man auf der sehr schmalen D75 und D37 nach Veules-les-Roses, wo der Ab-stecher ins Landesinnere endet.

Wer den Abstecher nicht macht, fährt von St-Valery-en-Caux 8 km auf der D925 nach Veules-les-Roses.

VEULES-LES-ROSES
(8 km – km 148)

Veules-les-Roses ist das Dorf mit dem kürzesten Fluss Frankreichs. Die Veules, die dem Ort neben den zahlreichen Rosen seinen Namen gibt, misst von der Quelle bis zur Mündung in den Ärmelkanal gerade mal 1149 m. Der reizvolle Badeort lässt sich am besten auf einem Rundgang entlang der Veules erkunden. Traumhaft schöne, mit Stroh gedeckte Fachwerkhäuser und romantische Mühlen säumen den Weg. An der Quelle (Source) sind von alters her Wasserbecken angelegt, in denen auch heute noch Brunnenkresse gezogen wird (Verkauf Mitte Aug.–Mai So 14–18 Uhr). Der Mündungsbereich war der liebste Platz von Victor Hugo bei seinen Urlauben hier. Der gesamte Bereich wurde inzwischen neu gestaltet. Ein kleiner Park, ein Kinderspielplatz und ein flacher Pool für die Kleinen sorgen für einen schönen Ausklang des Rundganges.

Information
Office de Tourisme, 76980 Veules-les-Roses, Rue Victor Hugo 27, Tel. +33 (0)2 35976305, www.veules-les-roses.fr, Öffnungszeiten: Okt.–März Mi 9.30–12.30 Uhr, Fr 14–18 Uhr, Sa 9.30–12.30 und 14–18 Uhr, Apr.–Juni/Sept. Mi–So 9.30–12.30 und 14–18 Uhr, Juli/Aug. tägl. 9.30–12.30 und 14–18.30 Uhr. Hier gibt es einen Plan für den Stadt- und Flussrundgang mit Erklärungen.

Essen
Le Petit Veulais, 76980 Veules-les-Roses, Rue du Dr Pierre Girard 1, Tel. +33 (0)2 35975919. Kleines, einfaches Lokal, wo Muscheln, Galettes- und Crêpes-variationen serviert werden.
Les Galets, 76980 Veules-les-Roses, Rue Victor Hugo 3, Tel. +33 (0)2 35976133. Wer sich etwas Außerge-wöhnliches gönnen will und bereit ist, dafür auch einen höheren Preis zu zahlen, ist hier richtig.

Einkaufen
Austernverkauf Febr.–Dez. Sa/So 9–13 und 15–18 Uhr direkt am Strand

180 Vor dem Campingplatz Les Mouttes, Veules-les-Roses (s. S. 282)

181 Parking de la Falaise, Veules-les-Roses (s. S. 282)

182 Aire Camping Car à la Ferme, St-Pierre-le-Vieux (s. S. 282)

Auf der folgenden Route 10 geht es immer am Meer entlang. So kommt man auf der D68 über Sotteville-sur-Mer nach Saint-Aubin-sur-Mer.

183 Camping le Mesnil, St-Aubin-sur-Mer (s. S. 283)

184 Parkplatz am Strand, St-Aubin-sur-Mer (s. S. 283)

△ *Veules-les-Roses, das Dorf mit dem kürzesten Fluss Frankreichs*

Weiter auf der Küstenstraße D75 fährt man über Quiberville und Ste-Marguerite-sur-Mer nach **Varengeville-sur-Mer.**

Picknickplatz

Von der D75 nach links 800 m zum Phare d'Ailly fahren. Am Wegesrand stehen Picknicktische, die Straße mündet in zwei Parkplätze (N49.91573° E0.95947°) im Wald.

Aussichtspunkt auf Steilküste, D75 hinter Pourville-sur-Mer
N49.91940° E1.04091°

185 Stellplatz vor dem Camping de la Plage, Quiberville (s. S. 283)

☐ *Früher legten im Hafenbecken von Dieppe die Fähren nach England ab*

Am Ortsrand folgt man dann den Hinweisschildern zum **Le Parc des Moutiers** nach. Ein 12 ha großes Gelände um ein Herrenhaus wurde im Stil der englischen Landschaftsgärten angelegt und gilt mit dem Buchsgarten, den vorwiegend weißen Pflanzen, den riesigen Rhododendren mit einer Höhe von bis zu 10 m und den prallen Rosen- und Hortensienbüschen als einer der schönsten der Normandie.

Sehenswertes
Le Parc des Moutiers, N49.91125° E0.98286°, Öffnungszeiten: Mitte März–Mitte Nov. 10–12 und 14–18 Uhr, Eintritt: 11/5 €

Noch bevor man nach 11 km auf der D75 nach Dieppe fährt, sollte man, auch wenn man sich nicht für Elfenbeinkunst interessiert, den Hinweisschildern zum Château folgen. Vom Parkplatz (N49.92503° E1.06825°) bietet sich ein umfassender Blick auf Dieppe.

161mm Abb.: gg

DIEPPE (30 km – km 178)

Bei der Touristeninformation beginnt der Stadtspaziergang durch die Hafenstadt. Geradeaus kommt man zum Place Nationale, an dessen Ende ab 1250 die **Église St-Jacques** errichtet wurde. Den Fortschritt ihrer sukzessiven Renovierung sieht man gut an den helleren Teilen der Fassade. Besonders schön ist hier und im Chorraum der üppige Flamboyant-Gotikschmuck. Das Kirchenschiff aus dem 13. und 14. Jh. ist dagegen eher schlicht gehalten. Nicht sattsehen kann man sich an den vielen Details des Frieses („Mur des sauvages") im linken Chor. Er stammt ursprüng-

lich aus dem 1694 abgebrannten Haus des Reeders Ango und zeigt dessen Abenteuer in fernen Ländern.

Der Reeder **Jehan Ango** (1480–1551) kam durch den Handel mit Elfenbein, exotischen Gewürzen und Hölzern zu einem enormen Reichtum. Er war ein großer Kunstmäzen, rüstete eine Forschungsexpedition von Giovanni da Verrazano aus und finanzierte eine Reise von Paulmier de Gonneville, der behauptete, Australien entdeckt zu haben.

Weiter geht der Stadtspaziergang durch die Grande Rue, die Hauptgeschäftsstraße der Stadt. Gemütlich kann man hier durch die Fußgängerzone bummeln und einen Blick auf

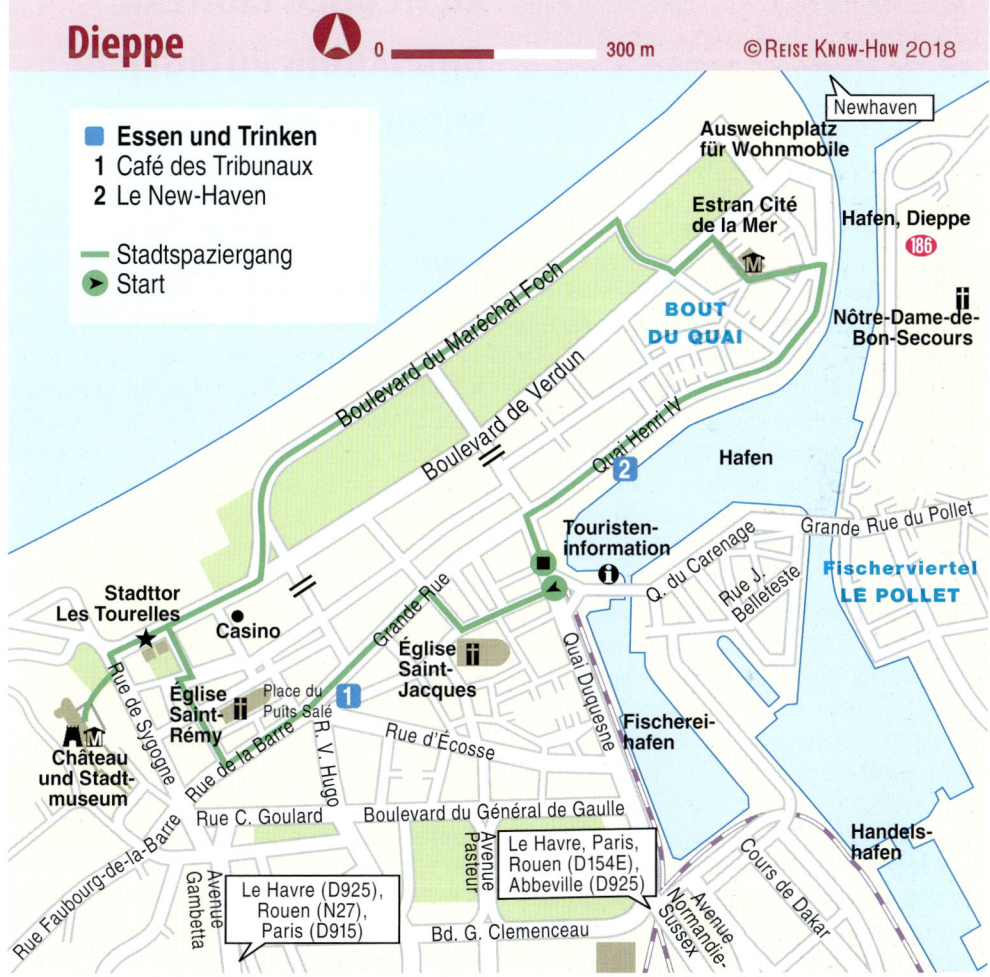

die teilweise wunderbar gestalteten schmiedeeisernen Balkone werfen. Der **Place du Puits-Salé** wird vom **Café des Tribunaux** mit seiner Uhr von 1709 dominiert. Hier trifft man sich am belebten Mittelpunkt der Stadt, um zu sehen und gesehen zu werden. Man spaziert auf der Rue de la Barre mit ihren schönen alten Häusern weiter, um dann nach rechts in die Rue des Bains einzuschwenken. Geradeaus geht man durch **Les Tourelles,** das einzige erhaltene der ehemals fünf Stadttore, zur Uferpromenade. Wer will, steigt hier zum aus abwechselnden Lagen von Sand-, Back- und Feuerstein erbauten **Château** hinauf. Zu sehen gibt es dort u. a. eine große Sammlung von Elfenbeinschnitzereien.

Abschließend geht es auf der Strandpromenade geradeaus bis man ins Quartier Bout du Quai, den ältesten Teil der Stadt, zum Museum **Estran Cité de la Mer** abbiegt. Es gliedert sich in die fünf Themenbereiche Schiffsbau, Fischfang, Küstenlandschaft, Energiegewinnung und Seeaquarien. Noch gut erhalten ist der alte Straßenzug gegenüber dem Museum. Rechts haltend, kommt man an den bunten Reederhäusern am Quai Henri IV vorbei. Hier befand sich bis 1994 die Anlegestelle der Englandfähre. Durch das malerische Fischerviertel **Le Pollet** zwischen Stellplatz und Drehbrücke kann man hinauf zur 1876 errichteten Kapelle **Nôtre-Dame-de-Bon-Secours** steigen. In ihrem Innern erinnern Steinplatten an die verschollenen Seeleute von Dieppe.

Information

Office de Tourisme, 76204 Dieppe, Pont Jehan Ango, Tel. +33 (0)2 32144060, www.dieppetourisme.com, Öffnungszeiten: Okt.–März Mo–Sa 9–13 und 14–17 Uhr, Apr.–Juni/Sept. Mo–Sa 9–13 und 14–18 Uhr, Juli/Aug. 9–19 Uhr, Mai–Sept. auch So 9.30–13 und 14–17.30 Uhr

Sehenswertes

Château, 76200 Dieppe, Rue de Chastes, Tel. +33 (0)2 35066199, Öffnungszeiten: Juni–Sept. Mi–Mo 10–18 Uhr, Okt.–Mai Mi–Mo 10–12 und 14–17 Uhr, Eintritt: 4,50/2,50 €

L'Estran Cité de la Mer, 76200 Dieppe, Rue de l'Aisle Thomas, Tel. +33 (0)2 35069320, Öffnungszeiten: Mo–Fr 9.30–18 Uhr, Sa/So 9.30–12.30 und 13.30–18 Uhr, Eintritt: 7,50/4/24 €

Essen

Le New-Haven, 76200 Dieppe, Quai Henri IV 53, Tel. +33 (0)2 35848972, Di, Mi geschlossen. Im rustikalen Ambiente und mit Blick auf den Jachthafen bekommt man gute traditionelle Küche, besonders reiche Fischauswahl.

⑱⑥ Quai de la Marne, Dieppe (s. S. 283)

ABSTECHER CHÂTEAU UND JARDIN POTAGER DE MIROMESNIL (hin und zurück 21 km)

Gartenliebhaber sollten über die D915/D54/D254 einen Abstecher zum Château de Miromesnil machen. 1590 begonnen, zeigt das Schloss zwei sehr unterschiedliche architektonische Gesichter: die schlichte Südseite im Stil Heinrichs IV. und die üppig dekorierte Nordfassade im Stil Ludwigs XIII. Innerhalb dieser Mauern erblickte Guy de Maupassant, einer der großen Erzähler der französischen Literatur, am 5. August 1850 das Licht der Welt.

Der **Schlossgarten** ist berühmt für seine Kombination von Blumen- und Gemüseanbau. Obstbäume, Magnolien, Clematis und Rosen harmonieren mit Gemüsebeeten und vielerlei bunt blühenden Stauden – ein gutes Beispiel für einen traditionellen *potager,* einen typisch französischen Gemüsegarten, in dem auch viele Blumen blühen. Eine 200 Jahre alte Libanon-Zeder ist das älteste Exemplar unter den mehr als 3000 Bäumen des 16 ha großen Geländes.

Außen schlicht und im Innern reich dekoriert, überrascht eine kleine, im Wald versteckte **Kapelle** den Besucher.

Zu der Steilküste (Falaise) von Criel-sur-Mer

Vom Parkplatz (GPS N50.01751° E1.31677°) geht man zwischen Manoir de Briancon und öffentlichem WC hindurch über eine Brücke und erreicht die Rue de la Plage (Markierung: gelber Strich). Kurz rechts halten und dann weiter dem gelben Strich (Rue de Moulin d'Huile) durch ein Neubaugebiet bis zum Campingplatz Le Mont Jolie Bois ⑱ *folgen. Man überquert die Straße und steigt dann entlang des Campingplatzes (Markierung: weiß-roter Strich) auf einem Feldweg an Brombeer- und Schlehenhecken vorbei hinauf zum Aussichtspunkt.*

Das Auge schweift weit über die Bucht von Criel mit den strahlend weißen Felsen und dem türkisfarbenen Meer. Nach links wandernd, bietet sich immer wieder ein grandioser Ausblick auf die Steilküste, bis man auf einer steilen Eisentreppe hinunter ins schmale Val Pollet steigt. Eine Treppe und Stufen führen anschließend wieder hinauf zur Hochfläche. Der schmale Pfad verlässt nach einiger Zeit die Küste und leitet zwischen Zäunen aus Stacheldraht im Rechteck um eine Weide.

Wenn er wieder meerwärts abzweigt, geht man nach links auf einem Wiesenweg weiter bis zur Einmündung in einen befestigten Weg. Auf diesem geht es nach links zunächst asphaltiert und später geschottert weiter. Wenn der Weg nach links abbiegt, wendet man sich nach rechts und geht auf dem Wiesenweg weiter. Immer rechts haltend gelangt man leicht bergan in ein Wäldchen, das man, der gelben Markierung folgend, abwärts durchquert.

Immer weiter bergab kommt man nach Criel-sur-Mer. Hier wandert man nach links in die Rue des Érables (gelber Strich), bis diese auf die D222 stößt, und dann weiter zum Parkplatz.

Die beschriebene Wanderung (Dauer ca. 2:30 Std.) ist als mittelschwere einzustufen. Man sollte auf jeden Fall trittsicher und schwindelfrei sein. Für Hunde ist die Strecke nur bedingt geeignet (steile Eisentreppe).

162nrm Abb.: gg

Sehenswertes

Château und Jardin Potager de Miromesnil,
N49.86259° E1.08269°, Öffnungszeiten Garten:
Apr.–Okt. 10–12 und 14–18 Uhr, Eintritt: 5 €, geführte
Touren: im Schloss Beginn 10.30, 14.30, 16 und 17
Uhr, Eintritt: Schloss und Küchengarten 8/4 €, inkl.
Kapelle 10/6,50 €, Kinder bis 7 Jahre frei

Die Reise geht weiter auf der D925 Richtung Le Tréport. Unterwegs in **Criel-sur-Mer** parkt man beim Manoir de Briancon aus dem 16. Jh. (GPS N50.01751° E1.31677°, Parkverbot für Womos zwischen 19 und 8 Uhr). Von 1691 bis 1957 Sitz eines Krankenhauses, nimmt seit 1972 die Stadtverwaltung hinter den wuchtigen Mauern Platz. Von hier kann man zu einer schönen Wanderung (s. S. 273) starten.

Immer an der Küste entlang erreicht man über den Ort **Mesnil-Val** (D126 E) den Stellplatz ⑱⑨ oberhalb von Le Tréport. Mit der Standseilbahn schwebt man von hier gratis hinunter ins Zentrum.

⑱⑦ Camping le Val Boisé,
Berneval-Le-Grand (s. S. 284)

⑱⑧ Camping Le Mont Joli Bois,
Criel-sur-Mer (s. S. 284)

⑱⑨ Funiculaire,
Le Tréport (s. S. 284)

LE TRÉPORT (30 km – km 208)

Vom Platz bei der Bergstation der Standseilbahn liegt dem Besucher ganz Le Tréport mit seiner Altstadt und dem weitläufigen Hafen zu Füßen. Links und rechts wird die Stadt von hohen, weiß leuchtenden Klippen flankiert. Mit der gläsernen Seilbahn unten angekommen, spaziert man auf der Rue Gambetta durch das idyllische alte Seiler- und Fischerviertel. Besonders die vielen kleinen Balkone zu den kerzengerade verlaufenden Gassen hin fallen ins Auge. Über Treppen steigt man

hinauf zur **Église Saint-Jacques** mit ihrer für die Region typischen Fassade aus Feuer- und Sandstein. Kunstvolle Abhänglinge und die Pieta im linken Seitenschiff, beide aus dem 16. Jh., sind im Inneren der Kirche von Interesse.

Herrlich flanieren lässt es sich entlang des Quai François 1er mit seinen vielen Restaurants und Cafés. Von Mai bis September findet jeden Abend die spektakuläre Illumination der Klippen statt. Beim Phare hat man das beste Panorama (von Oktober bis April nur Freitag-, Samstag- und Sonntagabend).

Information

Office de Tourisme, 76470 Le Tréport, Quai Sadi Carnot, Tel. +33 (0)2 35860569, www.ville-le-treport.fr, Öffnungszeiten: Okt.–März Di/Mi/Fr/Sa 10–12 und 14–17 Uhr, So 10–13 Uhr, Apr.–Juni/Sept. tägl. 10–12 und 14–17 Uhr, Juli/Aug. Mo–Sa 9.30–19 Uhr, So 9.30–18 Uhr

Essen

La Pile D'Assiettes, 76470 Le Tréport, Rue Gambetta 1–3, Tel. +33 (0)2 35846561, Mi Ruhetag. Hier kommt nur Marktfrisches in den Kochtopf – man schmeckt es!

⑲⓪ Aire du Parc Sainte Croix, Le Tréport
(s. S. 284)

EU (4 km – km 212)

1050 fand im **Château** die geheime Hochzeit von Wilhelm dem Eroberer mit Mathilde von Flandern statt. Allerdings hatte es damals ein anderes Aussehen, als das Schloss, das man heute zu Gesicht bekommt. Die alte Burg wurde auf Befehl Ludwigs des XI. geschleift und an ihrer Stelle ab 1578 von Catherine de Clèves und ihrem Gemahl Heinrich von Lothringen der heutige Prachtbau aus Ziegel- und Naturstein erbaut. 1843 und 1845 empfing hier Louis Philippe die englische Königin Victoria und besiegelte die **Entente cordiale** (Bündnis zwischen Frankreich und England).

Das **Musée Louis-Philippe** zeigt die prächtigen Salons, Schlaf- und Badezimmer, den Speisesaal und anhand eines Videofilmes die Geschichte des Hauses. Im Barockgarten hinter dem Schloss kann man, ohne Eintritt zu bezahlen, mit Musik begleitet lustwandeln.

Gleich gegenüber dem Schloss beherrscht die **Collégiale Nôtre-Dame-et-Saint-Laurent** den Place Guillaume Le Conquérant. Das wohlproportionierte Kirchenschiff wurde im 12. Jh., der Chor im 15. Jh. erbaut. Besonders sehenswert ist die Grablege der Grafen von Eu und das Grab des **heiligen Laurentius O'Toole** (1180) in der Krypta unter dem Chor. Die Skulptur des heiligen Laurentius, dem diese Kirche neben der Jungfrau Maria geweiht ist, ist eine der ältesten Grabfiguren der Region.

Vom **Place Saint-Laurent O'Toole** hinter der Kirche hat man eine schöne Aussicht über die Dächer von Eu. Über die Rue du Collège spaziert man zur **Jesuitenkapelle** (Chapelle du Collège) aus dem 17. Jh. mit ihrer prachtvollen Louis-treize-Fassade. Kunstvoll gestaltet sind die beiden Grabmäler von Heinrich von Lothringen und seiner Gemahlin Catherine de Clèves im Chor.

Auf der Rue de L'Abbaye hinunter, findet man rechter Hand das **Hôtel-Dieu** (Hospiz) von 1675. Von 1658 bis Februar 1967 waren hier die Barmherzigen Schwestern in der Krankenpflege tätig.

Schon lange ist das Tal der Bresle berühmt für die Herstellung von Parfümflakons aus Glas. Auch heute noch kommen 80 % der weltweiten Produktion aus dieser Gegend. Über die Fertigung der Flakons zu Zeiten der alten Ägypter bis hin zur Industrialisierung informiert das **Musée des Traditions Verrières** am Ortsrand. Es gibt sehr viel zu sehen in Eu! Für einen angenehmen Aufenthalt sorgt auch der günstige, idyllische Campingplatz **191**.

Information

Office de Tourisme, 76260 Eu, Place Guillaume Le Conquérant, Tel. +33 (0)2 35860468, Okt.–März Mi–Sa 10–12 und 14–17 Uhr, Apr.–Juni/Sept. Di–Sa 10–12 und 14–17 Uhr, So 10–12.30 Uhr, Juli/Aug. Mo–Sa 9.30–18 Uhr, So 9.30–12.30 und 14–17 Uhr

⌂ *Das Château d'Eu – prachtvoll verbauter Ziegelstein*

Sehenswertes

Château d'Eu, 76260 Eu, Tel. +33 (0)2 3586440, Öffnungszeiten: Mitte März–Mitte Nov. Mi–Mo 10–12 (außer freitags) und 14–18 Uhr, Eintritt: 5/2 €
Chapelle du Collège, Öffnungszeiten: Di–Sa 10–12 und 14–18.30 Uhr, So 14.30–18.30 Uhr, Eintritt: frei
Musée des Traditions Verrières, RD 1015, GPS N50.05478° E1.42684°, Tel. +33 (0)2 35862191, Öffnungszeiten: 14–17.30 Uhr, Apr.–Juni Di/Sa/So, Juli–Sept. Di/Mi/Sa/So, Okt.–Mitte Nov. Di/Sa., Eintritt: 4 €

191 Camping Municipal, Eu (s. S. 284)

Immer der D49 durch das weite Tal der Bresle folgend, erreicht man über Incheville in Longroy die Abzweigung der D14 Richtung Guerville. Auf ihr und später auf der D149 rollt das Womo durch das hügelige Weideland des Pays de Brays und den dichten Wald des Forêt d'Eu über Grandcourt nach Fresnoy-Folny. D12 und D1 leiten auf schöner Strecke nach **Mesnières-en-Bray.**

Die Auszeichnung mit vier Blumen *(village fleuri)* für den üppigen Blütenschmuck trägt das reizende Dörfchen zu Recht. Das imposante Renaissanceschloss, der gute Stellplatz 193 und zwei ausgeschilderte Wande-

rungen von 5,5 und 10 km Länge (Start beim Schloss) sind ausgezeichnete Voraussetzungen für einen erholsamen Tag. Oder doch lieber eine Fahrradtour auf der Avenue verte: 29 km nach Dieppe, 5 km nach Neufchâtel-en-Bray?

Picknickplatz an der D1314
N49.84502° E1.40476°, schöne Fernsicht

192 Aire des Camping-Cars, Incheville (s. S. 284)

193 Aire des Camping-Cars, Mesnières-en-Bray (s. S. 284)

NEUFCHÂTEL-EN-BRAY
(58 km – km 270)

Das freundliche Neufchâtel-en-Bray mit seinem hübschen Hauptplatz ist weit über die Grenzen Frankreichs hinaus für seinen gleichnamigen Käse bekannt, der durch das AOC-Label (Appellation d'Orgine) geschützt ist. Die Herstellung ist auf das Gebiet um Neufchâtel begrenzt. Frisch vom Erzeuger gibt es ihn am Samstag auf dem Markt.

In einem Bürgerhaus aus dem 16. Jahrhundert ist das **Musée Mathon-Durand** mit Ausstellungen zu traditioneller Landwirtschaft, unter anderem einer Molkerei und einer Käserei, untergebracht. Außerdem werden Töpferwaren und Fayencen aus der Region gezeigt.

Information

Bray Eawy Tourisme, 76270 Neufchâtel-en-Bray, Place Nôtre-Dame 6, Tel. +33 (0)2 35932296, www.ot-pays-neufchatelois.fr, Öffnungszeiten: Mitte April–Juni/September–Mitte Oktober Di–Fr 10–12.30 und 14–18 Uhr, Sa 9.30–12.30 und 14–18 Uhr, Mitte Oktober–Mitte April Di–Fr 14–17 Uhr, Sa 9.30–12.30 und 14–18 Uhr, Juli/August Mo 15–18.30 Uhr, Di–Sa 9–18.30 Uhr, So 10–13 und 14–17 Uhr

Sehenswertes

Musée Mathon-Durand, 76270 Neufchâtel-en-Bray, Grande Rue Saint-Pierre (Kreuzung D1 und D928), Tel. +33 (0)2 35930655, Öffnungszeiten: Apr.–14. Juni/16. Sept.–Okt. Sa/So 14–18 Uhr, 15. Juni–15. Sept. Di–So 14–18 Uhr, Eintritt: 4/2 €

Essen

Les Airelles, 76270 Neufchâtel-en-Bray, Passage Michu 2, Tel. +33 (0)2 35931460, www.les-airelles-neufchatel.com. Abwechslungsreiche, gute Küche, nette Terrasse, ein vegetarisches Menü

Parken

N49.73220° E1.44007°, P3 commerce, große Womos besser N49.73013° E1.43702°

194 **Aire de Camping Cars de Sainte-Claire, Neufchâtel-en-Bray (s. S. 285)**

Auf der D1314 geht es auf 18 km durch das schöne Pays de Bray nach Forges-les-Eaux. Nach 5 km lohnt sich der Besuch der **Ferme des Fontaines GAEC Brianchon,** der ältesten Käserei der Region, in **Nesle-Hodeng.** Man biegt beim Straßenschild Nesle-Hodeng (D135) nach links ab. Nach 450 m weist links ein Schild auf die Käserei hin.

Sehenswertes

Ferme des Fontaines GAEC Brianchon, 76270 Nesle-Hodeng, Route de Gaillefontaine 427, N49.70472° E1.50076°, Tel. +33 (0)2 32970646, Öffnungszeiten: März–Okt. tägl. 14–18 Uhr

Dem interessierten Besucher erklären Alex und Olivier Brianchon gerne die verschiedenen Arbeitsgänge und Reifeprozesse bei der Herstellung des berühmten Kuhmilchkäses Neufchâtel. Natürlich kann man hier auch Käse einkaufen – vom 10 Tage alten Frischkäse bis zu einem zwei Monate trocken gereiften Stück in der traditionellen Herzform.

195 **Aire de Camping Cars Rue Gare, Nesle Saint-Saire (s. S. 285)**

FORGES-LES-EAUX
(18 km – km 288)

Früher wurde in Forges-les-Eaux Metall in Schmieden *(forges)* verarbeitet, heute badet hier der Kurgast im eisenhaltigen, leicht radioaktiven Wasser. Schöne Spazierwege führen durch den Bois de l'Epinay und rund um den **Lac de l'Andelle** und den **Lac de l'Epinay.** Wie wäre es anschließend mit einem Besuch des Kasinos?

Auf der Fahrt ins Zentrum kommt man an der Fassade des ehemaligen Karmeliterinnenklosters aus dem 17. Jh. vorbei. Das freundliche Städtchen selbst wartet mit einigen alten Fachwerkhäusern, netten Plätzen, einem hübschen Rathaus mit einem kleinen Park sowie einem schönen, allerdings auch gut besuchten Stellplatz **196** auf.

◁ *Hier entsteht in Handarbeit der köstliche Neufchâtel*

Information

Office de Tourisme, 76440 Forges-les-Eaux, Rue Albert Bochet, Tel. +33 (0)2 35905210, Öffnungszeiten: Okt.–März Di–Sa 9.30–12.30 und 14–17 Uhr, April–Sept. Mo–Sa 9.30–12.30 und 14–18 Uhr, Mai–Sept. auch So 9–13 Uhr

⑲⑥ Aire de Camping Cars, Forges-les-Eaux (s. S. 285)

Hinter Forges-les-Eaux kann man entweder auf der D915 schnell Gournay-en-Bray (20 km) erreichen oder man fährt auf teilweise schmalen Straßen durch das grüne Pays de Bray und durch kleine Dörfer hindurch. Im Folgenden wird die landschaftlich schönere Strecke durch das **Pays de Bray** beschrieben.

Auf der D921 verlässt man Forges-les-Eaux, um nach 3 km nach rechts auf die D61 in Richtung **La Ferté-St-Samson** abzubiegen. Noch vor dem Dorf führen Hinweisschilder „Route des Paysages" hinauf zum Aussichtspunkt nahe der Kirche (GPS N49.57805° E1.52677°). Die Zufahrtsstraße ist allerdings sehr schmal. Alternativ fährt man ins Dorf La Ferté hinein und parkt auf dem großen Place de la Mairie (GPS N49.57823° E1.52426°) mit dem **Maison Heinrichs IV.** Das schmucke Fachwerkhaus stammt aus dem 16. Jh. Vom Dorfplatz aus kann man zu Fuß hinauf zur Kirche und weiter zum Aussichtspunkt steigen.

Ob nun mit Womo oder zu Fuß, die Aussicht von oben ist wirklich allumfassend: Man hat eine Rundumsicht auf das Kalksteinplateau, das als *boutonnière* (Knopfloch) bezeichnet wird. Dort wo bereits im 10. und 11. Jh. ein hölzerner Donjon (Wohnturm einer Burg) stand, findet man heute eine kunstvoll gestaltete Orientierungstafel aus bemalter Emaille.

Über die schmalen Straßen D61 und D1 ist bald **Signy-en-Bray** erreicht. Vom ehemaligen Klosterkomplex der Abbaye de Signy steht noch die Abteikirche. Der Chor stammt aus dem 12. und das Portal aus dem 13. Jh.

Die weitere Fahrt geht über die D41 Richtung Argueil und dort auf der D921 bis nach Fry. Bereits kurz vor der Kirche zweigt die D1 nach Beauvoir-en-Lyons ab. Hinter der Kir-

che von **Beauvoir-en-Lyons** hat man wieder eine wunderschöne Aussicht auf das grüne Pays de Bray (Parken bei GPS N49.50314° E1.58617°). Immer weiter auf der D1 erreicht man nach 6 km die N31, die nach 7,5 km in die D915 mündet. Auf ihr fährt man in wenigen Minuten nach **Gournay-en-Bray,** einem lebhaften Städtchen mit zwei Markttagen: Dienstag und Freitag. Regionale Produkte wie Käse, Butter, Fleisch und Geflügel werden dann den Marktbesuchern feilgeboten. In der **Stiftskirche Saint-Hildevert** aus dem 11. und 12. Jahrhundert werden die Reliquien des heiligen Hildevert aufbewahrt. Einen farbigen Akzent setzt das prächtige Glasfenster hinter dem Altar im schlichten, hellen Innenraum.

Information

Office de Tourisme, 76220 Gournay-en-Bray, Place d'Armes 9, Tel. +33 (0)2 35902834, www.gournayenbray-tourisme.fr, Öffnungszeiten: Apr.–Sept. Di-Sa 10–12 u. 14–17.30 Uhr, Okt.–März Di–Fr 10–12 und 14–17 Uhr, Sa 10–12 Uhr, Internetanschluss 1 €/15 Min.

⟨197⟩ Accueil Camping Cars Saint Clair, Gournay-en-Bray (s. S. 285)

⟨198⟩ Avenue Sadi Carnot, Gournay-en-Bray (s. S. 285)

Auf der D915 kommt man ins ansprechende Gisors. Unterwegs findet man in Sérifontaine noch einen privaten Stellplatz ⟨199⟩.

⟨199⟩ Aire Camping Car Bois Marie, Sérifontaine (s. S. 285)

◁ *Auf einem künstlich aufgeschütteten Erdhügel, einer sogenannte Motte, steht der Donjon in Gisors*

GISORS (46 km – km 334)

Vom Parkplatz sieht man schon den Turm der **Église St-Gervais-et-St-Protais,** der die Häuserdächer überragt. Trotz der verschiedenen Baustile von Gotik bis Renaissance wirkt die dreischiffige Basilika sehr harmonisch. Im Innern sind die Wendeltreppe (1570) von Jean Grappin, die Renaissance-Bleiglasfenster und das Flachrelief „Wurzel Jesse" von Pierre Fresnoy in der Kapelle des Südturms sehenswert. Die „Wurzel Jesse" zeigt den Stammbaum Jesu.

Ohne Eintritt zu bezahlen kann man den Park, der das **Château** umgibt, betreten. Von der Burgmauer hat man einen wunderschönen Blick über die Dächer von Gisors. Gebaut wurde die Festung 1097 von Wilhelm II. von England, einem Sohn Wilhelms des Eroberers, und 1160 von Heinrich II. Plantagenêt verstärkt. Der Donjon erhebt sich auf einem künstlich aufgeschütteten Erdhügel und bei einer Führung kann man den Wachturm erklimmen und die Aussicht genießen.

Information

Office de Tourisme, 27140 Gisors, Rue de Général de Gaulle 4, Tel. +33 (0)2 32276063, www.tourisme-gisors.fr, Öffnungszeiten: Mo–Sa 9–12 und 14–18 Uhr, Apr.–Sept. auch So 10–12 und 14–16 Uhr

Sehenswertes

Château, Öffnungszeiten Park: Apr.–Sept. 8–19.30 Uhr, Okt.–März 8–17 Uhr, Führungen: Feb.–Nov. tägl. um 10 und 14.30 Uhr, Eintritt: 5/3 €

Einkaufen

Montags und **freitagvormittags** findet bei der Touristeninformation ein **Markt** statt.

Parken

Gisors macht es dem Wohnmobilfahrer nicht leicht, denn beinahe alle Parkplätze sind mit Schranken bis 1,90 m Höhe versehen. Außer am Montag- und Freitagvormittag kann man auf dem Marktplatz (N49.27947° E1.77790°) kostenlos parken.

221nrm Abb.: gg

STELL- UND CAMPINGPLÄTZE ENTLANG DER ROUTE

165 Aire Étappe Camping car, St-Jouin-Plage

N49.65085° E0.16328°

Offizieller Stellplatz an der Straße hinunter zum Kiesstrand, Lage gut und relativ ruhig. Alternativplätze unten am Strand (N49.65168° E0.15430°). **Lage/Anfahrt:** Durch St-Jouin-Bruneval hindurch immer den Hinweisschildern „St-Jouin-Plage" folgen; **Platzanzahl:** 20; **Untergrund:** Schotter, Wiese; **Ver-/Entsorgung:** Strom (2 Anschlüsse), Trinkwasser, Abwasser, Chemie-WC; **Preise:** kostenlos, 2 €/Wasser oder 55 Min. Strom mit Jetons (im örtlichen Handel); **Geöffnet:** frei zugänglich; **Kontakt:** 76280 Saint-Jouin-Bruneval, Rue Lord Louis Mountbatten

166 Phare, La-Poterie Cap-d'Antifer

N49.68300° E0.16488°

Ruhiger, offizieller Stellplatz beim Leuchtturm, der allerdings nachts blinkt. **Lage/Anfahrt:** Von der D940 in das Dorf abbiegen und hier dem Womopiktogramm 1,7 km folgen; **Platzanzahl:** 2–3; **Untergrund:** Schotterrasen; **Preise:** kostenlos; **Geöffnet:** frei zugänglich; **Kontakt:** 76280 La Poterie-Cap-d'Antifer, Route de la Côté

167 Aire stationnement Maupassant, Étretat

N49.70018° E0.21591°

Offizieller Stellplatz neben dem Campingplatz, ca. 1 km bis ins Zentrum, Lage befriedigend und laut (Straßenlärm). **Lage/Anfahrt:** In Étretat nach rechts Richtung A29 und „Camping Municipal" fahren. Hinter dem Campingplatz nach links zum Platz; **Platzanzahl:** 30; **Untergrund:** Schotter; **Ver-/Entsorgung:** Strom (2 Anschlüsse), Trinkwasser, Abwasser, Chemie-WC; **Sicherheit:** umzäunt; **Preise:** 8 €/Fahrz., 2 €/10 Min. Wasser oder 55 Min. Strom (Campingplatz Apr.–15. Okt.: 4,95 €/Fahrz., 3,85 €/Pers., Strom 5–6 €, Taxe 0,20 €); **Geöffnet:** ganzjährig; **Adresse/Kontakt:** 76790 Étretat, Rue G. de Maupassant 69, Tel. +33 (0)2 35270767

168 Bahnhof, Étretat

N49.70837° E0.21511°

Offizielle Stellplätze entlang der Straße (Sackgasse) beim alten Bahnhof und der Gendarmerie. **Lage/Anfahrt:** Durch Étretat Richtung Fécamp und dann nach links auf die D11 (Benourville), nach 500 m rechts zum Stellplatz abbiegen; **Platzanzahl:** 10; **Untergrund:** Asphalt; **Sicherheit:** beleuchtet; **Preise:** gebührenpflichtig 9–19 Uhr 3 €; **Geöffnet:** frei zugänglich; **Adresse/Kontakt:** 76790 Étretat, Place de la Gare

169 Camping Le Rivage, Yport

N49.73660° E0.30735°

Großzügiges Wiesengelände mit herrlicher Aussicht aufs Meer. WLAN, Laden, Snackbar. Lage sehr gut und ruhig. **Lage/Anfahrt:** Von der D211 vor dem Ort nach links zum Platz, ausgeschildert; **Platzanzahl:** 100; **Untergrund:** Wiese; **Ver-/Entsorgung:** Strom, Trinkwasser, Abwasser, Chemie-WC; **Sicherheit:** umzäunt, beleuchtet; **Preise:** 16,60–19,10 €/Fahrz. inkl. 2 Pers. mit Strom und Dusche, Taxe 0,20 €/Pers.; **Geöffnet:** Apr.–Anfang November, **Adresse/Kontakt:** 76111 Yport, Rue André Toutain, Tel. +33 (0)2 35273378, www.camping-lerivage.com

⑰ Camping La Chênaie, Yport
N49.73292° E0.32069°

Platz mit befriedigender Sanitärausstattung am Ortsrand, teils im Wald, teils sonnige Wiese. Beheiztes Schwimmbad, WLAN gratis. **Lage/Anfahrt:** Durch den Ort, ausgeschildert; **Platzanzahl:** 50; **Untergrund:** Wiese; **Ver-/Entsorgung:** Strom, Trinkwasser, Chemie-WC; **Sicherheit:** umzäunt, beleuchtet, bewacht; **Preise:** Pauschale 19–32 €/Fahrz. inkl. 2 Pers. und Strom, Pauschale von 18 bis 10 Uhr 14–19 €, Hund 2–3 €; **Geöffnet:** Apr.–Sept.; **Adresse/Kontakt:** 76111 Yport, Rue H. Simon, Tel. +33 (0)2 35273356, www. flowercampings.com

⑰ De la Mâture, Fécamp
N49.76012° E0.37350°

Offizielle, separate Stellplätze mit Toilette auf einem großen Parkplatz auch für Pkws, zentrumsnah. Lage befriedigend und relativ ruhig. **Lage/Anfahrt:** Auf der D211 bis zum Hafen, dann rechts und beim Kreisverkehr links in die D925 fahren. Nach wenigen Metern hinter der Touristeninformation rechts abbiegen; **Platzanzahl:** 30; **Untergrund:** Schotter; **Ver-/Entsorgung:** Trinkwasser, Abwasser, Chemie-WC; **Sicherheit:** beleuchtet; **Preise:** 5 €/24 Std., 3 €/10 Min. Wasser (Jetons); **Geöffnet:** ganzjährig; **Adresse/Kontakt:** 76400 Fécamp, Chaussée R. Gayant

⑰ Quai Sardi Carnot, Fécamp
N49.76064° E0.37268°

Offizielle Stellplätze entlang einer Halle am Quai, Sicht zum Hafen. Lage befriedigend und laut. **Lage/Anfahrt:** Wie Platz ⑰, dann nach wenigen Metern vor der Touristeninformation links abbiegen. Die Stellplätze befinden sich an der rechten Straßenseite; **Platzanzahl:** 25; **Untergrund:** Asphalt; **Sicherheit:** beleuchtet; **Preise:** kostenlos; **Geöffnet:** frei zugänglich; **Adresse/Kontakt:** 76400 Fécamp, Quai Sardi Carnot

⑰ Camping L'Oiseau blanc, Sassetot-le-Mauconduit
N49.80469° E0.52392°

Platz mit befriedigender Sanitärausstattung in befriedigender, ruhiger Lage beim Sportplatz. **Lage/Anfahrt:** ausgeschildert; **Platzanzahl:** 120; **Ver-/Entsorgung:** Strom, Trinkwasser, Chemie-WC; **Sicherheit:** umzäunt, beleuchtet; **Preise:** 10,50–12,50 €/Fahrz. inkl. 2

Pers., Strom 3 €, Hund 4–4,50 €, Dusche 1 €, Taxe 0,20 €; **Geöffnet:** 15. April–15. September; **Adresse/Kontakt:** 76540 Sassetot, Rue Grandes Dalles 9, Tel. +33 (0)2 77248791

⑰ Camping Les Mouettes, Saint-Martin-aux-Buneaux
N49.82792° E0.54978°

Platz mit befriedigender Sanitärausstattung. Durch Hecken unterteiltes, ansprechendes Gelände, viele Dauercamper. Lage gut und ruhig. **Lage/Anfahrt:** Den Ort in Richtung Veulettes-sur-Mer verlassen, dann links fahren, ausgeschildert; **Platzanzahl:** 60; **Ver-/Entsorgung:** Strom, Trinkwasser, Chemie-WC; **Sicherheit:** umzäunt, beleuchtet; **Preise:** 12,45–13,40 €/Fahrz. inkl. 2 Pers., Strom und Dusche; **Geöffnet:** April–September; **Adresse/Kontakt:** 76450 St-Martin-aux-Buneaux, Grand Rue 47, Tel. +33 (0)2 35979616, www. saint-martin-aux-buneaux.fr

⑰ Plage, Veulettes-sur-Mer
N49.85415° E0.60569°

Stellplätze direkt hinter dem Deich, WC. Lage gut und ruhig. Um 19 Uhr kommt jemand und kassiert. Jetons im Handel, Bäcker kommt um 9 Uhr. 10 Alternativplätze auf Asphalt bei der Touristeninformation (N49.85249° E0.60186°). Gleiche Konditionen wie dieser Platz. **Lage/Anfahrt:** Im Ort zum Strand fahren und dann nach rechts am Deich entlang zum Platz; **Platzanzahl:** 40; **Untergrund:** Schotter, Schotterrasen; **Ver-/Entsorgung:** Strom (1 Anschluss), Trinkwasser, Abwasser, Chemie-WC; **Preise:** März–15. Nov. 6 €/Fahrz., Taxe 0,50 €/Pers., 3,50 €/100 l Wasser oder 1 Std. Strom (Jetons); **Max. Stand:** 2 Nächte; **Geöffnet:** frei zugänglich; **Kontakt:** 76450 Veulettes-sur-Mer, D10

⑰ Camping Le Clos de Charmilles, Cany-Barville
N49.78332° E0.64226°

Von Hecken unterteilter Platz in schöner, ruhiger Lage, befriedigende Sanitärausstattung. WLAN, Waschmaschine. **Lage/Anfahrt:** Die Stadt auf der D268 ver-

◁ *Einen weiten Ausblick direkt vom Wohnmobilfenster genießt man auf dem Campingplatz Le Rivage ⑯ in Yport*

lassen, ausgeschildert; **Platzanzahl:** 85; **Untergrund:** Wiese; **Ver-/Entsorgung:** Strom, Trink- und Abwasser, Chemie-WC; **Preise:** 12,45 € inkl. 2 Pers, Strom 3,55 €, Tier 1,40 €, Dusche 1,70 €; **Geöffnet:** April–Sept.; **Adresse/Kontakt:** 76450 Cany-Barville, Route de Barville 15, Tel. +33 (0)2 35977037, www.cany-barville.fr

177 Plage, Saint-Valery-en-Caux
N49.87220° E0.70920°
Offizieller, zweigeteilter Stellplatz, ein Teil am Kiesstrand mit Blick auf die Küste, der andere unterhalb der Klippen, an eine Wiese angrenzend. Abends wird kassiert, der Bäcker kommt um 9 Uhr. Jetons gibt es beim Tourismusbüro. Lage sehr gut und relativ ruhig. In der Ferienzeit überfüllt. **Lage/Anfahrt:** Beim türkisgrünen großen Pavillon nach links abbiegen und immer am Jachthafen entlang bis zum Strand fahren, ausgeschildert; **Platzanzahl:** 50; **Untergrund:** Asphalt; **Ver-/Entsorgung:** Trinkwasser, Abwasser, Chemie-WC; **Preise:** 6 €/24 Std., 3,50 €/100 l Wasser (Kartenzahlung); **Geöffnet:** frei zugänglich; **Adresse/Kontakt:** 76460 Saint-Valery-en-Caux, Quai d'Aval

178 Altes Schulhaus, Gonzeville
N49.76601° E0.80711°
Offizieller Stellplatz in einem zauberhaften kleinen Dorf beim alten Schulgebäude. Lage gut und ruhig. Führungen durch das 1950er-Jahre-Klassenzimmer unter Tel. (0)2 35567495 buchbar. 7 km Rundweg von hier ab. **Lage/Anfahrt:** An der Kreuzung D20 auf der D50 über Fultot nach Gonzeville. Dort links (D25) weiter bis zur École; **Platzanzahl:** 4; **Untergrund:** Asphalt; **Sicherheit:** beleuchtet; **Preise:** kostenlos; **Geöffnet:** frei zugänglich; **Adresse/Kontakt:** 76560 Gonzeville, Rue du Calvaire 428

179 Parking du Mont Criquet, Doudeville
N49.72002° E0.78773°
Offizieller Stellplatz, zentrumsnah, Lage gut und ruhig. **Lage/Anfahrt:** Auf der D20 Richtung Rouen durch die Stadt, bei einem Citroën-Händler links in die Rue de Bosc Mare und dann in Rue J. Varin abbiegen, dann ausgeschildert; **Platzanzahl:** 12; **Untergrund:** Asphalt; **Sicherheit:** beleuchtet; **Preise:** kostenlos; **Geöffnet:** frei zugänglich; **Adresse/Kontakt:** 76560 Doudeville, Rue Jean Varin 12

180 Vor dem Campingplatz Les Mouttes, Veules-les-Roses
N49.87585° E0.80231°
Offizieller Platz, mit Hecken unterteilt. Lage gut und relativ ruhig. Sanitäreinrichtungen und Pool vom Campingplatz inkl. **Lage/Anfahrt:** Den Ort auf der D68 verlassen, ausgeschildert; **Platzanzahl:** 20; **Untergrund:** Schotterrasen; **Ver-/Entsorgung:** Abwasser, Chemie-WC; **Preise:** 10–15 €/Fahrz., Taxe 0,40 €/Pers. (auf dem Campingplatz 19,90–29 €/Fahrz. inkl. 2 Pers. und Strom, Taxe 0,40 €/Pers., WLAN 1 €/Std.); **Geöffnet:** Ostern–Allerheiligen (1.11.); **Adresse/Kontakt:** 76450 Veules-les-Roses, Avenue J. Moulin, Tel. +33 (0)2 35976198

181 Parking de la Falaise, Veules-les-Roses
N49.87541° E0.79267°
Offizieller Stellplatz auf einem großen Parkplatz am Rand der Steilküste. Sicht aufs Meer, 10 Min. ins Zentrum. Lage sehr gut und nachts ruhig. **Lage/Anfahrt:** Den Ort auf der D925 verlassen, nach 2 km (vor den Windrädern) rechts auf die Zufahrt zum Parkplatz abbiegen, weitere 2 km zum Platz; **Platzanzahl:** 50; **Untergrund:** Wiese; **Preise:** kostenlos; **Geöffnet:** frei zugänglich, Okt.–März aus Sicherheitsgründen offiziell geschlossen; **Kontakt:** 76980 Veules-les-Roses, Sentier à Douane

182 Aire Camping Car à la Ferme, St-Pierre-le-Vieux
N49.85790° E0.87988°
Schön angelegter Platz in sehr schöner, ruhiger Lage bei einem Bauernhof. **Lage/Anfahrt:** ausgeschildert; **Platzanzahl:** 6; **Untergrund:** Schotter/Wiese; **Ver-/Entsorgung:** Strom, Trinkwasser, Abwasser, Chemie-WC; **Sicherheit:** umzäunt; **Preise:** 5 €/Fahrz., 1 €/Pers., Strom 3 €; **Geöffnet:** ganzjährig; **Adresse/Kontakt:** 76740 Saint-Pierre-le-Vieux, Route de la Vallée du Dun 21, Tel. +33 (0)2 35830459

▷ *Der Stellplatz von Dieppe* 186 *wurde 2015 neu angelegt*

⑱ Camping Le Mesnil, St-Aubin-sur-Mer
N49.88347° E0.85199°

Schön angelegter, terrassierter Platz mit guter Sanitärausstattung, kleiner Laden, in der Saison auch Restaurant. **Lage/Anfahrt:** Von der D68 zwischen Sotteville-sur-Mer und St-Aubin-sur-Mer nach links zum Platz, ausgeschildert; **Platzanzahl:** 70; **Untergrund:** Wiese; **Ver-/Entsorgung:** Strom, Trinkwasser, Abwasser, Chemie-WC; **Sicherheit:** umzäunt, beleuchtet, bewacht; **Preise:** 27,65 €/Fahrz. inkl. 2. Pers. und Taxe, Strom 4,95 €, Hund 1,85 €; **Geöffnet:** April–Oktober; **Adresse/Kontakt:** 76740 Saint-Aubin-sur-Mer, Route de Sotteville, Tel. +33 (0)2 35830283, www.campinglemesnil.com

⑱ Parkplatz am Strand, St-Aubin-sur-Mer
N49.89244° E0.86182°

Offizielle Stellplätze auf einem seperaten Teil eines riesigen Parkplatzes am Strand. Lage gut und ruhig. **Lage/Anfahrt:** Im Ort Richtung Strand, ausgeschildert mit P; **Platzanzahl:** 40; **Untergrund:** Schotter; **Ver-/Entsorgung:** Trinkwasser, Abwasser, Chemie-WC; **Preise:** 6 €/Fahrz., Wasser 2 €; **Max. Stand:** 1 Nacht; **Geöffnet:** frei zugänglich; **Adresse/Kontakt:** 76740 St-Aubin-sur-Mer, Rue de la Mer

⑱ Stellplatz vor dem Camping de la Plage, Quiberville
N49.90508° E0.92713°

Platz direkt vor dem Campingplatz, zum Strand über die Straße. Lage gut und relativ ruhig. **Lage/Anfahrt:** Campingplatz ist ausgeschildert; **Platzanzahl:** 8; **Untergrund:** Wiese; **Ver-/Entsorgung:** Trinkwasser, Abwasser, Chemie-WC; **Sicherheit:** beleuchtet; **Preise:** 7 €/Fahrz., 3,90 € Wasser; Preise Campingplatz: 5,35–8 €/Fahrz., 4,20–6,25 €/Pers., Strom 5,50 €, Tier 1,75–2,05 €, Taxe 0,30 €/Pers.; **Max. Stand:** 48 Std.; **Geöffnet:** April–Oktober; **Adresse/Kontakt:** 76860 Quiberville, Rue de la Saane, Tel. +33 (0)2 35830104, www.campingplagequiberville.fr

⑱ Quai de la Marne, Dieppe
N49.92995° E1.08652°

Offizieller Stellplatz am Ende des Quais in guter und relativ ruhiger Lage. 600 m ins Zentrum, Bäcker kommt um 8.30 Uhr. Ausweichplatz am Strand Boulevard Verdun (N49.93194° E1.08410°) 12 €. **Lage/Anfahrt:** In Dieppe fährt man Richtung „car ferries", dann am Bahnhof links, an der Touristeninformation vorbei, über die blaue Hebebrücke und die Eisendrehbrücke hinüber und dann sofort links am Ufer entlang, bis man den Platz erreicht; **Platzanzahl:** 50; **Untergrund:** Asphalt; **Ver-/Entsorgung:** Strom (10 Anschlüsse),

Routenatlas S. 310

Route 10: Die Alabasterküste und ihr Hinterland
Stell- und Campingplätze entlang der Route
283

Trinkwasser, Abwasser, Chemie-WC; **Sicherheit:** beleuchtet; **Preise:** 5 €/5 Std, 12 €/24 Std. inkl. Wasser und – sofern man eine Steckdose ergattert – auch Strom; **Max. Stand:** 2 Nächte; **Geöffnet:** frei zugänglich; **Adresse/Kontakt:** 76200 Dieppe, Quartier du Pollet, Quai de la Marne

187 Camping le Val Boisé, Berneval-Le-Grand
N49.96157° E1.19314°

Nett angelegter Platz mit befriedigender Sanitärausstattung, 800 m bis zum Meer. Lage gut und ruhig. **Lage/Anfahrt:** Durch den Ort in Richtung Strand (*plage*), ausgeschildert; **Platzanzahl:** 36; **Untergrund:** Wiese; **Ver-/Entsorgung:** Strom, Trinkwasser, Abwasser, Chemie-WC; **Sicherheit:** umzäunt, beleuchtet, bewacht; **Preise:** 7,30–9,10 €/Fahrz., 2,60–3,40 €/ Pers, Strom 5–6 €, Tier 2 €; **Geöffnet:** April–November; **Adresse/Kontakt:** 76370 Berneval-le-Grand, Avenue du Captain Portheous 56, Tel. +33 (0)2 35852918

188 Camping Le Mont Joli Bois, Criel-sur-Mer
N50.02566° E1.30870°

Platz mit befriedigender Ausstattung, Lage gut und relativ ruhig (Straße), Pauschale auf separatem Platzteil! **Lage/Anfahrt:** Von der D925 ausgeschildert; **Platzanzahl:** 50; **Untergrund:** Asphalt, Schotterrasen; **Preise:** 15–18,50 €, mit Strom 18–22 €, Hund 3 €, Pauschale zwischen 21 und 12 Uhr 9,90 € ohne Strom, Hund 1 €, Strom 3,50 €; **Geöffnet:** Mitte Febr.–Nov.; **Adresse/Kontakt:** 76910 Criel-sur-Mer, Rue de la Plage 29, Tel. +33 (0)2 35508119

189 Funiculaire, Le Tréport
N50.05773° E1.36228°

Zweigeteilter offizieller Platz oberhalb der Steilküste bei der Standseilbahn. Lage gut und relativ ruhig. **Lage/Anfahrt:** Direkt an der D126 E, ausgeschildert; **Platzanzahl:** 30; **Untergrund:** Rasengitter bzw. Schotter; **Ver-/Entsorgung:** Trinkwasser, Abwasser, Chemie-WC; **Sicherheit:** beleuchtet; **Preise:** 6,40 €/24 Std., 2,30 €/10 Min. Wasser (Bezahlung mit Geldkarte); **Geöffnet:** frei zugänglich; **Adresse/Kontakt:** 76470 Le Tréport, D126 E

190 Aire du Parc Sainte Croix, Le Tréport
N50.05926° E1.38990°

Offizieller Stellplatz beim Campingplatz, stark frequentiert, 1 km bis ins Zentrum, Bäume verdecken das angrenzende Industriegebiet. Lage befriedigend und ruhig. **Lage/Anfahrt:** Ausgeschildert; **Platzanzahl:** 60; **Untergrund:** Asphalt, Wiese; **Ver-/Entsorgung:** Strom, Trinkwasser, Abwasser, Chemie-WC; **Sicherheit:** beleuchtet; **Preise:** 10 €/24 Std. inkl. VE und Strom, Kartenzahlung; **Geöffnet:** ganzjährig; **Adresse/Kontakt:** 76470 Le Tréport, Rue P. M. France

191 Camping Municipal, Eu
N50.05036° E1.40900°

Platz im Schlosspark mit guter Dusche, WC befriedigend, 300 m zum Schloss. Lage sehr schön und ruhig. WLAN. **Lage/Anfahrt:** Gut ausgeschildert; **Platzanzahl:** 80; **Untergrund:** Wiese; **Ver-/Entsorgung:** Strom, Trinkwasser, Abwasser, Chemie-WC; **Sicherheit:** umzäunt, beleuchtet; **Preise:** 3,50–4 €/Fahrz., 2,50–3 €/Pers., Strom 5–6 €, Taxe 0,30 €/Pers.; **Geöffnet:** April–Oktober; **Adresse/Kontakt:** 76260 Eu, Rue des Fontaines, Tel. +33 (0)2 35862004, www.ville-eu.fr

192 Aire des Camping-Cars, Incheville
N50.01404° E1.50463°

Offizieller Stellplatz bei einem See in sehr schöner und sehr ruhiger Lage. **Lage/Anfahrt:** ausgeschildert; **Platzanzahl:** 8; **Untergrund:** Asphalt, Wiese; **Ver-/Entsorgung:** Strom, Trinkwasser, Abwasser, Chemie-WC; **Sicherheit:** beleuchtet; **Preise:** 9,50 €/Fahrz. inkl. Strom und Wasser, Kartenzahlung; **Geöffnet:** ganzjährig; **Adresse/Kontakt:** 76117 Incheville, Rue Mozart

193 Aire des Camping-Cars, Mesnières-en-Bray
N49.76644° E1.38089°

Offizieller Stellplatz in schöner und ruhiger Lage am Ortsrand. **Lage/Anfahrt:** Von der D1 links Richtung Salle de spectacle, ausgeschildert; **Platzanzahl:** 10; **Untergrund:** Schotter; **Ver-/Entsorgung:** Trinkwasser, Abwasser, Chemie-WC; **Sicherheit:** beleuchtet; **Preise:** kostenlos; **Adresse/Kontakt:** 76270 Mesnières-en-Bray, Grand Rue

⑲ Aire de Camping Cars de Sainte-Claire, Neufchâtel-en-Bray

N49.73728° E1.42943°

Nett angelegter, parzellierter Stellplatz in schöner und ruhiger Lage, WC, ins Zentrum 1,2 km, nur Fahrzeuge bis 8 m Länge! **Lage/Anfahrt:** Richtung Campingplatz, ausgeschildert; **Platzanzahl:** 15; **Untergrund:** Schotter/Wiese; **Ver-/Entsorgung:** Strom, Trinkwasser, Abwasser, Chemie-WC; **Sicherheit:** umzäunt, beleuchtet; **Preise:** 12 €/Fahrz. alles inkl., auch WLAN; **Geöffnet:** ganzjährig; **Adresse/Kontakt:** 76270 Neufchâtel-en-Bray, Rue Grande Flandre 19, Tel. +33 (0)2 35930393, www.camping-sainte-claire.com

⑲ Aire de Camping Cars Rue Gare, Nesle Saint-Saire

N49.69689° E1.49486°

Offizieller Platz an der Avenue verte (Fahrradweg auf dem ehemaligen Bahndamm), nettes Restaurant am Platz. Lage befriedigend und relativ ruhig (Straße). **Lage/Anfahrt:** Von der D1314 nach Saint-Saire abbiegen, ausgeschildert; **Untergrund:** Wiese; **Ver-/Entsorgung:** Strom (1 Anschluss), Trinkwasser, Abwasser, Chemie-WC; **Sicherheit:** beleuchtet; **Preise:** kostenlos, 3 € Wasser oder 55 Min. Strom, Jetons im Restaurant; **Geöffnet:** ganzjährig; **Adresse/Kontakt:** 76270 Saint-Saire, Rue de la Gare

⑲ Aire de Camping Cars, Forges-les-Eaux

N49.60577° E1.54276°

Privater, großzügiger Platz in schöner und ruhiger Lage, 800 m bis ins Zentrum. **Lage/Anfahrt:** Im Zentrum beim Rathaus auf die D921 Richtung Lyons-la-Forêt, am Ortsende links, ausgeschildert mit „Camping"; **Untergrund:** Asphalt, Wiese; **Ver-/Entsorgung:** Strom, Trinkwasser, Abwasser, Chemie-WC; **Sicherheit:** beleuchtet; **Preise:** 8 €/Fahrz. alles inkl., Duschen 2 € auf dem Campingplatz, Nov.–März kostenlos, dann ohne Wasser/Strom; **Geöffnet:** ganzjährig; **Adresse/Kontakt:** 76440 Forges-les-Eaux, Boulevard Nicolas Thiessé

⑲ Accueil Camping Cars Saint Clair, Gournay-en-Bray

N49.50071° E1.72161°

Privatplatz in sehr schöner, sehr ruhiger Lage, 2,5 km ins Zentrum, ideal mit Hunden, Rundwanderweg direkt am Platz. **Lage/Anfahrt:** Von der N31 auf die D916 fahren, dann rechts Richtung Vieux St. Clair abbiegen, nach 600 schmaler Zufahrt vor dem ersten Haus links zum Platz, ausgeschildert; **Untergrund:** Schotter-Wiese; **Ver-/Entsorgung:** Strom, Trinkwasser; **Preise:** 6 €/Fahrz., Strom 2 €, Wasser 1 €; **Geöffnet:** ganzjährig; **Adresse/Kontakt:** 76220 Gournay-en-Bray, Route de Saint Clair, Tel. +33 (0)2 35091818, www.auvieuxsaintclair.fr

⑲ Avenue Sadi Carnot, Gournay-en-Bray

N49.48020° E1.72579°

Offizieller, zentrumsnaher Platz. Hier parken gelegentlich auch Schausteller. Lage ausreichend und relativ ruhig. **Lage/Anfahrt:** Im Zentrum der Beschilderung „Aire de Camping Cars" folgen; **Platzanzahl:** 10; **Untergrund:** Asphalt; **Ver-/Entsorgung:** Trinkwasser, Abwasser, Chemie-WC, Toilette; **Sicherheit:** beleuchtet; **Preise:** kostenlos; **Geöffnet:** frei zugänglich; **Adresse/Kontakt:** 76220 Gournay-en-Bray, Avenue Sadi Carnot

⑲ Aire Camping Car Bois Marie, Sérifontaine

N49.35560° E1.78092°

Privater Stellplatz, an Wald angrenzend. Lage gut und sehr ruhig. Dusche, WC. Viele abgestellte Womos. **Lage/Anfahrt:** In Sérifontaine nach der Ampel in die erste Straße (Rue Cocaene) links abbiegen. Der Beschilderung Richtung Le Coudray 300 m nach links folgen; **Platzanzahl:** 30; **Untergrund:** Schotterrasen; **Ver-/Entsorgung:** Strom, Trinkwasser, Abwasser, Chemie-WC; **Sicherheit:** umzäunt, beleuchtet, bewacht; **Preise:** 10 €/Fahrz.; **Geöffnet:** ganzjährig; **Adresse/Kontakt:** 60590 Serifontaine, Chemin de Champignole 5, Tel. +33 (0)6 79409285

169nrm Abb.: gg

168nrm Abb.: gg

268nrm Abb.: gg

269nrm Abb.: gg

ANHANG

ÜBERSICHT STELL- UND CAMPINGPLÄTZE

GPS-Koordinaten der Stell- und Campingplätze im Buch (Kartendatum WGS84)
Die aufgeführten Stell- und Campingplätze können als Waypoint-Liste auf der Produktseite dieses Buches unter www.reise-know-how.de heruntergeladen werden.

ROUTE 1

Nr. Platz	Koordinaten (Breite, Länge)	Seite
❶ Quai Cours la Reine, Rouen	49.43338, 1.09639	52
❷ Aire de stationnement et de service, Montville	49.54729, 1.07217	53
❸ Camping Le Bel Air, Louviers	49.21498, 1.13281	53
❹ Camping Car Park Le Cadran, Évreux	49.02302, 1.13839	53
❺ Camping Les Sapins, Bonneville-sur-Iton	49.00335, 1.03685	54
❻ Camping Les Fosses Rouges, Saint Marcel	49.09659, 1.43854	54
❼ Parkplatz La Prairie, Giverny	49.07292, 1.52969	54
❽ Camping L'Ile des Trois Rois, Les Andelys	49.23554, 1.40019	55
❾ Camping Saint Paul, Lyons-la-Forêt	49.40347, 1.47991	55
❿ Parkplatz Post, Lyons-la-Forêt	49.39949, 1.47935	55

ROUTE 2

Nr. Platz	Koordinaten (Breite, Länge)	Seite
⓫ Camping du Lac, Le Mesnil-sous-Jumièges	49.41205, 0.84435	73
⓬ Busparkplatz, Jumièges	49.43129, 0.81479	73
⓭ Camping de la Forêt, Jumièges	49.43489, 0.82901	73
⓮ Ferme de la Mare, St. Wandrille Rancon	49.54072, 0.76723	74
⓯ Quai Paul Girardeau, La Mailleraye-sur-Seine	49.48442, 0.77342	75
⓰ Seineufer, Saint-Nicolas-de-Bliquetuit	49.52096, 0.72729	75
⓱ Aire Camping Car, Le Havre	49.50450, 0.17196	75

ROUTE 3

Nr. Platz	Koordinaten (Breite, Länge)	Seite
⓲ Aire de Camping Car, La Rivière Saint Saveur	49.40909, 0.26827	105
⓳ Aire de Camping Car, Honfleur	49.41880, 0.24391	105
⓴ Boulevard des Sports, Deauville	49.35739, 0.08431	105
㉑ Aire de Camping Cars, Villers-sur-Mer	49.32891, 0.01335	105
㉒ Camping Municipal, Houlgate	49.29258, –0.07443	105
㉓ Aire de Camping Cars, Dives-sur-Mer	49.29027, –0.10341	106
㉔ Aire de Camping Cars, Cabourg	49.28235, –0.11943	106
㉕ Dünenstrand, Merville-Franceville	49.28519, –0.20997	106
㉖ Ornemündung, Sallenelles	49.26479, –0.22716	106
㉗ Rue des Dentellières, Bréville-les-Monts	49.24167, –0.22822	106
㉘ Zentrum, Hérouvillette	49.21992, –0.24498	107
㉙ Alter Bahnhof, Beuvron-en-Auge	49.18618, –0.04949	107
㉚ Place L'Europe, Cambremer	49.14955, 0.04642	107
㉛ Basilique Saint-Thérèse, Lisieux	49.14134, 0.23407	107
㉜ Camping de la Vallée, Lisieux	49.16523, 0.22064	107

		Koordinaten (Breite, Länge)	Seite
33	Le Lieu Chéri, Quilly-le-Vicomte	49.18451, 0.20955	108
34	Aire Camping Cars, Nôtre-Dame De Courson	48.99060, 0.25909	108
35	Aire Camping Cars, Préaux-Saint-Sébastien	48.98685, 0.30751	108
36	Étape Camping Car, St. Germain de Montgommery	48.93927, 0.16176	108
37	Aire Camping Cars, Vimoutiers	48.93190, 0.19567	108
38	Les Terriers, Le Sap	48.89525, 0.33031	108
39	Schloss, Gacé	48.79552, 0.29591	108
40	Camping car au haras, Villebadin	48.79085, 0.18571	109
41	Camping de la Noë, Argentan	48.73969, −0.016863	109
42	Aire Camping Car, Écouché	48.71536, −0.127774	109

ROUTE 4

Nr.	Platz	Koordinaten (Breite, Länge)	Seite
43	Les Bercagnes, Falaise	48.89265, −0.20327	136
44	Le Bout de la Ville, Clinchamps-sur-Orne	49.08290, −0.40027	136
45	Strand, Ouistreham	49.28775, −0.24964	136
46	St. Aubin, Colleville-Montgomery	49.27103, −0.29891	136
47	Aire Camping Cars, Berniéres-sur-Mer	49.33482, −0.41981	137
48	Beim Campingplatz, Courseulles sur-Mer	49.33482, −0.44519	137
49	Camping Canadian Scottish, Graye-sur-Mer	49.33818, −0.47745	137
50	Rue Trebucien, Bayeux	49.27600, −0.71293	137
51	Musée de Mémorial de la Bataille, Bayeux	49.27246, −0.71065	137
52	Camping Municipal, Bayeux	49.28401, −0.69786	137
53	Abtei Saint-Vigor, Cerisy-la-Fôret	49.19847, −0.93245	137
54	Aire les Peupliers, Saint-Vigor-le-Grand	49.29932, −0.67459	138
55	Motorhome Aire, Arromanches-les-Baines	49.33909, −0.62580	138
56	Tennisplätze, Port-en-Bessin-Huppain	49.34558, −0.75845	138
57	Aire de Repos, Ste-Honorine-des-Pertes	49.34845, −0.81652	138
58	La Ferme du Clos Tassin, Colleville/Mer	49.34913, −0.83955	139
59	La Ferme du Lavoir, Formigny	49.34085, −0.8965	139
60	La Ferme Rouge Fosse, Englesqueville-La-Percée	49.38750, −0.94845	139
61	Aire de camping-cars, Grandcamp-Maisy	49.38623, −1.03858	139
62	Fluss Aure, Isigny-sur-Mer	49.32135, −1.10425	139

ROUTE 5

Nr.	Platz	Koordinaten (Breite, Länge)	Seite
63	Aire Camping car le Port, Carentan	49.30909, −1.2391	176
64	Camping car park, Utah Beach	49.41778, −1.18656	176
65	Camping Le Cormoran, Ravenoville	49.46614, −1.23622	176
66	Aire de Camping Cars, Sainte-Mère-Église	49.40808, −1.31174	176
67	Camping Municipal, Sainte-Mère-Église	49.41025, −1.31045	177
68	Sportplatz, Montebourg	49.48499, −1.37477	177
69	Strand, Quinéville	49.51589, −1.28672	177
70	Camping Le Rivage, Quettehou	49.57943, −1.30756	177
71	Aire Camping Cars, St-Vaast-la-Hougue	49.58402, −1.26720	177
72	Camping La Gallouette, Saint-Vaast-la-Hougue	49.58465, −1.26872	177
73	Camping de Jonville, Réville	49.60699, −1.23148	177

Nr.	Platz	Koordinaten (Breite, Länge)	Seite
74	Camping-Cars à la Ferme, Réville	49.62573, −1.25320	178
75	Camping la Blanche Nef, Barfleur	49.67571, −1.26758	178
76	Camping Bord de Mer, Gatteville-Phare	49.68021, −1.27350	178
77	Cap Lévi, Fermanville	49.68991, −1.46735	178
78	Phare, Fermanville	49.69670, −1.47288	178
79	Hafen Cap Levi, Fermanville	49.68728, −1.47237	178
80	Camping Collignon, Tourlaville	49.65424, −1.56604	179
81	Cité de la Mer, Cherbourg	49.64258, −1.61750	179
82	Camping al la Ferme, Sideville	49.58803, −1.69147	179
83	Camping des Dunes, Urville-Nacqueville	49.67801, −1.72307	179
84	Salle communale, Greville-Hague	49.67513, −1.80111	180
85	Camping du Hâble, Omonville-la-Rogue	49.70446, −1.84070	180
86	Parkplatz Goury, Auderville	49.71402, −1.93458	180
87	D64, Siouville-Hague	49.56330, −1.84468	180
88	Camping al la Ferme, Tréauville	49.54437, −1.83512	180
89	Strand, Sciotot	49.50724, −1.84744	181
90	Aire Privée de la Calad'J0, Grosville	49.50660, −1.74257	181
91	D 900, Rauville-la-Bigot	49.51628, −1.68345	181
92	Etang de Pêche, Bricquebec	49.47353, −1.64645	181
93	Camping Municipal Le Bocage, Valognes	49.51166, −1.47522	181
94	Boulevard Félix-Buhot, Valognes	49.51073, −1.47767	181
95	Eléphant Blue, Valognes	49.51435, −1.50055	181
96	Chèvrerie des Poitevines, Rauville-la-Place	49.38513, −1.51642	182
97	Dünenstrand, Surtainville	49.46403, −1.82771	182
98	Aire naturelle de Camping les Ronds Duvall, Hatainville	49.40231, −1.80606	182
99	Fährhafen, Carteret	49.37286, −1.78987	182
100	P Camping Cars, Portbail	49.33699, −1.70085	182
101	Place Saint Cloud, Lessay	49.21861, −1.53537	182
102	Camping Le Clos Marin, Pirou	49.15921, −1.59599	182
103	Camping La Morinière, Pirou	49.14370, −1.58228	182
104	Dünenstrand, Gouville-sur-Mer	49.10128, −1.60882	183
105	Aire naturelle le Casrouge, Agon-Coutainville	49.05282, −1.56715	183
106	Manoir de la Vallée, Tourville-sur-Sienne	49.05376, −1.52085	183
107	Camping les Vignettes, Coutances	49.05154, −1.45919	183
108	Parc de la Commanderie, Villedieu-les-Poêles	48.83701, −1.22444	183

ROUTE 6

Nr.	Platz	Koordinaten (Breite, Länge)	Seite
109	Haute Ville, Granville	48.83514, −1.60945	204
110	Tennisplatz, St-Pair-sur-Mer	48.81737, −1.56956	204
111	Camping Les Pins, Jullouville	48.77728, −1.56638	204
112	Strandparkplatz, Carolles-Plage	48.75924, −1.57054	204
113	Camping municipal La Guériniére, Carolles	48.74981, −1.55691	205
114	Aire Camping-Car, St-Jean-le-Thomas	48.72475, −1.52369	205
115	Plage, Dragey	48.71006, −1.51110	205
116	Camping-Car, Avranches	48.68654, −1.36805	205
117	La Bidonnière, Ardevon	48.60357, −1.47681	205

⑪⑧ Camping du Mont St.-Michel, Le Mont-Saint-Michel	48.61497, −1.50888	206
⑪⑨ Parkplatz, Mont-Saint-Michel	48.60826, −1.50771	206
⑫⓪ Aire de Beauvoir, Beauvoir	48.59409, −1.51272	206
⑫① Camping de la Sélune, Ducey	48.61661, −1.29414	207
⑫② Place du Château, Mortain	48.64886, −0.94519	207
⑫③ Stadtpark, Sourdeval	48.72597, −0.92312	207
⑫④ Place du Champ de Foire, Vire	48.84078, −0.88858	207

ROUTE 7

Nr. Platz	Koordinaten (Breite, Länge)	Seite
⑫⑤ Camping du Traspy, Thury-Harcourt	48.98885, −0.46906	218
⑫⑥ B&B Pension, Caumont-sur-Orne	48.95652, −0.48341	218
⑫⑦ Camping les Rochers des Parcs, Clécy	48.91373, −0.47439	218
⑫⑧ Aire Camping Cars, Clécy	48.91885, −0.48106	218
⑫⑨ Camping Municipal, Condé-sur-Noireau	48.85211, −0.55703	218
⑬⓪ Camping Les Lilas de Morieux, Saint-Denis-de-Méré	48.86507, −0.48189	218
⑬① Camping Municipal, Pont-d'Ouilly	48.87132, −0.41132	218
⑬② Du Moulin Neuf, Pont-d'Ouilly	48.87792, −0.41254	219
⑬③ Le Domaine de la Rouvre, Menil-Hubert-sur-Orne	48.84324, −0.39824	219
⑬④ Camping du Val d'Orne, Putanges-Pont-Ecrepin	48.76072, −0.24549	219
⑬⑤ La Ferme du Bois de Putanges, Putanges-Pont-Ecrepin	48.76166, −0.25950	219

ROUTE 8

Nr. Platz	Koordinaten (Breite, Länge)	Seite
⑬⑥ Camping Municipal, Domfront	48.58891, −0.65056	234
⑬⑦ Aire Camping Car, St Mars d'Egrenne	48.56123, −0.72915	234
⑬⑧ Camping Municipal, Juvigny-sous-Andaine	48.55279, −0.50341	234
⑬⑨ Parkplatz, Bagnoles-de-L'Orne	48.55819, −0.41306	235
⑭⓪ Camping de la Vée, Bagnoles-de-L'Orne	48.54777, −0.41982	235
⑭① Aire Parc, La Ferté-Macé	48.58804, −0.37294	235
⑭② Camping de Guéramé, Alençon	48.42531, 0.07377	235
⑭③ Camping Le Clos Normand, Sées	48.59876, 0.17048	235

ROUTE 9

Nr. Platz	Koordinaten (Breite, Länge)	Seite
⑭④ Camping Domaine du Perche Bellêmois, Bellême	48.37430, 0.55389	251
⑭⑤ Étang de la Folle Entreprise, Mortagne-Au-Perche	48.51852, 0.52959	251
⑭⑥ Aire Camping Car, Tourouvre-au-Perche	48.59212, 0.64467	252
⑭⑦ Place de l'Iton, Les Aspres	48.68938, 0.60153	252
⑭⑧ Place de la Liberté, Rugles	48.82335, 0.71068	252
⑭⑨ Route de Paris, Aube	48.74156, 0.55146	252
⑮⓪ Camping des Saints-Pères, Saint-Evroult-Nôtre-Dame-Du-Bois	48.78872, 0.46608	252
⑮① Place de l'Église, Chandai	48.75400, 0.73758	252
⑮② Centre Bourg, Saint-Quen de l'Iton	48.73519, 0.69602	252
⑮③ Salle des fêtes, Verneuil-sur-Avre	48.73969, 0.93105	253
⑮④ Camping Les Berges de L'Iton, Breteuil	48.83187, 0.91291	253
⑮⑤ Aire naturelle pour Camping Cars La Godinière, Le Noyer-en-Ouche	49.01012, 0.72468	253

156 Espace Aimé Lamiot, Gisay-la-Coudre	48.94924, 0.63326	253
157 Camping Municipal, Bernay	49.08018, 0.58718	254
158 Alter Bahnhof, Broglie	49.00537, 0.52976	254
159 Parc Loisoirs, Orbec	49.01754, 0.40501	254
160 Im Tal der L'Orbiquet, La Folletière-Abenon	48.98193, 0.42431	254
161 Centre, Saint-Cry-du-Ronceray	49.05505, 0.29674	255
162 Camping Les Marronniers, Pont-Authou	49.24103, 0.70228	255
163 Camping Saint-Nicolas, Bec-Hellouin	49.23461, 0.72501	255
164 Place de la Pelouse, Campigny	49.31142, 0.55172	255

ROUTE 10

Nr. Platz	Koordinaten (Breite, Länge)	Seite
165 Aire Étappe Camping car, St-Jouin-Plage	49.65085, 0.16328	280
166 Phare, La-Poterie Cap-d'Antifer	49.68300, 0.16488	280
167 Aire stationnement Maupassant, Étretat	49.70018, 0.21591	280
168 Bahnhof, Étretat	49.70837, 0.21511	280
169 Camping Le Rivage, Yport	49.73660, 0.30735	280
170 Camping La Chênaie, Yport	49.73268, 0.32055	281
171 De la Mâture, Fécamp	49.76012, 0.37350	281
172 Quai Sardi Carnot, Fécamp	49.76064, 0.37268	281
173 Camping L'Oiseau blanc, Sassetot-le-Mauconduit	49.80469, 0.52392	281
174 Camping Les Mouettes, Saint-Martin-aux-Buneaux	49.82792, 0.54978	281
175 Plage, Veulettes-sur-Mer	49.85415, 0.60569	281
176 Camping Le Clos de Charmilles, Cany-Barville	49.78332, 0.64226	281
177 Plage, Saint-Valery-en-Caux	49.87220, 0.70920	282
178 Altes Schulhaus, Gonzeville	49.76601, 0.80711	282
179 Parking du Mont Criquet, Doudeville	49.72002, 0.78773	282
180 Vor dem Campingplatz Les Mouttes, Veules-les-Roses	49.87585, 0.80231	282
181 Parking de la Falaise, Veules-les-Roses	49.87541, 0.79267	282
182 Aire Camping Car à la Ferme, St-Pierre-le-Vieux	49.85790, 0.87988	282
183 Camping le Mesnil, St-Aubin-sur-Mer	49.88347, 0.85199	283
184 Parkplatz am Strand, St-Aubin-sur-Mer	49.89244, 0.86182	283
185 Vor dem Camping de la Plage, Quiberville	49.90508, 0.92713	283
186 Quai de la Marne, Dieppe	49.92995, 1.08652	283
187 Camping le Val Boisé, Berneval-Le-Grand	49.96157, 1.19314	284
188 Camping Le Mont Joli Bois, Criel-sur-Mer	50.02566, 1.30870	284
189 Funiculaire, Le Tréport	50.05773, 1.36228	284
190 Aire du Parc Sainte Croix, Le Tréport	50.05926, 1.38990	284
191 Camping Municipal, Eu	50.05036, 1.40900	284
192 Aire des Camping-Cars, Incheville	50.01404, 1.50463	284
193 Aire des Camping-Cars, Mesnières-en-Bray	49.76644, 1.38089	284
194 Aire de Camping Cars de Sainte-Claire, Neufchâtel-en-Bray	49.73728, 1.42943	285
195 Aire de Camping Cars Rue Gare, Nesle Saint-Saire	49.69689, 1.49486	285
196 Aire de Camping Cars, Forges-les-Eaux	49.60577, 1.54276	285
197 Accueil Camping Cars Saint Clair, Gournay-en-Bray	49.50071, 1.72161	285
198 Avenue Sadi Carnot, Gournay-en-Bray	49.48020, 1.72579	285
199 Aire Campingcar Bois Marie, Sérifontaine	49.35560, 1.78092	285

Reisetagebuch – Notizen von unterwegs von REISE KNOW-HOW

Weltkarte
Kontinente und Zeitzonen
Immerwährender Kalender
Reiseverzeichnis
Sprachhilfe ohne Worte

1. Auflage 2017
ISBN 978-3-8317-3020-9
€ 12 [D]

Dieses Reisetagebuch hat 133 Seiten zur freien Gestaltung. Es gibt noch eine Packliste, eine Budgetliste und Adress-Seiten zum Ausfüllen. Und natürlich viel Nützliches für unterwegs. Es ist liebevoll illustriert mit alten Stichen von Tieren, Pflanzen und Fortbewegungsmitteln aus aller Welt, aufgelockert mit Gedanken und Zitaten zum Thema Reisen.

WOMO-WÖRTERLISTE DEUTSCH – FRANZÖSISCH

A

Abblendlicht	feux de croisement
abdichten	étanchéifier
Ablassschraube	écrou de vidange
Abschleppen	tracter, dépanner
Abschleppseil	câble de remorquage
Anlasser	démarreur
Antenne	antenne
Antriebswelle	arbre de transmission
Antriebsräder	roues motrices
Armaturenbrett	tableau de bord
Auspuff	tuyau d'échappement
Außenspiegel	rétroviseur extérieur
austauschen	changer
Autoschlüssel	clé de voiture

B

Batterie	batterie
Batterie laden	charger la batterie
befahrbar	praticable
Benzin	essence
Benzinpumpe	pompe à essence
beschädigt	en panne
Blech	tôle
Blinker	clignotant
Bremsbelag	plaque de frein
Bremse	frein
Bremsflüssigkeit	liquide de frein

C, D

Chemietoilette	WC chimique
defekt	en panne
dicht	étanche
Dichtung	joint
Diesel	diesel, gasoil
Differenzial	différentiel
Druck	pression

E

Einspritzanlage	système à injection
Einspritzpumpe	pompe d'injection
Einstellschraube	vice de réglage
Einstellung	réglage
entleeren	vider, vidanger
Ersatzrad	roue de secours
Ersatzteil	pièce de rechange

F

Felge	jante
Feder	ressort
Fernlicht	feux de route
Feuerlöscher	extincteur
Frostschutz	antigel
Flüssigkeit	liquide
Führerschein	permis de conduire
Fühler	senseur

G

Gang	vitesse
Garantie	garantie
Gaspedal	accélérateur
Gebläse	ventilateur
gebrochen	cassé
Gelenk	joint, charnière
Geschwindigkeit	vitesse
gesperrt	fermé, barré
Getriebe	boîte de vitesses
Gewinde	filetage
Gewicht	poids
Glühbirne	ampoule
Glühkerze	bougie de préchauffage
Gurt	ceinture
Grauwasser	eaux usées

H

Handbremse	frein à main
Hauptbremszylinder	cylindre principal de frein
Hebebühne	plate-forme élévatrice
Hebel	levier
Heizung	chauffage
Hinterachse	essieux arrière
Hupe	klaxon

K

Kabel	*câble*
(Benzin-)Kanister	*bidon (d'essence)*
Kardanwelle	*cardan*
Karosserie	*carrosserie*
Keilriemen	*courroie*
Klimaanlage	*climatisation*
Kfz-Kennzeichen	*plaque d'immatriculation*
Kolben	*piston*
Kugellager	*roulement à billes*
Kühler	*radiateur*
Kühlwasser	*eau de refroidissement*
Kühlschrank	*frigidaire, frigo*
Kupplung	*embrayage*
Kurzschluss	*court circuit*

L

Ladedruck	*pression de l'alimentation*
Ladung	*chargement*
Lager	*coussinet*
Leck	*fuite*
Leerlauf	*point mort*
Lenkung	*direction*
Lenkrad	*volant*
Lichtmaschine	*générateur*
Luftfilter	*filtre à air*
Lüftung	*ventilation*

M

Massekabel	*câble de masse*
Messstab	*jauge*
Motor	*moteur*
Motoröl	*huile de moteur*
Mutter	*boulon*

N

Nabe	*pivot*
niedrig	*bas, basse*
Nockenwelle	*arbre à cames*
Notrufsäule	*borne de détresse*

O

Oktanzahl	*indice d'octane*
Öl	*huile*

Ölfilter	*filtre à huile*
Ölverlust	*perte d'huile*
Ölwanne	*cuvette à huile*
Ölwechsel	*vidange*

P

Panne	*panne*
Plattfuß	*pneu dégonflé*
Profil	*profil du pneu*
Propangas	*GPL (gaz propane liquide)*
Prüflampe	*lampe de contrôle*
Pumpe	*pompe*

R

Rad	*roue*
Radkappe	*enjoliveur*
Radkreuz	*clé en croix*
Radmutter	*boulon*
Radwechsel	*changement de roue*
Rahmen	*châssis*
Rastplatz	*aire*
Reduzierung	*réduction*
Reflektor	*réflecteur*
Regelung	*réglage*
Reifen	*pneu*
Reifendruck	*pression*
Relais	*relais*
reparieren	*réparer*
Reserverad	*roue de secours*
Rohr	*tuyau*
Rücklicht	*feux arrière*
Rückspiegel	*rétroviseur*
Rückwärtsgang	*marche arrière*

S

Schalter	*interrupteur*
Scheibenbremse	*disque de frein*
Scheibenwischer	*essuie-glace*
Scheinwerfer	*phares*
Schlauch	*chambre à air*
Schlüssel	*clé*
Schneeketten	*chaînes*
Schraube	*vis, boulon*
Schraubenschlüssel	*clé*
Schraubenzieher	*tournevis*
Sicherung	*fusible*

Starthilfekabel	*câble*
Stecker	*prise mâle*
Steckdose	*prise femelle*
Stoßstange	*par choc*
Stoßdämpfer	*amortisseur*
Strom	*courant électrique*

T

Tank	*réservoir*
Tankstelle	*station d'essence*
Tempolimit	*vitesse limitée*
Trommelbremse	*frein tambour*
Turbolader	*chargeur turbo*

U

Überbrückungskabel	*câble*
undicht	*perméable*
Umwälzpumpe	*pompe de circulation*
Unfall	*accident*
Unterdruck	*dépressurisation*
Unterlegscheibe	*rondelle*

V

Ventil	*valve*
Ventilspiel	*jeu de valve*
Ventilator	*ventilateur*
Ver-/Entsorgung	*eau/vidange*
Vergaser	*carburateur*
Versicherung	*assurance*
Verschleiß	*usage*

verstellbar	*réglable*
Verteiler	*distributeur*
volltanken	*faire le plein*
Vorderachse	*essieu avant*

W

Wagenheber	*cric*
Warnblinker	*feu de détresse*
Wartung	*entretien*
Wassertank	*réservoir d'eau*
Werkstatt	*garage*
Werkzeug	*outil*
Windschutzscheibe	*pare-brise*
Wohnmobil	*camping-car*
Wohnmobilist	*camping cariste (CC)*
Wohnmobilstellplatz	*aire (de camping-car), aire naturelle*

Z

Zahnrad	*pignon*
Zahnriemen	*courroie*
Zündfunke	*étincelle d'allumage*
Zündkabel	*câble d'allumage*
Zündkerze	*bougie*
Zündschlüssel	*clé de contact*
Zündspule	*bobine d'allumage*
Zündung	*allumage*
Zündverteiler	*distributeur d'allumage*
Zylinder	*cylindre*
Zylinderkopf	*culasse*

DIE WICHTIGSTEN SÄTZE FÜR WOHNMOBILISTEN

AUF DEM CAMPINGPLATZ

Haben Sie noch einen Stellplatz frei?	*Est-ce que vous avez un emplacement libre?*
Kann ich hier parken?	*Est-ce que je peux me garer ici?*
Wir brauchen einen ...	*Il nous faut ...*
... Stromanschluss.	*... un branchement électrique.*
... Wasseranschluss.	*... un branchement d'eau.*
... Anschluss an die Kanalisation.	*... un branchement d'égout.*
Was kostet ein Stellplatz pro Tag?	*Combien coûte l'emplacement par jour?*
Wo sind bitte die Toiletten?	*Où sont les toilettes?*
Wann wird nachts das Tor geschlossen?	*Quand est-ce que l'entrée sera fermée pour la nuit?*
Gibt es auf dem Campingplatz ...	*Est-ce qu'il y a sur le camping ...*
... einen Supermarkt?	*... un supermarché?*
... ein Restaurant?	*... un restaurant?*
Machen Sie bitte die Rechnung fertig?	*Pourriez-vous préparer la facture s'il vous plaît?*
Wir reisen morgen früh ab.	*On partira demain matin.*

IN DER WERKSTATT

Gibt es hier eine Werkstatt?	*Est-ce qu'il y a un garage ici?*
Können Sie mich abschleppen?	*Est-ce que vous pouvez me remorquer?*
Ich habe ein Problem mit ...	*J'ai un problème de ...*
Können Sie sofort reparieren?	*Pouvez-vous réparer tout de suite?*
Wie lange dauert die Reparatur?	*La réparation durera combien de temps?*
Was kostet die Reparatur?	*Combien coûte la réparation?*

IM NOTFALL

Rufen Sie bitte schnell ...	*S'il vous plaît appelez vite ...*
... die Polizei.	*... la police/les gendarmes.*
... einen Krankenwagen.	*... une ambulance.*
... die Feuerwehr.	*... les pompiers.*

Das komplette Programm zum Reisen und Entdecken von REISE KNOW-HOW

- **Reiseführer** – alle praktischen Reisetipps von kompetenten Landeskennern
- **CityTrip** – kompakte Informationen für Städtekurztrips
- **CityTrip^PLUS** – umfangreiche Informationen für ausgedehnte Städtetouren
- **InselTrip** – kompakte Informationen für den Kurztrip auf beliebte Urlaubsinseln
- **Wohnmobil-Tourguides** – alle praktischen Reisetipps für Wohnmobil-Reisende
- **Wanderführer** – exakte Tourenbeschreibungen mit Karten und Anforderungsprofilen
- **KulturSchock** – Orientierungshilfe im Reisealltag
- **Die Fremdenversteher** – kulturelle Unterschiede humorvoll auf den Punkt gebracht
- **Kauderwelsch Sprachführer** – vermitteln schnell und einfach die Landessprache
- **Kauderwelsch plus** – Sprachführer mit umfangreichem Wörterbuch
- **world mapping project™** – aktuelle Landkarten, wasserfest und unzerreißbar
- **Edition REISE KNOW-HOW** – Geschichten, Reportagen und Abenteuerberichte

Gaby Gölz
Die schönsten Routen durch die
Normandie

Ein Videoreiseführer für Wohnmobiltouristen

Die

zum Buch

Erleben Sie Ihre Wohnmobilreise durch die zauberhafte Normandie bereits bequem zuhause am heimischen Bildschirm oder planen Sie per Buch und Video Ihre nächsten Ziele während der Reise im Wohnmobil. Auf der Doppel-DVD mit einer Gesamtspielzeit von ca. 100 Minuten sind die im Buch beschriebenen Routen in aussagekräftigen Aufnahmen dargestellt. Sie sehen bereits vorab, was Sie erwartet, seien es die zahlreichen Stadtbesichtigungen, Wanderungen oder die vielen im Buch beschriebenen Stell- und Campingplätze. Dabei ist die Menüführung der DVDs exakt dem Buch angeglichen. Stimmen Sie sich ein auf Ihre nächste Wohnmobilreise mit herrlichen Aufnahmen, fundierten Erklärungen und stimmungsvoller Musik. Produziert wurde das Video von der Autorin des Buches, der erfahrenen Videojournalistin Gaby Gölz, die in Begleitung ihres Ehemannes die Normandie im Wohnmobil mehrfach und ausführlich erkundet hat.

Die Doppel-DVD erhalten Sie zum Preis von 19,90 € zuzüglich einer Versandkosten-pauschale von 4,90 € direkt bei der Produktionsfirma der Autorin, die gh-kellerfilm Videoproduktion.
Bestellungen:
+ telefonisch: 0049 (0)7044 9498639 oder 0049 (0)177 8603230
+ im Internet: www.gh-kellerfilm.de

REGISTER

DIE AUTORIN

Nach Berufsausbildung, Heirat und der Begleitung ihrer vier Kinder in die Selbstständigkeit erfüllte sich Gaby Gölz einen lang gehegten Wunsch und gründete ihre eigene Videoproduktionsfirma, die gh-kellerfilm Videoproduktion.

170mm Abb.: gg

Schon bald verband sie ihr technisches und künstlerisches Know-how mit ihrer Leidenschaft, dem Reisen. Dabei entstanden unter anderem Filme über Nepal, Südamerika, Südafrika, aber auch über so unbekannte Flecken dieser Erde wie den westafrikanischen Inselstaat Sao Tomé e Príncipe. An Wohnmobil-Videos erschienen unter ihrer Regie „Norwegen – eine Winterreise" und „Abenteuer Marokko".

Die engagierte Reisejournalistin und -filmerin hat inzwischen sieben Bücher in der Reihe der Wohnmobil-Tourguides herausgebracht. Bisher sind neben dem vorliegenden Band von ihr „Die schönsten Routen durch Sizilien", „Die schönsten Routen durch Umbrien und die Marken", „Die schönsten Routen durch die Toskana", „Die schönsten Routen am Bodensee", „Die schönsten Routen an der deutschen Nordseeküste" und „Die schönsten Routen im Schwarzwald" erschienen. 2019 erscheint ihr achter Tourguide „Die schönsten Routen durch die Niederlande". Zu den Wohnmobil-Tourguides über Italien und die Normandie gibt es eigens produzierte Begleitvideos, die inhaltlich auf das jeweilige Buch abgestimmt sind und auf einer DVD alle beschriebenen Routen zeigen (s. S. 301).

Begleitet von ihrem Ehemann Hans und ihrer Hündin Resi reist Gaby Gölz viele Monate im Jahr mit dem Wohnmobil durch ganz Europa. Mit ihren Büchern und Filmen will sie nicht nur auf landschaftliche Reize und städtebauliche Highlights hinweisen. Ihre Intention ist es vielmehr, den Reisenden die Menschen anderer Länder, ihre Kultur, ihren Glauben und ihr Alltagsleben nahezubringen. Das Kennenlernen eines Landes bedeutet für sie mehr als nur das „Abhaken" von Sehenswürdigkeiten.

DANKSAGUNG

Vielen Dank meinen treuen Leserinnen Sandra Nichelmann, Angela Klar und Gisela Carbow. Ihre außergewöhnlich guten Restaurantempfehlungen gebe ich gerne weiter. Wunderbar waren auch die vielen Rückmeldungen zu Stellplätzen, Sehenswürdigkeiten und Einkaufsmöglichkeiten. Danke nach Hamburg und Kassel.

Cork   Rosslare   Poole   Southampton   Portsmouth

159

Cap de la Hague
Goury
86   St. Germain-
Auderville   des-Vaux
        85   Omonville-
            la-Rogue
Jobourg   **84**   *Rocher du*
            Castel-Vendon   **153**   Cap Lévi   **78**
Nez de Jobourg   Urville-   **79**   **77**
    Beaumont-   *Manoir de*   Nacqueville   **Cherbourg-**
    Hague   *Dur-Ecu*   **83**   **Octeville**
Pierre Pouquelée ★   Querqueville   **81** **153**   **80**
    Vauville   Equeurdreville-   Bretteville
            Hainneville   Tourlaville   *Château de*
    D 901   *Château*   *Gonneville*
        D 22   **156**   *de Ravalet*
    Biville   **82**   Martinvast
        D 37   Tollevast   **D 24**
        D 904   *Divette*   **D 56**
    87   **N 13**
    Diélette   *Douvre*   **E 3**
    88   **E 46**   Tamerville
    D 23   **D 900**   **164**
Cap de Flamanville   **95**   Valognes
Flamanville   **94** **93**
    89   les   **90** **91**   Yvetot-
        Pieux   St-Germain-   **163**   Bocage
            le-Gaillard   **92**   Bricquebec
Cap de Rozel   **D 902**   Colomby
    97   **D 650**
                            M A N
    98 **167**
        Barneville-   **165** **D 2**
    Carteret   Carteret   St-Sauveur-
                        le-Vicomte
Cap de Carteret **99**   *tourist. Bahn*   **D 650**   **96**
                        D 900   **PARC**
        100
        Portbail
                    D 903
les   la-Haye-du-Puits
Diroulles   les Ecréou
                D 900
                St-Germain-   Vesly
Jersey   sur-Ay   **Coutances**
                    ♪ S.312

© REISE KNOW-HOW 2018   0 ▬▬▬▬ 6 km

Portsmouth

Dieppe
Le Havre
Rouen
Caen
Granville
Alençon
Paris

261

Fécamp
Criquebeuf-
en-Caux

172
171

Pointe du Chicard
259 **261**
Yport
169 Vattetot
170
D 925
Bénouville
D 940

Falaise d'Amont ★
Etretat
168
Falaise d'Aval ★
les Loges
Cap d'Antifer
166
167
165
Bruneval
Cuverville
Goderville
Criquetot-
l'Esneval
D 910
D 925
St-Martin-
du-Bec
Angerville-
l'Orcher
Virville
**Château
de Filières**
D 940
258
Manéglise
Gommerville
Octeville-
sur-Mer
Montivilliers
**Flughafen
le Havre-Octeville** ✈
68
Harfleur
Gonfreville-
l'Orcher
N 15
St-Jean-
d'Abbetot
Ste. Adresse
17
Cap de la Hève
Le Havre

Côte de Grace

A 29
E 44
78
Honfleur
**Pont de
Normandie**
19
Friquefleur
D 513
18
Pennedepie
Cricquebœuf
Gonneville-
sur-Honfleur
Villerville
tourist. Bahn
D 180
Côte Fleurie
**Trouville-
sur-Mer**
Barneville-
la-Bertran
St-Maclou
Toutainville
83
D 74
**Flughafen
Deauville-
St-Gatien** ✈
84
Deauville
20
Caen
Beuzeville
⬇ S.315
⬇ S.316

© Reise Know-How 2018 ⬆ 0 ▬▬▬▬ 6 km

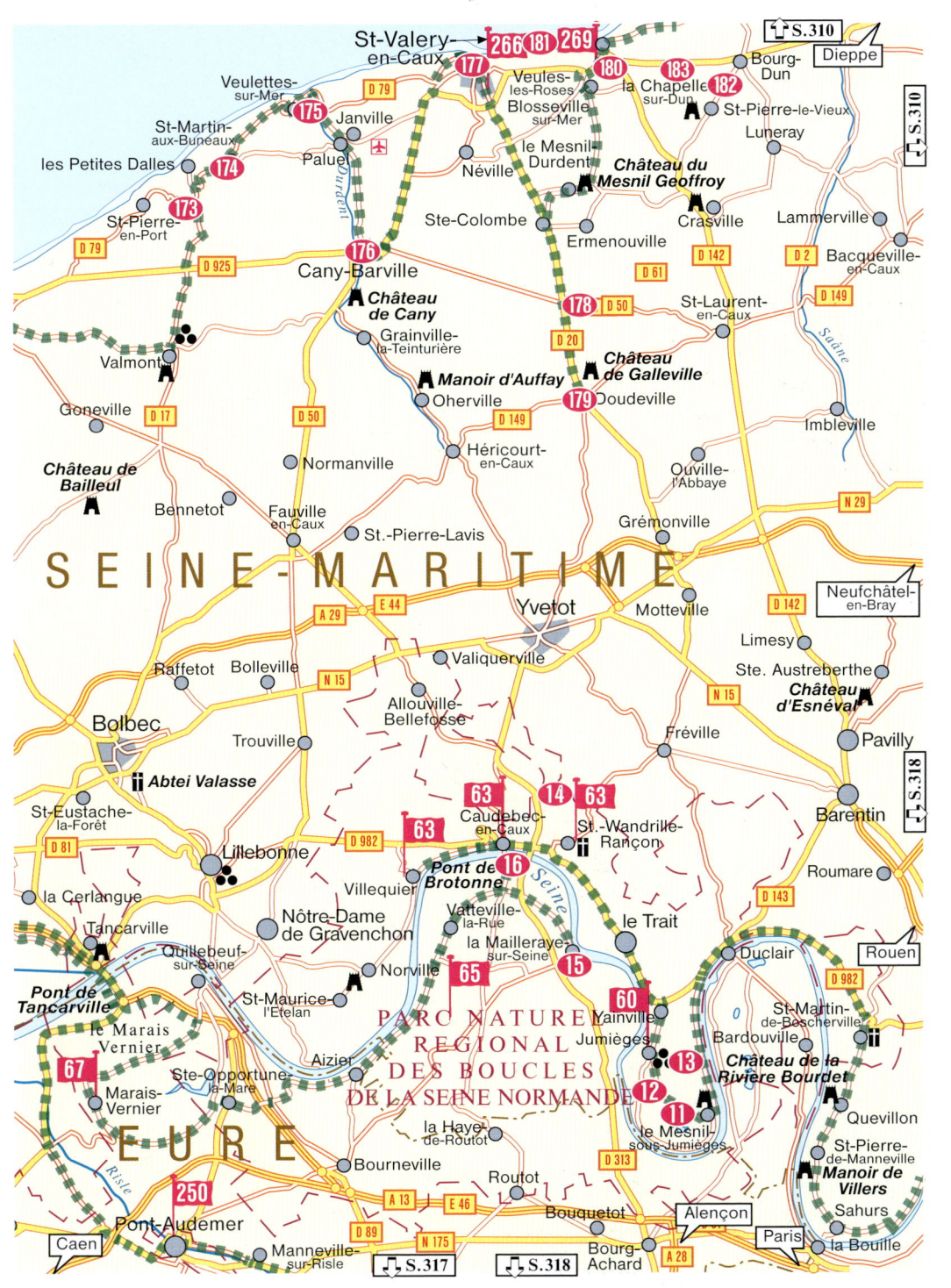

Dieppe

Berneval-le-Grand 187

271

Bracquemont

Puys

Pourville-sur-Mer

186

Martin-Eglise

Eaulne

Forêt d'Arques

Ste-Marguerite-sur-Mer

Varengeville-sur-Mer

Quiberville 185

Longueil

Manoir d'Ango

Offranville

Arques-la-Bataille

D 1

272

Sotteville-sur-Mer 184

269

St.-Aubin-sur-Mer

D 925

Ouvilleville-la-R.

Château de Miromesnil

D 915

Béthune

266

St-Valery-en-Caux

177

181

Veules-les-Roses

180

183

la Chap.-sur-Dun 182

Le-Bourg-Dun

St-Pierre-le-Vieux

la Chapelle-du-Bourgay

Varenne

D 79

Janville

Blosseville-sur-Mer

le Mesnil-Durdent

Crasville

Luneray

Auppegard

Ste-Foy

Néville

Château du Mesnil Geoffroy

Omonville

Longuerville-sur-Scie

Muchedent

Ste-Colombe

Ermenouville

Lammerville

176

Cany-Barville

178

D 142

D 2

Bacqueville-en-Caux

les-Cent-Acres

D 154

Château de Cany

D 50

St-Laurent-en-Caux

D 149

N 27

Grainville-la-Teinturière

D 20

Château de Galleville

Auffay

Manoir d'Auffay

Oherville

179

Doudeville

Imbleville

D 149

Héricourt-en-Caux

Ouville-l'Abbaye

Totes

S.309

Grémonville

N 29

D 99

A 29 E 44

Yvetot

Motteville

D 142

A 29 E 44

le Havre

Limesy

D 22

A 151

Clères

Claville-Motteville

N 15

Valiquerville

N 27

Ste-Austreberthe

Château de Rombosc

N 15

Allouville-Bellefosse

Château d'Esnéval

Fréville

Pavilly Rouen

Mont-Cauvaire

Fontaine-le-Bourg

S.309

S.318

© REISE KNOW-HOW 2018

0   6 km

Le Havre

Dieppe

Rouen

Caen

Granville

Paris

Alençon

le Tréport
Mer-les-Bains
274
189
190
191
Eu
274
Mesnil Val
Criel-Plage
188
Criel-sur-Mer
Penly
D 925
Manoir de Briancon
St-Martin-le-Gaillard
Triage d'Eu
192
D 925
Feuquières-en-Vimeu
Abbeville
D 925

S O M M E
(PICARDIE)

St-Maxent

D 1015
D 49
Gamaches
D 14
D 936
Disemont

Brouttencourt
Blangy-sur-Bresle
Manoir de Fontaine
Haute Forêt d'Eu
Grandcourt
D 149
Nesle-Normandeuse
Senarpont

Bailly-en-Rivière
D 149
D 1314
Fresnoy-Folny
E 402
E 44
N 28

Envermeu
D 920
St-Nicolas-d'Aliermont

S E I N E -
M A R I T I M E

Foucarmont
Vieux-Rouen-sur-Bresle
D 1015

Londinières
Clais
Callengeville
D 920
Amiens

Basse Forêt d'Eu

Osmoy-St-Valéry
Bures-en-Bray
D 1
193
Mesnières-en-Bray
Auvilliers
N 29
Aumale

Fresles
276
A 29
E 44
Bully
194
Neufchâtel-en-Bray

Bellencombre
D 915
E 402
Rosay
E 44
195
Beaussault
Conteville
Abancourt

St-Saëns
A 28
D 135
D 919
Formerie

N 29
Abbaye de Beaubec
D 1314
Gaillefontaine
St-Martin-Osmonville
Sommery

A 28
277
Grumesnil
O I S E
(PICARDIE)
D 41
Forges-les-Eaux
196
E 402
Bosc-Bordel
D 919
Ménerval
Boudeauville
Fontenay-Torcy
Buchy
la Ferté-St-Samson
St-Samson

Rouen
Bois-Héroult
S.319

S.306

D 650

D 903   St-Jorès   Appeville

la-Haye-du-Puits

Prairies marécageuses
de Gorges

D 900

St-Germain-
sur-Ay   Vesly   Gorges

PARC

168

Havre de
St-Germain-s-Ay   101   Lessay

Périers

102   D 971

Château
de Pirou
103

Port de Geffosses   D2   St-Sauveur-
Lendelin

Montsurvent

MANCHE

104

Château   170
de Gratot
105   106   171

D 650   D 44   Savigny
Coutainville   107   Coutances

Agon-
Coutainville

Pointe d'Agon   Montchato   Manoir
Regnéville-   Orval   d'Argences
s-Mer

Hauteville-   D 7
s-Mer

le Mesnil-
Aubert

D 971   Sienne

Cérences   Gavray
D 13
Bréhal

186   Bréville
sur-Mer

Donville
les-Bains

Pointe du Roc
Granville   le Repas
109   D 924   le Scion
St-Pair-   110
sur-Mer
D 911   D 973   D 7   S.322

© Reise Know-How 2018   0   6 km

Jersey

Îles Ecréou

Jersey, Guernesey

Grande Île

Dieppe
Le Havre   Rouen
Caen
Granville
Alençon   Paris

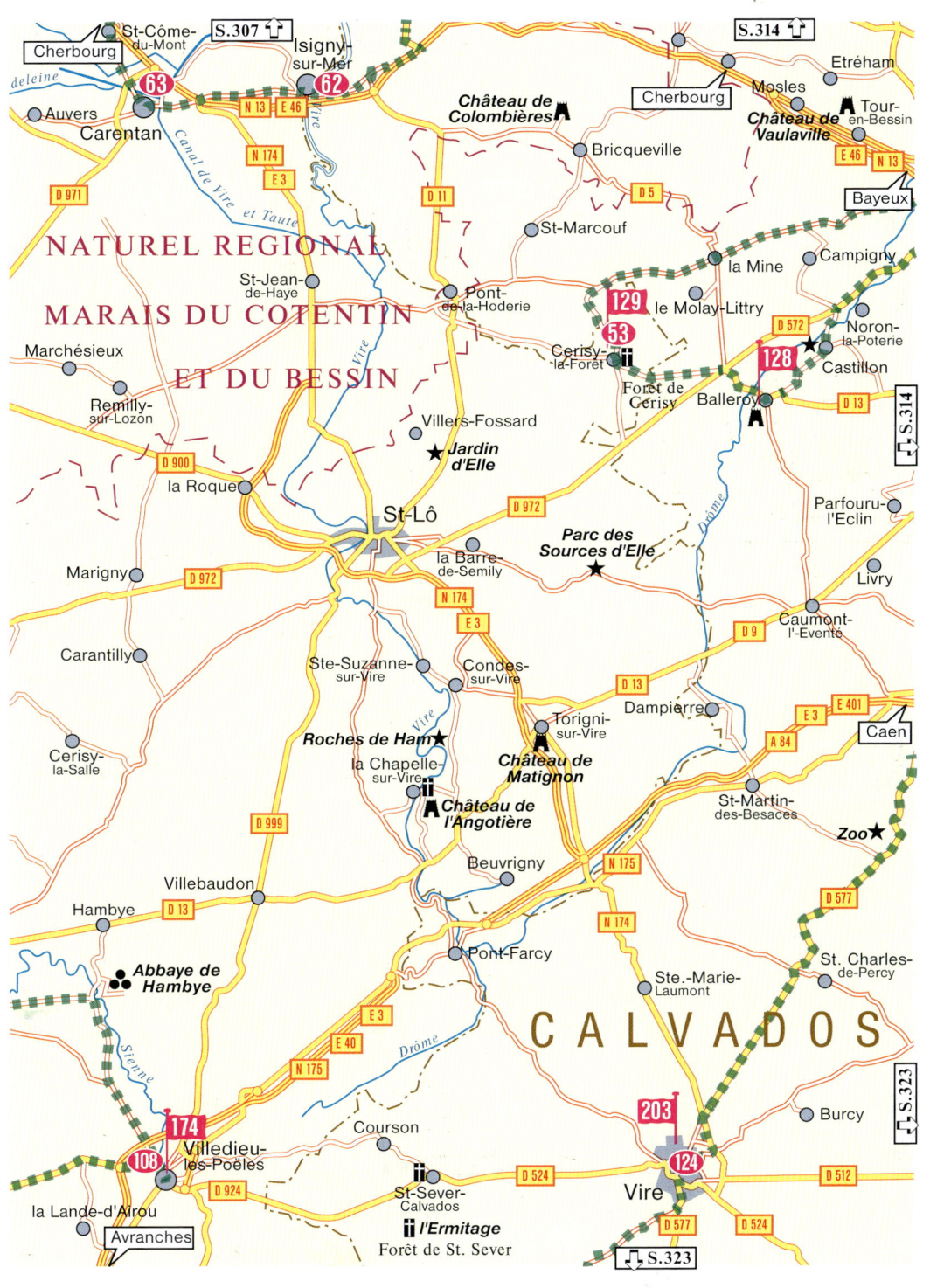

St-Côme-du-Mont
Cherbourg
S.307
Isigny-sur-Mer
S.314
Etréham
63
62
Mosles
Cherbourg
Tour-en-Bessin
Auvers
Château de Colombières
Château de Vaulaville
Carentan
N 13 **E 46**
Bayeux
Bricqueville
E 46 **N 13**
N 174
D 5
D 11
D 971
E 3
St-Marcouf
la Mine
Campigny
NATUREL REGIONAL
Noron-la-Poterie
St-Jean-de-Haye
Pont-de-la-Hoderie
129
le Molay-Littry
D 572
MARAIS DU COTENTIN
53
Castillon
Marchésieux
Cerisy-la-Forêt
128
ET DU BESSIN
Forêt de Cerisy
Balleroy
D 13
S.314
Remilly-sur-Lozon
Villers-Fossard
D 900
Jardin d'Elle
D 972
Parc des Sources d'Elle
Parfouru-l'Eclin
la Roque
St-Lô
Livry
Marigny
D 972
la Barre-de-Semilly
N 174
D 9
Caumont-l'-Eventé
Carantilly
E 3
D 13
Ste-Suzanne-sur-Vire
Condes-sur-Vire
Dampierre
E 3 **E 401**
Caen
Torigni-sur-Vire
A 84
Cerisy-la-Salle
Roches de Ham
la Chapelle-sur-Vire
Château de Matignon
St-Martin-des-Besaces
D 999
Château de l'Angotière
Zoo
Villebaudon
Beuvrigny
N 175
D 577
Hambye
D 13
N 174
St. Charles-de-Percy
Abbaye de Hambye
Pont-Farcy
E 3
Ste.-Marie-Laumont
E 40
Drôme
N 175
CALVADOS
S.323
174
Courson
203
Burcy
108
Villedieu-les-Poêles
124
la Lande-d'Airou
D 924
St-Sever-Calvados
D 524
Vire
D 512
Avranches
l'Ermitage
D 577 **D 524**
Forêt de St. Sever
S.323

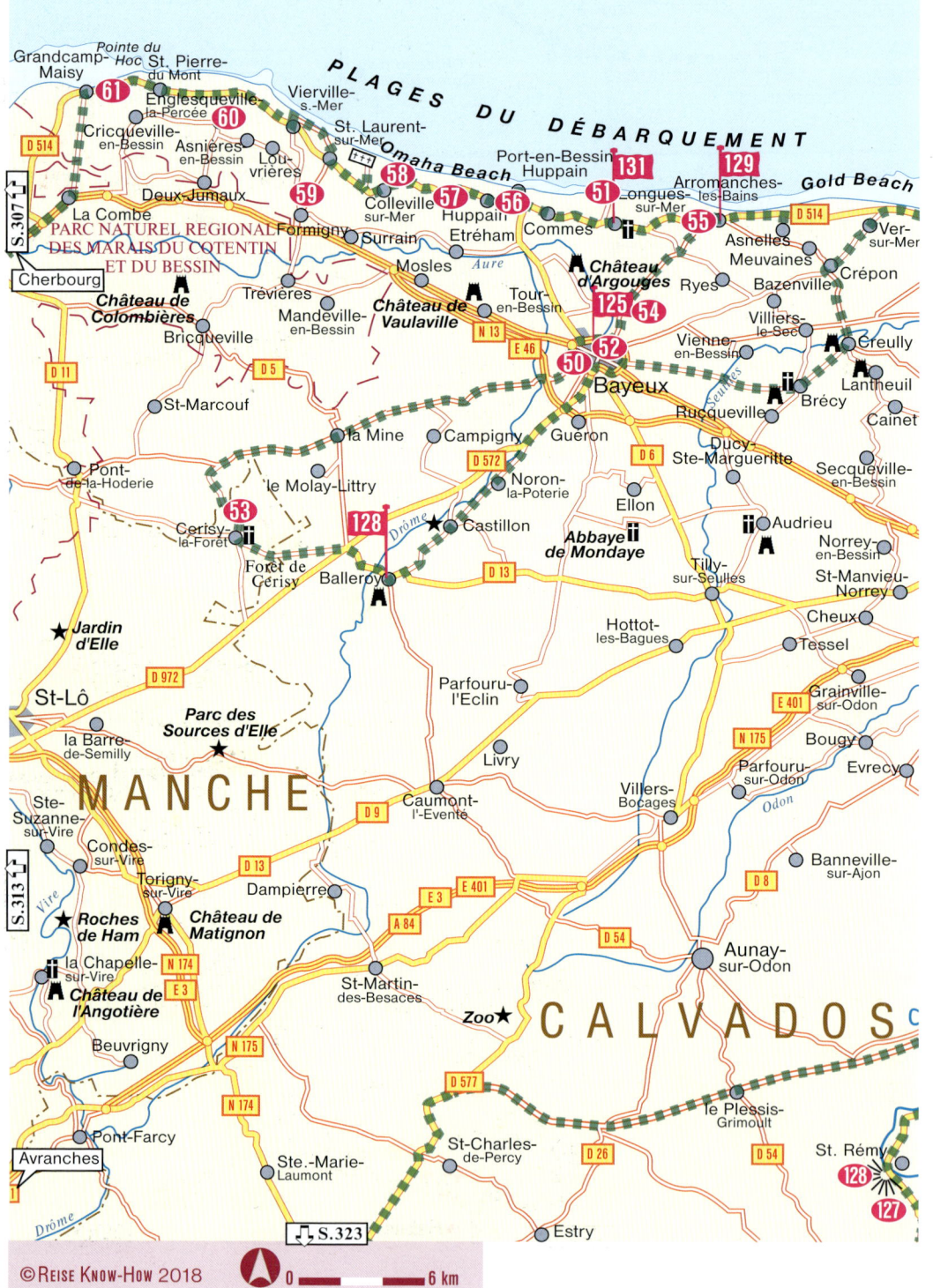

0 — 6 km

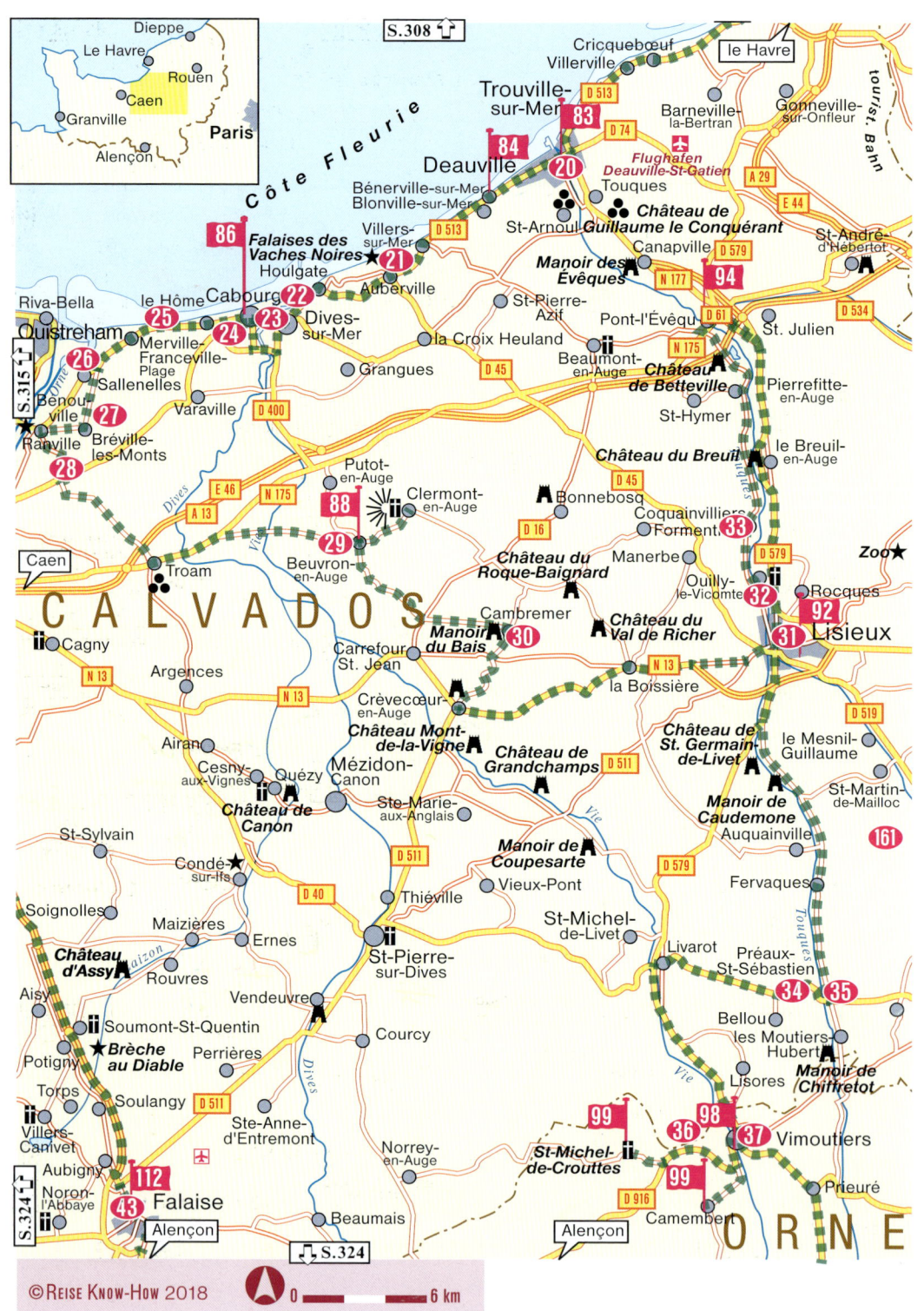

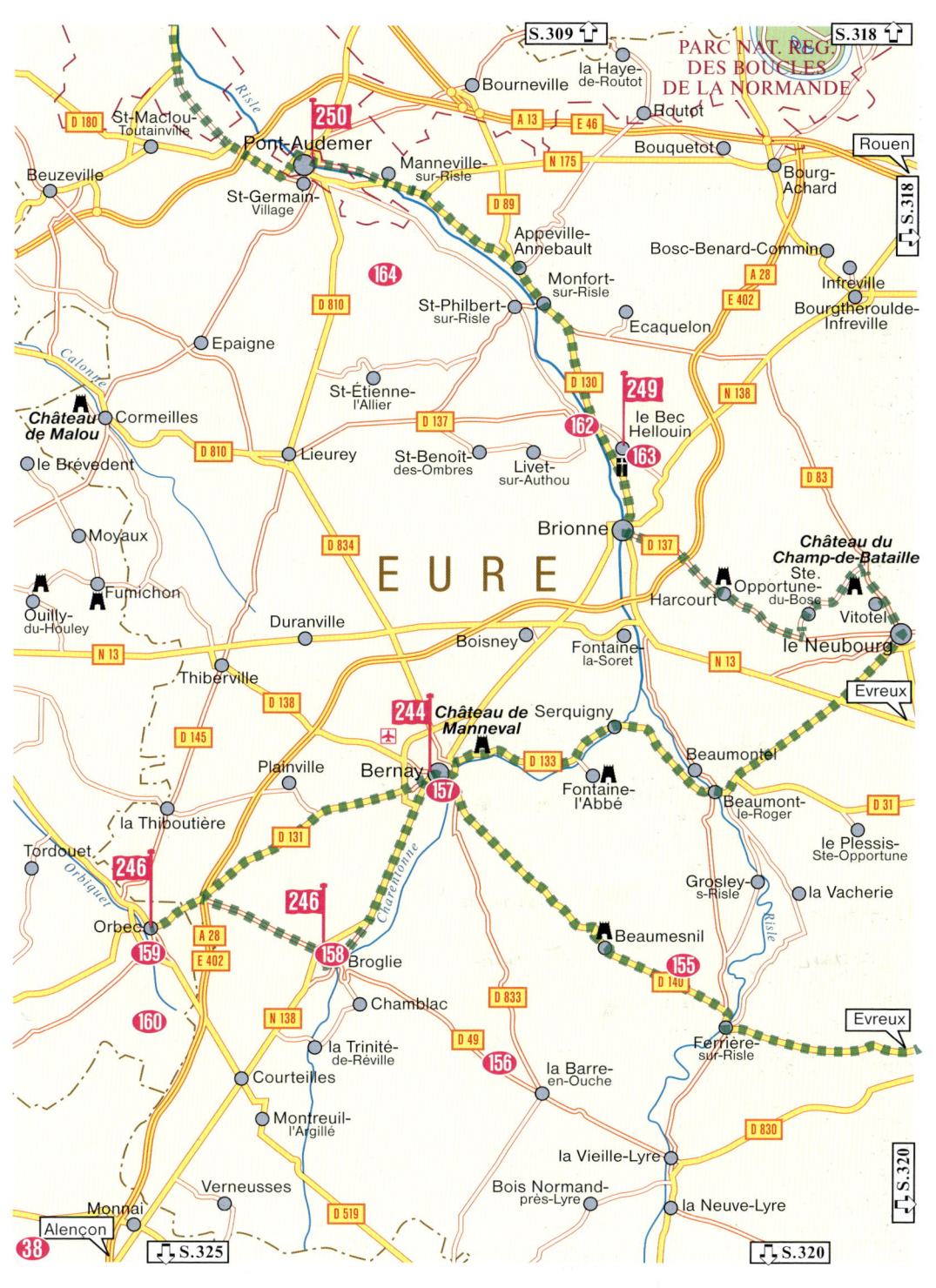

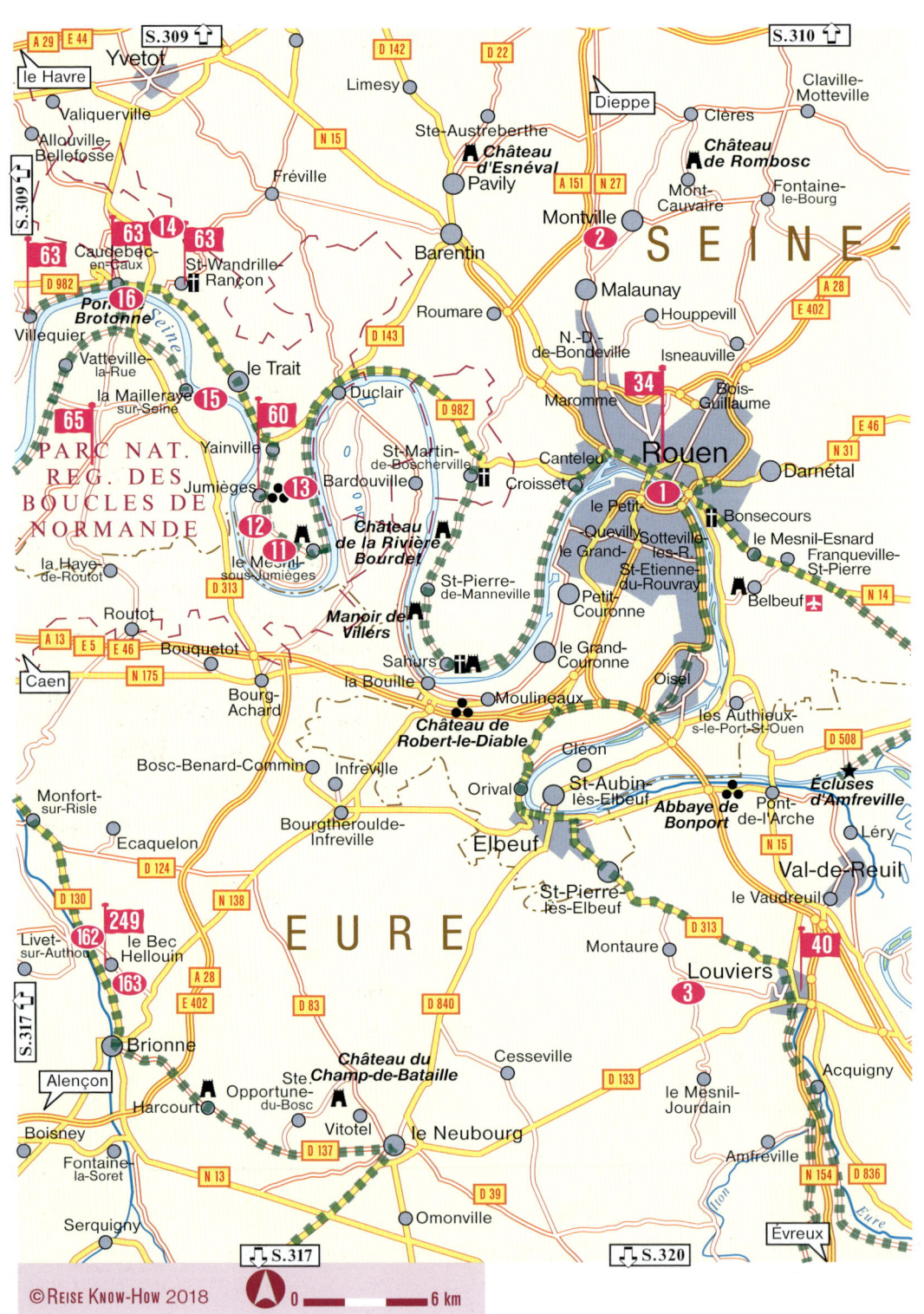

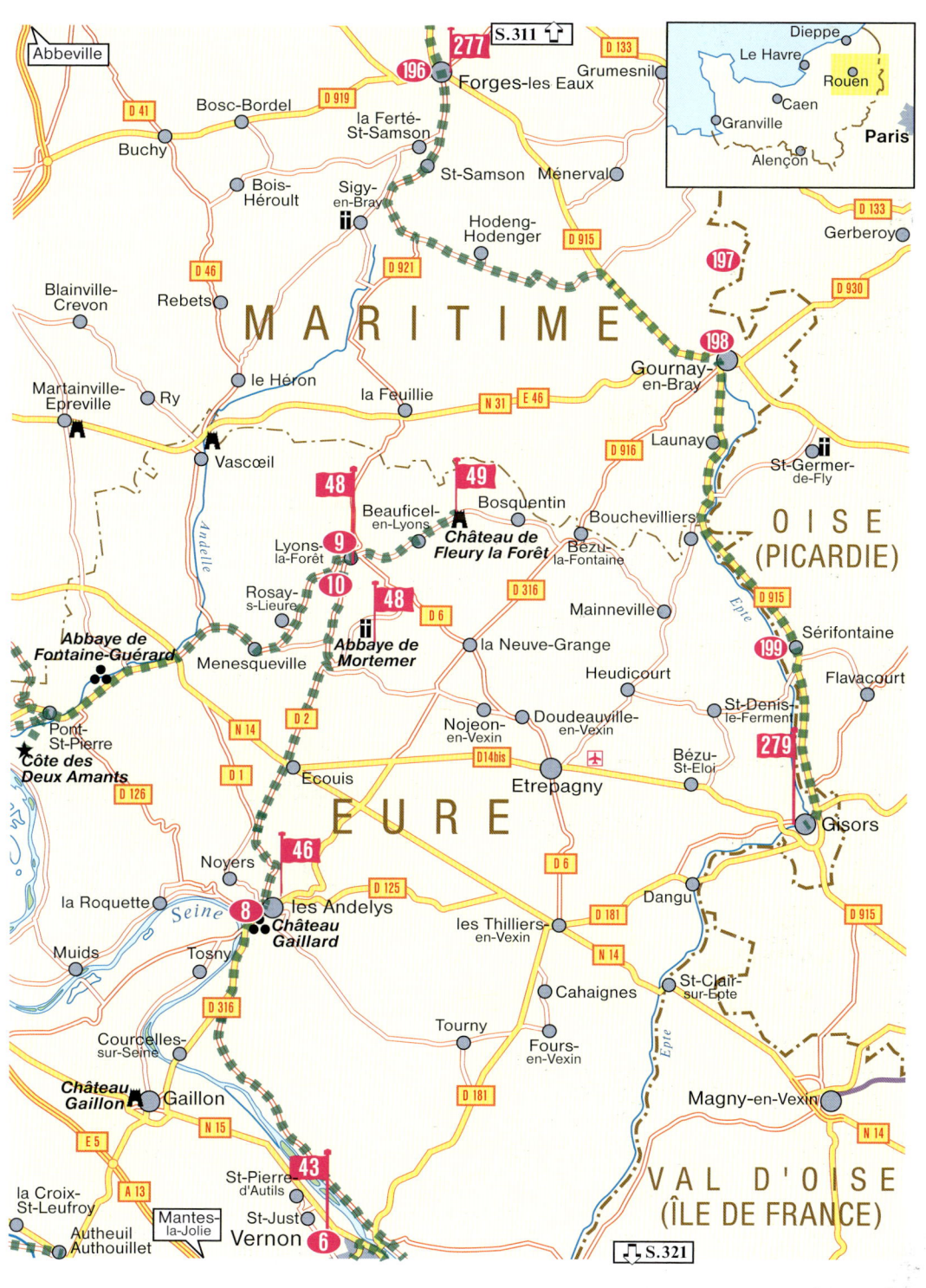

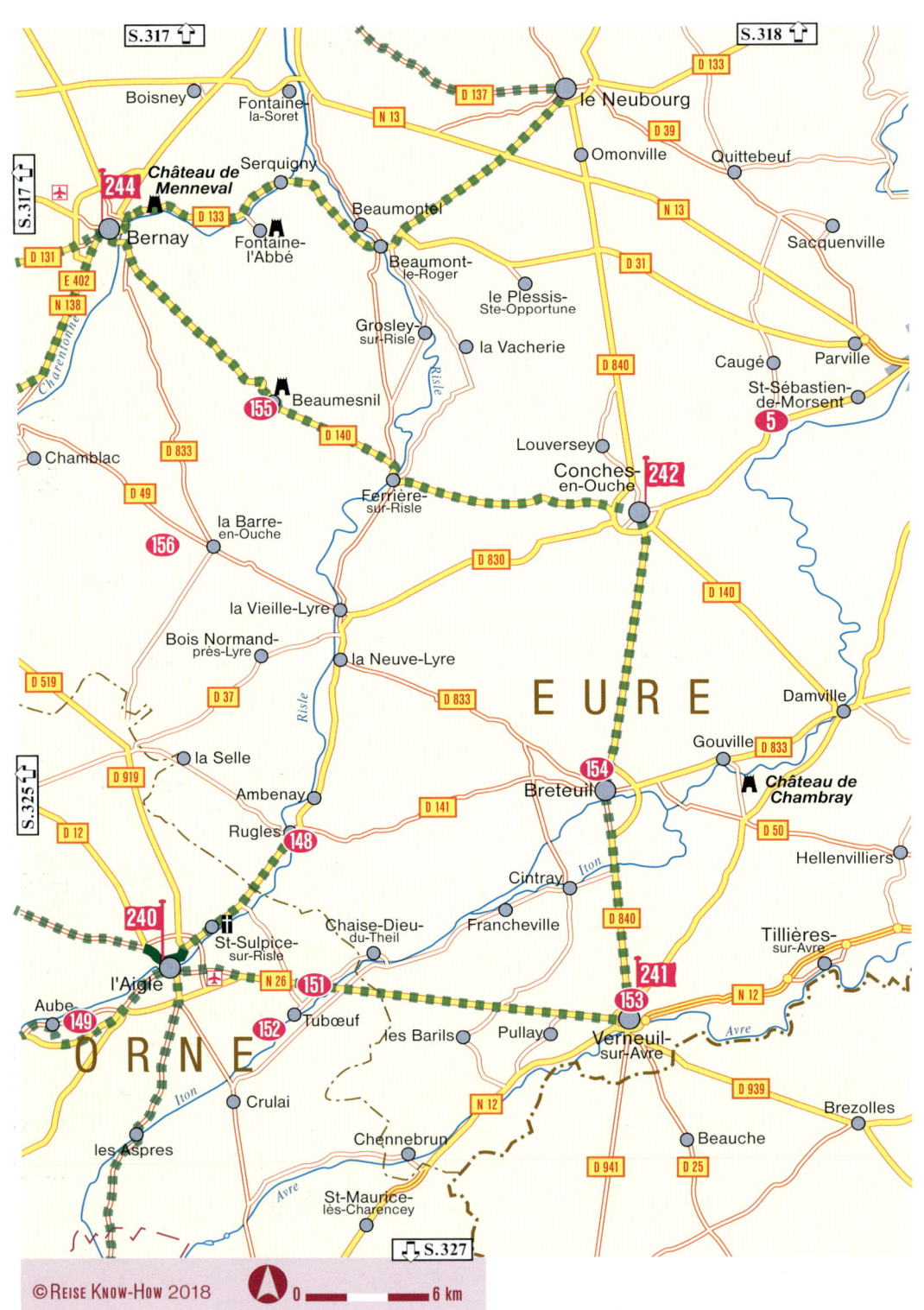

Boisney

Fontaine-
la-Soret

le Neubourg

D 133

D 137

N 13

D 39

Omonville

Quittebeuf

244

Château de
Menneval

Serquigny

N 13

Sacquenville

Bernay

D 133

Beaumontel

D 31

Fontaine-
l'Abbé

Beaumont-
le-Roger

D 131

le Plessis-
Ste-Opportune

Caugé

Parville

E 402

N 138

Grosley-
sur-Risle

la Vacherie

D 840

St-Sébastien-
de-Morsent

155

Beaumesnil

Louversey

5

D 140

Conches-
en-Ouche

242

Chamblac

D 833

Ferrière-
sur-Risle

D 49

la Barre-
en-Ouche

156

D 830

D 140

la Vieille-Lyre

D 519

Bois Normand-
près-Lyre

la Neuve-Lyre

D 833

E U R E

Damville

D 37

Gouville

D 833

la Selle

154

Château de
Chambray

D 919

Ambenay

Breteuil

D 12

D 141

Rugles

148

D 50

Hellenvilliers

Cintray

Francheville

240

Chaise-Dieu-
du-Theil

St-Sulpice-
sur-Risle

D 840

Tillières-
sur-Avre

l'Aigle

N 26

151

241

Aube

149

Tubœuf

153

N 12

152

les Barils

Pullay

Verneuil-
sur-Avre

Avre

O R N E

Crulai

N 12

D 939

Brezolles

les Aspres

Chennebrun

Beauche

Avre

D 941

D 25

St-Maurice-
lès-Charencey

© REISE KNOW-HOW 2018   0 ▬▬▬▬ 6 km

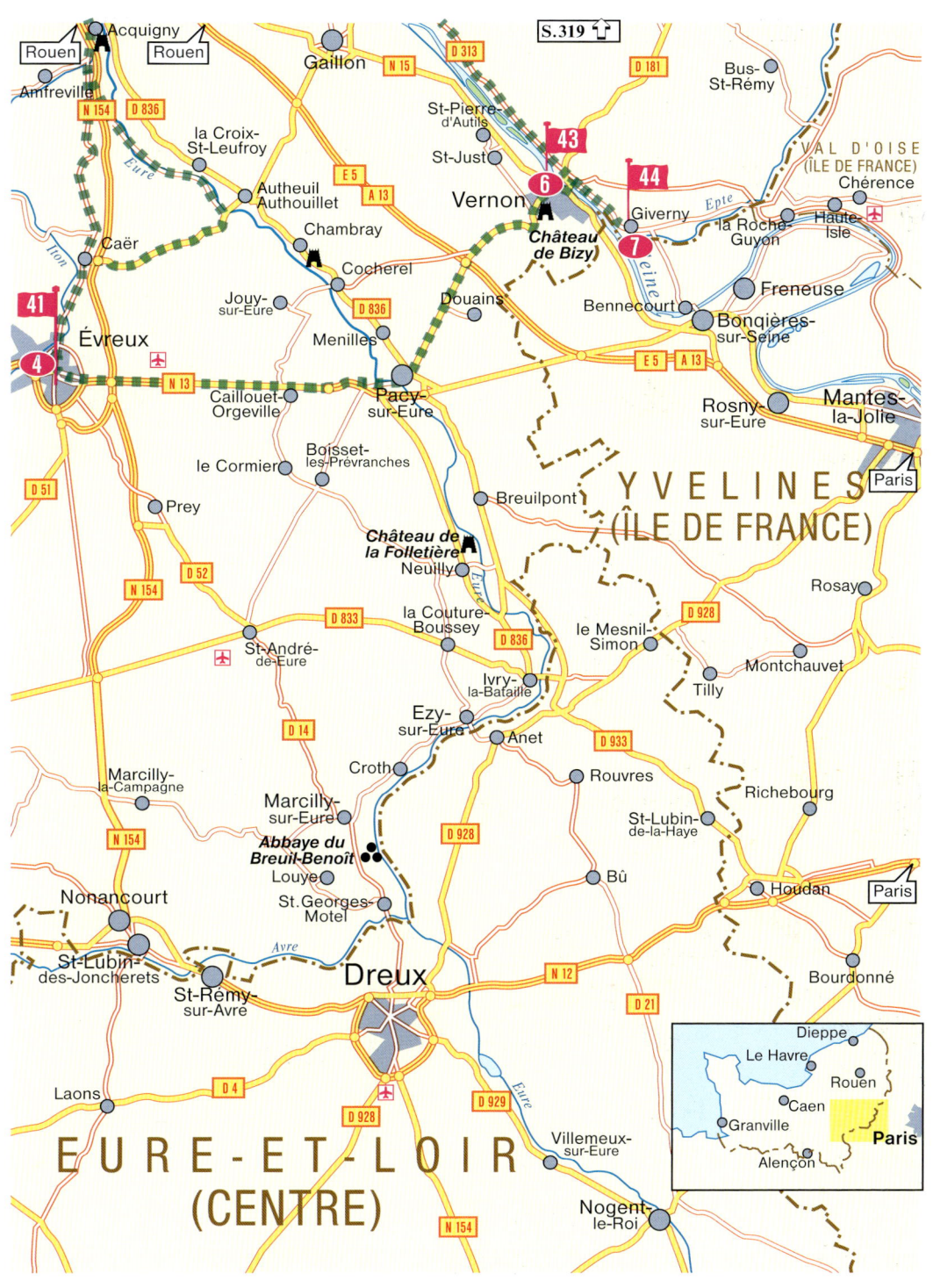

Jersey, Guernesey

Grande Île

Pointe du Roc

S.312

♣♣♣ Abbaye de Hambye

Bréhal

Bréville sur-Mer

D 971

186

Donville les-Bains

Granville **109**

le Repas

★Zoo

le Scion

la Lande-d'Airou

Villedieu-les-Poëles

174

108

D 924

St-Pair sur-Mer **110**

St-Pierre-Langers

D 7

la-Haye-Pesnel

M A N C H E

111

Jullouville

112

D 973

D 7

E 401
E 3

D 999

Brécey

113

Carolles

D 911

St-Jean-le-Thomas

114

115

191

Ponts

D 911

Sée

Dieppe

Le Havre

Rouen

Caen

Granville

Alençon

Paris

Bec d'Andaine

Genêts

St-Léonard

Vains

116

Avranches

D 5

St-Loup

D 47

BAIE DU MONT-SAINT-MICHEL

le-Val-St-Père

Sélune

196

le Mont-St-Michel

193

118

119

Courtils

Pontaubault

Poilley

121

Ducey

Isigny-le-Buat

Huisnes-sur-Mer

117

N 175

E 401

E 3

Bge. de la Roche-qui-boit

N 176

Bge. de Vézins

St-Malo

Dol-de-Bretagne

D 797

120

D 976

Pontorson

St-Laurent-de-Terregatte

D 30

D 576

D 30

D 90

D 40

St-James

✝✝✝

D 12

D 14

D 155

Trans

Couesnon

A 84

D 798

I L L E - E T - V I L A I N E (BRETAGNE)

Antrain

E 3

Tremblay

D 175

St-Brice-en-Coglès

D 155

Fougères

Fougères

©Reise Know-How 2018

0 — 6 km

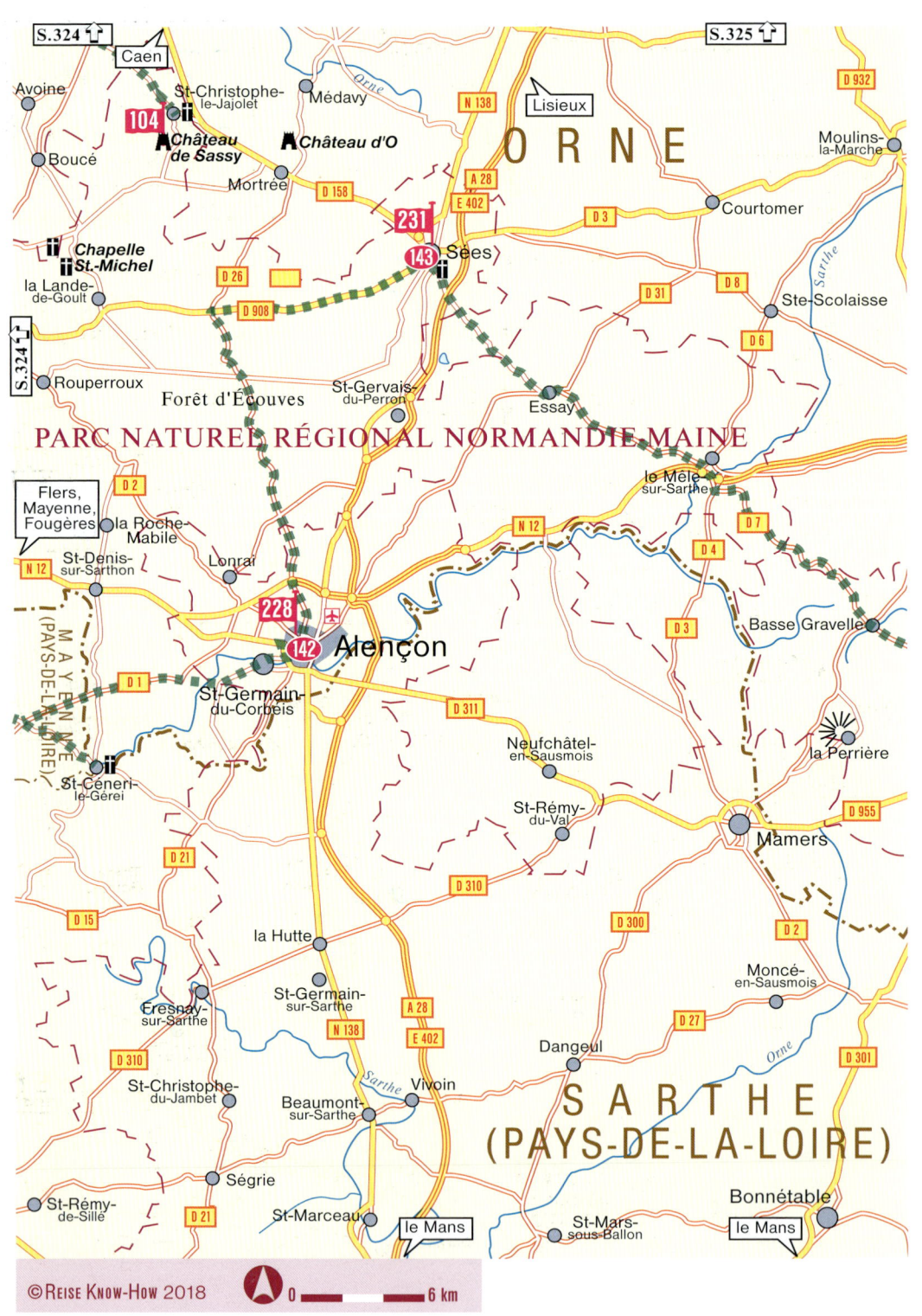

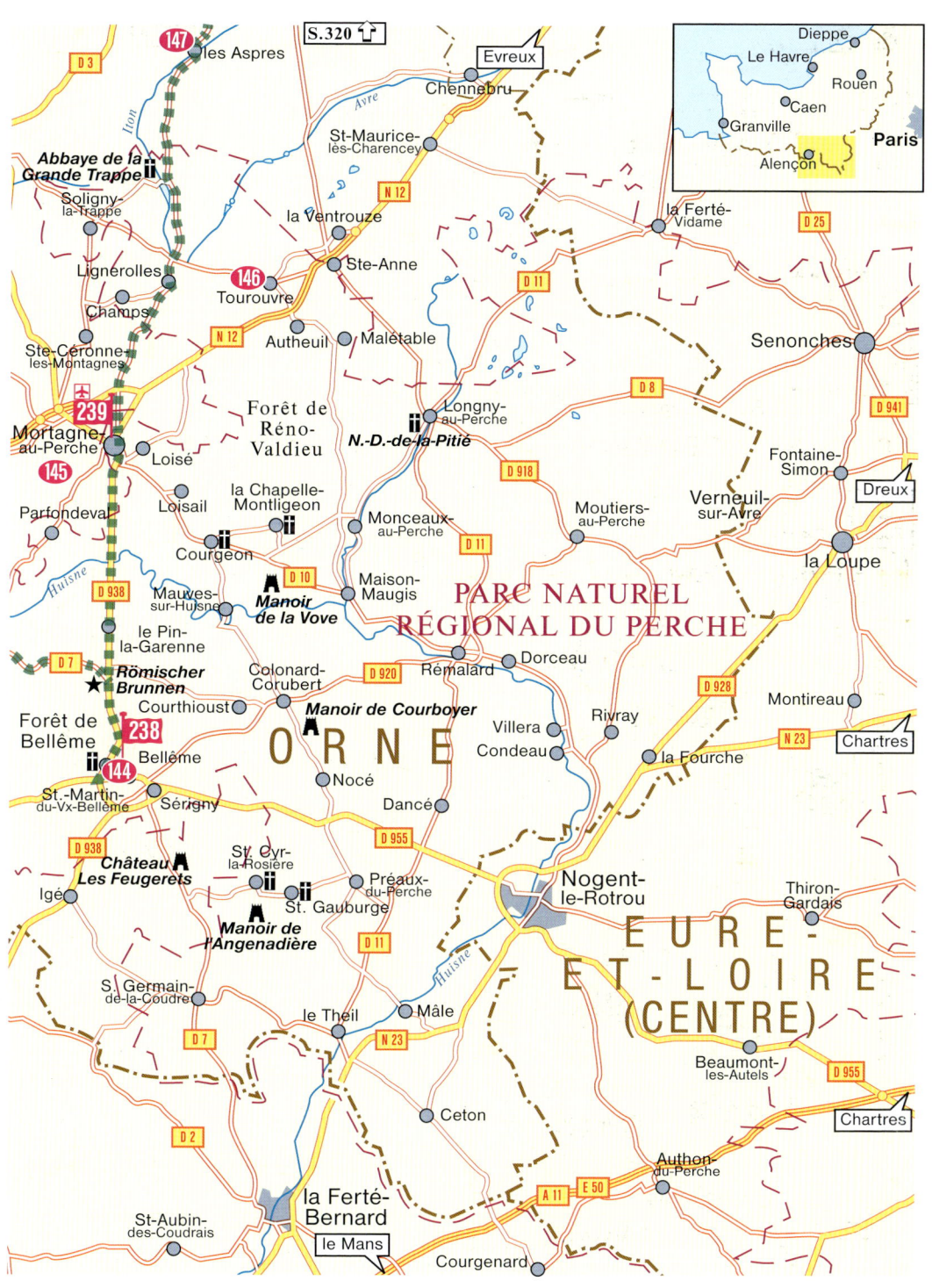

S.320

les Aspres
D 3
147

Evreux
Chennebru

St-Maurice-lès-Charency

Abbaye de la Grande Trappe
Soligny-la-Trappe
Lignerolles
Champs
Ste-Céronne-les-Montagnes
Mortagne-au-Perche
239
145
Parfondeval
Loisé
Loisail
la Chapelle-Montligeon
Courgeon
Mauves-sur-Huisne
le Pin-la-Garenne
Römischer Brunnen
Forêt de Bellême
238
Bellême
St-Martin-du-Vx-Bellême
144
Sérigny
Château Les Feugerets
Igé
St-Germain-de-la-Coudre
D 938
D 7

la Ventrouze
Ste-Anne
Tourouvre
146
Autheuil
Malétable
N 12

la Ferté-Vidame
D 25

Senonches

D 11

N-D.-de-la-Pitié
Longny-au-Perche
D 918
D 8
D 941

Fontaine-Simon
Verneuil-sur-Avre
Dreux

Forêt de Réno-Valdieu

Monceaux-au-Perche
Moutiers-au-Perche
la Loupe

D 11

Maison-Maugis
Manoir de la Vove
D 10

PARC NATUREL RÉGIONAL DU PERCHE

Colonard-Corubert
D 920
Rémalard
Dorceau
D 928

Manoir de Courboyer
Courthioust
Villeray
Rivray
Montireau
Chartres

Nocé
Condeau
la Fourche
N 23

Dancé

D 955

St-Cyr-la-Rosière
Préaux-du-Perche
St. Gauburge
Manoir de l'Angenadière
D 11

ORNE

Nogent-le-Rotrou
Thiron-Gardais

EURE-ET-LOIRE (CENTRE)

le Theil
Mâle
N 23

Beaumont-les-Autels
D 955
Chartres

Ceton
D 2

Authon-du-Perche

St-Aubin-des-Coudrais
la Ferté-Bernard
le Mans

Courgenard
A 11   E 50

Dieppe
Le Havre
Rouen
Caen
Granville
Alençon
Paris

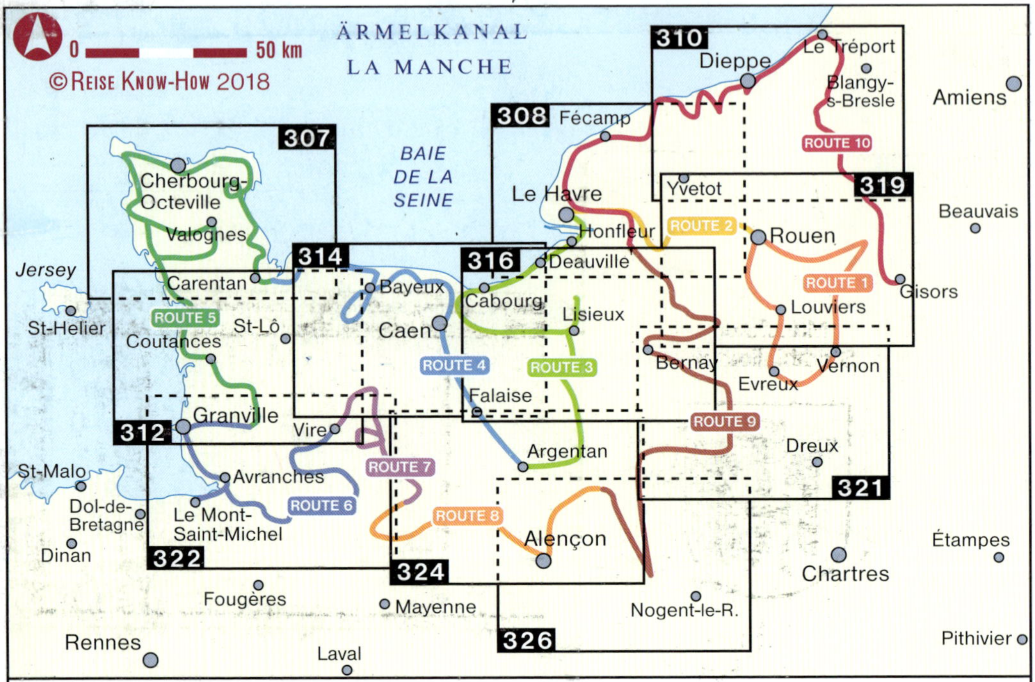

Map

ÄRMELKANAL
LA MANCHE

© REISE KNOW-HOW 2018

0 — 50 km

307
Cherbourg-Octeville
Valognes
Jersey
St-Helier
Carentan
ROUTE 5
Coutances
St-Lô
314
Bayeux
Caen
ROUTE 4
312
Granville
Vire
ROUTE 7
St-Malo
Avranches
Dol-de-Bretagne
ROUTE 6
Le Mont-Saint-Michel
Dinan
322
Fougères
Rennes
Laval

BAIE DE LA SEINE

308 Fécamp
Le Havre
Honfleur
316
Deauville
Cabourg
Lisieux
ROUTE 3
Falaise
Argentan
ROUTE 8
Alençon
Mayenne
324
326

310
Dieppe
Le Tréport
Blangy-s-Bresle
Amiens
ROUTE 10
Yvetot
ROUTE 2
Rouen
319
Beauvais
ROUTE 1
Louviers
Gisors
Bernay
Vernon
Evreux
ROUTE 9
Dreux
321
Chartres
Étampes
Nogent-le-R.
Pithivier

Zeichenerklärung

- ★ Sehenswürdigkeit
- 🏰 Château, Manoir
- ⛪ Kirche, Kloster
- Soldatenfriedhof
- Ausgrabungsstätte, Ruine
- Panorama
- ▲ Berg
- ✈ Flughafen
- **86** Stell-/Campingplatz, der im Routenatlas eingezeichnet ist

- Autobahn
- Hauptstraße
- Nebenstraße
- Grenze
- Parkgrenze
- Route
- **167** Seitenzahl der Ortsbeschreibung im Buch

Route 1   Route 4   Route 7   Route 10   **314** Seitenzahl des Blattes im Routenatlas
Route 2   Route 5   Route 8
Route 3   Route 6   Route 9